"一带一路"
与世界经济体系构建研究

赵江林◎著

Studies on
the Belt and Road Initiative and its Implication
for Re-Construction
of the World Economic System

中国社会科学出版社

图书在版编目(CIP)数据

"一带一路"与世界经济体系构建研究/赵江林著.—北京:中国社会
科学出版社,2023.9

ISBN 978 - 7 - 5227 - 2632 - 8

Ⅰ.①一… Ⅱ.①赵… Ⅲ.①"一带一路"—国际合作—研究
②世界经济—经济体系—研究 Ⅳ.①F125②F113.1

中国国家版本馆 CIP 数据核字(2023)第 182640 号

出 版 人	赵剑英	
责任编辑	黄 丹	范娟荣
责任校对	闫 萃	
责任印制	王 超	

出 版	中国社会科学出版社	
社 址	北京鼓楼西大街甲 158 号	
邮 编	100720	
网 址	http://www.csspw.cn	
发 行 部	010 - 84083685	
门 市 部	010 - 84029450	
经 销	新华书店及其他书店	

印 刷	北京君升印刷有限公司
装 订	廊坊市广阳区广增装订厂
版 次	2023 年 9 月第 1 版
印 次	2023 年 9 月第 1 次印刷

开 本	710×1000 1/16
印 张	19
字 数	312 千字
定 价	99.00 元

凡购买中国社会科学出版社图书,如有质量问题请与本社营销中心联系调换
电话:010 - 84083683

序　言

　　"一带一路"倡议一经提出就引起国际社会的广泛热议。有国外学者将"一带一路"倡议誉为"人类历史上最大的协调基础设施投资计划""是和平时期真正的发展项目，既不应对武装冲突，也不应对任何明确的地缘政治议程，更不应对地缘战略敌人"①。"一带一路"倡议正在以其新理念、新做法，引领当今世界迈向非传统发展路径，其所凝聚的力量正在给世界发展中国家或地区带来希望与未来。

　　本书将"一带一路"倡议视为推动世界经济秩序变革的新兴结构性力量，重点探讨"一带一路"倡议重构世界经济体系的可能性和可行性。作为当今世界范围最广、规模最大的国际合作平台，"一带一路"倡议是世界工业化进程出现300年来从未有过的全球行动，无论是其发起者身份还是其设计理念，无论是其投入规模还是其所凝聚的新兴力量，都必将引发世界发展路径的变革，也必将对传统世界发展理念与模式起到改造或重塑作用。

　　与传统农业文明不同的是，当今世界经济体系是建立在工业文明基础之上。工业文明以其先进的生产方式彻底改变了千年以来人类生产与生活方式，其所带来的革命性变化，包括工业发达国家民众生活质量的提高以及社会进步，使得世界几乎所有国家不得不承认其存在的价值并争相学习，以改善本国民众的生存状态和国家整体发展状态。也正因此，中国提出的"一带一路"倡议并不是对当今世界经济体系的"革命"。

　　今天中国提出"一带一路"倡议，其实质是要"修补"现有体系的不足。发展到今天的工业文明早已不同于300年前，人类社会积累了越来越

---

①　Aisal Ahmed and Alexandre Lambert, *The Belt and Road Initiative: Geopolitical and Geoeconomic Aspects*, Routledge, January, 2022.

多的共性问题，如环境问题、公共产品问题等，仅仅依靠市场机制已难以解决。世界发展需要新理念、新机制，重塑世界财富增长机制、推动世界经济体系转型已是必然。世界经济体系的重构首先是思想基础的重构。自工业化进程启动以来，自由主义一直作为世界财富增长的主要理论依据而为各国所追捧。各国在自由主义思想的激励下纷纷效仿传统西方工业化国家，追逐自身的发展梦想，甚至很少想过各国国情不同、历史传承不同、面临的外部机遇不同，是否应该走出一条有自己发展特色的道路。如果说美西方发展属于"一部分人先富起来"的话，那么今天中国倡导的"一带一路"倡议则属于走"共同富裕"道路，即打破传统美西方发达国家狭隘的发展理念和发展路径，将全人类的共同发展置于世界经济体系框架之内，带动世界所有发展中国家走上工业化发展道路，最终实现共同发展。

共建"一带一路"是第一个以人的发展最大化作为宗旨的倡议，这就使其彻底有别于西方传统，即以资本利益最大化为宗旨的经济学。"一带一路"倡议是对西方传统发展形态的否定，目的是建立一种新的世界经济发展模式，其所谋求的世界经济体系不再以个人利益或中国利益最大化为唯一的追求目标，而是将他人利益、共同利益置于世界经济发展的框架体系之内，即从追求个人利益最大化、国家利益最大化转向考虑他人利益/共同利益，实现个人利益最大化和他人利益/共同利益最大化，使世界发展摆脱个人主义的思想束缚，进而完成世界工业化进程的彻底转型。这是"一带一路"倡议有别于西方传统发展路径的根本，也是中国理性选择的结果。换句话说，"一带一路"倡议将重塑世界发展思路，将西方国家极少关注的他国发展利益和世界共同利益作为自己追求的内容之一，或者说把他人利益/共同利益视为内生动力之一，通过对世界发展基本理念的重构，突破美西方国家传统的发展理念，进而搭建世界经济体系的新框架。例如，正确义利观的提出就是"一带一路"倡议重塑世界经济体系核心理念的集中代表，将人的发展最大化作为基本追求的理念，这就从根本上摆脱了西方传统对人的发展的无视，重置资本与人的关系，更多关注他人利益/共同利益。这也正是"一带一路"倡议对当今世界经济体系所要"修补"的内容，或者说，对当今世界经济体系进行"供给侧改革"，进而推动世界经济体系从不同质发展走向同质发展，从不平等发展走向平等发展，从部分发展走向共同发展，使得更多国家、更多人口享有工业文明成果。正如伊曼纽尔·沃勒斯坦指出的，"占人类四分之一的中国人民，将会在决定人类共同命运中起重大的作用"①。

《"一带一路"与世界经济体系构建研究》是本人于 2016 年主持并独立完成的国家社科基金重点项目（16AGJ003）。无论是在研究阶段还是结项后，均进行过多次修改，目的是力争出一本有益于"一带一路"建设的研究成果。存在的不妥之处敬请读者批评指正。在此，也感谢中国社会科学出版社，特别是喻苗、范娟荣等编辑人员对本书出版给予的大力支持。

赵江林

2023 年 3 月 7 日

---

① ［美］伊曼纽尔·沃勒斯坦：《现代世界体系》第 1 卷，高等教育出版社 1998 年版，中文译序第 6—7 页。

目录

第一章　导言

以工业文明为主导的世界经济体系既是经济社会发展规律客观作用的结果，也是人们主动作为的结果。根据马克思主义基本原理，物质决定意识，意识反过来作用于物质。当人类社会面临诸多发展问题时，人类的"意识"也将被重新启动。马克思指出："哲学家们只是用不同的方式解释世界，而问题在于改变世界。"① 改变世界就在于能够自觉地创造历史，走向历史自觉的高度。② 自人类社会步入工业文明阶段后，世界经济体系也随之进入一个崭新的发展阶段，与农耕文明有着本质不同的是，人类社会发展对"自然界"的依赖程度大幅下降，而对自身"聪明才智"的依赖则急剧上升，这使得世界经济体系在遵从经济社会发展规律的同时，也日益成为人们可以主动作为的活动空间。特别是在今天，人类再次站在发展的十字路口，各国既面临个性发展问题，也面临一些需要共同解决的难题，且共性难题正在超越个性难题，将人类社会带入一个需要重新思考整体发展的阶段，即如何实现有资源约束条件下的同质发展、平等发展、共同发展和可持续发展。

关于世界经济体系这一话题已有诸多"客观性"的研究，特别是当人类社会越来越成为一个紧密联系的整体时，人们也更多地站在世界整体发展的平台上，探寻人类未来的发展方向，这些探寻的目的无非有三个：一是了解人类社会的过去，过去的发展有哪些规律可循，可以为未来的发展提供哪些启示或经验；二是明确当今人类社会处于什么样的状态，有哪些问题要解决；三是基于过去对"规律"的认识和现实问题，描绘未来的蓝

---

① 《马克思恩格斯选集》第 1 卷，人民出版社 1995 年版，第 54—61 页。
② 彭冰冰：《论"人类命运共同体"的实质、内涵与意义》，《贵州社会科学》2017 年第 4 期。

图，提供未来的发展方向。在众多研究中，人们似乎更倾向于将世界经济体系看作是一个"客观存在"，在努力认识它、了解它，用它的过去来阐述未来。例如，西方建构主义兴起就是一个很好的例子。当现有的国际关系理论不足以解决现实问题时，西方对自身理论体系反思的结果就是，在现实主义和自由主义之外诞生了一个新的流派，即建构主义。①尽管马克思主义早已指出人类意识对客观世界具有积极的能动性，这也是人类社会区别于动物世界的主要根源，但是西方社会对当今世界经济体系的看法，不管是出于有意的"忽视"还是善意的"回避"，一直把现存的世界经济体系看作是对过去的一种继承和发展，换句话说，各国只能在既有的体系之下发展，却不可以变革这一体系本身。当今天这一体系已"千疮百孔"时，西方主流学派才意识到问题的严重性，一方面继续推崇自由主义模式，极力将自由主义理念传播至世界各地，以这种数量扩张而非质量提升的方式延续旧体系存在的价值；另一方面，则从理论上开始动用"意识"的价值，积极构建新理论，以解决体系存在的弊端，维持体系的正常运转。这是建构主义产生的时代背景，也是西方理论界对"意识"解决现实问题重要性的承认。在当下的世界经济体系面前，特别是在一个问题不断被累积的世界经济体系面前，西方理论界不得不"主动作为"，对现有体系进行一次新的挖掘和创造，以解决当今世界发展面临的问题，或者更确切地说，以更好地继续维持以"西方"为中心的既有体系和结构。建构主义的诞生表明世界体系是可以被"构建"的，世界体系存在的问题也是可以得到解决的。之后西方出现各种分支流派，一方面表达他们对现实的不满，另一方面也在为传统世界体系寻求新出路。与此同时，"一带一路"倡议的推出也是在与西方展开一次"理论"竞赛，只不过西方先从理论，而中国先从实践角度推出对世界"改造"的不同路径。"一带一路"倡议背后所具有的理论价值表明，世界经济体系需要重新被"构建"才能解决

---

① 秦亚青认为，"建构主义兴起伊始强调行动者的能动作用，提出无政府性是国家建构的，但其后成熟的研究议程集中到国际体系规范，强调国际规范对行动者行为的选择，从而大幅度回归原有主流理论的体系决定论。……强调行动者对国际体系和国际秩序的塑造作用"，他还认为，大量实践表明"行动者实践是更为重要的因素"，如东亚朝贡体系、威斯特伐利亚体系、日本幕府体系的研究即表明如此。参见秦亚青《国际体系、国际秩序与国家的战略选择》，《现代国际关系》2014年第7期。

现实问题，对此，中西方有着共同的认知。当然，我们不能被这种共同的认知所遮目，中西方在如何构建新的世界经济体系方面仍有着不同的思路和想法，因此西方和印度某些智库对"一带一路"倡议一直持有消极的看法。

基于上述，本书并不打算对绵延 300 年的世界经济体系进行客观描述或追踪，而是将更多的注意力放在探讨如何主动"构建"世界经济体系的一面，目的是更好地推进人类社会未来发展，为"一带一路"倡议这一新发展机制提供合法性支持。在这一过程中，中国需要破解体系构建过程中的难题或瓶颈，形成新的价值共识，如共同体建设问题、利他问题、主权问题、合法性问题等，使这一体系能够从根本上摆脱既有体系的价值观困扰，从而将人类社会发展置于新理念基础之上。当然，本书不是忽略世界经济体系内在运行的基本规律，而是更多关注世界经济体系的主观性一面，毕竟解决今天世界经济体系面临的问题更需要人们做一次主动选择。作为一种不同于以往的世界性发展方案，"一带一路"倡议对未来世界经济体系建设有着怎样不同的意义，其是否和如何破解世界经济体系转型面临的难题，这是本书重点探讨的内容。

一　研究背景

将"一带一路"倡议与世界经济体系构建作为研究主题主要出于如下考虑。

一是世界性因素。自人类社会步入工业文明阶段后，世界发展轨迹一直按照传统的西方模式进行。以"自由""平等""博爱"作为西方主导世界发展的价值观绵延 300 年，却并未能将世界发展福祉延至所有国家，世界上绝大多数国家仍处于"发展中"状态，至今仍有上亿人口处于极贫状态，或者说工业文明所创造出来的成果仍只为少数人所享有，多数人仍难以享有工业文明。除此之外，人类社会发展差距在经过 300 年之后，不是在缩小，反而是在扩大。统计数据表明，世界财富越来越集中在少数国家、少数人手中，当今世界最富有的国家人均收入高达 10 万美元以上，而有些国家人均收入仍维持在不足 1000 美元的水平。不仅国与国之间的差距是如此。即使在发达国家内部，人均收入差距也在拉大，据统计，美国越来越多的财富集中在少数人手中，而中产阶级人数却在下降，大有向低收入阶层流动的趋势。可以说工业文明不但没有带给人类社会以整体进步，相反却造成人类社会发展的鸿沟越来越大，世界性问题层出不穷。从图1–1和图1–2可以看出，世界工业化似乎进入一种"逆"行轨道，这其中固然有人口增长过快导致的结果，但是人均收入差距拉大却难以掩饰这一趋势。有些地区发展长期停滞，有些地区则战火不断，有的地区面临环境等非传统问题越来越突出。因此，当今天人类社会面临"发展赤字""和平赤字""治理赤字"时，习近平主席在联合国日内瓦总部演讲中曾发问："世界怎么了、我们怎么办？"[①]

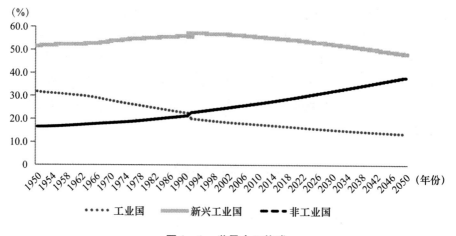

图 1–1　世界人口构成

资料来源：联合国贸易和发展会议（UNCTAD）。

二是发展中国家因素。如何解决发展中国家工业化问题是当今世界面临的主要难题。自工业文明出现以来，人类社会发展进入一个崭新的阶段，"人定胜天"终于可以将农耕文明时期的理想转化为现实。这种转变表明人类有一定能力挣脱大自然的束缚，按照自己的意愿来安排生活，把原先大自然所不能提供的或者不经过一番转化不能提供的东西可以由人类自己创造出来。人类可以享有经过自己努力获得的物质文明成果，当然，

---

① 《习近平谈治国理政》第2卷，外文出版社2017年版，第537页。

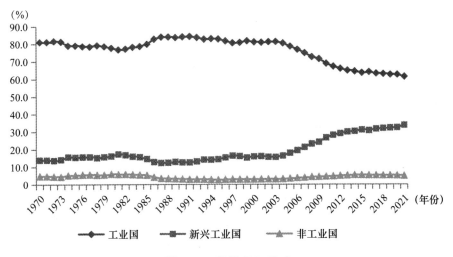

图 1 - 2　世界 GDP 构成

资料来源：联合国贸易和发展会议（UNCTAD）。

人类的精神生活也在随之改变。这正是工业文明带给我们的奇迹。正是这种奇迹使得更多尚未摆脱农耕文明的国家被工业文明的"景象"所吸引，努力改写自己的命运。但是，300 年的工业文明发展史似乎只允许部分国家享有工业文明的成果，而更多的发展中国家受制于多种因素始终未能如愿以偿。因此，当今世界发展的矛盾是如何实现从部分富裕向共同富裕转变，即为少数人所享有的工业文明如何造福世界上所有人。

　　三是中国因素。如何解决世界性发展难题，或者推动发展中国家完成工业化进程，使工业文明遍及世界，首要回答的问题是工业文明可以为人人所享有吗？迄今为止，或者说在中国步入工业化进程之前，这一问题是没有现成答案的。在现存世界经济体系之下，工业文明仅在人口规模不大的国家中得以实现，似乎工业文明仅能为少数国家所享有，还没有哪一个人口大国实现发展奇迹。然而，自中国推进改革开放之后，世界发展的轨迹却因中国的变化而发生改变。作为世界上最大的发展中国家，经过 40 多年的快速发展，中国从工业化初期阶段进入工业化中后期阶段，从劳动密集型阶段、资本密集型阶段向技术、知识密集型阶段过渡。中国通过工业化进程不仅使众多人口摆脱了绝对贫困状态，而且正在向高收入国家阶段迈进。可以说，中国工业化进程已向世界宣告，工业文明可以为人人所享有，这是中国工业化进程对世界贡献的核心价值所在。未来中国仍需向世界证明，第一，中国有能力实现从部分富裕向共同富裕转变这一宏大目标。2020年前完成的最后3000万人口脱贫进程的努力已将上述目标部分地转化为现实，自2021年起中国将不再以摆脱贫困为主要目标，而是以实现共同富裕为目标。第二，中国有能力顺利成为世界上第一个中高收入大国。党的十九届五中全会将中国成为世界中等发达国家水平的时间从2050年提前至2035年，加快成为中高收入国家这一目标的提出，表明中国有足够的实力成为中高收入大国。第三，中国式现代化向世界证明，工业化道路有多种模式，而非西方一种模式。西方300年的发展历程无法实现世界同质发展和共同富裕这一目标，而中国模式所具有的潜质要比西方模式更有利于支持工业文明世界化进程，这为全人类对美好生活的追求提供了另一种道路。

二 研究意义

本书主要探讨的是"一带一路"倡议对构建以同质发展、平等发展、共同发展和可持续发展为核心的世界经济体系的意义或价值，或者为什么说"一带一路"倡议是作为推动世界财富增长的新机制而存在的。尽管中国自身尚未完全完成工业化进程，但是中国将努力构建一种推进世界工业化进程的新模式，即通过与"一带一路"共建国家合作共同努力构建新的世界经济增长体系，从而协助世界绝大多数发展中国家完成工业化进程，并将世界经济体系推演到一个新的发展阶段。

第一，中国承认当今世界经济体系是一个"好"的体系。一是中国"无意"推翻现有的世界经济体系。中国是当今世界经济体系的直接受益者。自改革开放以来，中国经济规模扩张速度以及人均收入提高速度几乎是改革开放前的数倍。改革开放过程也是中国逐渐融入当今世界经济体系的过程，这一体系为中国提速经济增长提供了不可或缺的条件，如市场、技术和资源等。随着中国逐渐融入世界，最明显的变化是中国经济发展进程比过去大为缩短。以中印比较为例。改革开放前，中国和印度的经济发展差距主要取决于人口的规模。换句话说，两国人均收入水平增长速度大致保持同等水平，两国国内生产总值（以下简称"GDP"）的差距主要取决于人口规模，中国

GDP 是印度的 1.5 倍，这一比例甚至一直保持到 20 世纪 90 年代前。之后，两国发展轨迹发生了重大变化，即两国 GDP 扩张规模不再主要取决于人口规模，而是取决于人均收入水平的差距。由于中国先于印度实行改革开放，改革开放带来的经济效应在多年后也得以充分显现，2021 年，中国人均收入是印度的 5.5 倍，中国 GDP 规模是印度的 5.6 倍，人口规模对两国经济发展差距的解释份额已降至最低水平，甚至可以忽略不计。由此可见，中国是当今世界经济体的坚定维护者，而不是革命者。二是中国"无力"推翻现有的世界经济体系。从规模上看，根据国际货币基金组织统计，2021 年，世界 GDP 规模是 970761 亿美元，美国是 229961 亿美元，而中国只有 177446 亿美元，世界 GDP 总规模是中国的 5.5 倍，美国是中国的 1.3 倍。从质量上看，中国与美国在科技实力上仍存在较大差距。根据世界知识产权组织发布的 2022 年全球创新指数报告，美国创新指数排名居世界第 2 位，而中国排名为第 11 位。三是中国"不应"推翻现有的世界经济体系。即使中国有意愿、有能力推翻现有的世界经济体系，中国所建立的新的世界经济体系也与传统体系一样，是由市场机制起基础作用，就此，中国所创建的新体系与传统世界经济体系是同质的。蔡斯－邓恩认为，"社会主义国家并不构成独立于资本主义生产方式的国家间体系，它们是更大的资本主义世界体系的组成部分"[①]。换言之，作为社会主义国家，中国的发展并不引致世界经济体系运行的基本规律发生改变，市场仍是世界经济体系得以持续运转下去的基础力量，任何国家都不能改变现代世界体系的基本性质和运转原则，除非这个国家以某种新的生产方式实现崛起，且这种新的生产方式彰显出能够取代现有的世界经济运行方式，并向所有国家进行渗透和扩散。

第二，中国认为当今的世界经济体系是一个"坏"的体系。必须承认的是，当今世界经济体系天然存在着某种不足，即缺乏对发展的包容，缺乏对他人利益/共同利益的关注。与农耕时期财富增长机制不同的是，当今世界经济体系是以西方国家长期倡导的自由主义理念为思想基础，充分发挥市场机制在世界财富增长中的作用。实践证明，西方国家在自由主义

---

① W. Ladd Hollist and James N. Rosenau eds., *World System Structure: Continuity and Change*, California: SAGE Publications, Inc, 1981, p. 52.

思想引领下，通过不断创立以维护市场机制运行为目的的规章制度，成为当今世界上最为发达的国家。然而，基于自由主义理念所建立起来的世界财富增长机制或世界经济体系，却不得不面临将自由主义或市场机制发挥到极致所带来的内在弊端。这一体系不得不面对西方市场有限需求与世界生产无限供给之间的矛盾。当世界生产或供给超过西方需求的时候，国际金融危机爆发的可能性就会增加。如果要维持传统世界经济体系的运转，世界生产不得不被限定在一定的规模范围内，而这又导致参与世界经济体系的发展中国家难以有充足的发展空间，甚至部分国家不得不被永久性地锁定在"发展中"状态上。世界经济体系自创建以来，一直在鼓励一部分国家先富起来，通过参与世界市场竞争，攫取国家财富的增长，这种看似平等的运行机制，其结果是只有少部分人享有工业文明的成果。根据联合国贸易和发展会议（以下简称"联合国贸发会"，UNCTAD）统计资料，2021年世界人口总计为79.09亿人，发达国家人口为13.4亿人，占全部人口的17%，换句话说，真正享有工业文明的人口占世界不到20%，大部分国家或大部分人口仅享有半程工业文明，甚至还有数亿人口生活在极度贫困状态上。300年的工业化进程只解决了世界少部分人口的生活品质问题。联合国贸发会预测，到2050年，全球人口将接近百亿，是1950年人口规模的将近4倍，增长的大部分人口来自发展中国家，发达国家人口占世界人口的比重将进一步下降到13.7%。也就是说，一百年间，世界享有工业化成果的人口比重不是上升而是下降。当然，如果考虑像中国这样的人口大国到2035年前后能够如期达到目前高收入国家水平的话（根据十九届五中全会确立的最新发展目标），中国将被视为发达国家，届时世界工业化人口将有可能翻一番。按照目前世界银行确定的收入标准来推算，高收入人口占全球人口比重将从1950年的27%，下降到2020年的16.2%、2050年的13.6%；中高收入人口占比从1950年的39.5%下降到2020年的34.1%和2050年的28.8%；中低收入人口从1950年的28.2%上升到2020年的39.7%和2050年的42.5%；低收入人口占比从1950年的5.2%上升到2020年的10%和2050年的15.1%。按照联合国国家划分标准（即工业国、新兴工业国和非工业国），1950年工业国和新兴工业国人口合计占全部人口的比重为83.4%，到2020年降为70.7%，2050年降为61.7%。其中，工业国人口占全球人口比重从1950年的31.8%，下降到 2020 年的 16.5%、2050 年的 13.6%，而非工业国人口占比从 1950 年的 16.6% 上升为 2020 年的 29.3%、2050 年的 38.3%。不管从何种角度划分，世界仍有相当一部分人口尚未接触或较少接触到工业文明，这部分人口规模随着世界发展不是减少而是呈相反趋势。

本书将在以下三个方面与现有研究有所不同。

第一，理论贡献。迄今为止，现有的工业化理论仅限于对一国工业化开展分析与研究工作，对于如何实现世界工业化进程尚未开展研讨。历史上看，西方国家也曾引领过世界工业化进程，如英国开创了世界工业文明，自身也成为"日不落"帝国，但是这种工业化进程只是为顺利推动本国工业化进程而进行的，其目的不是以推进世界工业化进程为主。第二次世界大战后美国主导东亚地区的工业化进程，并与东亚地区建立了一种区域层面的供求平衡关系，即美国作为消费者，东亚作为生产者，这种结构维持了近半个世纪，可以说美国与东亚之间建立的合作模式是一种新型的世界工业化进程模式，但是这种模式有其局限性，受限于市场规模一端的影响，这种工业化模式难以扩展到世界其他地区，因此难以成为推进工业世界化的样板。今天的中国则基于本国工业化实践，将自身发展与世界工业化进程紧密结合起来，进而建立起世界上从未有过的世界级供求关系。在这一过程中，中国谋求的是既不基于武力也有别于传统的发达国家与发展中国家关系，通过改善当今世界经济供求失衡的状态，发展中国家工业化进程将更具有实现的可能性和可行性。因此，本书主要是探讨新的有别于西方传统的工业世界化路径，一个将他人利益/共同利益纳入世界经济体系中的工业化理论。

第二，现实意义。如何实现从部分富裕到共同富裕，西方的答案是继续沿用以个人利益为中心的自由主义传统。事实证明，西方这一传统模式正在遭遇现实的否定。2008 年爆发的国际金融危机标志着西方自由主义发展观的终结，或者说西方自由主义已不适用于今天发展问题的解决，发展赤字的存在表明传统西方自由主义模式不足以解决全球性问题，需要构建新型发展模式。而中国正在推进的"一带一路"倡议将从理念与实践层面给予世界发展难题解决以新的路径。中国扶贫行动完成了一部分人先富起来的历史使命，从而开启人口大国走向共同富裕的道路，这将为世界工业化进程提供现实发展路径，同时中国将通过"一带一路"倡议与诸多国家共同完成世界级经济结构转型，也就是说，今天的中国经济结构调整不是单纯意义上的国内结构调整，而是与外界联动发展的结构性调整。因此，"一带一路"倡议自诞生之日起便具有世界属性，从而开启工业文明世界化新进程。

第三，学术价值。国内外对中国与世界经济体系关系的研究侧重于从世界体系角度探讨两者关系的趋势性变化特征，即以中国为核心的新的世界经济体系正在逐渐取代传统的以西方为核心的世界经济体系，对于中国如何改写其与世界经济体系的关系，其现实路径和内在逻辑是什么，则研究相对较少。本书认为，"一带一路"倡议是第一个将人的发展最大化作为宗旨的全球性倡议，这就使其彻底有别于西方传统，即以资本利益最大化为宗旨的经济学。"一带一路"倡议以追求资本利益最大化和人的发展最大化为目标，在追求资本利益最大化时，不忽视人的发展最大化，而在追求人的发展最大化时，也不忽视资本利益最大化，这是对资本和人之间关系的再调整。如果说"一带一路"倡议追求的是单方面资本利益最大化，那么其与传统西方经济学理论没有什么差别，正是因为"一带一路"倡议追求的是多方利益最大化，才开创了不同于传统西方经济学的世界发展新理论，这也是为什么"一带一路"倡议能够被称为互利共赢之路的前提。

三 文献综述

本书涉及的文献主要有三部分内容：一是关于世界经济体系本身的研究；二是作为世界经济体系研究的分支，对中国与世界经济体系关系的研究；三是关于"一带一路"倡议与世界经济体系关系的研究。

（一）关于世界经济体系研究

根据龙向阳的看法，世界体系思想虽然产生于 20 世纪 70 年代，但是其思想发展脉络却始自 20 世纪 60 年代对发展理论和现代化理论的批判。国外特别是美国对世界经济体系的研究更为系统化和理论化，并成为世界体系论的原创地。这一学派自第二次世界大战之后开始逐渐崭露头角，并由沃勒斯坦等人完成理论体系构建工作，主要代表性成果是沃勒斯坦的《现代世界体系》。沃勒斯坦从世界整体角度出发，研究现代世界形成、发展的演化进程，并诞生了颇有影响力的世界体系论。世界体系论之所以兴起，是因为 20 世纪 70 年代以来美国呈现逐渐衰落的走势，美国学者开始关注如何从理论上支持美国继续维持其统治地位的问题，并从世界角度给予回答。这一体系创立的初衷是希望从关注第三世界发展做起，寻求延长美国治下的答案。自世界体系论诞生之后，部分西方学者继续对沃勒斯坦的"世界体系论"作进一步深入研究，如 Gerald Epstein、Stephen D. Krasner、布罗代尔等人。当然，这一派系的答案并不令人满意，特别是这一理论体系直指美国治下的世界经济体系必将走向衰落，因而未能在美国理论界中获得特别重要的地位，而只是被当作一个流派。①

首先，沃勒斯坦研究的历史时期较为独特。其《现代世界体系》勾画了世界体系从 16 世纪到当代的演进过程。在这一长周期中，又划分为四个时段，即 1450—1640 年、1600—1750 年、1730—1840 年、从 1917 年到目前的"资本主义世界经济体的巩固以及这种巩固引发的特殊'革命'的紧张局势"②。这几个时期大致可被称为"前资本主义""资本主义兴起""资本主义发展""资本主义兴盛"。沃勒斯坦认为过去的几百年不同于之前的人类社会任何时期，可以称为一个相对独立的发展阶段，也可称为"世界性体系"。

其次，沃勒斯坦在研究对象上也做到了与众不同，即将研究集中在"描述整个体系结构的演进"。正如沃勒斯坦在《现代世界体系》第一卷中文版序言中指出的那样，现代世界体系是一个从欧洲向世界扩张的进程，"所谓世界体系就是一个社会体系，它具有范围、结构、成员集团、合理规则和凝聚力，这个定义基于这样的事实，即这个体系内生活的大体上是独立的，而且这个体系发展的原动力大体上是内在的"③。沃勒斯坦认为，现代世界体系有其内在的运行规律，而且研究的起点是工业革命，重点是工业文明如何从欧洲兴起并延伸至世界各地。就此来看，沃勒斯坦的研究有其独到一面，能够从纷杂的世界发展中提炼出有价值的内容，因

---

① 在国际关系领域，"世界体系论"始终没有与现实主义、自由主义占据同等重要的位置。

② ［美］伊曼纽尔·沃勒斯坦：《现代世界体系》第 1 卷，高等教育出版社 1998 年版，中文译序第 4 页。

③ ［美］伊曼纽尔·沃勒斯坦：《现代世界体系》第 1 卷，高等教育出版社 1998 年版，第 460—461 页。

此，有人认为沃勒斯坦的"世界体系论"直接承袭了马克思、恩格斯关于世界体系论的论述，并认为马克思、恩格斯才是真正的世界体系论者。如，胡键认为，沃勒斯坦是"世界体系论"的概括者，并在此基础上发展了马克思的世界体系思想。① 当然沃勒斯坦也对重大事件给予高度关注，这是因为特殊事件有助于理解世界经济体系发生变革的原因，同时特殊事件往往是重大制度变革的转折点，更有助于加深人们对世界经济体系变革的理解。②

沃勒斯坦对世界体系的认定首先从经济方面起步。沃勒斯坦认为，资本主义阶段的世界体系之所以有别于历史上其他时期的世界，主要在于联系人与人、国与国之间的纽带——经济得到充分展开，使得这一时段的"世界性体系"更主要地表现为经济的世界体系或者"世界性经济体系"，即"资本主义的世界经济体"是世界上"前所未有"的社会体系，这也是现代世界体系有别于历史上任何一个时代世界体系的主要特征，这一特征首先是一个经济实体，而不是一个政治实体。在资本主义世界经济体系出现以前，人类社会构建的世界体系是一个由众多分散的、毫无内在联系的"帝国、城邦和正在出现的'民族国家'"构成的，在某种程度上可以说是政治组合体，一旦遭遇内部或外部的冲击，很容易解体。在资本主义出现之后，世界体系才真正成为一个"'世界'体系，并非由于它囊括了整个世界，而是由于它大于任何从法律上定义的政治单位。它还是一个'世界经济体'，因为这个体系各部分之间的基本联系是经济的（以广泛劳动分工为基础的），尽管这种联系在某种程度上是由文化联系而加强的，并且最终由政治安排甚至联盟结构而加强的"③。沃勒斯坦认为，现代世界体系是不同于其他社会体系的实体，"世界体系的生命力由冲突的各种力量构成"④，因此世界体系是一个有机体，有生命周期。正因为采取了资本主义世界经济体系，

---

① 胡键：《从个体的资本到世界联系的体系——关于马克思恩格斯世界体系理论的研究》，《社会科学》2013 年第 10 期。

② [美] 伊曼纽尔·沃勒斯坦：《现代世界体系》第 1 卷，高等教育出版社 1998 年版，第 7 页。

③ [美] 伊曼纽尔·沃勒斯坦：《现代世界体系》第 1 卷，高等教育出版社 1998 年版，第 12 页。

④ [美] 伊曼纽尔·沃勒斯坦：《现代世界体系》第 1 卷，高等教育出版社 1998 年版，第 347—348 页。

世界才得以发生以下根本性的变化：一是世界被连接为一体；二是不同国家在该体系中的地位不断变换，如霸权的兴衰，中心区、边缘区以及半边缘区在百年历程中不停发生变化；三是这一体系延续至今，其进程仍未终结，"已经经历了一个长期演化的过程，包括生产技术的进步、工业化、无产阶级化以及对这种制度本身的结构性的政治抵制力量的出现——这种转化今天仍在继续"①。

综上来看，沃勒斯坦对世界体系理论的贡献在于，揭示了资本主义世界经济体系所具有的历史发展的阶段性特征，是资本主义内在运行规律作用的结果，在这一体系未得到充分发展之前，是不会退出历史舞台的，同时，该体系延续至今，与之前人类发展阶段相比具有质的不同，是人类发展史上的一次重大飞跃。但是，过去几百年来，在体系内部，其基本性质并没有发生根本性变化，其所呈现出来的等级性，即中心区、边缘区以及半边缘区仍是当代世界经济体系的一个突出特征。当然，作为一个等级体系，其内部结构却在不停地变换着，即在中心区、半边缘区和边缘区之间不断转换。

沃勒斯坦之后，还有部分西方学者相继从其他角度开始对世界体系进行解读，如贡德·弗兰克等人的世界体系研究。② 张建新认为，世界体系论虽然最早由沃勒斯坦创立，但是到了 20 世纪 80 年代初，这个理论内部发生分化，形成了分别以沃勒斯坦和弗兰克为代表的两大"世界体系论"流派，即"诸世界体系"和"单一世界体系"的对立。③ 不过，无论是沃勒斯坦还是弗兰克，他们的"世界体系论"都不能为美国政界提供延缓美国衰落的理论支撑，因而也仅停滞在学术范围内的理论争议上了。

自西方兴起世界体系论之后，特别是中国力量兴起之后，国内学者们

————————

① ［美］伊曼纽尔·沃勒斯坦：《现代世界体系》第 2 卷，高等教育出版社 1998 年版，序言第 6 页。

② 根据一般定义，"世界—体系"流派是按照部分分析整体的路径，以多元的"世界—体系"（World Systems）为单位分析世界发展进程的。代表人物主要有特里斯·霍普金斯、阿芮盖、萨米尔·阿明和蔡斯－邓恩等。"世界体系"流派是按照整体分析整体的路径，以单一的"世界体系"（World System）为单位来分析世界发展进程的。1974 年，伊曼纽尔·沃勒斯坦出版的《现代世界体系》是代表性作品。不管是哪一个流派，主要目的是探究世界发展变迁过程，总结发展规律，并指出未来人类社会发展道路。参见龙向阳《世界体系思想的流派与评论》，《暨南学报》（人文科学与社会科学版）2004 年第 1 期。

③ 张建新：《大国崛起与世界体系变革——世界体系理论的视角》，《国际观察》2011 年第 2 期。

也开始加大对世界经济体系的关注。赵景峰对此进行了较为全面的概述，认为世界经济体系是世界各国与各地区经济在国际分工和世界市场的基础上，通过商品和各种生产要素的国际流动而形成的相互联系、相互依赖的世界经济体系。世界经济体系是由各国经济相互依存、相互联系而形成的一个有机整体，这一体系不是各国经济机械的、简单的加总，而是极其庞大、复杂。其运动规律也不是单个国家经济运动规律连接的简单延伸，而是在世界范围内通过各种经济纽带将各国经济紧密联结而成。其所进行的生产、分配、交换、消费等经济活动的总和构成了现代世界经济体系这一有机整体，是在国别经济基础之上形成的世界经济体系。每一个国家、每一个民众都有可能与世界发生各种各样的经济联系，各国各地区在世界分工中的地位也不同，这样整个世界因为经济纽带被紧密地连接在一起。[①]类似的言论见于连平[②]、宋则行等[③]、金涛[④]、仇启华[⑤]，等等。从世界整体角度出发看待世界经济体系运行、各国在其中的地位变化以及国与国之间的关系，改变了人们对诸多问题的认识。如，王晓东、赵勍升认为，世界经济体系正在向地缘多极化发展，包括中国在内的 29 个国家（地区）成为世界经济体系的中心国家（地区）。[⑥]过去人们主要从国家角度看待一国发展，如果涉及外部世界，则从一国需要来讨论世界问题，而现在则从世界角度看待一国发展，从外部世界能否满足本国需要来讨论国家问题，将国家发展置于整个世界框架之下，国家发展不再是一个独立现象，而是与世界发展息息相关。

对世界经济体系产生发展的规律性研究有助于我们更好地认识世界经济体系未来的发展方向，引导我们为建设更好的世界经济体系提出变革的建议。学者们普遍认为，市场经济制度是世界经济体系的制度基础。如，赵景峰认为，尽管不同于一国范围内的市场经济，但是世界经济体系基本遵循市

---

① 赵景峰：《世界经济体系：演进与发展趋势》，中国社会科学出版社 2016 年版，第 1 页。
② 连平：《论世界经济体系》，《世界经济》1987 年第 10 期。
③ 宋则行、樊亢主编：《世界经济史》（上卷），经济科学出版社 1994 年版。
④ 金涛：《多元一体的世界经济体系与全球化》，《现代国际关系》1998 年第 5 期。
⑤ 仇启华：《世界经济学》，中共中央党校出版社 1989 年版，第 2 页。
⑥ 王晓东、赵勍升：《世界经济体系地缘多极化发展研究》，《开发研究》2022 年第 3 期。

场经济的运行原则和规律。①一些研究表明，世界经济体系扩张很大程度上也是市场扩张的结果。王永钦等认为，市场的积极作用在于极大地利用"不同要素的互补性，克服资本积累过程中出现的资本边际报酬递减的问题"，从而加快市场范围的拓展和经济增长。张旭认为，科技革命与分工相互促进是最直接影响世界经济体系变迁及其基本格局的基本力量。②世界经济体系扩张也不是盲目实现的，市场制度在这里起到规范各国行为的作用，使得世界市场扩张、世界经济体系的延展能够在有序的状态下得以实现，"整个社会将从关系型社会向规则型社会过渡"③。当然，世界经济体系在其形成和发展过程中，碰到的第一个障碍是如何突破民族国家的地域疆界，世界经济体系形成的本质是市场超越一国疆界而在更大的空间上形成一个有机整体。但是在现实中人们发现，世界经济体系一直在不稳定运行，世界市场时常被某些国家所干预，因此，除了加强对世界经济体系本身研究之外，人们也日益兴起对市场与国家关系的研究兴趣，国际政治经济学作为一门新兴的学科由此诞生。

世界经济体系存在的结构性问题也引导人们重新思考现有世界经济体系不足以及可以改进的方面。这一结构性问题就是人们长期争论的中心——边缘理论。乔万尼·阿瑞吉在沃勒斯坦的研究基础上认为，世界资本主义体系是不断扩张的。一是尽管世界资本主义体系存活了几百年，但是其本质是不断扩张的，这种扩张不是泛指地理空间上的扩张，而是指资本主义经济体系从中心地区向边缘地区不断进行扩张，其扩张的结果导致"边缘地区的剩余价值不断流向中心地区"，由此导致不平等加剧。二是世界资本主义体系扩张呈周期性变化。三是世界资本主义体系扩张具有内源性力量。阿瑞吉认为，金融扩张是体系扩张的内源性力量，特别是从20世纪70年代以来，金融扩张成为世界资本主义体系扩张的"发动机"，正因此，金融危机成为影响资本主义经济体系最深刻、最广泛的经济危机。④

① 赵景峰：《世界经济体系：演进与发展趋势》，中国社会科学出版社2016年版，第3页。
② 张旭：《科技革命、分工与现代世界经济体系的变迁和当代格局》，中国经济规律研究会第23届年会暨第2届全国马克思主义经济学论坛论文集，2013年。
③ 王永钦、陆铭：《千年史的经济学：一个包含市场范围、经济增长和合约形式的理论》，《世界经济》2007年第10期。
④ 吴苑华：《回归东方：世界体系的中心转移——乔万尼·阿瑞吉的世界体系理论析评》，《华侨大学学报》（哲学社会科学版）2013年第3期。

程同顺认为，沃勒斯坦的世界体系论为探讨当代发达与不发达关系的问题开创了一条新路，是对西方经济发展理论和依附论的重要补充和发展，有力地批判了西方中心主义。[①] 曾伟认为，当今资本主义世界经济体系是一种剥削体系，经济剩余通过贸易、投资与援助三种主要方式源源不断地从不发达国家向发达国家转移，这就造成了不发达国家长期"落后"的状态。第二次世界大战之后世界经济体系的"中心—边缘"特征不但没有得到校正，反而还被不断强化。为改变不发达国家落后状态，有必要找出源头，一是改变不发达国家在国际分工体系中的从属地位；二是改变不发达国家经济发展环境或条件；三是修正不发达国家特殊的外向型经济增长模式，"中国模式"可以为不发达国家提供相关借鉴。[②] 张全景认为，20 世纪 80—90 年代以来，伴随着经济全球化、信息化的发展，资本主义获得了又一次发展，借助金融资本在全球范围内的扩张，资本主义的发展达到了前所未有的高度，形成了金融帝国主义世界体系，但垄断性、寄生性、腐朽性仍然是金融帝国主义世界体系的根本属性。在金融危机的刺激下，金融资本主义体系正在进一步走向崩溃。

　　除了物质层面的变迁之外，人们也关注到世界经济体系运行背后的理念问题。自由主义思想是否构成世界经济体系的主导理念，决定了世界经济体系是否有可能走向创新还是抱残守缺？1989 年，美国学者弗朗西斯·福山在《国家利益》上发表了一篇题为"历史的终结"的论文，[③] 引起了较大轰动。该文所谓的历史终结就是自由民主理念成为"人类政治的最佳选择"，不管之前曾经出现过什么主导过人类社会的理念，自由民主以无可匹敌的优势向人们宣告，西方民主制是人类历史上最完美的政治形式，民主在全人类普遍实现后，就再没有一种比民主制更高级、更合理、更富身体力行的政体去代替它，它之后的人类历史只会是在平面上做量的完善，而不会有向质的方面发展的可能，即人类历史在民主制普遍实现之后就走到了它的终点，因而人类政治进程的历史就结束了。然而事实表明，一些国家对发展道路进行不同于西方模式的选择并取得成功，证明世界经

---

　　① 程同顺：《沃勒斯坦的世界体系论》，《教学与研究》1999 年第 6 期。

　　② 曾伟：《如何看待当代世界经济体系中的"不发达"与资本主义发展模式——从保罗·巴兰"经济剩余论"的新视野》，《现代经济探讨》2012 年第 10 期。

　　③ 弗朗西斯·福山之后在此基础上整理成书，即《历史的终结和最后的人》。

济体系未来发展仍具有较大的可调整空间，是需要人们不断探索的，与此同时，世界发展任务并未随意识形态的终结而终结。威廉·麦克尼尔指出，"只有发展一种世界范围的史观，才能有充分空间容纳人类全部复杂性所造成的多样化事实"①。苏联解体被视为西方民主制度的现实胜利，然而西方政府面对疫情毫无作为，任由疫情肆虐，我们又怎样来评说西方民主制度的好处呢？事实上，已有西方学者提出，"（中西方）在应对新冠病毒大流行及其社会后果方面的巨大差异使中国成为制度竞争的合法胜利者""社会制度本身并不是目的。必须通过如何克服危机来衡量其优劣"②。当看到 2021 年美国国会大厦遭到冲击的时候，甚至连福山也不得不承认美国"制度过于僵化，无法自我革新"③。可见，丰富多彩的人类发展史刚刚展现了其历史画卷，何谈历史的终结呢？

（二）关于中国与世界经济体系关系的研究

自改革开放以后，随着中国与世界联系日益密切，国内开始关注世界经济体系和世界经济格局的研究，目的是如何使中国更多地从该体系中受益，并能够实现顺势崛起的大目标。④ 进入 20 世纪 90 年代中后期，随着中

---

① ［美］威廉·麦克尼尔：《西方的兴起：人类共同体史》，孙岳、陈志坚、于展等译，中信出版社 2015 年版，第 6 页。
② ［德］于尔根·格哈茨、米夏埃尔·齐恩：《中国在制度比较中胜出》，德国《法兰克福汇报》2021 年 1 月 13 日。
③ ［美］弗朗西斯·福山：《美国政治已经腐败透顶了吗？》，冠群译，观察者网，2021 年 1 月 30 日，https：//m. guancha. cn/FuLangXiSi－FuShan/2021_01_30_579725. shtml？ s = wapzwyzzwzbt.
④ 宿景祥：《世界经济体系与世界经济格局》，《现代国际关系》2001 年第 2 期；何帆：《相互依存：观察世界经济的一个重要视角》，《求是》2004 年第 21 期；张建新：《后西方国际体系与东方的兴起》，《世界经济与政治》2012 年第 5 期；张玉环、李巍：《自由贸易协定的政治经济学研究述评》，《国际政治研究》2014 年第 2 期；竺彩华、冯兴艳：《世界经济体系演进与巨型 FTA 谈判》，《外交评论》2015 年第 3 期；曹广伟、何章银、杜清华：《经济危机与世界经济体系的演变》，《世界经济与政治论坛》2013 年第 4 期；陈凤英：《新兴经济体与 21 世纪世界经济体系变迁》，《外交评论》2011 年第 3 期；陈淑梅：《世界经济多极化、贸易红利与经济增长——以美国力主 TPP 和 TAP 谈判为例》，《现代经济探讨》2013 年第 10 期；王雷：《美国金融危机与国际政治经济秩序变迁》，《外交评论》2009 年第 1 期；徐崇利：《新兴国家崛起与构建国际经济新秩序——以中国的路径选择为视角》，《中国社会科学》2012 年第 10 期；赵金龙：《美国 TPP 战略的动机及其东北亚经济一体化的影响研究》，《东北亚论坛》2012 年第 6 期；朱丰根：《中国资本项目自由开放的基本条件剖析》，《现代经济探讨》2013 年第 6 期。

国经济实力的增长，中国学者除翻译与世界体系论有关的主要学术著作外，还将其与马克思主义相关理论进行比较，如胡键、吴苑华等人对现实世界的经济体系特征进行研究，如罗荣渠、张康之、张建新、夏立平、王湘穗等将世界体系论引入国内的学术界当中。进入 21 世纪，中国在世界经济中的地位获得进一步提升，也进一步激发了国内外学者对中国与世界经济体系关系的研究兴趣。国内部分学者开始从关注世界体系理论本身转向关注中国与世界关系的现实研究，特别是更多地探讨中国在世界经济体系中的地位及其变化，如王正毅、张幼文、徐明棋、刘相平、田军[①]、张向军[②]、王维、张运成等人，并探讨中美两个大国新型关系研究，如朱锋、胡欣、林利民等。学者重点讨论了几个问题：一是中国参与到世界经济体系对世界经济体系演变的积极意义；二是中国能否突破传统认知的中心—边缘框架；三是中国是否会为未来世界经济体系提供新的发展模式？可以说，中国学者正在以世界经济观来看待中国未来发展，而不再仅仅局限于中国经济发展观，这为后来"一带一路"倡议的诞生起到一定的推动作用。

第一，世界体系是变化的，中国必将引发世界经济体系的变革。王湘穗认为，资本主义从兴起到扩张再走向式微，是一个历史发展的必然趋势，在这一过程中先后出现过多个体系，如，伊比利亚—热那亚体系、荷兰体系、英国体系和美国体系。目前，美式体系也已进入衰变期，2008 年爆发的国际金融危机就是美国体系的大危机，必将导致美式全球化体系的终结。随着美式体系的衰落，世界将进入一个依赖自身和区域合作的时期，中心—边缘结构将被网络式结构所取代，世界经济体系将迈向更加公平、更多合作的全球化新体系。[③] 张建新认为，以沃勒斯坦和弗兰克为代表的世界体系论为大国崛起提供了一个极有价值的解释框架，根据世界体系论，中国崛起有其正当性，理性地看，中国尚处于从世界体系的半边缘国家向中心国家位移的阶段，并且仍然深受世界体系中不平等劳动分工和不平等交换体系的制约，不可能对美国及西方世界构成威胁，同时，中国在世界体

---

① 田军：《"中心"与"边缘"——世界体系论视角的中国世界工厂定位》，《日本问题研究》2005 年第 4 期。

② 张向军、李田贵：《沃勒斯坦世界体系论与中国的和平发展理念》，《当代世界与社会主义》2005 年第 5 期。

③ 王湘穗：《美式全球化的终结与世界体系的未来》，《政治经济学评论》2014 年第 3 期。

系"社会化"中崛起也不可能改变现存世界体系的性质、结构及其运行规律，中国改变的是增强世界多极化走势与国际关系民主化的力量。①

与现实主义、自由主义和建构主义等理论不同的是，世界体系论是从世界角度对中国崛起进行解释工作。刘相平认为，作为社会主义国家，中国加入世界经济体系必然会改变现代世界经济体系的性质②，因此，更应从世界视角认真思考如何建设一个国际政治经济新秩序③。王正毅认为，中国经济崛起究竟是世界体系发展的延续和补充，还是作为一种独特的发展模式对世界体系的终结？这是一个在国际国内学术界引起广泛争论的学术命题。自世界经济体系形成后，过去 300 年中每一个国家的兴衰都离不开世界体系这一大背景，中国改革开放的成功同样与其不断融入这个延续至今的"世界体系"密不可分，未来中国与世界体系的关系究竟如何变化，两者如何互动并没有现成的答案。④ 张幼文等认为，中国在融入世界经济体系的进程中获得了发展，反过来又对世界经济体系产生了深刻影响。⑤ 张运成认为，中国是在这个体系内发展起来的最大受益者，目前尚难看出需要去打破这个体系的迫切性。⑥ 翟婵、程恩富认为，中国有其自身特性，须用"准中心"这一新概念来客观描述和界定 2012 年以来中国在世界经济体系中的地位和作用。⑦

在研究中国与世界经济体系互动关系过程中，中美关系也被纳入研究系列中来，主要原因在于中国实力增长以及对世界未来可能引发的结构性改变将中美关系置于这种变化的顶端之上，如何解决好中美关系问题事关中国崛起本身，更关乎世界经济体系未来发展的变化方向，因此，中国学者加紧论证中美关系存在的根本性矛盾以及解决路径，如阎学通、

---

① 张建新：《大国崛起与世界体系变革——世界体系理论的视角》，《国际观察》2011 年第 2 期。

② 刘相平：《社会主义中国与世界之关系析论——以世界体系论为视角的历史考察》，《世界经济与政治论坛》2009 年第 1 期。

③ 李相万：《世界体系与中国后期现代化：政治经济学层面的分析》，《江苏行政学院学报》2005 年第 3 期。

④ 王正毅：《中国崛起：世界体系发展的终结还是延续？》，《国际安全研究》2013 年第 3 期。

⑤ 张幼文、梁军：《中国发展对世界经济体系的影响》，《世界经济研究》2006 年第 10 期。

⑥ 张运成：《简析世界经济体系"再平衡"》，《现代国际关系》2014 年第 7 期。

⑦ 翟婵、程恩富：《中国正处于世界经济体系的"准中心"地位——确立"中心—准中心—半外围—外围"新理论》，《上海经济研究》2019 年第 10 期。

秦亚青①等。王维等认为，世界主要国家实力相对变化决定了世界经济体系的演化过程和未来发展方向，新兴市场国家正在成为新的世界经济体系建设的重要力量，未来中国与美国将在互动和竞争中确立彼此的关系。②同期的国外学者同样对中国与世界经济体系的关系展开相关研究，如乔万尼·阿瑞吉、D. F. 西蒙、法里德·扎卡利亚、Zachary Karabell，Superfusion 等人。他们较为一致的观点是中国崛起正在改变世界。上述国内外研究的基本结论是中国在世界经济体系中的地位逐步提升，中国与美国在世界经济体系中地位互换是可预期的。事实上，人们更期待，世界上两个最大的经济体能够加强合作，带来一个公正、合理的世界经济新秩序。

第二，中国将有可能改变世界中心—边缘传统框架。夏立平认为，国际金融危机加速了世界经济体系传统意义上的板块松动，由"中心—边缘"结构向板块与网络并存结构转变，世界正在走向一个没有霸权、力量相对均衡的国际秩序。③ 这一转变的主要力量是区域主义的兴起、部分边缘国家的跨越式发展、新科技革命发展提速等，带来的主要影响包括：发达国家贸易保护主义兴起、世界经济重心从大西洋地区向亚太地区转移、发展中国家在国际经济机制中发言权增加。张康之等认为，中心—边缘结构之所以稳定是因为中心国对技术创新的垄断，边缘国只能接受这一现实，但是这种情况已对人类社会的共生共存造成了威胁。④ 法里德·扎卡利亚认为，进入 21 世纪后，以美国为中心的世界经济体系正在发生巨变，而引发这种巨变的是来自中国的挑战。⑤ 根据上述研究，中国仍不是世界经济体系中的中心国家，但是凭借其经济实力和技术实力，中国不可能永久地停留在非中心国的位置上，更有可能向中心国地位迁移。目前中国在5G、人工智能等领域取得的成绩表明，中国有能力实现自身在世界经济体

---

① 随着中国成为世界第二大经济体及其综合国力的上升，随着中美之间战略互疑的加深，如果中美都选择争霸战略并在这一战略平台上互动，两极对抗就最容易出现。参见秦亚青《国际体系、国际秩序与国家的战略选择》，《现代国际关系》2014 年第 7 期。

② 王维、周睿：《世界经济体系的演化及其对中国的影响分析》，《江苏社会科学》2014 年第 6 期。

③ 夏立平：《当前国际金融危机对世界经济体系转型的影响》，《和平与发展》2009 年第 6 期。

④ 张康之、张桐：《论世界中心—边缘结构中的创新垄断》，《人文杂志》2014 年第 11 期。

⑤ ［美］法里德·扎卡利亚：《后美国世界——大国崛起的经济新秩序时代》，赵广成、林民旺译，中信出版社 2009 年版，第 171、175 页。

系中的身份转变。汪仕凯认为，中国已发展成为新中心国家，新中心国家的意义否定了中心国家在现代世界体系中进行政治支配和经济剥削的正当性，而是将全球公共利益作为获取自身领导地位的正当性基础。①

第三，中国将为世界经济体系发展提供新模式。国内学者在评价沃勒斯坦的世界体系时指出，现代世界体系是一个不平等体系，也是一个动态体系。② 沃勒斯坦认为，目前的世界体系因其自身固有的矛盾而陷入一种结构性危机，导致其难以继续生存下去。③ 乔万尼·阿瑞吉认为，中国"无剥夺积累"发展道路是发展中国家的希望所在，中国崛起表明，中国式"自然增长的发展模式"将取代资本主义"非自然增长的发展道路"、中国特色的"国家市场经济"发展模式将取代新自由主义市场经济、中国主导下的平等的贸易体系将取代世界资本主义不平等交换的贸易模式、以"北京共识"为基础的渐进主义市场改革将取代以"华盛顿共识"为基础的"休克疗法"式的市场改革。阿瑞吉重点关注中国崛起，并将其作为中心议题加以讨论，将中国视为引起未来世界体系变化的主要因素。可以说，阿瑞吉从整体主义出发，对当今世界格局的新变化、新情况和新趋势加以研究，并形成以中国崛起为中心议题的世界体系理论，东亚经济体复兴和中国崛起已成为世界体系中最有发展活力的部分，也成为世界资本主义体系发展进程中的"拐点"④。韦定广认为，"中国道路"表面上看是中国与世界互动的结果，本质上是现代世界体系发展到一定阶段后的必然产物，"中国道路"的成功从物质能力、思想观念以及制度体制等方面为世界体系的运行与发展作出重要贡献。⑤ 中国发展意味着大国崛起可以在与世界经济体系互动中完成，这既表明中国融入世界经济体系的成功，也为他国发展提供了可借鉴的模式，同时，中国也成为世界经济体系建设和改革的重要力量。

---

① 汪仕凯：《新中心国家与世界秩序转型：中国复兴的世界政治意义》，《社会科学》2022年第3期。
② 江洋：《"现代世界体系"理论及其当代价值》，《南京政治学院学报》2009年第5期。
③ ［美］伊曼纽尔·沃勒斯坦：《论资本主义世界体系的结构性危机及其前景》，杨昕译，《国外社会科学》2011年第6期。
④ 转引自吴苑华《回归东方：世界体系的中心转移——乔万尼·阿瑞吉的世界体系理论析评》，《华侨大学学报》（哲学社会科学版）2013年第3期。
⑤ 韦定广：《创造与贡献：世界体系视域中的"中国道路"》，《社会科学》2010年第6期。

（三）关于"一带一路"倡议与世界经济体系关系的研究

1. 国内外有关"一带一路"倡议与世界经济体系关系的综述

截至目前，国外智库发表涉及共建"一带一路"报告、评论等约万篇，其中来自美国、欧洲国家、印度等智库占90%左右，国际组织如联合国、世界银行、亚洲开发银行等先后发表数十篇报告。与此同时，国内先后成立数百家与共建"一带一路"相关的研究机构，发表涉及共建"一带一路"书籍、研究报告、论文数十万篇（部）。以上为推进共建"一带一路"起到了积极的推动作用。这里很难对迄今为止共建"一带一路"积累起来的经验和知识进行全面、完整的综述，仅从上述海量研究中提取如下五点信息。

第一，就研究阶段而言，目前国内外研究主要还停留在对共建"一带一路""是什么"和"不是什么"的阶段上。现有研究更多是对共建"一带一路"进行观点表达或判断上。有学者指出，"一带一路"倡议是中国因应全球发展格局和推动自身发展方式转型的合作倡议，作为一种发展哲学，其深入推进必然要在理论上体现中国特色社会主义的发展经验；有学者认为，共建"一带一路"就是要共建支撑中国长期可持续发展的国际体系，是中国政府谋划和平崛起的实现路径、是新时期中国对外大战略；也有学者提出，共建"一带一路"不是马歇尔计划；等等。当然，上述研究还没有将共建"一带一路"上升到理论化高度，进行系统的理论总结，并形成独立的概念和知识体系。不过，这并不妨碍共建"一带一路"本身依据实践而不断进行自我调整和完善。

第二，就性质而言，存在"好战略"和"坏战略"之争。国内倾向于认为共建"一带一路"以经济合作为主；而国外尤其是美西方国家和印度智库倾向于认为共建"一带一路"是中国对外实施的新地缘战略，是对第二次世界大战以来西方建立起来的国际秩序的直接挑战。进一步来看，国内更倾向于认为共建"一带一路"能够给中国和世界都带来好处，而国外更倾向于认为共建"一带一路"只对中国有好处或者对中国的好处远大于国外，甚至有的智库罔顾事实，抹黑中国正在制造债务陷阱、环境污染，并把过剩产能转移给其他国家。

第三，就领域而言，存在"经济竞争"和"地缘政治"之争。国内一般认为共建"一带一路"是经济倡议，至少是以经济为主体的倡议，因而多数研究集中在共建"一带一路"的经济方面，将共建"一带一路"研究纳入经济范畴。而国外尤其是美西方国家和印度智库，认为共建"一带一路"具有强烈地缘政治意义，是中国用于改变西方所建立起来的传统国际秩序的手段，注定要改写西方确立的国际规则，因而将共建"一带一路"研究纳入国际政治范畴。基于这一点，国内不得不将部分研究用于集中回应国际智库对共建"一带一路"的各种"好""坏"认知上，如对债务陷阱的回应、对地缘政治的回应等。

第四，就历史背景而言，对共建"一带一路"的考察基本上停留在"当下"，而没有将其放入一个更长的历史周期中展开。现有的国内外研究鲜有将共建"一带一路"放在一个长周期历史框架下进行考察，将其视为人类历史发展阶段上的质的飞跃的认知相对更少，更多的研究则是从务实角度出发，集中在共建"一带一路"对各国或世界的现阶段影响。

第五，就结构而言，现有研究更多处于较为分散的状态下，不仅对共建"一带一路"没有获得相对统一的认知，而且在具体领域还没有把共建"一带一路"涉及的各个方面整合到一起。如，作为一个经济倡议，为什么共建"一带一路"需要人心相通贯穿其中？共建"一带一路"涉及的学科领域多样，如经济学、政治学、社会学，如何整合到一个共同的框架体系之下，形成一个相对独立的知识体系，进而对解决当今世界的问题有着更为完整、系统的看法等。简言之，现有的学科体系能否更好地解释共建"一带一路"？共建"一带一路"是否具备作为一个独立的理论体系的前提而加以理论化？共建"一带一路"是否有可能改变西方百年传统？

总体而言，至少目前来看，共建"一带一路"还没有进入理论化阶段。理论化共建"一带一路"倡议是一项长期任务，既需要有丰富的实践素材作为理论总结的基础，同时也需要人们对共建"一带一路"进行必要的甄别、提炼和升华。不过有一点值得肯定的是，自共建"一带一路"倡议提出之后，其引发的国内外争论超过了迄今为止出现的任何倡议所引发的国内外讨论。这种大讨论带来的好处显而易见，促使共建"一带一路"迅速成为国际显学，为将来上升到理论高度甚至是学科建设高度创造了前提。

2. 国内学者有关"一带一路"倡议与世界经济体系关系的看法

自 2013 年"一带一路"倡议提出之后,中国学者更多的研究贡献在于如何阐释"一带一路"倡议的内涵、价值以及相关内容的解释性说明,如什么是"五通"以及"一带一路"倡议的执行机制等内容。毕竟作为世界发展中大国提出的首个全球性倡议,特别是在中国成为世界第二大经济体之后推出的倡议,"一带一路"倡议所具有的世界经济影响和地缘政治影响都不容忽视,因此,绝大多数文献更侧重于对"一带一路"倡议的解释,而对"一带一路"倡议所展示的理论价值或学术价值则存在阐述不足的问题。不过,值得注意的一个趋势是,国内一些学者开始探求"一带一路"倡议所具有的理论价值,特别是希望建立一套非西方的、新的理论框架体系来完整阐释"一带一路"倡议。如,程国强认为,当前"一带一路"倡议的理论支撑还十分薄弱和滞后,加强"一带一路"倡议理论研究,构建"一带一路"倡议理论体系,有着十分重要的理论价值和实践价值。① 陈甬军也认为,共建"一带一路"的理论体系在不断发展。②

第一,国内学者基本上认同"一带一路"倡议正在塑造新型世界经济体系这一看法。夏先良认为,"一带一路"倡议有助于扩大欧亚非经济贸易合作利益,改变现行世界经济秩序和当前的全球贸易投资格局,有利于中国重新返回世界经济中心地位。③ 张祥建等认为,从本质上来说,"一带一路"倡议有助于重构全球供应链、产业链和价值链,优化全球资源配置。④ "一带一路"倡议有助于构建新型世界经济体系的市场基础。黄琪轩等从大国市场模式建设角度认为,面对全球市场的动荡不安,国内市场对稳定全球市场有着不可多得的作用,"一带一路"倡议的基础仍是国内市场,优先开发国内市场是确保"一带一路"倡议成

① 程国强:《"一带一路"的理论创新与体系构建》,《中国经济时报》2017 年 10 月 20 日。

② 陈甬军:《共建"一带一路"的基本理论与实现路径》,人大国发院网站,2021 年 6 月 4 日,http://nads.ruc.edu.cn/tzgg/d1156038a27d406b96c7c74f3343a2f3.htm.

③ 夏先良:《"一带一路"助力中国重返世界经济中心》,《人民论坛·学术前沿》2015 年第 23 期。

④ 张祥建、彭娜:《"一带一路"战略的合作重点和推进策略》,《华南师范大学学报》(社会科学版)2017 年第 5 期;卓丽洪、贺俊、黄阳华:《"一带一路"战略下中外产能合作新格局研究》,《东岳论丛》2015 年第 10 期。

功的关键。① 李绍荣认为，"一带一路"倡议主要合作对象是沿线欠发达国家或经济体，有助于深化中国与"一带一路"沿线地区的经济联系，形成共同市场，最终使"一带一路"共建国家和地区加速区域经济一体化，提高经济发展水平并融入世界经济一体化中。② 秦升认为，当今全球价值链的实现基础、治理体系、动力机制和利益分配模式存在变革的空间和可能性，"一带一路"倡议推动的全球价值链重构主要以互联互通建设和自贸区建设为支撑。③ 张凯童、申韬认为，综合国内外学者研究成果，大部分学者认为"一带一路"倡议对共建国家具有正向政策效应，且具有明显的空间集聚效应和溢出效应。④ 李忆朋认为，"一带一路"倡议不仅在理论上可以满足沿线国家富民兴国的发展诉求，在实践中也显示出推动经济增长的引擎效应，显著降低了沿线国家的主权债务风险，西方所谓"债务陷阱"的说法缺乏事实依据。⑤ 梁任敏、李振东认为，"一带一路"倡议能够带来全球发展价值的提升且效果明显。⑥

　　第二，有的学者从传统世界市场失灵的角度，识别"一带一路"倡议的世界意义。郑伟、桑百川从一国市场失灵理论推演到世界市场失灵，探讨"一带一路"建设的理论基础，认为马克思主义有关世界市场失灵理论构成了"一带一路"倡议的理论基础。⑦ 马克思主义经济学早就指出自由放任的市场经济矛盾，提出不仅在一国内部存在市场失灵，在世界市场上同样存在市场失灵，世界市场失灵同样表现在"效率、公平、稳定"问题上，因此，为解决世界市场失灵问题，"一带一路"倡议无疑给出了行动

---

　　① 黄琪轩、李晨阳：《大国市场开拓的国际政治经济学——模式比较及对"一带一路"的启示》，《世界经济与政治》2016 年第 5 期。

　　② 李绍荣：《对"一带一路"发展战略的经济学分析》，《人民论坛·学术前沿》2016 年第 5 期。

　　③ 秦升：《"一带一路"：重构全球价值链的中国方案》，《国际经济合作》2017 年第 9 期。

　　④ 张凯童、申韬：《"一带一路"倡议政策效应研究文献综述：2018—2021》，《海南金融》2022 年第 3 期。

　　⑤ 李忆朋：《"一带一路"对沿线国家主权债务风险影响研究——基于合成控制法与公共风险理论的分析》，《南方金融》2022 年第 3 期。

　　⑥ 梁任敏、李振东：《"一带一路"的全球发展价值——基于 GTAP 的政策模拟研究》，《技术经济与管理研究》2020 年第 8 期。

　　⑦ 郑伟、桑百川：《"一带一路"倡议的理论基础探析——基于世界市场失灵的视角》，《东北亚论坛》2017 年第 2 期。

方案，即重点是谋求以共享、互利、包容、开放等理念，加强与世界相关国家合作，共同完善世界市场功能，提高资源的世界配置效率，充分发挥世界市场的作用，实现世界经济长期稳定增长。他们认为，"一带一路"倡议在解决世界市场失灵方面有三个作用：为国际合作提供新的理念和模式、促进基础设施互联互通建设、完善国际市场运行机制，为发展中国家提高经济发展效率提供更好的世界市场环境。

第三，有的学者从公共产品角度，将"一带一路"倡议视为国际合作新模式。王亚军认为，"一带一路"倡议是具有非竞争性和非排他性的公共产品，共商共建共享原则是对全球治理理论的重要贡献。[1] 何寿奎提出，为实现"一带一路"倡议的"五通"，有必要建设公共产品国际合作机制。[2] 胡键认为，在权力转移的过程中，中国国际地位日益凸显，从国际公共产品的"消费者"逐渐成为国际公共产品的修正者、建设者，甚至是供给者、创新者。"一带一路"倡议是与世界各国共同建设的一种全新的国际公共产品。[3] 杨权、汪青认为，"一带一路"倡议显著改善了沿线国家外部头寸中的估值效应，有助于沿线国家外部财富的升值。[4]

第四，有的学者从全球治理角度，探讨"一带一路"倡议的世界价值。陈伟光等从全球治理角度提出，应将东方传统的"关系治理"与西方的"规则治理"进行融合，以提升"一带一路"倡议全球治理的成效。[5] 周文等从政治经济学角度认为，"一带一路"倡议有利于中国与发展中国家之间形成新的生产关系，推动资源要素的全球化分工和促进全球治理结构的多元化。[6] 张超认为，当前国际社会合作模式、合作机制已远远满足不了发展中国家的需要，"一带一路"倡议的提出必将引发国际治理模式和国际制度体系的创新与变革。[7] 马艳等认为，"一带一路"倡议和实践的本质是抵

---

[1] 王亚军：《"一带一路"倡议的理论创新与典范价值》，《世界经济与政治》2017年第3期。
[2] 何寿奎：《"一带一路"公共产品供给困境与路径优化》，《中国流通经济》2017年第11期。
[3] 胡键：《"一带一路"的国际公共产品功能与中国软实力的提升》，《国外社会科学》2020年第3期。
[4] 杨权、汪青：《"一带一路"倡议有利于沿线国家外部财富增值吗———基于估值效应的视角》，《国际贸易问题》2021年第7期。
[5] 陈伟光、王燕：《共建"一带一路"基于关系治理与规则治理的分析框架》，《世界经济与政治》2016年第6期。
[6] 周文、方茜：《"一带一路"战略的政治经济学思考》，《马克思主义研究》2015年第10期。
[7] 张超：《"一带一路"战略与国际制度体系的变革》，《理论探索》2017年第3期。

抗、限制和约束超额剩余价值在全球各国之间不平等的转移，即逆不平等性过程；"一带一路"倡议具有技术和制度双重维度的逆不平等性，是缓解全球化过程中发达国家与发展中国家之间不平等加剧的重要举措，而非推行新殖民主义。①

第五，有的学者从非经济角度，认为"一带一路"倡议是中国为世界发展与和平开具的药方。杨开煌认为，"一带一路"倡议不同于西方式"全球化"，是中国式全球主义，两者在道德逻辑和哲学理念上有着根本的不同：一是西方"全球化"遵循的是资本扩张逻辑，通过对殖民地的掠夺、剥削或者对能源和金融资本的操纵与控制，来满足自身的私利，而"一带一路"倡议有着中国文化传统的"济弱扶贫"思维逻辑，是通过利人实现利己，是新版的"济弱扶贫"思维方式。二是西方全球化的政治哲学是以"国家观"为基础，而"一带一路"倡议是以"天下观"为出发点，两者对待世界发展的态度不一致。三是西方全球化在一定程度上是"西方化"，而"一带一路"倡议则不搞模式输出，力求体现多元价值观。② 习近平主席在"一带一路"国际合作高峰论坛开幕式上的演讲中指出，推进"一带一路"建设"不会干涉他国内政，不会输出社会制度和发展模式，更不会强加于人……不会形成破坏稳定的小集团，而将建设和谐共存的大家庭"③。"在开放中合作，在合作中共赢，不画地为牢，不设高门槛，不搞排他性安排，反对保护主义。"④ 四是西方全球化最终目的是有利于西方主宰世界，按照西方发展的逻辑，战争、霸道之术是实现霸权的主要路径，这也使得西方国家根本不相信中国和平崛起以及崛起之后不会称霸，而中国主张全世界合作共赢。习近平主席在达沃斯论坛上指出，中国"不会犯'红眼病'，不会抱怨他人从中国发展中得到了巨大机遇和丰厚回报。中国人民张开双臂欢迎各国人民搭乘中国发展的'快车'、'便车'"⑤。

---

① 马艳、李俊、王琳：《论"一带一路"的逆不平等性：驳中国"新殖民主义"质疑》，《世界经济》2020 年第 1 期。

② 杨开煌：《中国式全球主义："一带一路"》，《北方民族大学学报》（哲学社会科学版）2017 年第 6 期。

③ 习近平：《携手推进"一带一路"建设——在"一带一路"国际合作高峰论坛开幕式上的演讲》，人民出版社 2017 年版，第 12 页。

④ 《习近平谈"一带一路"》，中央文献出版社 2018 年版，第 195 页。

⑤ 《习近平谈治国理政》第 2 卷，外文出版社 2017 年版，第 484 页。

第六，国内学者试图从理论上解释"一带一路"倡议对世界经济体系产生的影响。一些学者从政治经济学、区域经济学等视角对"一带一路"倡议做了解读，如周文和方茜、张志元等、李金华等。由于"一带一路"倡议所具有的复杂内涵与多重属性，没有哪一个学科能够全面解读"一带一路"倡议，当然，随着"一带一路"经济学的内在条件日臻成熟，有必要对"一带一路"实践进行理论化改造，进行学术提炼与学科改造。部分学者提出"一带一路"经济学的整体设想，简明扼要阐述了"一带一路"经济学的学科体系，部分学者开始对"一带一路"经济学的理论渊源与研究框架、学科特点与研究范畴及其创立的可行性进行了详细论述。[①] 白永秀等、何昊等、吴振晶等认为，"一带一路"经济学的研究任务就是揭示"一带一路"共建国家之间新型国际分工合作关系的发展规律。第二次世界大战后，以西方发达国家为主导的传统全球化存在不利于世界整体发展的短期行为、短视行为，不利于全球资源实现最优配置。为谋求全人类利益最大化目标，有必要对目前有差别的国际分工合作关系进行调整与变革，"一带一路"倡议就是这种调整与变革的行动方案，有助于推进新型全球化。[②] 广东国际战略研究院专题研究组认为，"一带一路"建设体现的地缘经济属性和经济合作行动，是创立"一带一路"经济学的基础和依据，"一带一路"经济学也是中国特色社会主义政治经济学的重要组成部分。传统的国际经济学和发展经济学既不适合当前世界发展的需要，也不适合中国的发展需要，因此，有必要加强"一带一路"学科建设，为处理好世界主要大国之间关系和大国与小国之间关系提供指导。[③]

3. 国外学者有关"一带一路"倡议与世界经济体系关系的看法

国外对"一带一路"倡议的认知有一个逐渐成熟过程，认为"一带一路"倡议已从单一层面转变为集实体、数字、文化互联互通项目于一身的复

① 吴振磊、于重阳：《"一带一路"经济学的研究主线》，《西北大学学报》（哲学社会科学版）2017 年第 4 期。

② 白永秀、宁启、赵而荣：《"一带一路"经济学的研究任务》，《西北大学学报》（哲学社会科学版）2017 年第 4 期；何昊、王颂吉：《"一带一路"经济学的思想渊源》，《西北大学学报》（哲学社会科学版）2017 年第 4 期；吴振晶、吴丰华：《"一带一路"经济学的学科特点与研究范畴》，《兰州大学学报》2017 年第 3 期。

③ 广东国际战略研究院专题研究组：《"一带一路"经济学创立及其诸多向度》，《改革》2017 年第 2 期。

杂倡议，^① 且影响力巨大，据估计，"一带一路"倡议涉及的国家共占全球已知能源储量的 75%、全球人口的 62% 和全球国内生产总值的 30%。当然，国外学术界对"一带一路"倡议的认知有一个从最初的不了解、不明白到目前热议的变化过程，基本上可以划分为以下三个阵营。

一是反"一带一路"派。这类学者基本上从地缘政治角度出发，将"一带一路"倡议视为对世界秩序的挑战、对美国霸权的冲击以及中国崛起的工具。^② 随着"一带一路"倡议实施的逐步深入，这类学者更是不顾事实，与反华、遏华的政府少数派一道，不断制造抹黑"一带一路"倡议的舆论，甚至无孔不入，试图将"一带一路"倡议抹杀在摇篮中。

二是中性派。这类学者对"一带一路"倡议看法表现得较为客观、中性，既不赞同也不反对，更多的时候是一种提醒和对未来的预判。如，认为"一带一路"倡议具有双重性质，一方面有助于推进世界发展，并带来新的气象；另一方面又担心"一带一路"倡议对欧洲干涉过多，更希望在"一带一路"倡议合作过程中，增强自主性。

三是挺"一带一路"派。这类学者主要基于经济视角，坚持"一带一路"倡议是一个惠及全球发展的倡议，并力求以客观、理性的态度，对"一带一路"倡议作出评价，对国际社会有关"一带一路"倡议的不实言论予以反驳。

首先，"一带一路"倡议是一个纯粹的经济项目^③，旨在增强互联互通，并为未来的贸易路线提供广阔的网络平台，这是一项"成效惠及世界"的举措。有的学者认为，"一带一路"项目是非洲地区增长和发展所必需的。^④ 有的学者认为，"一带一路"倡议在交通运输方面的投资有助于

① Ben Sasse, "China's 'One Belt, One Road'," March 8, 2020, https://www.claws.in/publication/yi-dai-yi-lu-chinas-one-belt-one-road/.

② Dr Vijay Sakhuja, "'Group of Seven' Promotes Alternate to Chinese Belt and Road Initiative," June 23, 2021, https://www.cppr.in/articles/group-of-seven-promotes-alternate-to-chinese-belt-and-road-initiative.

③ David Gordon et al., "Beyond the Myths-Towards a Realistic Assessment of China's Belt and Road Initiative: The Development-Finance Dimension," March 30, 2020, IISS, https://www.iiss.org/blogs/research-paper/2020/03/beyond-the-myths-of-the-bri.

④ Abhishek Mishra, "Exercise Cutlass 2021: Prospects of Alignment of Indo-U.S. Interests in the Western Indian Ocean", ORF, August 9, 2021, https://www.orfonline.org/expert-speak/exercise-cutlass-2021/.

提高实际收入总额的 0.4%—10%，具体增幅取决于所考虑的国家。① 有的学者认为，不应忽视"一带一路"倡议给沿线国家带来的基础设施改善和潜在的经济效益。②

其次，"一带一路"倡议是建设新秩序。古巴加西亚认为，"一带一路"倡议实际上已成为新冠疫情引发的全球经济危机中谋求发展的唯一可行路径，"一带一路"倡议并非仅仅着眼于经济利益，中国主张在平等和尊重多样性的基础上建设没有霸权的新世界秩序。③ 有的学者认为，中国经济增长和渴望利用其雄厚资金启动"第三世界"的经济发展项目，是对新自由资本主义霸权的直接威胁，因为中国为发展中国家提供了另一种选择。④ 有的学者认为，欧洲将从"一带一路"倡议中受益。⑤ 有的学者认为，"一带一路"倡议是构建人类命运共同体的重要平台，中国向东南亚伙伴提出的建议是加入一个制胜体系，建立一个充满希望的未来。⑥ 有的学者认为，"一带一路"倡议是实现全球"共同富裕"的载体。⑦ 有的学者认为，中国的雄心是在对外援助方面采取更加积极主动的态度，并通过与联合国 2030年可持续发展议程相衔接，将"一带一路"倡议作为实现关键发展目标的一个重要平台，走向国际发展合作的新模式。⑧

---

① Stephen Redding, "How Much Do We Know About the Development Impacts of Large-scale Integrated Transport Infrastructure?" March 25, 2022, https：//www. theigc. org/blog/how-much-do-we-know-about-the-development-impacts-of-large-scale-integrated-transport-infrastructure/.

② Hui Lu, "Economic Gain Is Possible for All Involved if Infrastructure is Improved in Countries Encompassed by the China BRI," January 30, 2020, https：//www. rand. org/blog/2020/01/ economic-gain-is-possible-for-all-involved-if-infrastructure. html.

③ ［古巴］何塞·路易斯·罗瓦伊纳·加西亚：《中国：第三次"飞跃"》，西班牙中国政策观察网站，2021 年 1 月 16 日，https：//politica-china. org/areas/sistema-politico/china-tercer-gran-salto-adelante.

④ Ben Gutman, "Nicaragua：A Renewed Partnership with China Defangs US Regime Change Tactics," January 20, 2022, https：//www. coha. org/nicaragua-a-renewed-partnership-with-china-defangs-us-regime-change-tactics/.

⑤ Nicola Casarini, "How Europe Should Approach China," https：//www. iai. it/en/pubblicazioni/how-europe-should-approach-china.

⑥ Sophie Boisseau Du Rocher, "The Belt and Road：China's 'Community of Destiny' for Southeast Asia?" June 18, 2020, https：//www. ifri. org/en/publications/notes-de-lifri/ asie-visions/belt-and-road-chinas-community-destiny-southeast-asia.

⑦ Henry Storey, "Common Prosperity Meets the Belt and Road," December 16, 2021, https：// www. lowyinstitute. org/the-interpreter/common-prosperity-meets-belt-and-road.

⑧ Jingdong Yuan, Fei Su and Xuwan Ouyang, "China's Evolving Approach to Foreign Aid," May 20, 2022，https：//www. sipri. org/publications/2022/sipri-policy-papers/chinas-evolving-approach-foreign-aid.

再次，国际社会应校正对"一带一路"倡议的误解。有的学者认为，美国对中国在非洲的做法存在三种误解，即中国参与非洲事务是为了排挤美国贸易和投资机会、寻找资源、推动以债务为基础的"高压"外交，实际上这些看法是错误的或被夸大了。① 有的学者认为，其他大国对"一带一路"倡议存在误解主要是因为他们更多从地缘政治的角度评价"一带一路"倡议，关注中国从"一带一路"倡议中获得的地缘政治利益。② 有的学者认为，自新冠疫情暴发以来，尽管"一带一路"倡议面临一些问题，但不应被解读为走向终结。③

最后，要给予"一带一路"倡议容错机会。有的学者认为，"中国的'债务陷阱'这种说法错误地描述了中国政府及其所接触的发展中国家。中国对外发展和国内发展一样，都是探索性的、实验性的，是一个频繁调整的学习过程"④。有的学者认为，中国开始注重提高"一带一路"倡议项目透明度，表明中国仍可能是一个值得信赖的合作伙伴。⑤

国际学者对"一带一路"倡议提出诸多建议。有的学者建议，应更多地关注"一带一路"倡议的实施细节。⑥ 有的学者建议，要充分发挥"一带一路"倡议作为发展中国家绿色金融协调合作平台的潜力，需要完善合规机制，统一绿色金融标准。⑦ 有的学者建议，为有

---

① Cullen S. Hendrix, "What US Strategy Gets Wrong About China in Africa," March 10, 2020, https: //www. piie. com/system/files/documents/pb20-3. pdf.

② Mingjiang Li, "The Belt and Road Initiative: Geo-Economics and Indo-Pacific Security Competition," January 8, 2020, https: //www. chathamhouse. org/ publication/ia/belt-and-road-initiative-geo-economics-and-indo-pacific-security-competition.

③ Alicia García-Herrero Eyck Freymann, "A New Kind of Belt and Road Initiative After the Pandemic," June 23, 2022, https: //www. bruegel. org/2022/06/a-new-kind-of-belt-and-road-initiative-after-the-pandemic/.

④ Deborah Brautigam and Meg Rithmire, "The Chinese 'Debt Trap' Is a Myth," February 6, 2021, https: //www. theatlantic. com/international/ archive/2021/02/china-debt-trap-diplomacy/617953/.

⑤ Jason Tower and Jennifer Staats, "China's Belt and Road: Progress on 'Open, Green and Clean?'," April 29, 2020, https: //www. usip. org/publications/2020/04/chinas-belt-and-road-progress-open-green-and-clean.

⑥ Lye Liang Fook, "China's Emphasis on Ties with Southeast Asia," January 22, 2020, https: //www. iseas. edu. sg/medias/commentaries/item/11213-chinas-emphasis-on-ties-with-southeast-asia-by-lye-liang-fook.

⑦ Xiaoxue Martin and Frans-Paul van der Putten, "China's Infrastructure Investment and Environmental Sustainability," June 24, 2020, https: //www. ispionline. it/en/ pubblicazione/ chinas-infrastructure-investment-and-environmental-sustainability-26635.

效推进"一带一路"建设，应积极推动与欧盟国家的统一叙事和处事方式。① 有的学者提出，中国应关注可能发生的债务问题。② 有的学者建议，美国应与中国加强合作，不抵制"一带一路"倡议以从中获益。③ 有的学者认为，美国应搞清楚"一带一路"倡议在世界各地得到如此热烈响应的原因。如果美国合作共建"一带一路"倡议，同时大幅增加其对全球发展计划的贡献，那么所有人都有可能拥有一个更有希望、更繁荣的未来。④

对"一带一路"倡议带来的影响，也可以说是较为复杂的，学者们普遍认为"一带一路"倡议将对 21 世纪国际政治经济产生重大影响。有的学者认为，"数字丝绸之路"旨在加强全球数字互联互通，中国在这一领域的领导能力将有助于其塑造全球治理，并获得巨大的经济和战略利益。⑤ 有的学者认为，"一带一路"倡议为全球城市及其所在区域的城市区域空间拓展范式转变奠定了基础。⑥ 有的学者认为，随着新兴的"一带一路"城市和地区的建设，这些城市和地区将形成政治和经济生活的新格局，并将影响欧亚大陆乃至世界各地千百万人的命运。⑦ 有的学者认为，七国集团或推出替代"一带一路"倡议的基础设施计划，但成功的

---

① Giulia Di Donato, "China's Approach to the Belt and Road Initiative and Europe's Response," May 7, 2020, https：//www. ispionline. it/en/pubblicazione/chinas-approach-belt-and-road-initiative-and-europes-response-25980.

② Jonathan Pryke, "China is Not Conducting Debt Trap Diplomacy in the Pacific—at Least Not Yet," February 26, 2020, https：//www. eastwestcenter. org/news-center/east- west-wire/china-not-con-ducting-debt-trap-diplomacy-in-the-pacific% E2% 80% 94-least-not-yet.

③ Chas W. Freeman Jr., "Washington Is Playing a Losing Game With China," May 9, 2021, https：//www. eastasiaforum. org/2021/05/09/washington-is-playing-a-losing-game-with-china/.

④ Jake Werner, "What Congress Gets Wrong About China's Belt and Road Initiative?" May 18, 2021, https：//responsiblestatecraft. org/2021/05/13/what-congress-gets-wrong-about-chinas-belt-and-road-initiative/.

⑤ Clayton Cheney, "The Nexus Between China's Digital Silk Road and Digital Authoritarianism," May 11, 2010, https：//www. ispionline. it/en/publication/nexus-between-chinas-digital-silk-road-and-digital-authoritarianism-26071.

⑥ Gianni Talaminiand Charlie Xue, "The Road to Achieve Prosperity：Global Cities in the BRI," July 7, 2020, https：//www. ispionline. it/it/pubblicazione/road-achieve-prosperity-global-cities-bri-26849.

⑦ Simon Curtis and Maximilian Mayer, "Belt And Road Cities Begin to Find Their Form," July 23, 2020, https：//www. cidob. org/en/publications/publication_ series/opinion/2020/belt_ and_ road_ cit-ies_ begin_ to_ find_ their_ form.

可能性很小。^① 有的学者认为，"目前，中国的全球投资和建设并未给美国利益构成威胁"^②。

国际社会对"一带一路"倡议的看法复杂多样完全可以理解。毕竟作为一个影响世界未来发展的大倡议，每个国家、每个学者不可能回避这一影响世界发展的结构性变量，有的担心"一带一路"倡议破坏现有的世界秩序，冲击原有的曾经存在的美好"情景"，有的担心失去昔日的霸权地位，有的害怕失去自身的势力范围，担心和疑虑、恐惧和排斥正好反衬出"一带一路"倡议对世界发展模式即将做出的改变。今天，不管我们如何看待"一带一路"倡议，"一带一路"倡议已表明，一个发展起来的大国有权力参与调整和改变世界未来发展路径和结构，而世界如何接受这一现实的过程，不仅影响"一带一路"倡议的实施效果，也影响世界经济体系发展进程。

四 框架体系

（一）研究思路

本书基本思路是从中国与世界经济体系的关系出发，探讨"一带一路"倡议对推进世界工业化进程、构建新型世界经济体系的可能性与可行性。

该研究更强调世界经济体系构建的主观性一面。世界经济体系的运转有其内在的客观规律，在遵从这些客观规律的同时，本书也更加关注人的主观能动性在推进世界发展进程中的重要意义。当今世界经济体系的形成与发展无一不是基于西方理念，是西方发达国家长期构建的结果。西方传统理论认为，保持个人自由，让市场尽可能少地受到政府干预，是西方工业文明得以诞生和发展的思想前提。尽管在300年的发展历程中，自由主义遭遇过挫折，但是这一传统始终得以延续，其原因在于西方自由主义理

---

① James Crabtree, "The Problem with the G7's Plan to Rival China's Belt and Road Initiative," June 14, 2021, https://www.iiss.org/blogs/analysis/2021/06/g7-china-bri.

② Derek Scissors, "China's Coming Global Investment Recovery: How Far Will It Go?" January 14, 2021, https://www.aei.org/research-products/report/chinas-coming-global-investment-recovery-how-far-will-it-go/.

念适应西方发展的客观要求，是在互动中实现相互促进。为维持其自由主义理念，西方依靠战争打开非西方国家的大门，主张自由贸易，而在经历两次世界大战之后，西方国家从硬手段转向软手段——贸易规则来维系和扩张其统治范围，以此塑造非西方国家的行为，使之与西方国家行为一致化。西方自由主义传统最近一次受到热捧是20世纪80年代，西方国家以华盛顿共识为标志，将这一理念继续向拉美、东亚等非西方国家兜售，然而这一主张遭到来自现实的直接打击，拉美并没有因接受华盛顿共识而使得国家发展焕发生机，东亚也在1997年遭受金融危机的冲击。即使倡导这一共识的发源地——美国也因过于追捧自由主义而遭到前所未有的金融重创。以上表明，世界经济社会发展是受某种基础性理念支配的，人们可以按照自身方式来塑造世界经济体系，但是如果在塑造的过程中，人们不遵循客观发展规律，不顾现实条件或将这种理念进行极端化或极致化运用，最终都将招致失败。因此，世界经济体系在被塑造过程中，必须做到主观塑造与客观规律相统一。

无论从理论还是实践上来看，"一带一路"倡议自问世之日起就具有改写人类发展进程的基因。"一带一路"倡议是中国发展到一定阶段后推出的、旨在构建中国与世界联动发展的宏伟计划。经过40余年的改革开放，中国已经形成了不同于西方的成熟的发展模式，这些为"一带一路"倡议改写世界经济社会发展轨迹提供了经验，也为中国成为新型世界发展模式的核心领导者提供了强大的支持力量。但是，中国模式的成功仅仅局限于内部，如何将一国发展模式向世界推广，并引领众多国家完成工业化任务还需要解决诸多重大难题。比如，需要向他国解释"一带一路"倡议的"利他"问题。自"一带一路"倡议出台之后，一些国家总是怀疑中国别有企图，甚至怀疑"一带一路"倡议不是共赢，而只是中国追求单赢的结果。人们高度怀疑"一带一路"倡议这种具有较强利他主义思想的倡议是否真正带来"利他"的结果。比如，有的学者认为，过去中国在与外部打交道时并没有显示出"利他"的结果，反而强化了中国的"利己"主义动机。在与发展中国家签署自由贸易区协议之后，中国往往同这些发展中国家的贸易平衡状况发生逆转，迅速从贸易逆差转变为贸易顺差，中国是贸易的获益者，而非损失者，而自由贸易协议更是加速了这种转变的速度。再有需要解决的问题是如何使

"国家主权"对共同利益起到激励作用。"一带一路"倡议有利于国内工业化进程，但是却不完全依赖国内。"一带一路"倡议从两个方面支持国内工业化进程，一方面，推动"一带一路"共建国家工业化进程，而要完成上述工作，就必须加强基础设施互联互通、软件方面如产品标准等的互联互通、资本和人员的互联互通。没有上述的互联互通，很难有"一带一路"倡议的成功推进，而这需要他国对"一带一路"倡议的实质性支持，即中国为他国提供工业化资金与部分市场支持，推动他国工业化进程与经济社会发展，而他国则让渡部分主权，[①]与中国签有对"一带一路"倡议的支持性条款。另一方面，推动国家主权"利益结构"的转型，即从过去单纯以追求自身利益最大化向以追求自身利益最大化和他人利益/共同利益最大化的转变，为解决人类共性问题提供可行路径。

（二）总体框架

本书总体框架是以马克思主义工业化理论作为指导，探讨"一带一路"倡议对推进世界工业化进程的积极意义，或者说，"一带一路"倡议如何为构建以同质发展、平等发展、共同发展和可持续发展为核心的世界经济体系作出贡献。

自16世纪问世以来，现有世界经济体系没有发生较大改变的方面就是该体系一直鼓励一部分人"先富"起来。其结果是世界仅有部分国家完成工业化目标，大部分国家仍处于工业化的不同阶段上。这一体系能否推进共同富裕，或者说工业文明能否遍及世界各地，是一个没有答案的问题。1972年罗马俱乐部发表《增长的极限》，引起世界轰动。该报告认为由于石油等自然资源的供给是有限的，因此经济增长不可能无限持续下去。该报告更像是在宣告西式增长道路或西式工业化道路的终结，由此推论世界经济体系无法保证工业文明在世界各地落地生根。但是作为人类文明发展的最高峰，按照马克思预言，工业文明因其先进性将遍及世界，一

---

① 秦亚青认为，体系最典型的特征是主权让渡。国家主权部分（包括重要部分）让渡给超国家权威机构，最接近的是欧盟。欧洲第二次世界大战之后出现的紧密多边协调秩序，东南亚国家19世纪60年代以来逐渐成型的松散多边协商秩序，在很大程度上都是行动者在不同环境条件下的战略选择使然，而不是体系无政府性的宿命式选择。参见秦亚青《国际体系、国际秩序与国家的战略选择》，《现代国际关系》2014年第7期。

方面，现实的发展路径被告终结；另一方面，理论的力量又在唤起人们的勇气。世界工业化进程真的要停滞了吗？世界经济体系不再向前推进了吗？这似乎不符合人类社会发展的内在规律。

自改革开放以后，中国经济发展道路的成功为世界发展带来了新的希望。中国以及新兴工业化国家不断加入工业化国家中，使得人们对人类社会全体进入工业文明社会抱有极大的信心。党的十九大报告已明确指出将维护世界和平与促进共同发展作为三大历史任务之一，这在世界上任何政党文件上都没有出现过。党的二十大报告又指出，中国始终坚持维护世界和平、促进共同发展的外交政策宗旨，致力于推动构建人类命运共同体。中国愿加大对全球发展合作的资源投入，致力于缩小南北差距，坚定支持和帮助广大发展中国家加快发展。中国以发展的、世界的和创新的视角来重新审视世界发展进程，以人类命运共同体为全新范式，从实践意义上将全人类共同发展置于首要位置，并站在全人类发展的历史高度上，把中国发展看作世界发展的一部分，把世界发展看作中国发展的一部分，进而推进世界发展。正如习近平主席在世界经济论坛 2017 年年会开幕式上发表的主旨演讲中指出，适合中国国情的发展道路"是一条在开放中谋求共同发展的道路。中国坚持对外开放基本国策，奉行互利共赢的开放战略，不断提升发展的内外联动性，在实现自身发展的同时更多惠及其他国家和人民"①。中国的发展表明世界工业化进程并没有终结，特别是在中国这一人口众多的国家实现工业化部分目标成就后，进一步验证工业文明是有可能在世界范围内实现的这一推论。

当然，从部分富裕到共同富裕，从个体发展到共同发展，从异质发展到同质发展，尽管世界经济体系不需要做出质的改变，但也需要对过去发展道路特别是西式发展道路进行反思。2014 年 11 月，习近平主席在莫斯科国际关系学院的演讲中指出："要跟上时代前进步伐，就不能身体已进入 21 世纪，而脑袋还停留在过去，停留在殖民扩张的旧时代里，停留在冷战思维、零和博弈老框框内。"②

---

① 《习近平谈治国理政》第 2 卷，外文出版社 2017 年版，第 483 页。
② 《习近平谈治国理政》第 1 卷，外文出版社 2018 年版，第 273 页。

（三）研究重点

本书主要定位是构建以同质发展、平等发展、共同发展和可持续发展为核心的世界经济体系的必然性与必要性，重点探讨如下几个问题。一是传统世界经济体系终结的根由；二是中西方发展观将如何引领世界不同的发展方向，特别是对构建世界新型经济体系有何特殊意义；三是探讨"一带一路"倡议作为中国构建世界经济体系的主要路径以及需要解决的关键问题；四是"一带一路"建设需要我们采取新的做法，以更好地突破西方发展路径。

在上述关系的构建过程中，也需要突破几个理论上的难点。"一带一路"倡议将向世界发展提供不同的解决方案，而过去 300 年的发展历史只能证明西方模式面对当今世界发展难题时所表现出来的脆弱性，却不能证明"一带一路"倡议方案的有效性。"一带一路"倡议在构建新型世界经济体系方面需要突破传统困境，这构成本书的主要难点。中国倡导的世界经济体系有别于西方的内容有四点。

第一，关于正确义利观。正确义利观的提出表明，"一带一路"倡议具有利他主义精神，国家间关系是可以从竞争走向朋友关系，或者说从零和（你有我无）走向共赢（你好我好），这将从理论上开始对传统的支撑资本主义发展的思想体系进行解构，至少对西方传统经济学有关"经济人假设"进行解构。没有利己主义，在从农耕文明向工业文明过渡时，资本也不能获得迅速扩张并占领世界，但是在今天，资本的无节制扩张模式却越来越使世界面临发展困境，因此，对利己主义的修正成为我们重构世界经济体系的一部分任务。"一带一路"倡议中倡导的"正确义利观"是利他主义行为的较好体现，也是逐渐将资本发展置于人本发展之下的现实路径。正确义利观是对长久以来西方有关世界发展看法的否定，是对长期奉行个人主义的否定，是对资本主义有关资本和劳动关系的观念重置。它摒弃了资本凌驾于劳动之上的思想，从整体角度重新看待人类社会的发展，因而成为走出西方狭隘发展观的代表。

第二，对共同利益机制生成的探讨。人类命运共同体是中国为解决世界发展的共性问题而提出的解决方案，代表世界未来发展的新范式。发展至今的自由主义非但不能解决今天人类社会面临的发展难题，反而走向人类发展的反面，自由主义思想支配实际上为资本凌驾于人的发展基础之上开辟了道路，导致今天发展中国家很少能够跃升为发达国家。人类命运共同体将从遵从人的发展这一基本原则出发，对世界财富增长的机制进行部分修正，以确保财富增长服务于人的发展这一大目标。这一大目标可具体分解为几个次级目标：一是实现共同富裕，追求富裕生活是所有人的共同梦想，基于竞争基础之上的市场机制无法实现这一目标，需要我们在市场机制基础之上，谋求新的财富增长机制，以解决共同发展、共同富裕的问题。二是解决负向问题，如何解决个人主义长期流传下来的共性问题，必须寻求新的解决办法。三是解决异质共同体之间共存问题。由于全球不同文明之间在历史长河中对世界发展形成不同的看法和主张，特别是部分看法和主张还具有明显的对立甚至对抗性质，因此，不同群体如何共同存在、共同发展，而不是处于你死我活的状态上，也同样需要新的思维方式和办法。这些次级目标都是市场失灵的地方，但不是否认市场机制的作用，在继续承认市场机制在世界经济体系中的基础地位、是世界财富增长的主要来源的同时，这里要修正的是传统体制存在的负向方面，不利于世界财富增长的方面。

第三，关于国家主权"改革"与共同利益实现。重点探讨如何进行主权"改革"，使其激励各国对共同利益的关注和投入，即在什么样的前提下谋求工业化的国家在借助外部力量时能够在多大程度上愿意进行主权改革，使得"一带一路"倡议推进世界工业化进程能够得以顺利进行。共同体建设需要国家让渡部分主权，但是也要从这种让渡中获得对等利益，这里重点讨论国家的主权"改革"如何激励共同利益产生的问题。

第四，关于"一带一路"倡议合法性路径构建问题。首先，"一带一路"倡议的合法性不在于西方给出的各种定位，而在于自身能否实现人本对资本的控制，不走西方传统的资本扩张老路。其次，如何将人本发展置于资本发展之上，唯其如此，新型经济体系的构建才有可能。张向晨提出，应避免"全球化完全是以资本主义为主导、以实现全球少数人利益为目的的资本征服整个世界的过程"①。这里"一带一路"倡议合法性是指

---

① 张向晨：《发展中国家与 WTO 的政治关系》，法律出版社 2002 年版，第 56 页。

"一带一路"倡议提出的新理念、新机制是否为国际社会所接受，或者说"一带一路"倡议对推动世界经济体系转型所具有的能动效应，究竟对世界发展作出多大的贡献或对世界经济体系作出多大程度的改观，而不是指法律意义上的合法性、合规性。

本书创新之处在于提出"一带一路"倡议是重塑世界经济体系内涵的根本手段，通过正确义利观、人类命运共同体的提出，将他人利益/共同利益置于世界经济发展的框架体系之内，使世界发展摆脱个人利益的思想束缚，进而完成世界工业化进程的彻底转型，这也是"一带一路"倡议有别于传统西方发展道路的根本出发点和落脚点。

（四）研究方法

本书的主要研究方法是以马克思主义研究方法作为指导，采取历史与比较的方法、定性与定量的方法实现相关的研究目标。马克思主义有关物质决定意识，意识反作用于物质的辩证关系将用于指导本书的基础性理论，在此基础上，将借鉴西方有关国际关系的理论用于推演世界经济体系的形成与发展，并对西方传统理念予以批驳，指出西方理念已不足以解决当今发展问题，需要用新理念取代西方自由主义思维模式，从而推进世界经济体系转型，最终完成工业文明的世界化进程。

五 结构安排

本书将主要以"一带一路"倡议对世界经济体系塑造的可能性和可行性为重点研究对象，为构建以同质发展、平等发展、共同发展和可持续发展为核心的世界经济体系提供前期的理论准备。主要看法是：以传统西方自由主义理念为基础构建的世界经济体系已不足以应对今天人类社会发展的主要难题，其留下的发展赤字表明这一体系存在转型的必要性和迫切性。"一带一路"倡议是推进世界经济体系转型的主要路径，其所包含的世界发展新理念以及中国工业化成功经验为推进世界经济体系成功转型提供了思想与行动上的准备。根据研究内容，本书可大致划分为四个部分。

第一部分为导言，介绍本书的意义、涉及的文献和结构。

第二部分从"主观"角度讨论传统世界经济体系已不适应当今世界发

展的现实。传统世界经济体系存在的主要问题是资本对人本（劳动）的凌驾，这是人类未来必须要解决的核心议题，即将人的发展置于资本之上而非之下，而西方传统以自由主义为名将资本发展推至极致，导致今天这一体系面临巨大挑战，该体系已不足以承载未来人类社会发展和工业文明世界化的任务。

第三部分主要讨论本书主体框架。"一带一路"倡议的提出是对世界发展模式进行的一次重大调整，其从思想理念到行动都在推动世界经济体系向新的方向发展，即更好地推进世界同质发展、平等发展、共同发展和可持续发展，从学理上是对传统西方经济学的一次突破，也是对世界财富增长机制的调整。在承认人的自利前提下，也主张人并不完全是纯粹的追求个人利益最大化的主体，同时也是追求社会利益最大化的主体，因此，在承认市场机制这一世界财富增长机制的基础和前提下，"一带一路"倡议主张引入新的世界财富增长机制即共同利益增长机制，这是基于世界面临的新的共性问题提出来的。围绕上述内容，这里将重点探讨"一带一路"倡议对传统发展理念重塑的内容、机制以及这种重塑如何为世界所认可。

第四部分探讨"一带一路"倡议未来的政策作用方向。美国对中国发起的战略竞争在某种程度上也是中西方有关世界发展模式的竞争，并影响世界经济体系未来走向。在此背景下，"一带一路"倡议的政策着力点主要是如何实现自身成长。

表1-1列举了本书的结构设计、主要内容和结论。研究涉及七章，可划分为上述四个主要部分。

表1-1 结构设计与主要结论

结构	涉及章节	主要内容	主要结论
第一部分	第一章	主要涉及研究的背景、意义以及所要讨论的问题	
第二部分	第二章	对西方构建的世界经济体系进行回顾，并提出未来世界经济体系的重构方向	西方构建的世界经济体系有其进步性，但也存在构建不足的问题

结构	涉及章节	主要内容	主要结论
第三部分	第三章	重点讨论"一带一路"倡议作为中国推动世界发展新模式的学理基础	对西方传统经济学说，尤其是"经济人假设"改造是构建新型世界经济体系的出发点，"一带一路"倡议倡导的正确义利观则是推动世界经济体系转型的新思想来源，对传统的发展路径的突破之一是将他人利益和共同利益置入世界经济体系运行框架之内
	第四章	重点探讨新型世界经济体系的财富增长机制	世界经济体系的转型是财富增长机制的转型，即从单一依靠市场机制向依靠市场机制和共同利益增长机制转型。"一带一路"倡议是这种转型的推动者
第三部分	第五章	重点讨论在新的利益增长机制作用下，国家主权所应做出的"改革"	建立新型国家主权观是一国获取新的财富增长的思想前提，也为新型世界经济体系构建提供必要的实践条件，特别是对共同利益的关注是国家主权"改革"的新方向
	第六章	重点讨论"一带一路"倡议构建新型世界经济体系的合法性	"一带一路"倡议新理念、新机制已具备推动新型世界经济体系建设的思想基础和行为基础
第四部分	第七章	重点讨论"一带一路"倡议建设的未来发展方向	美国对中国发起的战略竞争是中西方有关世界发展模式之争和世界经济体系走向之争。在此背景下，"一带一路"倡议应更加关注其自身的建设

第二章 对传统世界经济体系 "终结"的认知

本书将从主观性或观念的视角对世界经济体系发展史进行简要论述。这样一种角度不仅在于揭示"人"在创建和发展世界经济体系过程中所起的作用，同时也要为今天人类面临新问题时，如何积极调整和推进世界经济体系所展现的智慧与力量给予充分肯定。自工业革命以来，世界经济体系一直处于不断被构建的过程中。研究表明，现代经济体系是伴随着生产要素的重新组合进而登上人类发展历史舞台的。这一过程也是人类社会不断创造新历史的过程，是人类进行价值再创造的过程。因此，本部分更多地关注世界经济体系建设的"主观"方面，在看到人类社会进步和伟大的一面的同时，也要看到人类社会在这一过程中所积累的新矛盾需要我们以新思维来解决。

一 对传统世界经济体系的认知与反思

自世界体系论诞生以来，西方学者开始从世界角度重新审视现代经济运行种种，并给出了较为清醒的认知。首先，西方学者承认世界经济体系是一个进程，有着自身运行轨迹，历经诞生、成长与衰落；其次，为修正当今世界经济体系不足，西方学者也在试图重构这一体系。

（一）世界经济体系是一个进步体系

1. 世界经济体系是一个进程体系

沃勒斯坦认为，首先，世界体系是一个进程，"每一种历史体系都有一个生命期——开始、发展和（最终的）结束"。其次，世界体系内在矛盾是体系发生结构性变化的主要因素，"所有历史体系内部都存在着矛盾。矛盾不是指斗争，当然斗争也存在。矛盾指结构的压力，这种压力迫使群体在同一时间走向两个对立的方向。群体通常是理性的、关心自身利益的，不是精神分裂的，他们之所以在同一时间走向对立的方向，乃是因为他们的直接利益与长期利益发生冲突。为了解决那些因周期节奏发生的直接问题，他们参与那种造成长期趋势的活动，而这会破坏历史体系的生存"。再次，世界体系的结局是"每一种历史体系最终都会破坏它自己的生存能力"。尽管新体系、新阶段不一定比旧体系、旧阶段更先进，但是，每一个历史体系都必然要面对解体这一宿命。最后，世界体系存在再构的新节点，这一新节点将是人类自我反思的表达。人类主观能动性将会在历史发生转折的关键时期起到"决定性"作用，"虽然在一个历史体系的结构正在继续的过程中刻意地'加速'矛盾没有什么作用，但在危机或改革阶段，政治—精神选择的作用会大大地增加。正是在这些时刻，才可以真正说'人类创造自己的历史'"①。

沃勒斯坦的世界体系论以其清醒的头脑对基于资本主义生产方式的世界体系的性质、优势或不足给予说明，也指出该体系的最终结局。正因为对该体系发展前景的客观揭示，使其并未受到美国政界的重视，主要是在学术界作为一种流派而存在。当然，沃勒斯坦对世界经济体系的认知更多是一种描述性的，其对资本主义经济运行体系的揭示，让我们看到了该体系的不足，也为我们重构这一体系增添了勇气。

2. 世界经济体系是一个普遍联系的体系

沃勒斯坦认为，现代世界体系是以资本为纽带的世界经济体系。现代世界经济体系是世界的，也是经济的。沃勒斯坦的研究对象主要是世界300年工业化历史，他认为这一新体系的出现真正把世界联系为一个紧密的整体，其手段则是世界分工与融合，而之前的人类历史则较为松散，或者靠政治联盟或者呈现多个经济中心。故而，沃勒斯坦实际上重点研究的是世界经济体系，并以世界经济体系为基础，探讨附着其上的政治、文化等变迁。之所以

① ［美］伊曼纽尔·沃勒斯坦：《变化中的世界体系：论后美国时期的地缘政治与地缘文化》，王逢振译，中央编译出版社2016年版，第115—117页。

能够形成这样一个紧密的世界经济体系，源于工业文明这一人类社会新的生产方式的出现。由于资本存在逐利本性，其已超越民族国家的疆域而在世界范围内活动，这导致社会分工世界化，由此将世界连接为一个有机整体，但是现代世界经济体系没有统一的政治结构，不像历史上存在过"帝国"那样有一个统一的政治领袖。

该体系运作方式是资本主义的，按照资本运行规律或者"价值法则"运作，如对进行资本积累的人给予回报。现代世界体系是由主权国家构成的关系网，这些国家既是"国际体系"的成员，同时又被它限定，这种限定通常在经济上表现为中心—边缘结构的特征。资本主义世界经济也发展了某种特有的精神文化，如，理性或普世主义或"科学"的东西，用来约束体系内的国家或民众。

相比其他体系，该体系具有更强的竞争优势，是第一个使资本主义生产方式得到充分发展并实现其潜力的体系。相比之下，其他帝国则存在较大的内在脆弱性，或者是依靠政治联盟，或者是依靠军事制约，而一旦维系体系的力量崩塌，世界帝国也随之倒塌。资本主义世界体系却因有资本这一强大纽带，将世界各国带入新体系中，各国可以从新的世界经济体系中获得动态的经济利益。因此，资本主义体系成为人类历史上第一个把"乌合之众"紧密联系在一起的体系，形成一个你中有我、我中有你的有机整体。

现代世界体系创造了一种历史上的"新境况"，即在人类历史上，第一次只有一种历史体系在地球上存在并主导全球经济运行。正如马克思所言："随着工业、商业、航海业和铁路的扩展，资产阶级也在同一程度上得到发展，增加自己的资本，把中世纪遗留下来的一切阶级排挤到后面去。"[①] 沃勒斯坦认为"那种体系将会终结，但接下来是什么则取决于我们如何解决运动的危机和科学的危机"[②]。

3. 世界经济体系是一个可以被"建构"的体系

世界经济体系是人类文明发展的一个阶段，既是一个客观进程，也是

---

① 《马克思恩格斯选集》第1卷，人民出版社1995年版，第273—274页。

② ［美］伊曼纽尔·沃勒斯坦：《变化中的世界体系：论后美国时期的地缘政治与地缘文化》，王逢振译，中央编译出版社2016年版，第122页。

人类文明进步的结果，因此也是一个被不断"构建"的过程。沃勒斯坦非常认同资本主义起源是社会思想发生巨大变化的结果，"人类对明智地参与自身系统的进化的能力，取决于其对整体的洞察能力。我们愈是承认任务的困难，任务本身愈是显得紧迫，我们就愈应刻不容缓地开始工作。当然并非为了所有集团的利益而研究世界体系"①。

人们承认在世界发展过程中思想意识的重要性，不仅缘于人类本性是有思维能力的生物体，更主要的是人类的实践，特别是工业化实践使人们进一步增添了这种自信，"人定胜天"的想法非空穴来风。因此，世界经济体系的演变过程可以被看作人对自然、人与自然，以及人与人之间关系的重新认知与塑造过程，这种主观能动性不仅在过去创建一个不同于以往人类发展模式的进程中发挥巨大作用，也为我们今天有勇气面对困难、调整和重构新体系树立了信心。正如学者指出，"在15—19世纪期间，在世界经济体系逐渐形成的过程中，观念起到了重要的作用。简单而言，知识体系为社会和文明提供了科技和技能"。"知识体系还提供了所谓的'世界观'，也就是决定接受什么知识以及如何理解人与自然的关系的总观点。另外，这一时期提供了一个关于人类思想和行为多样性的例子。它显示出了一些世界观是如何更加适应不断变化的环境，而另一些世界观是如何失败地对待技术的进步。"②

建构主义诞生并成为西方三大流派之一，表明我们所认知的世界是可以被改造的。建构主义者一直认为，现实主义和自由主义未能对世界政治中的长期性变革做出充分解释，也正是在这一过程中，通过发现现实主义和自由主义的不足，提出自己的学说。建构主义者非常强调思想观念对塑造国际政治现实所起到的作用。例如，在现实主义和自由主义眼中的利益看似一种客观存在，但是在建构主义者眼中是一种主观存在，是对利益的一种主观认同。"建构主义者一直关注诸如认同、规范、文化、国家利益以及国际治理等这类重大问题。他们相信，政治家和其他人的行为动机不仅仅是物质利益，也包括他们的认同感、道义观以及有关什么是社会或文

---

① ［美］伊曼纽尔·沃勒斯坦：《现代世界体系》第1卷，高等教育出版社1998年版，第10页。

② ［加拿大］罗伯特·奥布莱恩、马克·威廉姆斯：《国际政治经济学（第四版）》，张发林译，中国人民大学出版社2016年版，第67页。

化所认可的合适行为之认识。"① 其原因在于，正如建构主义学者亚历山大·温特所指出的，无政府状态也是国家制造出来的。在建构主义者看来，现实世界中诸多观念其实不过是人们长期建构的结果，这些观念不是天生就存在的，也不是永存不绝的，与其他物质形式的东西一样有着生命力，这些观念或概念不过是人们长期观察客观世界进而上升到头脑后作出的一种反应。

当然，还有一些理论也一直在对世界体系进行护持、争议、解释等工作。如，二元经济论是对当今世界体系现状的最好描述，认为世界体系仍然存在结构性问题，这既是我们发展的负担，也是我们发展的源泉。这样一种结构，对人们认知世界起到了意识形态的分化作用。"霸权稳定论"则为西方统治世界提供了理论支撑，让世人承认现实，而"不产生反抗心理"。可以说，世界体系理论、二元经济论和"霸权稳定论"一起对国际政治经济的发展进行了"重要而精辟的论证"②。因此，罗伯特·吉尔平将世界体系理论视为对当代国际政治经济学最有影响力的三大理论之一。

（二）世界经济体系是一个"有问题"的体系

尽管沃勒斯坦是世界经济体系内在运行的探索者，也承认世界经济体系对推动人类社会发展所具有的积极贡献，但是其对现有的世界经济体系却抱有较为强烈的否定态度。沃勒斯坦认为，按照世界经济体系的运行周期，"积累的困境、政治合法性的困境和地缘文化论的困境"三大困境使现有的体系已接近"周期的结束"。由此，沃勒斯坦认为"西方中心主义"已经终结，强调发达资本主义国家与发展中国家的发展问题在世界经济整体中都具有同等重要的地位。③

当今世界经济体系面临的最大困境是不平等问题，将资本主义是否应该存续下去这一历史命题推至前台。以世界 GDP 为例，根据联合国贸

① ［美］小约瑟夫·奈、［加拿大］戴维·韦尔奇：《理解全球冲突与合作：理论与历史（第九版）》，张小明译，上海人民出版社 2012 年版，第 10 页。

② ［美］罗伯特·吉尔平：《国际关系政治经济学》，杨宇光等译，上海人民出版社 2020 年版，第 81 页。

③ 张骥、齐长安：《沃勒斯坦世界体系论评析》，《世界经济与政治》2001 年第 11 期。

发会统计，1970 年，发达国家占世界 GDP 比重为 82.8%，发展中国家占比为 17.2%；到 2021 年，发达国家占比为 60.2%，发展中国家占比为 39.8%。按照世界银行划定的人均收入水准来看，高收入和中高收入的国家占世界 GDP 的比重从 1970 年的 92.9% 下降到 2021 年的 89.5%，其中高收入国家占比同期从 70.1% 下降为 61.5%，而低收入和中低收入国家的 GDP 占比从 1970 年的 6.7% 仅提高到 2021 年的 10.4%。按联合国工业国、新兴工业国和非工业国划分来看，工业国占世界 GDP 的比重从 1970 年的 81.1% 下降为 2021 年的 61.4%，新兴工业国占比同期从 14.0% 上升为 33.7%，非工业国占比同期则从 4.9% 仅上升到 5.0%。工业国仍占世界 GDP 的大部分份额，特别是相比其人口占比水平，工业国获得的利益远远超过非工业国人口。这一赤裸裸的现实直接否定资本主义制度的合法性，极大地降低资本主义世界经济体系的合法性地位。正如卡尔·波兰尼在经历了 20 世纪的大萧条和战争后指出的那样："回顾 19 世纪并展望未来，不受限制的资本主义式发展一定会破坏社会的整体利益，并且会削弱资本主义自身依赖的社会条件；而为建立新型制度所做的努力在稳定资本主义体系的同时，也让人们能对资本主义增长创造的利润进行更有效的分配。资本主义制度以及维护资本主义延续的国家通过不成文的社会契约获得合法性：公民享受经济增长，但要容忍不平等和长期成本的外化。"① 吉尔平指出："欠发达国家的前途是我们时代最紧迫的国际政治经济问题之一，而这个问题的解决将会深刻地影响全世界的前途。人类的大多数强烈希望摆脱穷愁潦倒，加入到发达世界中来，这是国际政治的一个决定性特点。""发达国家的进步和示范作用，以及大多数其余国家望尘莫及的巨大差距，仅仅加强了这种觉醒，几乎没有人再甘于贫困、听天由命了。"②

然而，现实对问题的解决仍仅仅停留在"只说不做"的阶段上。"从 1962 年到 1999 年，联合国贸易与发展会议召开了 10 次大会，而它获得的成就至多只是参与国将国际经济新秩序问题提上了议事日程，并且将最不

---

① 转引自［美］伊曼纽尔·沃勒斯坦等《资本主义还有未来吗？》，徐曦白译，社会科学文献出版社 2014 年版，第 150 页。

② ［美］罗伯特·吉尔平：《国际关系政治经济学》，杨宇光等译，上海人民出版社 2020 年版，第 242—243 页。

发达国家的立场阐述清楚了。"① "外国统治和殖民统治的残留痕迹、外国占领、种族歧视，以及一切形式的新殖民主义，仍然是发展中国家获得完全解放和发展进步的巨大障碍。技术进步的果实，并没有为国际社会的各个成员所平等共享。发展中国家拥有世界总人口的70%，却只有世界总收入的30%。在现存的国际经济秩序下，国际社会获得共同、平衡的发展，已经被确证为不可能了。在这种建立于大多数发展中国家甚至还不存在时的制度之下，发达国家和发展中国家之间的鸿沟还在继续扩大……这种制度将不平等永远延续下去。"②

（三）西方学者对世界经济体系发展的自我反思

西方学者对西方国家主宰的世界经济体系走向衰落已达成一定程度上的共识。"在过去五百年里，资本主义造就了一个全球市场经济体系，其国际化和露骨的等级差异使处于核心地理位置的精英在经营中占据优势，并借此获取相对稳固的高额利润。沃勒斯坦认为这一历史趋势无论多么有弹性，终归都会像其他历史系统一样达到其系统极限。在他的假说中，资本主义将在资产阶级自身的挫败中终结。"③ 丹尼·罗德里克认为，中心国对全球体系的发展有着不可推卸的责任。例如，1997年东亚金融危机发生时，人们认为泰国、印度尼西亚出现问题是因为他们难以达到西方体系的要求，但是同样的问题出现在美国身上时，发达国家就必须对体系进行修正，说明这个体系出现了问题。④ 理查德·M.维沃则更为直接地提出了西方体系崩溃论，"在我们这个时代，一个最紧迫的任务就是让人们接受文明衰落这个事实，因为如果我们不首先确定这个历史性事实、不让现代人明白他们所继承的家产已经挥霍殆尽，我们就

① 〔美〕威廉·内斯特编著：《国际关系：21世纪的政治与经济》，姚远、汪恒译，北京大学出版社2005年版，第497页。
② 〔美〕威廉·内斯特编著：《国际关系：21世纪的政治与经济》，北京大学出版社2005年版，第497页。
③ 〔美〕伊曼纽尔·沃勒斯坦等：《资本主义还有未来吗?》，徐曦白译，社会科学文献出版社2014年版，第2页。
④ 〔美〕丹尼·罗德里克：《全球化的悖论》，廖丽华译，中国人民大学出版社2011年版，序言第5页。

无法与那些堕入歇斯底里的乐观主义的人相斗争"①。既然承认当今世界经济体系的不可持续性，因此，西方学者提出了各种方案来应对世界经济体系危机。

1. 社会主义方案

针对资本主义社会日渐失去活力、自由主义似乎走到了历史尽头这一现实，西方学者提出"一种可能是以社会主义的方式对生产和分配进行重组。这种政治经济体制通过自觉的、集体化的运作模式使大多数人受益。因此，正是发达资本主义结构性问题的恶化使社会主义成为最有可能取代资本主义的制度"②。沃勒斯坦认为，未来的世界体系发展走向有三种可能：一是单一的世界体系被打破，形成多种体系，每一种体系有不同的劳动分工，这样，人们又回到 16 世纪以前的世界。不过这种可能性不是很大。二是现在这种全球范围的历史体系转化成一个不同类型的全球范围的历史体系，这种可能性是存在的。人可以建构一种与以前的体系一样充满等级、不平等和压迫的体系，也可以进入一个相对平等和民主、充满法国大革命口号的体系。三是重新建立一个新的体系，但什么样的体系是最可能实现的，现在还没有一个很明确的答案，因为目前还有一些问题没有搞清楚。③ 沃勒斯坦认为，现代世界体系有可能选择社会主义生产方式，与之相对应的体系就是社会主义世界政府，"保持一个高水平的生产率，并能改变分配制度的唯一可替代的世界体系，将引起政治和经济决策层的重新整合"④。

2. 结构主义方案

针对发展中国家在国家体系中的被动地位，西方学者和非西方学者提出不同的解决思路，不过，总体而言，两者的主要目的都是通过改变现有的国际社会结构体系，来改变发展中国家与发达国家不平等的现实。最初

---

① ［美］理查德·M. 维沃：《思想的后果》，王珀译，江西人民出版社 2015 年版，导言第 11 页。

② ［美］伊曼纽尔·沃勒斯坦等：《资本主义还有未来吗？》，徐曦白译，社会科学文献出版社 2014 年版，第 6 页。

③ 许嘉：《美国国际关系理论研究》，时事出版社 2008 年版，第 306 页。

④ ［美］伊曼纽尔·沃勒斯坦：《现代世界体系》第 1 卷，高等教育出版社 1998 年版，第 462 页。

改变国际社会结构体系的方案是由拉美学者提出的，拉美学者认为，工业国发展是造成发展中国家落后的主要原因，其所形成的国际体系使得后者永久性地陷入国际结构的陷阱，① 既然现有的国际体系没有给发展中国家留有发展的余地，或者发展的余地不大，甚至还在制造发展的国际结构陷阱，那么发展中国家与世界市场断绝关系，提高自足水平，是可行的出路。在上述理论主张下，诸多拉美国家进入自力更生的发展轨道上，然而自力更生的发展模式同样并没有使拉美国家摆脱贫困、社会动荡等难题。正是看到拉美深陷结构性困境，德国社会哲学家哈贝马斯把全球化界定为"世界经济体系的结构性转变"②。改变现有的国际结构没有错，错在改变的方式上，接受拉美国家的经验教训，发展中国家开始改变发展的思路，调整发展模式，其中部分发展中国家逐步发展成为新兴大国，如中国等国家。

　　针对发展中国家的兴起，部分西方学者采取了接纳的态度，并认为是改变现有国际结构的根本性力量。如，有的学者认为，有必要对现有的世界体系实行国家扩张，尤其是对非西方国家的包容。美国学者伊肯博里认为，美国无法阻止中国的崛起，但它可以努力将中国限制在美国主导的制度框架体系之内。③ D. F. 西蒙认为，中国对全球经济的影响越来越大，可能会带来新的矛盾、机会，以及要求变革现行国际结构的压力。④ 也有的学者认为，未来经济增长背后的事实是子孙后代如何理解我们不断增长的相互依赖性，看到其正面和负面影响，并创造性地找到管理和治理的方法。⑤ 在西方学界流传的"非西方世界崛起"的说法认为，美国和西方的主导地位正在走向终结，新兴大国将扮演全球治理中领导地位的角色，当然，目前新兴大国还没有达到这样的地位。⑥

---

① 转引自［挪威］盖尔·伦德斯塔德《大国博弈》，张云雷译，中国人民大学出版社 2015 年版，第 274—275 页。

② 钟声：《构建可持续发展的世界经济体系》，《人民日报》2009 年 11 月 25 日第 3 版。

③ ［美］约翰·伊肯伯里：《中国崛起与西方世界的未来：自由体系能否继续维持?》，袁路译，《国外理论动态》2012 年第 11 期。

④ ［美］D. F. 西蒙：《世界经济体系中的中国》，戴涛译，《国外社会科学》1992 年第 3 期。

⑤ ［美］迈克尔·斯宾塞：《下一次大趋同：多速世界经济增长的未来》，王青、刘其岩译，机械工业出版社 2012 年版，前言。

⑥ ［美］伊曼纽尔·沃勒斯坦：《变化中的世界体系：论后美国时期的地缘政治与地缘文化》，王逢振译，中央编译出版社 2016 年版，第 170—171 页。

3. 共同体方案

有的西方学者如布尔提出了共同体方案来解决世界体系出路问题。"布尔认为秩序是支撑生命、诚信和财产权这三个社会生活基本目标的人类活动模式，而社会则是以共同利益和价值观念以及共同规则和制度为特征的。"① 布尔认为，共同体方案有助于解决当今世界经济体系面临的困境，实现经济目标和社会正义。共同体方案迫使国际社会推动人们对有关经济和社会正义目标的共识达成，强国不能仅仅考虑自身的目标，也必须考虑人类社会整体发展。罗斯克兰斯等人认为，国际政治的性质已经发生了变化，生态危机促使各国不得不共同面对问题的解决，人类有可能步入无国界的世界。普林斯顿大学教授理查德·福尔克也认为，跨国性问题将改变在过去 300 年中占据主导地位的、以国家为中心的国际体系，跨国性力量正在瓦解威斯特伐利亚和约体系，人类将迎来新型的国际政治。② 国际政治发生变迁的可能性不是不存在，而且发生的可能性已大大提高，如欧盟的形成实际上就是消除了以国家为中心的国际政治转型，欧盟法律已经代替成员国法律，生活在欧盟地区的人们不再单纯认为自己是德国人或法国人，还是欧盟人。"欧盟代表着一种新型国际政治，但它只是一个地区的新型国际政治。"③ 可见，布尔的思想展现的是包容性而非对抗性特征。

4. 对生态危机的关注

针对发展之后带来的环境问题，人们早已认识到今天人类所面临的最大威胁是生态危机，甚至不排除爆发人类冲突的可能性，未来的战争不是为了争夺国家利益，反而是为了满足人类的基本生存需要，如争夺水资源和粮食。一些西方学者把人类面临的生态危机与资本主义的未来联系起来，认为资本主义的逐利性质以及民族国家对主权的珍爱和消费者权力至上主义，都使得生态问题解决起来难上加难，因此，"解决生态危机需要

---

① 马国林：《社会·制度·秩序：赫德利·布尔的世界秩序思想研究》，中国社会科学出版社 2015 年版，第 66 页。

② ［美］小约瑟夫·奈、［加拿大］戴维·韦尔奇：《理解全球冲突与合作：理论与历史（第九版）》，张小明译，上海人民出版社 2012 年版，第 8 页。

③ ［美］小约瑟夫·奈、［加拿大］戴维·韦尔奇：《理解全球冲突与合作：理论与历史（第九版）》，张小明译，上海人民出版社 2012 年版，第 363 页。

对当今世界的制度状况作出重大调整"①。生态主义在 20 世纪 70 年代被视为建立不同类型世界秩序的新思路。理查德·福尔克在其著作《面临威胁的星球》中指出，跨国行为体和国家间相互依赖有助于构建新的世界秩序。福尔克声称，反对殖民主义、反对种族主义、要求更多的平等权利以及生态平衡的观念，有助于建立起有关和平、正义和生态平衡的国际规范，创造一个新型的世界秩序。②

5. 主张文明交融

麦克尼尔认为，"各个文明间的交流和市场交换体制的形成减少了各文明的孤立性和自足性，将众多的民族和文化纳入不断变化的市场活动的世界体系之中，这种世界体系最初兴起时的作用是边缘性的，到今天已演变为具有中心性的性质"③。2019 年由中国举办的亚洲文明大会是对文明交融的实践，与会专家认为，文明交融是人类文明发展的必然，各国应承认不同文明对世界发展的贡献，同时，加强文明交流和融合有助于解决当今世界面临的各种发展难题。

关于世界经济体系的发展前景，沃勒斯坦认为，"基本上有两种可能的后继者：一种（或几种）新的历史体系，它虽然不同于资本主义世界经济，但在基本结构上同样不平等；另一种是一个基本上平等的新体系，它基本上是自由的，因为不可能把平等和自由分开"。"我坚定地相信，在从一种历史体系到另一种体系的转变时刻，人类会有广阔的天地，因此历史的选择是真实的，不是被操纵的。2050 年或 2100 年后继的历史体系或几种体系将是我们构建的体系，但不能确定的是哪一种体系我们将选择构建。"④

（四）对西方学者有关现代世界经济体系主张的评价

西方学者对世界体系未来出路的探索反证了当今世界体系面临的重大

① ［美］伊曼纽尔·沃勒斯坦等：《资本主义还有未来吗？》，徐曦白译，社会科学文献出版社 2014 年版，第 3 页。

② ［美］小约瑟夫·奈、［加拿大］戴维·韦尔奇：《理解全球冲突与合作：理论与历史（第九版）》，上海人民出版社 2012 年版，第 363 页。

③ ［美］威廉·麦克尼尔：《西方的兴起：人类共同体史》，孙岳、陈志坚、于展等译，中信出版社 2015 年版，第 11—12 页。

④ ［美］伊曼纽尔·沃勒斯坦：《变化中的世界体系：论后美国时期的地缘政治与地缘文化》，王逢振译，中央编译出版社 2016 年版，第 50—52 页。

危机和挑战。当然，西方学者也并不气馁，特别是有些方案早已突破西方自由主义思维的束缚，站在全人类发展的角度，提出解决问题的思路和方案。有学者指出，对当今后工业社会的世界观和社会制度实施转型，并创建一个新的更加可持续的人性更完美的文明。这一转型将确保"以人为本"，除此之外，对于非人类的自然界和地球上所有生命之间的生态依存的深切尊重。① 西方学者在面对体系危机时所推出的解决思路体现了一定的进步性。

一是包容性。部分西方学者认识到各国有对发展模式的自我选择权。丹尼·罗德里克认为，"资本主义的模式并不是唯一的。劳动力市场、金融、企业治理、社会福利等社会基础设施的不同组合都能达到使经济稳定繁荣的目的。各国很可能而且也有权利根据不同国情来做不同的选择"②。如，前述提到的将非西方的新兴大国纳入解决世界经济体系问题的方案中即是如此。再如，承认非西方文化价值并将其纳入世界共同价值观中，不再承认西方中心主义或西方价值观的唯一性也体现了包容性特征。

二是共同性。部分西方学者正视当今世界体系面临的挑战，提出要建立共同利益观、共同价值观，以共同利益重塑世界发展格局，应该说这也是西方社会进步的标识，当然，这种共同利益观仍有西方中心观念的烙印，但是至少共同利益观不再忽视非西方国家的地位和作用。布尔认为，国际社会最本质的内容是共同利益，其次才是规则和制度。即使在没有共同文化支撑下，国际社会仍具有被发展的可能性，甚至布尔对共同价值观念也予以否认，认为共同价值观并不是必需的。

三是实践性。西方学者推出的各种方案并不缺乏现实的支撑，如站在世界政治经济发展的角度，对欧盟的成立和发展给予了承认，并认为欧盟所包含的政治理念是未来世界体系所必须纳入的要素。正如历史学家麦克尼尔所说，"一部透彻的世界史可望培养出个人与整个人类休戚与共的感情，缩小各团体冲突的毁灭性，而不是如狭隘史学那样不可避免地加剧这些冲突。这作为我们时代历史专业的道德责任，确实深深地打动着我。我

① ［美］约尔·杰伊·卡西奥拉：《工业文明的衰亡》，余灵灵、尚新力译，重庆出版社2015年版，第241—242页。

② ［美］丹尼·罗德里克：《全球化的悖论》，廖丽华译，中国人民大学出版社2011年版，序言第8—9页。

们需要发展一种世界范围的历史，为人类全部复杂性造成的多样化留有充分的余地"①。当然，西方学者必定有其思维的局限性，特别是对发展中国家发展的艰难性缺乏感同身受，对世界体系面临的各种危机也只是极少数精英的自我反思，而要让西方世界整体做出巨大的变革还需要很长的路要走。

　　不过，不管西方学者提出怎样构建世界经济体系的方案，其主张都没有越出自由主义思想的范畴和对西方构建的世界经济体系的维护。西方学者认为，自由主义思想是构建现代世界经济体系的思想根基，在市场面前，物竞天择、适者生存是通行的法则，发展中国家不发展是没有充分贯彻自由主义这一市场基本原则。西方国家有关自由主义根深蒂固的理念一直在支配着世界经济体系的规则运转，到了今天，即使世界体系已经面临诸多的问题，甚至运转不下去的时候，也仍然在用自由主义理念治世，甚至提出极端自由主义方案，以达到"解救世界"的目的。最为典型的是华盛顿共识的出炉。20 世纪 80 年代后期，以约翰·威廉姆森为首的小组设计了后来被称为"华盛顿共识"的原则，即 10 条经济增长和发展成功必不可少的关键要素。② 这 10 条共识核心理念是维持世界体系的自由主义原则，要求经济发展绩效不高的国家继续贯彻自由主义的原则，进一步市场化，并极尽可能地限制国家和政府力量在经济发展中的作用。其背后逻辑是，经济发展绩效不高的国家是因为贯彻自由主义原则不彻底，国家或政府力量对经济体系干涉过多所致，自由主义仍然是解决一切发展问题的"钥匙"。

　　尽管发达国家在不断调整世界经济体系内部关系，但是这种调整只是在一定程度上作出的修正，而非彻底的改变。依据资本主义对抗关系

---

① ［美］威廉·麦克尼尔：《西方的兴起：人类共同体史》，孙岳、陈志坚、于展等译，中信出版社 2015 年版，第 11—12 页。

② 这 10 条是：（1）加强财政纪律；（2）把公共支出从补贴（尤其是无差别的补贴）转向对基础教育、基本医疗保健、基础设施等有利于经济增长和穷人的投资；（3）改革税收，扩大税基，降低边际税率；（4）利率市场化，并保持实际利率为正（但是也不能太高）；（5）有竞争力的汇率；（6）贸易自由化，放开进口，重点要消除数量管制（许可证等），仍然存在的贸易保护全部采用较低的、相对统一的关税形式；（7）放松对外国直接投资的限制；（8）国有企业私有化；（9）放松政府管制，废除阻碍市场进入或限制竞争的管制措施，基于安全、环保和消费者保护等理由的管制和对金融机构的合理审慎监管除外；（10）保护知识产权。

建立的世界经济运行规则天生就是一种不平等的关系、一种缺乏包容的精神，更是缺乏一种共赢的结果。资本主义制度将国与国之间的关系限定在零和模式基础之上，导致西方国家难以从整体发展视角来解决世界发展难题，但是为了缓和发达国家与发展中国家之间的矛盾，西方国家不得不将经济发展推向政治化，通过设定"政治标准"来选择部分发展中国家对世界工业化进程的参与，同时输出西方民主价值观，以此扩大西方民主阵地。以欧盟为例，欧盟是最早实施一体化的国家，也是一种以标准化方式来完成一体化建设的，达不到标准的国家是没有资格进入这一组织的，也难以享有组织提供的利益和帮助。这种模式虽然比起国家间的直接对立显示出一定的包容性，即部分国家之间不再是一种对立关系，而是一种共生关系，但是该组织与组织外部之间的关系仍是一种零和关系，只不过是针对组织内部的国家间关系是一种共进的关系，不再是零和关系，但是就与组织外部的关系来看，非成员仍被排除在外，不得享有组织内部的种种利益，这种方式仍缺乏对非标准国家的包容、接纳。直到今天，世界资本仍主要流向发达国家，部分流向非工业化国家，这种地域分布基本上不是以发展为主要目的，而是以利益为主要目的，造成世界发展的两极化、人均收入极差拉大，[①] 强国和弱国之间越来越难以对话，甚至连援助也在发生变化，过去强国对弱国的援助以经济发展为目标，如实行产业转移、建设基础设施等，而今天只是给予更多的软援助，如人力资源培训，以改变所在国发展经济的要素条件，使他们自己参与竞争。按照目前发达国家的做法，发展中国家将永远被锁定在与发达国家不平等的地位上，这不仅有违工业文明的初衷，也难以实现人类真正的共同发展、整体发展。因此，解决世界发展的基本思路是重建资本和劳动的关系，将资本的运动轨迹控制在"人"之下，而非凌驾于"人"之上，这样才能让资本服从于"人"的意志，服从于全体人类的共同目标，

---

① 最新版的世界不平均报告指出，收入差距过去几十年在世界各个地区几乎都呈扩大趋势。2016 年，欧洲收入前 10% 的成人（20 岁及 20 岁以上人群）的收入总和占整个国民收入的 37%，该份额在中国为 41%、在俄罗斯为 46%、在北美（美国与加拿大）为 47%，而在撒哈拉以南非洲地区、巴西、印度则为 55%。中东是世界上收入差距最高的地区，收入前 10% 成人的收入份额高达 61%。参见世界不平等实验室《世界不平等报告 2018》，http：//wir2018. wid. world/files/down-load/wir2018-summary-chinese. pdf。

而非那些掌握资本的少数人手中。①

二 个人主义与传统世界经济体系"终结"

自 18 世纪以来，西方在推动工业革命进程中起到了不可磨灭的历史作用，可以说为工业文明最终战胜农业文明并改写人类发展进程作出了历史性贡献。不过，工业革命 300 年的历史进程同样告知我们，西方引领的工业革命有着先天的缺陷，正是这种缺陷，导致今天西方建设的国际秩序面临各种各样的挑战，甚至包括由于不发展而带来的安全上的挑战。随着工业化体系在世界范围内彻底取代数千年居统治地位的农业文明之后，西方发达国家通过建立一套严密的国际体系，将众多发展中国家发展限定在一定的空间范围内，并按照自己的意识形态标准，将自认为"成功"的发展道路、发展模式强行地"套用"在不同的发展中国家身上，以至于出现了各种因"发展"而带来的难题，如身陷债务危机的"拉美化"、长期贫弱的"非洲化"以及动荡不安的"中东化"等。甚至今天，西方国家看到中国发展的同时，仍以自己根深蒂固的传统观念，将"一带一路"倡议视为和它们历史上走过的道路一样，也是一条"殖民扩张"之路。沃尔特·罗斯托的《经济成长的阶段：非共产党宣言》认为，所有的社会体制都是经历了传统经济、起飞前准备阶段、起飞阶段、成熟阶段、高消费阶段的历程（20 世纪 60 年代末期，加上后工业社会阶段）。该理论带有较强的西方中心主义的观念，认为落后国家只要按照西方国家发展的"路线图"，就会走向现代化。该理论的不足是过于将经济发展视为数字化，而没有看到发展的背后有沉重的历史包袱和现实世界的不平等在作祟。②

（一）西方国家构建的世界经济体系已走向极端化

如何解决发展中国家工业化问题，西方国家一直凭借自身占据的工业

---

① "资本"是资产阶级统治无产阶级的"政治形式"，"革命"是资产阶级和无产阶级为争夺"剩余价值"而爆发的无产阶级摆脱资本统治和奴役的手段。革命的目标和任务就是摆脱资本的抽象统治而实现人之自由个性。参见白刚《资本、革命与自由——从〈共产党宣言〉到〈资本论〉》，《学术研究》2016 年第 5 期。

② 许嘉等：《美国国际关系理论研究》，时事出版社 2008 年版，第 275 页。

文明优势地位，以"过来人"自居，将自身的发展理念和发展路径——"自由主义"发展观向发展中国家推销。尽管这一发展观后来又以"新自由主义"面貌出现，但是其核心和实质并没有发生较大改变。作为西方国家发展的哲学理念，所谓"自由主义"是以推崇西方自工业化以来的发展经验为依据，认为唯有个人主义才是经济发展的主要出发点和归宿，政府应该最大限度地约束自己的行为和作用空间，给个人以充分的发展自由，通过市场来实现资源配置。一国要想发展就必须采取西方已经实践并被证明是成功了的做法。由于有了西方国家的"榜样"作用，世界上一些发展中国家开始纷纷效仿西方国家的做法，来努力推进自身的工业化进程并希望有朝一日能够比肩西方国家，比如日本的"明治维新"。但是除了极少数国家之外，西方"发展观"却不断遭到来自现实的挑战。为此，西方国家不得不进行一次新的调整，从传统的自由主义向"新自由主义"迈进。

自由主义意识形态在推动世界经济体系发展过程中起到过积极的作用。世界经济体系的兴起首先源自对传统思想观念的突破。在资本主义生产方式诞生之前，资本主义发源地——欧洲正处于中世纪的暗黑时期。传统观念长期束缚人们的头脑，使传统的一切都是那么合理地存在并按部就班地运转着。有学者评论道，"一种意识形态是一个支持某种特定社会、政治和经济生活组织形式的世界观"①。

早在资本主义生产方式萌芽时期，自由主义思想开始在英国发端。亚当·斯密的《国富论》集中代表了当时人们对市场力量的最新认知。市场是一个需要自由主义思想支配的场所，而传统的宗教观念则极大地束缚了市场调节人们日常生活生产的作用。因此，突破传统的宗教观念，使市场成为人们日常经济活动的主宰变为当时人们的一种新的追求。而这种追求最先是通过穿越大西洋、给人们带回无数财富的航海梦实现的。之后，人们发现市场带来的分工交易是人们财富增长的主要路径，且比远航更能确保财富稳定增长，自此，自由主义理念就深深地扎根在人们的头脑之中了。亚当·斯密最早提出的"自由放任、自由通行"的朴素思想在今天已是一种自然，然而在当时却需要勇气对传统进行宣战、必须突破传统宗

---

① ［加拿大］罗伯特·奥布莱恩、马克·威廉姆斯：《国际政治经济学（第四版）》，张发林译，中国人民大学出版社 2016 年版，第 74 页。

教、封建政府对经济生活的过度干预，使得商品能够在不同地区间自由流动，不再受各种苛捐杂税的阻挠。来自对财富稳定增长方式追求的强大动力，必然促使人们将这种经济诉求上升到一种政治诉求，在政治上表现为给予人们更多的自由，特别是允许个人有权选择谋求财富增长的方式，并通过法律予以认可并成为一种惯例。政治运动是当时人们索要经济权、自由创造财富权的表达。极大的个人自由主义和极小的政府干预，作为当时政治运动的结果，也被西方作为一种传统而永久性地继承下来。当时出版的多部学术著作，基本上是要求政府如何尊重公民权利和政治权利，如何在个人主义和政府主义之间进行选择或平衡，使得国家能够采用一种新的增长方式，通过发挥人们的聪明才智，将新思想物化在有形的产品之上，进而推动国家财富的增长，而不再依靠贩运商品获得，或者主要不是依靠贩运商品获得，这大概是国富论的原始思想起源。有人评论说，如果说16世纪是一个变革的时代，如，"人文主义和宗教改革的思想使那些不顾一切要摆脱控制的人们具有了激烈的品质"，那么17世纪则是一个平和与冷静的时代，人们需要对过去形成的新思想进行总结并上升到统治社会的纲领，"以便更好地领悟资本主义世界经济体的诞生所反映的根本的社会变迁"①。

　　然而，任何事物走向极端就会朝着相反的方向起作用。"新自由主义"试图对发展中国家发展问题做一次性通盘解决，通过继续推进世界范围内的私有化、市场化和民主化来进行工业化，即所谓的"华盛顿共识"来改进发展中国家经济增长状况，以缓和与发展中国家的矛盾。新自由主义盛行于20世纪90年代，既有发达国家宣扬自身发展理念作为背景，也有东亚国家的成功、拉美国家的失败以及转型国家的迫切要求发展为前提。这一时期，以美国学者弗朗西斯·福山的历史终结论为代表，将资本主义的全球化胜利看作历史的终结。在"新自由主义"这一发展观宣扬之下，拉美国家被作为试点开始推行"华盛顿共识"，然而事实证明"华盛顿共识"带给拉美国家的不是发展，而是失败，拉美国家并没有因推行新自由主义而获得发展、解除债务压力。在此期间，东亚国家在应对1997年亚洲金融危机时，不得不接受发达国家苛刻的危机解决方案，强力推行金融

---

　　① ［美］伊曼纽尔·沃勒斯坦：《现代世界体系》第1卷，高等教育出版社1998年版，中文译序第12页。

自由化方案，实际上也未能使东亚国家转危为安。同期，转型国家则接受新自由主义思想，纷纷采取休克疗法，然而新自由主义带去的不仅仅是转型国家发展的停滞，甚至是解体这种灾难性政治风险。新自由主义在发展中国家的实验以失败而告终。同样，新自由主义在西方发达国家推行的结果是金融监管松弛，导致2008年国际金融危机，至此新自由主义实验在西方发达国家也以彻底失败而告终。自由主义一直是西方国家长期信奉的发展理念，并已成为一种信条，甚至奉为神明，然而事实却给西方国家发展理念及其模式以有力的回击。可以说，2008年国际金融危机是西方发达国家为当今世界发展提供思路和方案的终结，也是对西方发达国家长久以来被自己认为是真理或普世价值的发展路径的终结。少数西方学者较为清醒地意识到自由主义极端化的危害，对"华盛顿共识"提出异议。迈克尔·斯宾塞认为，将"华盛顿共识"理解为包治百病的灵丹妙药，这正是主要问题所在。作者还认为，如果一个国家能够实现经济增长，政策手段并不是主要的，这是因为不同国家有不同的国情，亚洲和拉美国家对"华盛顿共识"采取不同的态度，进而出现不同的效果。在推进经济增长过程中，政府和市场都是必不可少的要素，它们之间不是相互竞争而是相互补充的关系。取得经济成功的发展中国家都已经认识到，完全的市场化并不必然导致经济增长的成功，毕竟市场存在失灵问题。因此，更好地发挥公共部门和私人部门之间的相互作用以促进经济增长是一种明智的选择。很多国家对公共投资促进经济增长、实现公平和包容性的作用有着较为清醒的认识，反过来又有助于为经济增长政策提供政治支持。[1] 2012年，第42届达沃斯冬季论坛以"20世纪的资本主义是否适合21世纪"作为中心话题，"改造资本主义""重塑资本主义"成为热门议题。美国著名经济学家理查德·沃尔夫认为，美国和欧洲的经济动荡不应被理解为金融危机或债务危机，而应被理解为资本主义的制度危机，这场制度危机的背后价值根源就在于个人主义。个人主义反对权威对个人各种各样的支配，特别是国家对个人的支配，这也导致国家对金融监管的丧失。[2] 实际上，到了垄断资本主义阶段，资本而不是人本占据西方社会时，"无形的手"早已不

---

[1]　[美]迈克尔·斯宾塞：《下一次大趋同：多速世界经济增长的未来》，王青、刘其岩译，机械工业出版社2012年版，第74—76页。

[2]　韦冬主编：《比较与争锋：集体主义与个人主义的理论、问题与实践》，中国人民大学出版社2015年版，第194—197页。

能对社会经济进行充分的调节，崇尚个人主义无疑是给资本主义社会雪上加霜，在个人能力已不足以战胜资本的今天，反而进一步放纵资本对社会的侵蚀，甚至是对每一个毛孔的侵蚀。

（二）西方国家构建的世界经济体系难以改变零和思维

世界经济体系是一个零和体系。马克思对资本主义生产方式的揭露为我们提供了这一问题的答案。

尽管马克思从未否认资本的伟大作用，认为资本原始积累过程是为工业革命创造历史前提的过程，但是马克思也指出："资本来到世间，从头到脚，每个毛孔都滴着血和肮脏的东西。"① 马克思首先承认，现代工业体系创造出不同于以往的、更为先进的新世界。马克思揭示了现代资本主义生产方式带给世界的新变迁，同时也给予这种变迁以较高的评价。"一句话，它按照自己的面貌为自己创造出一个世界。"② 但是，马克思在《资本论》里着重阐释了资本和劳动这一天然的对抗关系，资本从诞生之日起主要目的是通过榨取工人的剩余价值赚取利润，"每个资本家都追求更大的利润"③。随着西方工业化进程的推进，大工业的发展不是缓和而是加深了社会对抗性矛盾。④ 当资本走出国门的时候，资本与劳动对抗的天性却一点也没有改变，只不过更换了另一国的劳动者，由此资本主义社会的内部矛盾必然外化为发达国家与发展中国家之间的矛盾。这种资本和劳动的零和关系随着资本跨越国界从一国推演到世界进而演化为国与国之间的零和关系。"正像它（资产阶级）使乡村从属于城市一样，它使未开化和半开化的国家从属于文明的国家，使农民的民族从属于资产阶级的民族，使东方从属于西方。"⑤ 有学者指出，"欧洲所支配的国际经济的自动作用首先造成了不发达，然后又阻挠摆脱不发达的行动。总之，不发达是历史过程的产物"⑥。

马克思认为，资本主义生产方式的兴起将一切关系都对立化了，具体

① 马克思：《资本论》第1卷，人民出版社1975年版，第829页。
② 《马克思恩格斯文集》第2卷，《共产党宣言》，人民出版社2009年版，第36页。
③ 《马克思恩格斯全集》第39卷，人民出版社1974年版，第405页。
④ ［法］托马斯·皮凯蒂：《21世纪资本论》，巴曙松译，中信出版社2014年版，第123页。
⑤ 《马克思恩格斯文集》第2卷，人民出版社2009年版，第36页。
⑥ ［美］查尔斯·K.威尔伯主编：《发达与不发达问题的政治经济学》，高铦等译，商务印书馆2015年版，第123页。

表现为人对人的"剥削"，城市对农村的"剥夺"，进而是国家对国家的"剥夺"。其根源在于资产阶级凭借所拥有的先进生产方式开启了对世界的征服进程，而这一过程带有强烈的零和色彩。"资产阶级日甚一日地消灭生产资料、财产和人口的分散状态。它使人口密集起来，使生产资料集中起来，使财产聚集在少数人的手里。"① 由于人与人之间的关系被彻底变成金钱关系，对物质利益的争夺成了人们一种不自觉的行为，甚至被认为人与人之间天生就是一种对立关系，拓展到其他领域和国家，那就是城市和农村的对立以及国与国之间的对立。至今这一零和思维模式仍在左右西方少数国家的政策行为。"它无情地斩断了把人们束缚于天然尊长的形形色色的封建羁绊，它使人和人之间除了赤裸裸的利害关系，除了冷酷无情的'现金交易'，就再也没有任何别的联系了。"②

马克思认为，正是资本主义把一切关系都对立化之后，现代经济体系也就随之表现为世界化。为了谋求更大的利益，资本无孔不入，不仅把利益渗透到个人头脑中，也渗透到社会各个领域、各个阶层，并超越国界外化到世界其他地方。"资产阶级，由于开拓了世界市场，使一切国家的生产和消费都成为世界性的了。""过去那种地方的和民族的自给自足和闭关自守状态，被各民族的各方面的互相往来和各方面的互相依赖所代替了。物质的生产是如此，精神的生产也是如此。"③

马克思也指出，人与人之间的对立关系使得世界经济体系从诞生之日起就酝酿着巨大危机。世界市场供求失衡导致世界经济体系不断上演经济危机的悲剧。正如马克思指出："在危机期间，发生一种在过去一切时代看来都好像是荒唐现象的社会瘟疫，即生产过剩的瘟疫。……资产阶级的关系已经太狭窄了，再容纳不了它本身所造成的财富了。资产阶级用什么办法来克服这种危机呢？一方面不得不消灭大量生产力，另一方面夺取新的市场，更加彻底地利用旧的市场。"④ 更有甚者，资本主义生产方式成为资本主义的掘墓人。"随着大工业的发展，资产阶级赖以生产和占有产品的基础本身也就从它的脚下被挖掉了。"⑤

---

① 《马克思恩格斯文集》第 2 卷，人民出版社 2009 年版，第 36 页。
② 《马克思恩格斯文集》第 2 卷，人民出版社 2009 年版，第 34 页。
③ 《马克思恩格斯文集》第 2 卷，人民出版社 2009 年版，第 35 页。
④ 《马克思恩格斯文集》第 2 卷，人民出版社 2009 年版，第 37 页。
⑤ 《马克思恩格斯文集》第 2 卷，人民出版社 2009 年版，第 43 页。

马克思指出资本主义经济体系的未来发展方向就是不再存在上述的对立关系。"代替那存在着阶级和阶级对立的资产阶级旧社会的,将是这样一个联合体,在那里,每个人的自由发展是一切人的自由发展的条件。"①在马克思看来,社会解放的核心要义即是控制资本的逻辑,把与人相对立的社会力量回归人自身,以人类的本真需要和本质需求作为政治权力、经济发展的基准和衡量标准。社会解放蕴含维护人类及社会机体本身发展的生态要义。其中,限制、解构资本的强大力量是关键。正如有学者指出,构建人类命运共同体就要破除资本工具理性、功利主义的价值观念,以生态效益取代经济增长作为人类社会发展的主要衡量标准,变革传统的唯经济数量和经济效率的片面发展观,以构筑尊崇自然、绿色发展的生态体系和生态命运共同体,共筑人类美好的未来。②

(三) 西方国家构建的世界经济体系是不平等的体系

迄今为止的工业文明是建立在不平等基础之上的,西方国家从工业化起步那天起,尽管打着"自由、平等和博爱"的旗号,但是工业化进程却无时无刻不带有天生的不平等基因,这一"基因"来自资本本身。

早在 20 世纪 50 年代,被殖民过的国家和地区的非西方学者开始积极探索自身在世界经济体系中的位置,并试图改变非西方国家的命运。其中,以依附论为典型代表,包括拉美结构主义者劳尔·普雷维什和西塞罗·富尔塔多的"中心—边缘论"、安德烈·弗兰克的"欠发达的发展"、多斯·桑托斯的"依附的结构"、伊曼纽尔·沃勒斯坦的"不平等交换"、萨米尔·阿明的"世界规模的资本积累"、瑞·马里尼的"次生帝国主义"等。他们主要是从欠发达和发达国家之间的关系中寻找欠发达的原因。从"中心—边缘"的概念出发,普雷维什的"贸易条件恶化论""进口替代工业化论"等观点为拉美国家认清西方国家的剥削性提供了理论视角。如,普雷维什认为传统经济学宣扬的国际分工下的比较优势理论其实是一种不平等的分工,对技术垄断的程度也导致世界经济体系被划分为两类国家:工业中心国家和从事初级产品生产的边缘国家。中心国家往往独占技术进步所带来的利益,边缘国家只能获得很少一部

① 《马克思恩格斯文集》第 2 卷,人民出版社 2009 年版,第 53 页。
② 徐艳玲、陈明琨:《人类命运共同体的多重建构》,《毛泽东邓小平理论研究》2016 年第 7 期。

分利益，两者之间形成较大的落差。可以说，即使技术进步从中心国家向边缘国家扩散，其实质也是为中心国家利益服务的，如为了延长中心国家技术的生命周期，以获取最大利益，边缘国只能从中获得有限的利益。如何打破世界经济体系中的"中心—边缘"不平等关系，普雷维什提出，应当首先建立起广泛的边缘国联盟，以求降低对中心国的依赖。①依附论认为，处于全球分工核心地位的中心国家始终控制着处于分工边缘地位的贫穷国家，前者通过各种经济手段将穷国的剩余价值掠夺过来，使得后者越来越穷。从世界体系角度看，富裕的、自由的资本主义国家和发展中国家之间已经形成较大鸿沟，这是"历史帝国主义和资本主义全球化的产物"②。就连西方学者也不得不承认依附理论对客观实际描述的正确性，认为世界体系中所存在的"二元经济"成为一种固有现象，且长期没有得到根本性改变。许嘉等认为，"在世界贸易市场问题上，依附理论与世界体系理论站在同样的立场上反对中心国家对外围国家从贸易控制到政治控制的进程"③。由于普雷维什深刻了解拉美经济在国际贸易体系中的惨痛经历，因此，其"中心—边缘"思想直指发达国家，该理论直到今天仍然是我们了解世界经济体系的一把钥匙。从"中心—边缘"的概念出发，可以给予我们一种希望，那就是去积极地探索国家间和平共处、平等交往、共同发展的道路，其中打破"中心—边缘"结构是终结世界经济关系中一切剥削现象的必要前提。

沃勒斯坦认为，资本主义是一个有着"中心—边缘"结构性特征的等级体系，并把这一研究成果用于世界体系研究中，"资本主义世界经济体是以世界范围的劳动分工为基础而建立的，在这种分工中，世界经济体的不同区域（我们称之为中心区域、半边缘区域和边缘区域）被派定承担特定的经济角色，发展出不同的阶级结构，因而使用不同的劳动控制方式，从世界经济体系的运转中获利"④。在这个具有"中心—边缘"特征的强大结构里，存在着国与国之间的不平等关系。沃勒斯坦等人认为，资本主

---

① 张康之、张桐：《论普雷维什的"中心—边缘"思想——关于世界经济体系中不平等关系的一个分析框架》，《政治经济学评论》2014 年第 1 期。

② ［美］小约瑟夫·奈、［加拿大］戴维·韦尔奇：《理解全球冲突与合作：理论与历史（第九版）》，张小明译，上海人民出版社 2012 年版，第 9 页。

③ 许嘉等：《美国国际关系理论研究》，时事出版社 2008 年版，第 282 页。

④ ［美］伊曼纽尔·沃勒斯坦：《现代世界体系》第 1 卷，高等教育出版社 1998 年版，中文译序第 5 页。

义世界体系之所以能运转至今，其根本在于核心地区和边缘地区之间存在着不等价交换，即边缘区工人创造的剩余价值通过交换被输入到核心区高工资生产商手中。这种不等价交换可以通过许多机制进行，如历史上的殖民垄断贸易、现今的跨国公司内部转换以及多边贸易协定等。为从边缘地区获得持续不断的剩余价值，核心区国家借助资本雄厚的优势不断形成对边缘国家的技术、制度等优势，使得边缘国家难以从与中心国家贸易中获得公平发展的机会。① 沃勒斯坦强调，现代世界体系"把不平等交换掩盖得如此严密，以致即使它的公开敌人也只是在这一机制运行 50 年之后，才开始系统地剖析它的真面目"②，这种"不等价交换"反而成为西方现代世界体系运行的根本动力。

随着工业文明在世界范围内的推进，资本实力越雄厚，资本对"人"的控制也就越强烈；或者哪个国家资本实力越雄厚，哪个国家也就最有权力决定世界发展的走向。这样，资本越来越走向发展的反面，不是推动人类社会的进步，而是将人类对美好生活的追求极大地限定在等级体系之下，西方发达国家处于等级体系的最高层，决定着世界发展的优先序列，而其他国家则永远处于体系的下层，被决定着发展的高度和质量，这也是"中心—边缘"学说一直流行的核心所在。不管是发达国家的有意作为，还是发展中国家的被迫承认，世界发展中国家工业化进程一直在这一框架下得以推动，发达国家是世界经济增长的核心，其他国家处于次要地位，尽管次发达国家可以向这个中心移动，但是却始终居于次要地位。发达国家是世界经济体系的市场提供者、价格决定者、技术供给者、制度供给者、意识形态供给者，即发达国家是世界经济体系的经济中心、权力中心、思想中心，其他国家则围绕发达国家成为世界经济体系的外围国，是被动的生产者、制度接受者、资源的提供者等。甚至随着资本的全球化扩张，各种打着共同体旗号的国际组织也成了资本全球扩张的"帮凶"，打破可能危及资本扩张的种种限制，③ 如第二次世界大战后成立的国际货币基金组织、世界贸易组织以及世界银行等。马克思早已意识到世界市场中

---

① ［美］伊曼纽尔·沃勒斯坦：《历史资本主义》，路爱国、丁浩金译，社会科学文献出版社1999 年版，第 15 页。

② ［美］伊曼纽尔·沃勒斯坦：《历史资本主义》，路爱国、丁浩金译，社会科学文献出版社1999 年版，第 14 页。

③ 陈曙光：《人类命运与超国家政治共同体》，《政治学研究》2016 年第 6 期。

存在的不平等交换问题，即"处于有利条件下的国家，在交换中以较少的劳动换回较多的劳动"①，被资本主义"强力"纳入世界历史中的民族与国家的居民"所遭受的灾难具有了一种特殊的悲惨的色彩"②。中心国的发展实际上是以"卫星"国的畸形发展为代价的。马克思指出："一国可以不断攫取另一国的一部分剩余劳动而在交换中不付任何代价。"③ 从整个世界体系的经济和文化层面来看，沃勒斯坦认为，"资本主义经济学一直为追求积累最大化的理性所支配"④。因此，自英国工业革命以来，世界工业化进程一直在不平等的发展模式引领下进行，实质上是把资本主义制度内生的基本矛盾扩展到一国之外、引入世界中来，也就是说，资本主义制度内生的资本与劳动的对抗关系被充分展现在世界经济舞台上，以一种竞争或零和的思维模式来引导不发达国家的工业化进程。第二次世界大战后表面平等实际不平等的国家关系被置于西方国家为保障自身优势而建立的垂直型世界经济体系之下，固化发达国家与发展中国家的不平等关系。因此，少数国家往往是世界体系的矛盾制造者，而非化解者，以致今天积累了众多的发展难题。

现代经济体系的等级结构为其走向衰落创造了"前提"。资本主义经济体的发展结果就是世界范围的人口和地区的两极分化。沃勒斯坦认为，"创立资本主义不是一种荣耀，而是一种文化上的耻辱"⑤。马克思主义预言"资本家的贪婪促使国际关系中重大事件的发生，最终导致社会主义革命遍及全球和资本家自身的消亡"⑥。沃勒斯坦的理想是，建立"一个平等的社会主义世界秩序"⑦。就连西方学者也不得不承认，"《共产党宣言》的出版鼓励了世界各地成千上万的人为一个更加平等的社会而奋斗"⑧。今

① 《马克思恩格斯全集》第 25 卷，人民出版社 1974 年版，第 265 页。
② 《马克思恩格斯文集》第 2 卷，人民出版社 2009 年版，第 686 页。
③ 《马克思恩格斯全集》第 46 卷（下），人民出版社 1980 年版，第 402 页。
④ ［美］伊曼纽尔·沃勒斯坦：《历史资本主义》，路爱国、丁浩金译，社会科学文献出版社 1999 年版，第 25 页。
⑤ ［美］伊曼纽尔·沃勒斯坦：《现代世界体系》第 1 卷，北京高等教育出版社 1998 年版，作者序。
⑥ ［美］小约瑟夫·奈、［加拿大］戴维·韦尔奇：《理解全球冲突与合作：理论与历史（第九版）》，张小明译，上海人民出版社 2012 年版，第 9 页。
⑦ ［美］伊曼纽尔·沃勒斯坦：《历史资本主义》，路爱国、丁浩金译，社会科学文献出版社 1999 年版，第 68 页。
⑧ ［加拿大］罗伯特·奥布莱恩、马克·威廉姆斯：《国际政治经济学（第四版）》，张发林译，中国人民大学出版社 2016 年版，第 74 页。

天的工业化需要在世界体系之下重构生产力与生产关系之间协调发展的框架，为世界整体发展提供一种新理念，探求一条新路径。多尔富斯认为，20世纪的最后20年是聚集、增长、动荡、变化、价值的转变、多样性和差异增加等现象集中展现的20年。过去所发生的巨大变化将在未来继续延续，并极有可能从一种体系向另一种体系过渡。体系理论让人们了解到从一个体系过渡到另一个体系要经过"一个灾难性过程"，也就是说一个体系在另一个体系产生之前会在积极追溯的急速上升中崩溃，另外一个体系的产生是指在不同场合的变量之间建立其他的相互作用，其中的消极追溯有助于新体系的稳定。全球化有可能在21世纪初将世界推入"灾难性"状态，未来的人类将面临一个振奋人心的任务，那就是重新构建另一个世界体系，到那时，新自由主义将成为历史的过眼烟云。①

三　世界经济体系重构方向

当今世界经济体系是由众多不同质的国家构成的。如果按照工业化程度，目前世界上所有国家可划分为三类：工业国、新兴工业国和非工业国。未来世界经济体系应包含同质发展、平等发展、共同发展和可持续发展等内容。

（一）基于西方个人主义的发展范式及其局限性

个人主义是现代世界经济体系思想起源的基础。西方300年工业化历史也是个人主义发展的历史，或者说是个人主义占经济发展思想支配地位并成为世界财富增长推力的历史。个人主义也就是市场充分发挥作用的另一面。自从人们发现市场具有激励功能之后，市场逐渐成为调节人们之间生产生活的一种新方式。这是人们摆脱完全依赖农耕文明生产方式的起点。通过分工协作，人们在产品生产的每一个阶段付出了自己的劳动，也使得产品成为一个有意义的物化劳动成果。在这一过程中，对利润的追求使得人们不断地创造新产品，进而满足人们的需要。市场成为解决人们生产生活需要的主要场所，生产者从市场中获得基本信息，不断地为满足市场需求提供新产品，而消费者则从市场中买到满意的产品，使

---

① ［法］奥利维埃·多尔富斯：《地理观下全球化》，张戈译，社会科学文献出版社2010年版，第127、129页。

自身的生活品质得到改善。新的生产生活方式或者新的财富增长机制通过市场得以实现。市场在激发人们创造财富的时候，给予人们以充分的回报，这是人们愿意调动内在潜力的根本原因。个性潜力的激发主要是通过市场竞争机制实现的。竞争迫使人们为了获得市场的回报而不断进行创新。没有创新的个人、企业或国家，往往只能依靠成本参与世界分工，获得很小一部分利益，这也是有些国家富裕而有些国家贫困的缘由，或者是区分发达国家和发展中国家的缘由。在今天，创新对企业和国家在世界产业分工中的地位划分起着决定性作用。特别是在信息技术推动下，有关生产和生活的信息已实现充分共享，创新对一个国家、企业或个人财富增长的作用更为突出，具有创新潜力的个人、企业和国家成为世界发展的主要推动者。随着世界产业分工体系逐渐走向成熟，外化为价值链的创新行为成为参与世界分工获得财富稳定增长的机制。当然，市场激发人们创新潜能和参与全球价值链也是有成本的。交易费用理论就是为此而创立的理论。① 互联网技术的出现和发展使得市场运行的交易费用呈下降趋势，这更加凸显发明创造的价值。不过，创新必须是正向的并具有实质意义。美国金融危机的发生表明人们在创新方面存在两个问题，一个是创新失真或创新扭曲，即不该创新的地方被创新，如金融工具的创新；另一个是创新缺乏，即人类社会长时间缺乏推动经济社会发展的重大创新，将导致经济增长的动力不足。

现代西方资本主义的兴起源自个人主义、发展于个人主义、衰落于个人主义。艾伦·麦克法兰的经典著作《英国个人主义的起源》将英国长久以来的个人主义传统追溯到中世纪时期。《简明牛津辞典》（1990年第八版）将个人主义定义为"更多地倾向于独立和自主的态度，以自我为中心的情感或行为的释义"②。"个人主义的兴起，不但与社会资本的发展并行不悖，而且在很大程度上促进了社会资本的发展。"③ 这种承认实际上肯

①　交易费用理论告知人们，在我们日常眼中的市场交易是有成本的，这类成本的存在极大地限制人们对财富创造的追求，尤其是在技术创新未有重大突破的前提下，交易费用的存在也可以成为人们获益的另一个来源，即降低交易成本，获得更大收益。

②　[英] 保罗·霍普：《个人主义时代之共同体重建》，沈毅译，浙江大学出版社2010年版，前言。

③　[美] 弗朗西斯·福山：《大断裂：人类本性与社会秩序的重建》，唐磊译，广西师范大学出版社2015年版，第iii页。

定了个人主义在现代资本主义体系发展中的积极作用。只有个人权利获得突出保护之后，社会分工才有了保障和运转的基础，才使人们愿意通过劳动进行交换，人们之间才具有互惠行为，由此构建起庞大的经济体系。更主要的是人们在这一过程中，发现了人类劳动所具有的价值，即可以创造财富，而不再依附于自然，而且人类劳动是一种比自然赐予人们财富更为稳定的增长机制，这种增长机制体现了人们在创造财富面前的主动性或创造性、稳定性或和平性（过去人们习惯于依靠掠夺等强盗式方式获取财富），人们内心渴望通过和平实现财富增长的方式得以实现，在新的生产方式面前获得一种平等创造财富的机会、和平创造财富的机会，因此人们对社会秩序、道德产生了一种从未有过的、更为迫切的遵从，国家的角色也在发生深刻变化，从苛捐杂税的征收者转变为市场秩序的守护者、公共利益的执行者等。"市场交换促进了互惠的习惯，使互惠行为从经济生活领域发展到道德生活领域。道德交换则促进了参与者的自身利益。……经济交换和道德交换都同样面对这种情况，而这种情况也正是大断裂的根源。"① 可以说，个人主义思想构成经济体系运转的黏合剂。

个人主义在建起世界经济体系思想基础的同时也在瓦解自己存续的物质基础，特别是在解决世界面临的共性问题时显得苍白无力。在资本主义萌芽和发展时期，自由和平等曾是个人主义强烈追求的目标，正因此，也才有了应对封建社会的有力的思想武器。然而，随着资本主义制度的不断成熟，人的自由和平等早已被资本的自由和平等所取代。即便如此，"个人主义对西方资本主义社会所产生的'双面刃'效应，仍在刺激着西方学者不停地探究个人主义与资本主义的相互关系，反省个人主义与生俱来的弊端，寻找使个人主义摆脱困境的办法"②。有学者指出，个人主义这个概念的题中之义就是不负责任，它直接鼓励人们自私自利。③ 再如，法国政治学家托克维尔是最早明确提出"个人主义"概念的学者，他也认为个人主义存在诸多问题，

① ［美］弗朗西斯·福山：《大断裂：人类本性与社会秩序的重建》，唐磊译，广西师范大学出版社2015年版，第264页。
② 韦冬主编：《比较与争锋：集体主义与个人主义的理论、问题与实践》，中国人民大学出版社2015年版，第151页。
③ ［美］理查德·M. 维沃：《思想的后果》，王珀译，江西人民出版社2015年版，第185页。

如导致公民精神退化和温和专制主义等，试图用利益原则、道德方案来教育公民，用地方自由、结社自由激发健康、有活力的公共生活，以克服个人主义的有害后果，确保民主走向自由。罗尔斯则从制度正义的角度，对美国社会功利主义的个人主义提出极为有力的批评。左翼学者罗伯特·贝拉更是深入揭露个人主义的危害。社群主义者麦金太尔、桑德尔等人对个人主义进行了最为严厉的批评。① 弗朗西斯·福山曾对西方的个人主义崇拜不已，后来也因看到西方个人主义的弊病而发生动摇，"美国社会信任和社群生活的衰败也从社会的大量变化中得到证实：暴力犯罪和民事诉讼案逐年上升；家庭的破裂；各种中间社会结构的衰退，如教堂、工会俱乐部、慈善机构等等，美国人缺乏与周围人共享价值观和群体的观念"②。保罗·霍普强调："我们这个后现代社会的发展进程，正在推进着后工业社会中的个人主义的进一步深化，以至于在一定程度上对诸如地方共同体和社会资本等共同的生活形式造成了威胁。"③ 个人主义对西方资本主义发展的消极作用在于，"自由主义语境中的那种注重'权利'和'自我'的个体，难以把'责任'和'仁爱'等价值置于优先地位，因为前者并不必然地蕴涵后者"④。不过，西方学者对个人主义的批评并不是在将个人主义赶出历史的问题，而是希望纠正个人主义的弊端，确保世界体系的平稳运行。

（二）构建以发展为中心的世界经济体系

现代化的核心概念就是发展。⑤ 邓小平曾指出，现在世界上真正大的问题、带全球性的战略问题，一个是和平问题，一个是发展问题。和平是有希望的，发展问题还没有得到解决。⑥ 习近平主席在多个国际场合也指

---

① 韦冬主编：《比较与争锋：集体主义与个人主义的理论、问题与实践》，中国人民大学出版社 2015 年版，第 158—159 页。

② ［美］弗朗西斯·福山：《信任：社会美德与创造经济繁荣》，彭志华译，海南出版社 2001 年版，第 13 页。

③ ［英］保罗·霍普：《个人主义时代之共同体重建》，沈毅译，浙江大学出版社 2010 年版，前言。

④ 李义天主编：《共同体与政治团结》，社会科学文献出版社 2011 年版，前言。

⑤ ［美］威廉·内斯特编著：《国际关系：21 世纪的政治与经济》，姚远、汪恒译，北京大学出版社 2005 年版，第 404 页。

⑥ 《邓小平文选》第 3 卷，人民出版社 1993 年版，第 281 页。

出发展的重要性。"发展是解决一切问题的总钥匙。"① 那么什么是当今世界发展的核心议题？邓小平指出："人们都在讲南北问题很突出，我看这个问题就是发展问题。"② 而解决南北问题的关键在于，解决南方国家的经济发展问题。经济发展问题也就是发展中国家工业化问题。2017 年 5 月，习近平主席在"一带一路"国际合作高峰论坛上提出三大赤字，发展赤字是其中一个。③ 所谓发展赤字是人类整体发展呈现入不敷出的状态，即人类发展成本高于人类因发展带来的收益，进而导致人类发展不仅没有剩余，甚至出现亏损。当今的发展模式主要采用300 年来西方国家的模式，通过自由主义方式鼓励个人、国家或其他行为主体参与竞争，个人、国家或其他行为体主要关注个人从国际竞争中获得的收益，而很少关注他人的获得或国际收益的增长。这种赤字主要表现为部分国家在国际竞争中获益，而有些国家则从国际竞争中获益很少，甚至是负收益；同时，在整体发展上，非经济方面的负向成本远高于正向收益，未来治理环境成本将使得现在的收益化为乌有；再有对公共利益关注过少甚至不关注，比如对环境的关注过少，导致环境遭受的破坏超过历史上任何时期；对人际关系的关注也低于以往，人性缺失导致世界贫困人口难以减少，甚至文明冲突始终未能得到有效缓解。也就是说，现今西方模式过多关注个人成本与收益，而很少关注人类的整体发展、公共利益和非经济方面的利益，使得世界财富增长的稳定机制遭到了破坏。这种赤字甚至成为未来人类发展的严重障碍。因此，当今世界发展的基本矛盾是如何发展生产力的问题，推动更多的不发达国家发展经济，使之从落后国向工业国转变，这既是广大发展中国家的长期诉求，同时也是世界整体发展面临的各种挑战所产生的内在要求。

1. 各国走向平等发展是历史的必然

一直以来，人们似乎并没有找到较为可行的办法解决全部人口工业化和现代化问题。一方面，考虑到西方传统模式既然已经带领部分人实现工业化、现代化，因此，众多发展中国家和地区纷纷采取西方传统模式，以达到

---

① 习近平：《携手推进"一带一路"建设——在"一带一路"国际合作高峰论坛开幕式上的演讲》，人民出版社2017 年版，第8 页。
② 《邓小平文选》第3 卷，人民出版社1993 年版，第281 页。
③ 习近平：《携手推进"一带一路"建设——在"一带一路"国际合作高峰论坛开幕式上的演讲》，人民出版社2017 年版，第4 页。

比肩西方国家的工业化或现代化水平。第二次世界大战后，广大发展中国家
在获取政治独立的同时，纷纷开始探索自身的工业化、现代化道路。亚洲部
分国家和地区通过出口导向性战略，依靠西方国家市场，成功实现经济腾
飞，而拉美国家则认为对发达国家的依附导致其贫穷落后，因而选择了独立
自主、自力更生的道路。另一方面，无论是依附论，还是出口论，都无法带
领广大发展中国家实现经济发展，即使取得经济成功的亚洲"四小龙"也仅
占发展中国家和地区很小一部分，更不用说依靠进口替代战略的拉美地区以
及还处于工业化荒芜地带的非洲国家了。时至今日，广大发展中国家仍基本
上停留在半程工业化或尚未跨入工业化阶段。此外，人们还发现，全球资源
正处于衰竭状态，环境污染、水资源告急、气候灾害，甚至由此导致的地区
冲突不断，无不在警告人类，经济发展不能再以环境为代价。发展中国家工
业化、现代化道路该如何走下去，成为一个棘手的新问题。实际上早在20
世纪70年代，罗马俱乐部发表的《增长的极限》就已经宣告西方传统发展
模式的破产。之后西方内部分化成两种对立力量：一派看到追求无限增长、
无限消费的西方模式正在面临巨大的环境挑战、资源挑战之后，呼吁干预这
种为满足无限消费而盲目追求无限增长的发展模式，《勃兰特报告》提出的
可持续发展概念更是对西方国家模式的直接否定。之后一些新理念、新提案
仍不断被提出，如可持续发展、人道主义发展，其核心基本上是限制消费欲
望、保护资源和环境、推崇极简模式等，以减少对资源的极大浪费和对环境
的肆意破坏。另一派则继续推崇西方传统，将西方模式看作推动人类社会发
展的必由路径，将西方传统理念稍加改造后，以新自由主义面貌再次强行向
发展中国家推行西方价值理念。

　　西方传统模式难以推动发展中国家实现工业化、现代化，或者说难以
使工业文明遍及全球的根本原因在于，西方传统早已从观念到围绕观念所
建立的一整套体系，将发展中国家和地区实现工业化的目标排除在外。西
方传统实现的工业化、现代化，不是以人为中心的工业化、现代化，而是
资本的工业化、现代化进程，换句话说，占据西方传统观念核心位置的是
资本而不是人的发展。服务于资本而非人的发展这一目标定位，反映在西
方经济学上，就是建立起一套以追求利润最大化为目标的经济运行体系。
在追求利润最大化这一刻进西方骨髓的观念鼓动下，现实中的"人"早已
被异化为单纯的"经济人"，一切东西，甚至人的道德、良心也都商品化

了，都可以用来交换金钱。正如马克思所说，一切都被商品化了。当资本对人的发展予以极大抑制之后，反过来也抑制了资本自身的发展。表面上看，美西方国家自第二次世界大战后一直保持较为稳定的增长状态，全球化进程也似乎以前所未有的速度在向前推进。另外，我们也看到，和第二次世界大战前相比，能够实现工业化、现代化的发展中国家和地区仍然寥寥无几。相反，国家之间以及各国内部之间人均收入水平却在急剧扩大，贫富差距不断刷新历史纪录，资源被大肆滥用，环境在不断恶化，迫使人们不得不反思经济增长的意义。澳大利亚经济学家达斯指出，"（GDP）衡量一切，却把赋予人生价值的东西排除在外"。以2008年国际金融危机为转折点，西方传统发展模式已走向终结，或者说，西方传统只能解决世界少部分人口工业化问题，而要实现工业化、全球化，必须另辟蹊径。

2. 各国走向经济同质化是历史的必然

马克思曾给出世界发展的终极结果，即世界各国走向经济同质化。工业文明属于全人类的文明成果，从来不会将来也不会停滞在某个阶段、某个国家，只要当今世界仍存在诸多不发达国家，工业文明也就有其前行的必要和可能。1847年马克思在《共产主义原理》中指出："大工业使所有文明国家的社会发展得不相上下。"① 当今世界发展的主要任务仍然是如何推进发展中国家工业化，使各国发展大致处于相对均等的发展状态上，最终使大工业遍及世界。不仅如此，还应确保每个生产者个人获得最全面的发展。马克思说："一定要把我关于西欧资本主义起源的历史概述彻底变成一般发展道路的历史哲学理论，一切民族，不管他们所处的历史环境如何，都注定要走这条道路，——以便最后都达到在保证社会劳动生产力极高度发展的同时又保证人类最全面的发展的这样一种经济形态。"②

根据联合国工业发展组织统计，发达国家为中心国，新兴经济体为半边缘国，不发达国家为边缘国。自第二次世界大战之后，特别是进入21世纪前后，新兴工业国正在向发达国家核心国地位靠近，世界经济体系正在发生剧烈的结构性变化。

第一，世界工业化进程不必完全由西方发达国家主导完成。以中国为

---

① 恩格斯：《共产主义原理》，人民出版社1973年版，第14页。

② 《马克思恩格斯全集》第19卷，人民出版社1963年版，第130页。

先导的新兴经济体正在从技术方面追赶西方发达国家。麦肯锡全球研究院从11个领域选取了81项技术进行研究发现，中国对其中超过90%的技术均采用了全球标准。中国在5G、人工智能和量子计算方面拥有优势。中国技术进步之快、能力之强已经为西方国家所不容，其典型例子是西方国家对《中国制造2025》战略规划予以极端的抹黑，同时将所谓"盗窃"技术、"盗取"知识产权等各种帽子扣在中国身上。中国正在打破西方国家长期垄断的技术地位。

第二，发展中国家所需要的市场条件正在由自身来解决。麦肯锡报告指出，尽管目前中国在全球家庭消费中的占比仅为10%，但2010—2017年，中国贡献了31%的全球家庭消费增长额，在汽车、酒类、奢侈品、手机等许多品类中，中国都是全球第一大市场，约占全球消费总额的30%（甚至更高）。另外，中国如今已经是全球最大的出境旅游客源地，中国公民在新加坡和泰国的出游消费分别相当于两国国内个人消费的7%—9%。中国消费市场增长迅猛，加上境外消费，正在成为世界最大的、最有潜力的市场。中国已成为多个国家的最大贸易伙伴，尤其是进口伙伴。从2018年起，中国开始举办世界进口博览会，这是世界上从未有过的博览会，表明中国正在成为世界进口大国，这将打破西方发达国家长期垄断世界市场的格局。

第三，新兴经济体正在对世界发展规则进行"修订"。由新兴经济体创设的国际组织，代表发展中国家利益的国际组织正在不断涌现，如亚洲基础设施投资银行（以下简称"亚投行"）、新开发银行等，正在改变国际规则完全被发达国家所垄断的情况。另外，有关国际货币基金组织投票权的改革，其实也是上述发展方向的代表。人们对"华盛顿共识"的正确认知反映出当今世界对一种新的世界体系发展理念的呼唤，而中国提出的新型全球治理观、人类命运共同体建设等，实际上都是在维护市场机制基础上对传统体系进行思想上的修正。

3. 各国走向共同发展是历史的必然

在世界范围内实现工业化，意味着发展中国家完成经济转型，从落后的农业国向工业化国家转型，或从工业化初期阶段向工业化高级阶段迈进。这一同质化过程中，是世界农业占GDP比重不断下降、服务业占比不断上升、工业占比经历先升后降的过程（见图2-1）。自人类开启工业化进程以来，真正完成工业化的国家仅占世界的1/6，享有工业化成果的人口不足全球人口的1/7，且这些国家和人口主要分布在欧洲和北美洲，以及极少数的亚洲国家，绝大多数国家仍处于发展中状态，或处于工业化进程中，或处于刚刚起步阶段，或处于工业化前期阶段。[①] 第二次世界大战之后，除少部分发展中国家踏上工业化进程外，真正从发展中国家转变为发达国家的少之又少。

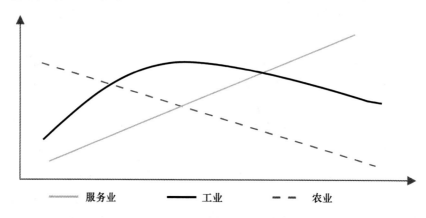

图2-1 世界三大产业结构变迁

资料来源：作者自制。

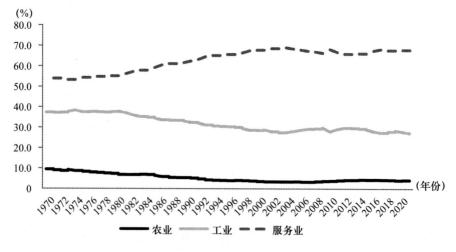

图2-2 世界三大产业变化

资料来源：联合国贸发会（UNCTAD）。

---

① 韩毅：《论工业现代化的世界历史进程》，《中国社会科学院研究生院学报》2007年第1期。

　　目前，世界三大产业走向基本符合理论预期且表现较为稳定，农业占比从 1970 年的 9.4% 下降到 2020 年的 4.5%，工业占比从 1970 年的 37.3% 下降到 2020 年的 27.3%，服务业占比从 1970 年的 53.3% 上升到 2020 年的 68.2%（见图 2-2）。工业国三大产业变化走势，不仅最贴近理论预期，而且表现稳定，即农业占比从 1970 年的 6.2% 下降到 2020 年的 1.3%，工业占比从 1970 年的 37.9% 下降到 2020 年的 23.2%，服务业占比从 1970 年的 55.9% 上升到 2020 年的 75.5%（见图 2-3）。图 2-4 为新兴工业国三大产业变化走势，即农业占比从 1970 年的 22.8% 下降到 2020 年的 8.8%，工业占比从 1970 年的 36.4% 下降到 2020 年的 34.8%，服务业占比从 1970 年的 41.0% 上升到 2020 年的 56.5%。新兴工业国三大产业结构变化既符合一定的理论预期，又缺乏一定的稳定性，由此可以看出，新兴工业国尚未完成工业化目标，处于半程工业化阶段。图 2-5 为非工业国三大产业变化走势，即农业占比从 1970 年的 25.4% 下降到 2020 年的 16.3%，工业占比从 1970 年的 28.8% 下降到 2020 年的 29.5%，服务业占比从 1970 年的 45.7% 上升到 2020 年的 54.3%，非工业国三大结构变化与理论预期尚存在较大差距，且变化方向不是很稳定。因此，当今世界发展的主要任务仍然是如何推进发展中国家工业化，使各国大致处于相对均等发展状态上，最终使大工业遍及世界。这也是中国提出"一带一路"倡议的根本所在。"一带

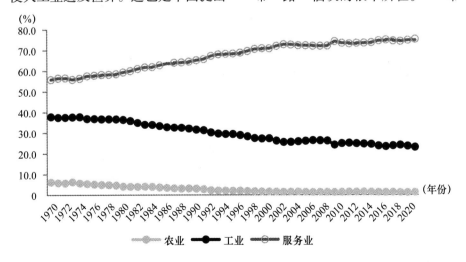

图 2-3　工业国三大产业变化

资料来源：联合国贸发会（UNCTAD）。

一路"倡议正在通过技术和市场推进工业化向世界发展中国家延伸。夏先良认为,未来"一带一路"倡议实施将推动形成以中国为中心的新世界经济体系,也必将推动现有国际经济秩序变革。①

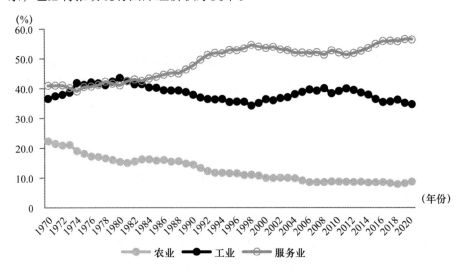

图 2-4　新兴工业国三大产业变化

资料来源:联合国贸发会(UNCTAD)。

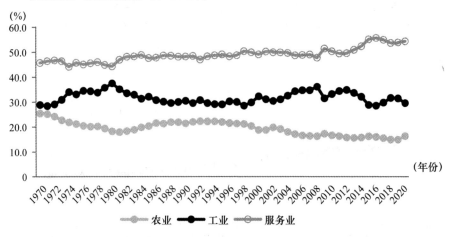

图 2-5　非工业国三大产业变化

资料来源:联合国贸发会(UNCTAD)。

---

① 夏先良:《"一带一路"战略与新的世界经济体系》,《学术前沿》2016 年第 5 期。

第三章 "一带一路"倡议与世界发展新假说

"建构主义的一个核心论点是,国际政治具有'路径依赖'性,明天将会发生什么事情,并非主要由诸如均势这样的永恒机制所决定,而更多的是取决于领导人今天必须借以做出抉择的历史背景。"① "一带一路"倡议正是中国领导人依据"必须借以做出抉择的历史背景"提出的。作为推进发展中国家工业化、现代化进程的新型倡议,共建"一带一路"必将对西方传统发展模式进行必要的改造。改造的核心是将原本被西方传统视为外部利益以内部化,如将他人利益/共同利益内生化,以此突破西方传统以唯利是图为导向的"经济人"假设,将他人利益/共同利益最大化也视为国家追求的主要目标之一,从而构建起世界发展新假说,实现人人可享有工业文明成果的目标。

一 "一带一路"倡议的提出

(一)"一带一路"倡议的提出

自 2013 年以来,以共建"一带一路"倡议的提出、三次座谈会的举办为标志,共建"一带一路"对世界发展认知大致经历了四个阶段:概念提出阶段(2013 年 9 月—2016 年 8 月)、初步发展阶段(2016 年 8 月—2018 年 8 月)、完善发展阶段(2018 年 8 月—2021 年 11 月)和高质量发展阶段(2021 年 11 月至今),也分别对应共建"一带一路"理论化的四

---

① [美] 小约瑟夫·奈、[加拿大] 戴维·韦尔奇:《理解全球冲突与合作:理论与历史(第九版)》,张小明译,上海人民出版社 2012 年版,第 84 页。

次飞跃。

1. 第一阶段：概念的提出（2013 年 9 月—2016 年 8 月）

从共建"一带一路"提出到第一次推进"一带一路"建设工作座谈会举办之前，是共建"一带一路"概念、宗旨、理念及建设体系的形成阶段。在这一阶段，中国首次提出多个共建"一带一路"的概念。最重要的标志是 2013 年 9 月和 10 月，习近平主席在出访哈萨克斯坦和印度尼西亚时发表的重要演讲中，分别提出了陆上丝绸之路和海上丝绸之路（后合称为"一带一路"倡议）。① 两次出访的重要演讲为创立共建"一带一路"理论体系奠定了思想基础，之后的讲话或演讲基本上以这两次演讲为核心内容展开。2015 年 3 月发布的首份关于"一带一路"的政府白皮书，即《推动共建丝绸之路经济带和 21 世纪海上丝绸之路的愿景与行动》（以下简称《愿景》文件），则是对共建"一带一路"理论成果和框架设想进行的一次阶段性系统总结。

一是首次提出共建"一带一路"概念。习近平主席在哈萨克斯坦发表重要演讲时指出："我们可以用创新的合作模式，共同建设'丝绸之路经济带'。这是一项造福沿途各国人民的大事业。"② 习近平主席在印度尼西亚国会发表演讲时指出："东南亚地区自古以来就是'海上丝绸之路'的重要枢纽，中国愿同东盟国家加强海上合作，使用好中国政府设立的中国—东盟海上合作基金，发展好海洋合作伙伴关系，共同建设 21 世纪'海上丝绸之路'。"③ 首次明确提出"共建'一带一路'"概念是 2014 年 6 月举行的中阿合作论坛第六届部长级会议开幕式上，习近平主席指出："中国同阿拉伯国家因为丝绸之路相知相交，我们是共建'一带一路'的天然合作伙伴。"④

二是首次提出共建"一带一路"的初步轮廓。习近平主席在哈萨克斯坦发表重要演讲时提出了"五通"概念，即政策沟通、道路联通、贸易畅通、货币流通、民心相通。"五通"概念成为落实共建"一带一路"的重要支柱。之后，中国发起创立亚洲基础设施投资银行和设立丝路基金，用

---

① 《习近平谈治国理政》第 1 卷，外文出版社 2018 年版，第 287—292 页。
② 《习近平谈治国理政》第 1 卷，外文出版社 2018 年版，第 289 页。
③ 《习近平谈治国理政》第 1 卷，外文出版社 2018 年版，第 293 页。
④ 《习近平谈治国理政》第 1 卷，外文出版社 2018 年版，第 316 页。

于支持共建"一带一路"。较为完整地体现共建"一带一路"框架体系，如时代背景、框架思路、合作机制等内容主要反映在《愿景》文件中。

三是首次提出共建"一带一路"丝路精神。习近平主席在中阿合作论坛第六届部长级会议开幕式上指出："千百年来，丝绸之路承载的和平合作、开放包容、互学互鉴、互利共赢精神薪火相传。"① 在这里，首次提出的丝路精神成为后来指导"一带一路"建设的精神支柱。

四是首次提出共建"一带一路"基本原则。习近平主席在中阿合作论坛第六届部长级会议开幕式上指出："中阿共建'一带一路'，应该坚持共商、共建、共享原则。共商，就是集思广益，好事大家商量着办，使'一带一路'建设兼顾双方利益和关切，体现双方智慧和创意。共建，就是各施所长，各尽所能，把双方优势和潜能充分发挥出来，聚沙成塔，积水成渊，持之以恒加以推进。共享，就是让建设成果更多更公平惠及中阿人民，打造中阿利益共同体和命运共同体。"② 共商共建共享原则后来成为指导共建"一带一路"的普遍理念。

五是首次提出正确义利观。这里说的首次，是指"一带一路"倡议提出之后，习近平主席在国际场合使用正确义利观这一理念的首次。2014 年 6 月，习近平主席在和平共处五项原则发表六十周年纪念大会上的讲话中指出："坚持正确义利观，永远做发展中国家的可靠朋友和真诚伙伴。"③ 正确义利观的提出展现了中国在发展对外经济关系方面有别于西方国家的全新价值观，也道出了共建"一带一路"不以唯利是图为出发点的品格。

六是首次为共建"一带一路"倡议正名。共建"一带一路"本质上是经济项目。习近平总书记指出："'一带一路'建设不是空洞的口号，而是看得见、摸得着的实际举措，将给地区国家带来实实在在的利益。"④ 政治化是西方发展经济学的一个主要特点，在给予发展中国家援助时往往附加政治条件。而共建"一带一路"则是去资本化、去政治化的全新发展理论，在为当地提供所需资金时，不附加任何政治条件，全心全意扶助当地发展。唯有将经济发展去政治化才能真正实现彻底的经济发展，正是秉持

① 《习近平谈治国理政》第 1 卷，外文出版社 2018 年版，第 314 页。
② 《习近平谈治国理政》第 1 卷，外文出版社 2018 年版，第 316 页。
③ 习近平：《论坚持推动构建人类命运共同体》，中央文献出版社 2018 年版，第 135 页。
④ 《习近平谈"一带一路"》，中央文献出版社 2018 年版，第 68 页。

这一理念，共建"一带一路"自始至终不会对发展中国家提出任何政治要求，那些揣度"一带一路"目的、妄猜共建"一带一路"是地缘政治的安排，本身就是对其不理解。"一带一路"建设秉持的是共商、共建、共享原则，不是封闭的，而是开放包容的；不是中国一家的独奏，而是沿线国家的合唱。

七是首次明确"一带一路"建设机制。在博鳌亚洲论坛二〇一五年年会开幕式上，习近平主席指出："'一带一路'建设不是要替代现有地区合作机制和倡议，而是要在已有基础上，推动沿线国家实现发展战略相互对接、优势互补。"① 比如，亚洲基础设施投资银行和丝路基金同其他全球和区域多边开发银行的关系是相互补充而不是相互替代的，将在现行国际经济金融秩序下运行。

2. 第二阶段：初步发展（2016 年 8 月—2018 年 8 月）

以 2016 年 8 月举办的第一次推进"一带一路"建设工作座谈会为开端，有关共建"一带一路"的概念、宗旨、理念得到进一步阐释和明确，共建"一带一路"的框架体系获得进一步完善。同时，共建"一带一路"逐步为国际社会广泛认可和接受，具有更强的实践性特征。2017 年 5 月发布的《共建"一带一路"：理念、实践与中国的贡献》文件，则是再次对共建"一带一路"理论成果与实践成果进行的阶段性总结。

一是再次明确共建"一带一路"的属性。在 2017 年 5 月举办的第一届"一带一路"国际合作高峰论坛上，习近平主席总结出共建"一带一路"所具有的三个属性，即共建"一带一路"倡议源自中国，更属于世界；根植于历史，更面向未来；重点面向亚欧非大陆，更向所有伙伴开放。② 之后这三个属性不断被重申和广为传播。

二是再次明确"五通"概念。在推进"一带一路"建设工作座谈会上，习近平总书记强调："聚焦政策沟通、设施联通、贸易畅通、资金融通、民心相通，聚焦构建互利合作网络、新型合作模式、多元合作平台，聚焦携手打造绿色丝绸之路、健康丝绸之路、智力丝绸之路、和平丝绸之路，以钉钉子精神抓下去，一步一步把'一带一路'建设推向前进，让

---

① 《习近平谈"一带一路"》，中央文献出版社 2018 年版，第 68 页。

② 《习近平谈"一带一路"》，中央文献出版社 2018 年版，第 209 页。

'一带一路'建设造福沿线各国人民。"①"五通概念"就此明确下来。

三是再次明确共建"一带一路"的宗旨。在第一届"一带一路"国际合作高峰论坛欢迎宴会上，习近平主席提出"四个"承载表达共建"一带一路"的目的和宗旨，即"一带一路"建设承载着对文明交流的渴望，承载着对和平安宁的期盼，承载着对共同发展的追求，承载着对美好生活的向往。②

四是明确共建"一带一路"的属性。在2017年5月举行的"一带一路"国际合作高峰论坛圆桌峰会上，习近平主席明确指出，共建"一带一路"是全球公共产品。他说："'一带一路'建设跨越不同地域、不同发展阶段、不同文明，是一个开放包容的合作平台，是各方共同打造的全球公共产品。"③公共产品的属性是非竞争性、非排他性。要使公共产品发挥最大效应，就必须"要坚持在开放中合作，在合作中共赢，不画地为牢，不设高门槛，不搞排他性安排，反对保护主义"④。

五是明确下一步共建"一带一路"工作方向。在推进"一带一路"建设工作座谈会上，习近平总书记提出八个"切实"，即切实推进思想统一、切实推进规划落实、切实推进统筹协调、切实推进关键项目落地、切实推进金融创新、切实推进民心相通、切实推进舆论宣传、切实推进安全保障。⑤

在这一阶段，共建"一带一路"不仅在框架体系上得到进一步完善，而且在实践上也获得国内和国际社会的广泛认可。一是2016年11月第七十一届联合国大会协商一致通过决议，首次将"一带一路"倡议写入决议，并得到193个会员国的一致赞同，体现了国际社会对共建"一带一路"的普遍支持。二是2017年5月举办的第一届"一带一路"国际合作高峰论坛成为中华人民共和国成立以来由中国首倡、中国主办的层级最高、规模最大的多边外交活动。三是2017年10月中国共产党第十九次全国代表大会通过的《中国共产党章程（修正案）》决议，将坚持正确义利观，推动构建人类命运共

① 《习近平谈治国理政》第2卷，外文出版社2017年版，第503页。

② 中共中央党史和文献研究院编：《习近平新时代中国特色社会主义思想学习论丛（第四辑）》，中央文献出版社2020年版，第83页。

③ 《习近平谈"一带一路"》，中央文献出版社2018年版，第193页。

④ 《习近平谈"一带一路"》，中央文献出版社2018年版，第195页。

⑤ 《习近平谈治国理政》第2卷，外文出版社2017年版，第504—505页。

同体，遵循共商共建共享原则，推进"一带一路"建设写入党章。这充分体现了中国共产党高度重视"一带一路"建设、坚定推进"一带一路"国际合作的决心和信心，同时也彰显了"一带一路"建设的重要性，意味着"一带一路"建设将不是一个短期工程。

3. 第三阶段：完善发展（2018 年 8 月—2021 年 11 月）

以 2018 年 8 月举办的推进"一带一路"建设工作 5 周年座谈会为开端，2019 年 4 月举办的第二届"一带一路"国际合作高峰论坛以及之后习近平主席在国际场合发表的多篇讲话，新增多个共建"一带一路"概念，进一步拓展共建"一带一路"框架谱系。习近平总书记在推进"一带一路"建设工作 5 周年座谈会上提出，"一带一路"建设要从谋篇布局的"大写意"转入精耕细作的"工笔画"，向高质量发展转变，造福沿线国家人民，推动构建人类命运共同体。① 这标志着共建"一带一路"进入新发展时期。2019年 4 月发布的《共建"一带一路"倡议：进展、贡献与展望》报告（以下简称"《展望》报告"），则全面反映"一带一路"建设进展情况，进一步系统总结共建"一带一路"最新的理论化成果和实践成果。

一是进一步明确共建"一带一路"的内涵和性质。在博鳌亚洲论坛2021 年年会开幕式上，习近平主席指出，"一带一路"是大家携手前进的阳光大道，不是某一方的私家小路。共建"一带一路"追求的是发展，崇尚的是共赢，传递的是希望。②

二是进一步明确共建"一带一路"的宗旨与作用。习近平总书记多次强调，要使共建"一带一路"造福沿线国家。如，他在推进"一带一路"建设工作 5 周年座谈会上强调，共建"一带一路"顺应了全球治理体系变革的内在要求，彰显了同舟共济、权责共担的命运共同体意识，为完善全球治理体系变革提供了新思路新方案。③ 在共建"一带一路"进程中，各国都是平等的参与者、贡献者、受益者，共同致力于把政策沟通、设施联通、贸易畅通、资金融通、民心相通落到实处，打造国际合作新平台，增

---

① 《习近平在推进"一带一路"建设工作 5 周年座谈会上强调：坚持对话协商共建共享合作共赢交流互鉴　推动共建"一带一路"走深走实造福人民》，《人民日报》2018 年 8 月 28 日。

② 《习近平谈治国理政》第 4 卷，外文出版社 2022 年版，第 493 页。

③ 《习近平在推进"一带一路"建设工作 5 周年座谈会上强调：坚持对话协商共建共享合作共赢交流互鉴　推动共建"一带一路"走深走实造福人民》，《人民日报》2018 年 8 月 28 日。

添共同发展新动力,使"一带一路"惠及更多的国家和人民。

三是进一步阐述正确义利观。习近平主席在多个国际场合阐述了什么是正确义利观。如,在 2018 年 9 月举办的中非合作论坛北京峰会开幕式上,习近平主席强调,在合作中坚持义利相兼、以义为先。中国主张多予少取、先予后取、只予不取,张开怀抱欢迎非洲搭乘中国发展快车。①

四是进一步完善共建"一带一路"的合作体系。在 2018 年 9 月举办的中非合作论坛北京峰会开幕式上,习近平主席强调,把"一带一路"建设成为中非之间的和平之路、繁荣之路、开放之路、绿色之路、创新之路和文明之路。② 在博鳌亚洲论坛 2021 年年会开幕式上,习近平主席强调要建立四大伙伴关系,即建设更紧密的卫生合作伙伴关系、建设更紧密的互联互通伙伴关系、建设更紧密的绿色发展伙伴关系、建设更紧密的开放包容伙伴关系。③

五是提出新的工作目标和工作方向。在推进"一带一路"建设工作 5 周年座谈会上,习近平总书记指出,今后要聚焦重点、精雕细琢,共同绘制好精谨细腻的"工笔画"④。如,要在项目建设上下功夫,建立工作机制,完善配套支持,全力推动项目取得积极进展,注意实施雪中送炭、急对方之所急、能够让当地老百姓受益的民生工程等。习近平主席在博鳌亚洲论坛 2021 年年会开幕式上指出,将同各方继续高质量共建"一带一路",践行共商共建共享原则,弘扬开放、绿色、廉洁理念,努力实现高标准、惠民生、可持续目标。⑤

六是阐述共建"一带一路"的国际影响。在推进"一带一路"建设工作 5 周年座谈会上,习近平总书记强调,共建"一带一路"不仅是经济合

---

① 《新时代的中非合作》,人民出版社 2021 年版,第 6 页。
② 《新时代的中非合作》,人民出版社 2021 年版,第 48 页。
③ 《习近平在博鳌亚洲论坛 2021 年年会开幕式上发表主旨演讲:倡议亚洲和世界各国回应时代呼唤,携手共克疫情,加强全球治理,高质量共建"一带一路",朝着构建人类命运共同体方向不断迈进》,《人民日报》2021 年 4 月 21 日。
④ 《习近平在推进"一带一路"建设工作 5 周年座谈会上强调:坚持对话协商共建共享合作共赢交流互鉴 推动共建"一带一路"走深走实造福人民》,《人民日报》2018 年 8 月 28 日。
⑤ 《习近平在博鳌亚洲论坛 2021 年年会开幕式上发表主旨演讲:倡议亚洲和世界各国回应时代呼唤,携手共克疫情,加强全球治理,高质量共建"一带一路"倡议,朝着构建人类命运共同体方向不断迈进》,《人民日报》2021 年 4 月 21 日。

作，而且是完善全球发展模式和全球治理、推进经济全球化健康发展的重要途径。① 2019 年 4 月举办的第二届"一带一路"国际合作高峰论坛有 37 个国家的元首、政府首脑等领导人，以及来自 150 多个国家和 90 多个国际组织的近 5000 位外宾出席论坛，形成共 6 大类 283 项成果，通过《第二届"一带一路"国际合作高峰论坛圆桌峰会联合公报》，全面彰显了共建"一带一路"的国际影响力。

4. 第四阶段：高质量发展（2021 年 11 月至今）

以 2021 年 11 月举办的第三次"一带一路"建设座谈会为开端拉开共建"一带一路"高质量发展的序幕。特别是党的二十大报告进一步指明了共建"一带一路"发展方向，即推动共建"一带一路"高质量发展。这一阶段，共建"一带一路"内容得到进一步明确，为高质量推进"一带一路"发展塑造了新的共识，也为共建"一带一路"科学理论体系的完善奠定了基础。

一是共建"一带一路"的目标升级换代。习近平总书记在第三次"一带一路"建设座谈会上强调："完整、准确、全面贯彻新发展理念，以高标准、可持续、惠民生为目标，巩固互联互通合作基础，拓展国际合作新空间，扎牢风险防控网络，努力实现更高合作水平、更高投入效益、更高供给质量、更高发展韧性，推动共建'一带一路'高质量发展不断取得新成效。"② 应该说，这次座谈会为共建"一带一路"确定了新的基调。

二是实践证明共建"一带一路"具有强大的生命力。习近平总书记在第三次"一带一路"建设座谈会上指出，通过共建"一带一路"，提高了国内各区域开放水平，拓展了对外开放领域，推动了制度型开放，构建了广泛的朋友圈，探索了促进共同发展的新路子，实现了同共建国家互利共赢。③ 党的二十大报告明确指出，共建"一带一路"已成为深受欢迎的国际公共产品和国际合作平台。

三是提出共建"一带一路"新方向和新任务。在第三次"一带一路"建设座谈会上，习近平总书记提出五个"要"，要正确认识和把握共建"一

① 《习近平在推进"一带一路"建设工作 5 周年座谈会上强调：坚持对话协商共建共享合作共赢交流互鉴　推动共建"一带一路"走深走实造福人民》，《人民日报》2018 年 8 月 28 日。

② 《习近平谈治国理政》第 4 卷，外文出版社 2022 年版，第 495 页。

③ 《习近平谈治国理政》第 4 卷，外文出版社 2022 年版，第 495—497 页。

带一路"面临的新形势、要夯实发展根基、要稳步拓展合作新领域、要更好服务构建新发展格局、要全面强化风险防控。在 2021 年 11 月举办的中国—东盟建立对话关系 30 周年纪念峰会上,习近平主席提出,共建"五个家园"①。在 2021 年 11 月举办的中非合作论坛第八届部长级会议开幕式上,习近平主席提出,共同实施"九项工程"②。

(二) 共建"一带一路"的革命意义

2008 年国际金融危机发生五年后,共建"一带一路"的提出给世界发展带来了新的希望和未来。相比西方传统发展模式,共建"一带一路"有望成为引领世界发展的新路。

第一,以人为本。发展的根本和宗旨是实现人的现代化,西方数百年传统却长期无视这一点,在不断追求资本利益最大化的同时也令自身模式走向终结。资本的逐利本性使其必然不停地寻找有利可图的地方,尤其是在资本逐利本性被无限放大而得不到任何约束的情况下,西方传统模式更是早早地抛弃了以人为本的理念,"忘记"发展的根本宗旨导致西方传统已很难进行自我突破,不得不长期被两难问题所困扰。要在全球范围内实现工业化意味着人人享有工业化成果,也就意味着发展的宗旨必须调整到以人为中心的轨道上来。而西方传统无论是观念还是体系,都无法做到服务于人的发展,这就使得西方传统天然无法完成工业化进程,也无法最终使工业文明遍及全球,西方主导的工业化进程只能是少部分人的工业化。实际上,第二次世界大战后,少部分西方人士和国际组织也逐渐意识到资本主义发展的内在危机,开始提出以人为本的思想,但是困于资本的强大实力,各种关于以人为本的经济增长理念最后都不得不让位于以资本为中心的西方传统。如联合国教科文组织在 20 世纪 70 年代就提出要"以人及其基本需要为中心"的理念。因此,要实现工业化全球化,必须打破西方传统,要改变以资本为中心的发展模式,共建"一带一路"将目标锁定发展中国家和地区,重点是推进发展中国家工业化,目的是使人人享有工业

---

① 即和平家园、安宁家园、繁荣家园、美丽家园、友好家园。参见习近平《命运与共 共建家园——在中国—东盟建立对话关系 30 周年纪念峰会上的讲话》,《人民日报》2021 年 11 月 23 日。

② 《习近平出席中非合作论坛第八届部长级会议开幕式并发表主旨演讲》,《人民日报》2021 年 11 月 30 日。

化成果，将人的发展视为追求的终极目标之一。共建"一带一路"则是第一个将人民利益最大化作为推进世界发展终极目标的倡议，去资本化或者将人的发展置于资本之上是共建"一带一路"的追求。在发展为了谁这个根本问题上，共建"一带一路"跳出传统西方发展理念圈子，将发展的终极目标回归到人的本身，由此确立了世界发展新理论的前提和基石，引领世界各国走上一条全新的世界发展之路。

第二，合作共赢。资本的逐利本性异化了人们对世界的态度和处理问题的方法，导致零和思维成为西方传统固有的思维模式。资本的本性就是占有一切，将外界视为敌人、对手，尽可能从对方手中拿到更多的东西。以此为出发点，西方传统必然是以独赢为目的，始终认为你有我无、你多我少是常态，赢者通吃才能确保自身安全。从经济领域到地缘政治领域，零和思维无孔不入，始终贯穿于西方传统的一切领域。这种以独占为目的的思维模式必然导致西方传统对人性的背叛。西方传统的行为逻辑就是最大限度地占有世界财富，而不是实现财富的均等化，这也是我们今天看到世界发展的等级化、贫富差距被无限拉大的结果。若要推动人类社会发展，就必须对西方零和思维实现突破。共建"一带一路"不再完全以资本为中心，而是以人的发展为中心，推动世界共同富裕是其出发点，这在客观上必然要求调整发展的思维模式，从零和思维向共赢思维转变。追求每个人的发展和富裕，必然不可能再以剥夺的方式来进行，而必须使发展的利益为每个人所享有，唯其如此，才有可能将工业化推向全球。

第三，正确义利观。共建"一带一路"已明确提出要推行正确义利观。习近平总书记多次指出，要树立正确义利观，要多予少取，要兼顾他国利益。这就明确地回答了共建"一带一路"有别于西方传统做法，不能仅追求资本利益最大化，还是要兼顾"义"，即要顾及他国利益，使共建"一带一路"成为能够给他国带来最大实惠的倡议，推动发展中国家民众收入水平同步提高。不过需要说明的是，正确义利观不是为了改变西方传统的发展思路而提出，而是在全球范围内实现工业化、现代化的内在必然要求。迄今为止，历史上大国"走出去"通常有两种模式，要么通过战争方式，要么采取西方传统。前者既不是中国的选项，同时也不为世界所允许，毕竟经济利益的实现需要和平环境，而以武力夺取世界财富的方式难以保障财富的可持续增长。按照西方传统，即盲目追求资本扩张，这种做法实际上也已行不通,西方资本的全球逐利扩张已经将世界发展推进死胡同,新自由主义的失败就是证明。因此,中国必须在现有的国际利益空间中创造出新的利益增长空间,实现你好我好这一共同的愿望。这一利益空间就是发展中国家和地区所蕴藏的巨大经济发展空间,要激发这样的利益空间,可行的做法是适应当今世界发展的现实需要,即人类社会已经到了人人享有工业化成果阶段,满足发展中国家和地区对发展的渴望和享有工业化、现代化成果这一内在的需要。推行正确义利观,打破西方传统观念,不再将追求资本利益最大化作为唯一的目标,而是将人的发展作为追求的目标之一,或至少与资本利益最大化并驾齐驱,以此完成全球范围内的工业化目标。简言之,作为今天中国"走出去"的新理念,正确义利观提出不仅仅是中国"达则兼济天下"传统精神的体现,更主要的是现实的、客观的、内在的要求使然。

第四,可持续增长。西方传统认为,资源是稀缺的,但是在消费无极限以及资本扩张无极限的观念作用下,经济增长也可做到无极限。然而,这一增长模式越来越受到现实的挑战,特别是当更多的发展中国家加入工业化进程之后,可持续发展变得更为重要。无论是工业国,还是发展中国家和地区,都必须接受有约束条件下的经济增长,即当今的经济增长必须是在资源约束、环境约束等条件下实现经济增长。这就从客观上要求共建"一带一路"必须走非西方国家传统的道路,才有可能将工业化成果遍及全球。

第五,扩大市场规模。西方传统模式尽管关注市场,但是其对资本利益最大化的追求,导致发展中国家和地区经济增长潜力长期得不到释放,发展中国家和地区人口长期被限定在一定收入水平上,发展中国家和地区市场消费能力也被限定在一定的规模上,就此全球市场长期被锁定在一定的规模上,其结果不仅限制发展中国家的工业化进程,同时也极大限制发达国家的经济增长。马克思对资本主义经济危机爆发根源的认知告诉我们,资本主义生产无限扩大和生产资源的私人占有是导致资本主义周期性爆发经济危机的根本原因,而从表面上看,就是消费需求的有限性和生产无限扩张之间的矛盾。一旦出现供过于求的局面,周期性经济危机就会如影随形,成为美西方国家挥之不去的阴影。与西方传统模式不同的是,共建"一带一路"通过解决困扰发展中国家经济增长的短板问题,如加大基

础设施投入、制定规则、降低经济合作成本等，进一步解放发展中国家的
生产力，尽快推动发展中国家人均收入水平的提升，激发发展中国家和地
区的市场潜力，不仅为实现工业现代化创造市场条件，也使得发展中国家
和地区拥有发展的机会。

可以说，共建"一带一路"的历史使命就是推进工业化全球化，使人
人享有工业文明的成果成为现实，而这也将使数百年的全球工业化进程第
一次出现"拐点"，工业化进程有可能不再按照西方传统进程继续推进。

二　利他理论演进与利他行为内生化

以上可以看出，"一带一路"倡议具有一定的利他主义精神。但是作
为一个以经济内容为主的倡议，需要对其有一个合理的解释，即"一带一
路"倡议为什么具有利他主义精神。早在百年前，就存在斯密难题，即人
类是理性的，理性告诉人类，不应该有利他行为，或者有的话也是建立在
对等基础之上的，除非是一个特殊行为体，能够充当"政府"的角色。实
际上，人类社会一直徘徊于"利己"与"利他"之间，其典型代表是经济
学的产生和伦理学的出现。

（一）关于利他的起源、定义

在充满生存竞争的自然界和人类社会中，自利是所有生物的共同选择，
为什么还会存在利他行为？维沃指出："人拥有一种人之为人的权利。"[①] 利
他、利他行为、利他主义通俗来讲就是一种善行，这种善行通常与自私自
利行为相对应。格林在综合利他主义的纷杂定义基础上提出了一个简洁的
版本："在己方无利可图或者有所损失的基础上，着意为他人谋求福利的
行为。"[②] 国内也有学者如宋圭武等提出类似定义，所谓利他主义，就是某

---

① ［美］理查德·M. 维沃：《思想的后果》，王珀译，江西人民出版社2015年版，第180页。

② 社会学家 Tirvers 将利他主义行为定义为一种"对履行这种行为的有机体明显不利，而对
另一个与自己没有什么关联的有机体却有利的行为"。社会生物学家 Wilson 把利他主义界定为
"对他人有利而自损的行为"。社会心理学认为不能仅从行为结果看待利他主义，认为利他主义行
为至少包括两方面的因素：意向、行为中获得与付出的代价。参见［美］戴维·斯隆·威尔逊
《利他之心：善意的演化和力量》，齐鹏译，机械工业出版社2017年版，前言。

个个体在特定的时间和空间条件下，以牺牲自己的适应性来增加、促进和提高另一个个体适应性的表现。① 按照 Bar-Tal 的定义，严格的利他主义具有如下特点：（1）必须对他人有利；（2）必须是自愿的；（3）行为必须是有意识且有明确目的；（4）所获得利益必须是行为本身；（5）不期望有任何精神和物质的奖赏。如牺牲个人生命勇救他人，或者紧急情形之下一些人对善行的选择，是一种典型的利他主义行为。上述从动机到行为，没有一丝利己色彩，完全是为了减轻他人的痛苦或增进他人的幸福，这种利他行为也被称为纯粹利他主义。但是这样一种严格的定义将利他行为限定在很窄的范围之内，导致人们对利他行为在学理上或实践中长期处于被忽视的状态。

关于利他主义到底是否存在，或者利他行为的边界在哪里？学术界存在分歧。"自然选择倾向于保留使生物更容易生存繁衍的特征，而利他主义的个体靠自我牺牲来提高其他个体生存繁衍的概率，在这种前提下，利他主义的特性是怎么在演化中保留下来的呢？这个问题从达尔文时代起就被演化论者和哲学家反复讨论，直到现在仍无定论。"②

有关利他行为的研究源自 19 世纪法国实证主义哲学家孔德。孔德首次提出"利他"这一概念，认为人具有利己和利他的双重动机，道德是用利他主义来约束利己主义行为的。利他主义提出的背景是 19 世纪，也是资本主义发展时期，崇尚自利的自由主义既为资本主义发展造就强大的精神动力，又展露自由主义的弊端，自私自利是每个人从事社会生活活动的出发点和归宿点，一切商品化是这种理念的最好体现，也正因此，在自由主义精神支配下，未来的人类社会向何处去成为一些有识之士的关注点。不过，孔德是以传统的伦理道德来看待利他主义在社会中的作用，试图纠正极端的利己行为。当然，国外学者如斯宾诺莎等人认为，那些在理性水平上被视为利他主义的行为本质上仍然是利己主义的，这是因为人们更倾向于把自己完善而不是把其他人完善作为目的，把他人的完善当作实现自我完善的手段。但我们也承认，那些表面看是自私的

---

① 宋圭武、王振宇：《利他主义：利益博弈的一种均衡》，《社科纵横》2005 年第 1 期。

② ［美］戴维·斯隆·威尔逊：《利他之心：善意的演化和力量》，齐鹏译，机械工业出版社 2017 年版，前言。

行为，却存在利他性质。①

　　自20世纪70年代后，随着生物学在利他主义研究方面取得的进展，利他主义终于可以跳出传统的伦理范畴而获得重视。人们发现在动物界中存在大量的利他行为，如瞪羚羊。对此，理查德·道金斯在其《自私的基因》一书中提出：基因才是决定个体和种类利益最大化的基本单位，由于生物界中个体和种类的最大利益就是繁殖后代，因此不论是利己主义还是相互利他主义，都不过是实现基因利己主义的手段，是要更多地复制自身的后代，最大限度地实现自己的利益，"基因为了更有效地达到其自私的目的，在某些特殊情况下，也会滋长一种有限的利他主义"②。道金斯认为利他行为来源于生物体的基本单位——基因的选择，这种选择仍然出于自私的目的。

　　生物学上的进展也推动了其他学科对利他行为的研究。例如，美国哲学家T.内格尔给出了利他主义哲学上的答案。他认为利他主义并非虚幻，所谓的利他主义，"并非意指不幸的自我牺牲，而仅仅是指一种无需外部动机的驱使便考虑他人利益的行动意愿"③。他在《利他主义的可能性》一书中说："我怀疑真正的利己主义者的存在。要知道这种利己主义在实践中会是怎样，他/她不仅要不关心他人，而且不会认为他人应该关心自己，除非是把这当作手段或出于偶然。利己主义者在需要帮助时，都要考虑他人能从帮助自己中得到什么好处，他还不在可以心怀怨恨者之列。别人的脚后跟踩到他的脚趾了，他感到痛，因此他有理由把脚抽出来，但那个人没有理由移开脚，因为感到痛的不是他。"内格尔将"利他主义的可能性"上升为道德哲学中的一个重要主题，在其著作中回答了一个核心问题，即"利他的行为如何能够成为我行动的理由？"他认为"自我仅仅作为在世界中同样真实的他人之中的一员而存在"。利他行为不是传统意义上的一种自我牺牲，也不是为约束利己行为、遵守道德准则而出现的利他行为，更不是因为同情、仁爱、自利等有目的的利他。换句话说，内格尔就是在探讨抛却客观约束外，有没有存在一种如同自私或利己一样的利他

　　① 朱富强：《如何界定人类行为是利己还是利他？——对几种流行划界标准的审视》，《改革与战略》2010年第9期。
　　② ［英］理查德·道金斯：《自私的基因》，卢允中等译，中信出版社2012年版，第3页。
　　③ ［美］T.内格尔：《利他主义：直觉的问题》，《世界哲学》2005年第3期。

行为,并研究利他行为作为一种纯粹的行为意愿的可能性。

今天,人们不再纠结利他主义是否存在,而是研究利他主义如何更好地为人类这一群体发展起到服务的作用。由于人类行为以自利为主,如果没有自利,则不存在利他行为,因此,除非在极严格的条件下,否则多数利他行为通常被认为是一种自利的间接反映。人们不再把利他主义绝对化,就像不能把利己主义绝对化一样。任何一种思想、行为走向极端,都将带来负面影响。如绝对的利他主义表现为牺牲生命来挽救他人,如果利他者因此真的失去性命,则利他行为也将永远终结。同样完全以自我为中心的行为也不是社会长久发展之道,必定无法带来合作,也无法获得合作上的好处。利他和利己具有一定程度的指向。"这些领域都有一个相似的理论基础,就是人类行为的根本动机完全是为了自身利益的最大化。……对利他主义的一味鼓励也会引起畸形的后果。利他主义的终极目标就是让世界变得更美好,而为了达成这个目标,演化论是至关重要的。"① 将利他和利己看作相互关联的一对概念也就结束了将两者对立化的想法。叶泽雄认为"利他才能更好地利己"的新理念,对于"今天人们走出道德与利益的伦理困境,化解社会冲突与矛盾,构建和谐社会,实现全球可持续发展等具有非常重要的启示和指导意义"②。尽管今天人们并没有完全回答利他主义存在的根由,无论是生物学,还是社会学、伦理学等,但是不将利他主义绝对化却是一种趋势。

(二)基于个体选择基础上的利他行为

由于利他主义与利己主义是一对相对应的概念,利己主义是一个以自我利益为中心的概念,而利他主义则是以他人利益为中心的概念。一方面,两者关系是相对立的,以自我利益为中心则必然是对以他人利益为中心的否定。另一方面,两者又相互关联,自我利益在客观上又会产生利他利益,而利他利益在一定程度上也会给自我带来一定的利益。

按照利己程度,一个人的利他行为由高到低可分为:(1)不期待任何

---

① [美]戴维·斯隆·威尔逊:《利他之心:善意的演化和力量》,齐鹏译,机械工业出版社2017年版,前言。

② 叶泽雄:《利他主义的谜底探究及其当代启示》,《华中师范大学学报》(自然科学版)2010年第4期。

回报，或者也称为纯粹的利他主义行为。这种利他行为不追求任何形式的来自自我或他人给予的回报，如为救助他人之子而奔向熊熊烈火的妇女。（2）即期精神利益回报，也可称为自我满足的利他主义，这种利他行为只为追求精神上的自我愉悦，不期待从他人那里获得物质或精神上的回报。（3）日后精神利益回报，这种利他行为主要是为了获得日后他人给予的精神上的回报，如增进个人社会声誉等。（4）日后物质利益回报，也称为互惠利他主义，即利他行为的发生不是为了即期的物质利益回报，而是为了日后得到他人回报。如存在于同乡、朋友、邻里和同事之间的互惠行为。有人评论称，正是后三种利他主义行为所潜藏的些许利己动机，才为利他主义行为"在市场经济条件下找到了支点，也使利他主义行为得以解释，这不仅符合经济学有关原理，也符合社会学、人类学的相关理论"①。贺小刚等人对利己主义、有限利他主义和纯粹利他主义进行了比较研究。② 就目的而言，利己主义主要以追求经济利益最大化为目标，忽视个人的社会方面的价值追求，有限利他主义则以经济与非经济利益最大化为目标，但是对个人社会价值的追求不是无条件的，而是需要回报的。纯粹利他主义则强调非经济利益最大化，甚至忽略对个人利益的回报。就行为来看，利己主义主张平等交易，有限利他主义主张有条件给予，纯粹利他主义主张无条件给予。

西方学者认为利他行为也是一种理性行为，和追求自我利益最大化是一样的。一方面，贝克尔认为"人类之所以要选择利他行为，就是因为利他方式可以在广泛的市场和社会交换中增加信用，减少成本支出"。贝克尔一语道破利他行为的本质，利他行为也是一种理性，是为了更好地获得自身利益最大化，这里将利他主义与经济学中的理性行为进行了一致化处理；另一方面，西蒙认为"如果为了另一个人的财富或权力牺牲了自己的财富或权力，那么行为就是利他的，如果寻求最大化财富或权利，则行为就是自私的"。两个定义在解释不同的行为模式，一个注重利他行为动机，一个注重利他行为结果。两者并不互相矛盾。尽管经

① 李柏洲：《现阶段中国社会利他主义行为分析》，《学术交流》2008 年第 1 期。
② 贺小刚等：《创业家族的共同治理有效还是无效？——基于中国家族上市公司的实证研究》，《管理评论》2016 年第 6 期。

济学对利他行为做出了明确的定义,但是在如何解释利他行为并将利他行为嵌入经济学中时,侧重于两个方向的展开,一是利他的内生性如何产生,二是利他的结果。朱富强也将这种互惠利他主义称为经济利他主义。① 这是因为,随着社会生产力的发展,人们交往的扩大,经济生活的社会属性占据主导地位,而以自然属性为中心的"亲缘利他主义"则难以适应现代生活的要求,而"纯粹利他主义"更多是一种"积极的示范作用",这是因为人们毕竟处于竞争状态,在资源有限的前提下,纯粹的利他主义将难以存续下去。因此,生产的现代性和利他主义的最佳匹配是互惠利他主义。

经济利他行为的存在也是理性的一种表现,是一种利益追求的结果。宋圭武等认为,人类社会的利他主义本质上仍是利益博弈的一种均衡,利他主义是实现人类理性均衡的基本条件;利他主义有利于实现利益博弈的主、客体均衡。② 囚徒困境现象的存在说明利他主义和利己一样,是作为人类理性行为的一种备选。利己主义是一种以追求自身利益最大化为目标的行为,而利他主义是以追求他人利益最大化为目标的行为。就像利己主义在追求自身利益最大化的行为过程中会产生利他的效果一样,利他主义在追求他人利益最大化的行为过程中也会产生利己的效果。③ 一方面,经济学鼓励人们走向"利己",因为没有"利己",人类社会可能无法维持运转下去。如桑德斯就说:"利己主义是认为每个人在任何时候都应该最大限度地追求自身利益而不应该牺牲自身利益的学说。"典型的代表就是功利主义,如西季威克总结说:"我把'利己主义'一词等同于'利己的快乐主义',指个人把他自己的最大幸福当作其行为的终极目的",并且,利己主义者也在不停地"计算"利己和利他行为给自己带来的好处的量,然后做出最有利于自己的行为。④ 另一方面,没有"利他"的约束,不仅

---

① "互惠利他主义"是通过双方互助行为交换彼此劳动的方式,所以又具有经济伦理的特征。参见朱富强《如何界定人类行为是利己还是利他?——对几种流行划界标准的审视》,《改革与战略》2010年第9期。

② 宋圭武、王振宇:《利他主义:利益博弈的一种均衡》,《社科纵横》2005年第1期。

③ 闻中虎:《利他主义稀缺与新经济人范式的构建》,《中州学刊》2002年第4期。

④ 朱富强:《如何界定人类行为是利己还是利他?——对几种流行划界标准的审视》,《改革与战略》2010年第9期。

人类交往无从说起，人类也将无从合作，更不可能有交往的扩大，这是人类走向社会属性，有别于动物的根本所在。

人类毕竟是群居动物，极端的利己和利他都不利于人类的整体发展。过于利己日益使人类丧失整体利益，最终威胁利己行为，极端的利他同样是对社会资源的浪费，也不利于人类的长久生存。王海明认为，利他主义虽然以无私利他要求人的一切行为，但是却是对人的欲望和自由的最严重的侵犯，使得个人丧失了推进个人和社会利益增长的诉求，实际上走向了人类发展的反面。① 利己主义极端化也有其负面影响，使得人们缺乏对公共利益和长期利益的追求，同样不利于社会的整体发展。西方主流经济学者认为，由于利他主义无法惩罚背信弃义者，也鼓励"搭便车"行为，这使得消极福利效应出现，利他倾向越强，人们的行为表现可能越极端，结果也包含更多的无效性。无论怎样利他，最后还是一种利己动机作用的结果。但是囚徒困境产生的最优偏离，表明利己主义也可能产生低效率。"'看不见的手'的有效概念和现有的经济学理论最重要的区别在于，在后者的理论中，不受约束的自我利益（通常被概念化为金钱收益）被认为可以稳定提高公共利益。在前者的理论中，无约束的自我利益更大的可能是损害公共利益，或者是以多数人付出代价为基础造福少数人，或者是不能够用正确的方式调控社会成员。社会层面的每一组有益的反应，都对应着不计其数的无益反应。群体功能的直接机制像从功能紊乱的机制中大海捞针，这个观点被整合到了'看不见的手'的概念中，这是过去的经济观中所欠缺的。"②

利他行为的水平与经济社会发展水平密切相关。利他行为和利己行为在不同的发展时期表现出来的轻重也有所不同。在人们活动地域范围较小、经济发展水平低下、物质极度缺乏时，人们倾向于合作，倾向于利他，表现出来的是道德水平较高，这是因为基于生存需要而产生的对彼此的需求促使人们选择利他行为，这样做也是为了日后获得同样的回报，不懂得回报的人也不会从他人那里得到持续的给予。再者，狭小的生活圈子使得个人信息被持

---

① 王海明：《利他主义与利己主义辨析》，《河南师范大学学报》（哲学社会科学版）2001 年第 1 期。

② ［美］戴维·斯隆·威尔逊：《利他之心：善意的演化和力量》，齐鹏译，机械工业出版社 2017 年版，第 89 页。

续记录，这也客观上促使人们愿意选择利他行为。随着经济发展水平的提升，生活地域范围的扩大，逐渐摆脱物质匮乏使得个人有能力维持自我生存和发展需要，对他人给予的需求也极大下降，人们也表现出较低的道德水平，特别是地域的扩大，人们交往的信息被湮没在更大的陌生群体中，良好的行为不能得到及时回报甚至无回报也促使人们更趋向于利己。不过，随着经济发展水平的进一步提高，人们将注重提升自身道德的水平，这是因为人们的追求已转向精神层面，希望获得更多的社会认同，而这种认同首先来自利他行为的付出，或者说追求精神利益最大化超过了追求物质利益最大化。阿马蒂亚·森指出："对自身利益的追求只是人类许许多多动机中最为重要的动机，其他的如人性公正、慈爱和公共精神等品质也相当重要。因此，如果把追求私利以外的动机都排除在外，事实上，我们将无法理解人的理性，理性的人类对别人的事情不管不顾是没有道理的。"[①] 简言之，利他行为与社会发展水平呈现"U"型关系，现实世界也证明这一点。通过对儿童的利他行为研究发现，随着儿童年龄的增长，各种利他主义行为的数量也呈上升的趋势。也可以说，经济发展水平越高，利他行为也就越表现出一种社会性行为的展现和精神上的追求。

（三）基于群体选择基础上的利他主义存在的理由

如果说个体选择理论给出了利他行为成为人类理性选择的必需品的意念考量的话，那么群体选择理论则给出了利他行为成为人类理性选择的必需品的理论依据。在达尔文提出类似的群体选择理论之后，人们一直停留在个体选择与群体选择之争上，最终由索伯和威尔逊提出的多层次选择理论使得利他进化理论有了新的研究起点。针对个体选择理论，生物利他主义面临的最大挑战是"群体内的颠覆"问题。理查德·道金斯在《自私的基因》中提出"群体内的颠覆"假说。该理论认为，即使群体间互相竞争，但是每一群体内部仍然受制于"群体内的颠覆"，意思是群体内存在的"搭便车者"导致群体内利己个体进化数量足以颠覆利他个体，使利他行为难以存续下来。由于个体选择理论难以解释广泛存在的利他现象，因

① 李贵仁、党国印：《1998 年诺贝尔经济学奖获得者阿马蒂亚·森生平与学术贡献》，《经济学动态》1998 年第 11 期。

此，群体选择理论作为一种新的理论解释重新登场。人们发现，群体选择是分层的，在不同层级之间，利他进化的模式是不一样的。经过重新构造人类选择模型，使得利他行为得到理论上的完美解释。该模型表明，尽管在群内选择中利己主义占有优势，但在群间选择中利他主义占有优势。戴维·斯隆·威尔逊总结道："群体之内自私胜过利他。群体之间利他胜过自私，其他的都是注释。"① 这是利他行为选择的模式。在多个群体竞争中，自然选择是在群体层面和个体层面两个方向上发挥作用，即多层次自然选择。多层次自然选择导致人们的行为将在两个层次上进行，一个是在群间选择，另一个是在群内选择。尽管群体内利己个体要比利他个体更具有竞争性、更适合生存，但是在群体间，却是利他群体要比利己群体更具有竞争力，这也得出多层次的自然选择中利他行为有进化的可能性。陈晓平认为，在索伯—威尔逊模型中，利他主义的进化基础是群体选择，而利己主义的进化基础是个体选择，群体选择随附于个体选择，因此，利他主义随附于利己主义。个体选择首先在群内进行，而后导致群间选择。② 多层次选择理论认为，在由众多个体组成的群体中，群内的"利己"者对群体不利，过多的"利己"者必然会导致群体的消亡，但是群体能够从利他主义者那里得到补偿并使得群体利益增加。这样群间竞争以利他群体获胜为主，群内竞争以利己群体获胜为主。人类社会也不完全朝向利己主义方向发展，而是朝利他主义的群体发展。

分层选择理论告诉人们，倾向于有利他行为的集体更能够有利于个体的生存，毕竟个体对自我利益的追求是在集体之下，对利益最大化的追求也是在社会中实现的。因此，对集体利益的关注虽然不是个体行为的主要出发点，但是也不得不纳入其理性行为范围之内。一个具有利他主义精神的集体比起那些利己主义盛行的集体更能获得成功。利他主义对利己者而言并非个人利益最大化，但对群体却是利益最大化，是将一部分个人利益转化为集体利益，这导致集体获得更高的资源配置效率，也因此获得一种新的竞争优势。尽管经济学家认为，"过度的"利他主义是无效率的，采

---

① ［美］戴维·斯隆·威尔逊：《利他之心：善意的演化和力量》，齐鹏译，机械工业出版社2017年版，第18页。

② 陈晓平：《利己与利他的综合——从进化论的角度看》，《学术界》2010年第1期。

取市场交换形式的利他主义也是无效率的，但是在家庭经济、公共物品等领域中，某种利他主义必不可少。① 利他主义是"一种建设性的社会力量"。不管是利他还是利己，人类是理性动物，最终目的是寻求长期利益最大化和整体利益最大化。经济利他行为也是基于此目标或者期待一种社会投资，或者期盼未来回报。克里斯托弗·博姆认为，"所有这些制度都呼吁慷慨，它们背后的基本理念也是相同的，那就是让人们更加自愿地、更加'可以预期地'为作为一个整体的、为所有人共享的群体社会生活与物质生活作出贡献"②。群体选择理论要比个体选择理论更强有力地解释了生物利他行为的可能性，在群体间竞争中，利他群体要比利己群体更具有竞争力，更容易存续，个体的利他行为不是基于个体选择的结果，而是群体为了生存而做出的进化选择，这使得群体得以存在下去。当然，利他主义不是群体选择的唯一产物。群体选择的意思是只要有助于提升群体竞争力就能够获得支持，而这种行为不必然以牺牲群体内个体竞争力为代价。支持个体选择理论的汉密尔顿却在 1967 年发表的文章《令人称奇的性别比率》中为群体选择理论提供了支撑，即利他群体存续的可能性大于利己群体。在《社会在地球上的胜利》一书中，爱德华·威尔逊阐述了关于利他主义的最新看法，研究发现，有合作倾向的群体发展得更快、更兴旺，相反，自私的群体则会走向衰落，甚至灭亡。爱德华·威尔逊认为，利他主义是存在的，且并非虚幻的，有其物质基础作为支撑的，"善良"是一种黏合剂，有助于推动倾向于合作的群体战胜倾向于自私的群体。当然，爱德华·威尔逊也指出，人的行为处于利己和利他两个极端之间，完全的利己和完全的利他形成了两个不同的世界，群体选择和个体选择决定了我们的行为模式，"使我们成为人的是我们被两种力量决定的历史"。戴维·斯隆·威尔逊在其专著《利他主义是否存在——他者的文化、基因和福利》基于多层次选择理论，进一步提出只要人类在群体层面上的功能性组织存在，人类利他主义就存在。③

目前在经济学领域里，利他概念的引入正在拓展经济学的研究视野，

① 杨春学：《利他主义经济学的追求》，《经济研究》2001 年第 4 期。
② ［美］克里斯托弗·博姆：《道德的起源——美德、利他、羞耻的演化》，贾拥民、傅瑞蓉译，浙江大学出版社 2015 年版，第 59 页。
③ 黄益民：《进化理论能否证明利他主义真的存在?》，《世界哲学》2017 年第 6 期。

这既缘于利己概念对经济行为的解释不足或并未导致整体利益的最大化，同时也缘于利他概念的发展正在成为各学科不可忽视的概念，用于解释本学科问题所带来的丰富认知。正是基于这两种路径的进展，利他主义逐渐成为经济学研究对象，至少人们希望能够对现实世界有一个更加完整的认知，也能够实现经济学根本目的，即"理性人"追求经济利益最大化，只不过人们实现这种利益最大化的路径是通过一种拓展方式来完成的，这在更深层次上完成了对自我利益最大化的追求，不仅拓宽了人们对自我利益追求的多种选择路径，同时也获得了一种新的提升，解决了经济学中长期存在的一些困境，如"囚徒困境"、集体主义"搭便车"等行为。

三　"一带一路"倡议对"经济人"假设的修正

（一）有关他人利益/共同利益综述

他人利益/共同利益是本书的核心概念。"一带一路"倡议重构世界经济体系的一个根本内容就是将他人利益/共同利益置入世界经济体系框架之中，或者说他人利益/共同利益成为世界经济体系运转的一个内生变量，这将极大地克服现有体系存在的弊端，推动人类社会迈向发展的新阶段。

1. 中国有关他人利益/共同利益的政策综述

中国有关他人利益/共同利益的政策宣示主要是中国与国际社会联系日益增强之后开始的。如，党的十五大报告指出："要寻求共同利益的汇合点，扩大互利合作，共同对付人类生存和发展所面临的挑战。对彼此之间的分歧，要坚持对话，不搞对抗，从双方长远利益以及世界和平与发展的大局出发，妥善加以解决，反对动辄进行制裁或以制裁相威胁。"

中国主张关注他国利益和人类共同利益。党的十八大报告指出："合作共赢，就是要倡导人类命运共同体意识，在追求本国利益时兼顾他国合理关切，在谋求本国发展中促进各国共同发展，建立更加平等均衡的新型全球发展伙伴关系，同舟共济，权责共担，增进人类共同利益。"[1] 2020年11月，习近平主席在第三届中国国际进口博览会开幕式上的主旨演讲

---

① 胡锦涛：《坚定不移沿着中国特色社会主义道路前进　为全面建成小康社会而奋斗——在中国共产党第十八次全国代表大会上的报告》，人民出版社2012年版，第47页。

中指出:"我们要坚持合作共赢理念,信任而不是猜忌,携手而不是挥拳,协商而不是谩骂,以各国共同利益为重,推动经济全球化朝着更加开放、包容、普惠、平衡、共赢的方向发展。"① 2021 年 4 月,习近平主席在博鳌亚洲论坛 2021 年年会开幕式上的视频主旨演讲中指出:"人类社会应该向何处去?我们应该为子孙后代创造一个什么样的未来?对这一重大命题,我们要从人类共同利益出发,以负责任态度作出明智选择。"②

中国主张把自身利益同他人利益/共同利益结合起来。2013 年 1 月,习近平总书记在主持中央政治局第三次集体学习时强调:"要把中国发展与世界发展联系起来,把中国人民利益同各国人民共同利益结合起来⋯⋯共同应对全球性挑战,努力为全球发展作出贡献。"③ 2013 年 4 月,习近平主席在博鳌亚洲论坛 2013 年年会上的主旨演讲中指出:"世界各国联系紧密、利益交融,要互通有无、优势互补,在追求本国利益时兼顾他国合理关切,在谋求自身发展中促进各国共同发展,不断扩大共同利益汇合点。"④

中国主张共同做大共同利益蛋糕。2015 年 4 月,习近平主席在巴基斯坦议会发表重要演讲时指出:"只有相互合作、互利共赢,才能做大共同利益蛋糕,走向共同繁荣。"⑤ 2015 年 10 月,习近平主席在英国伦敦金融城市长晚宴上的演讲中指出:"中国的发展不会牺牲别国利益,只会增进共同利益。"⑥ 在世界经济论坛 2017 年年会开幕式上,习近平主席指出:"人类已经成为你中有我、我中有你的命运共同体,利益高度融合,彼此相互依存。每个国家都有发展权利,同时都应该在更加广阔的层面考虑自身利益,不能以损害其他国家利益为代价。"⑦

中国主张加强共同利益的和平属性。2021 年 11 月,习近平主席在中国—东盟建立对话关系 30 周年纪念峰会上的讲话中指出:"和平是我们最大的共同利益,也是各国人民最大的共同期盼。我们要做地区和平的建设

① 习近平:《论把握新发展阶段、贯彻新发展理念、构建新发展格局》,中央文献出版社 2021 年版,第 429 页。

② 《习近平重要讲话单行本(2021 年合订本)》,人民出版社 2022 年版,第 57 页。

③ 《习近平谈治国理政》第 1 卷,外文出版社 2018 年版,第 248—249 页。

④ 《习近平谈治国理政》第 1 卷,外文出版社 2018 年版,第 331 页。

⑤ 《习近平谈"一带一路"》,中央文献出版社 2018 年版,第 74 页。

⑥ 习近平:《论坚持推动构建人类命运共同体》,中央文献出版社 2018 年版,第 275 页。

⑦ 《习近平谈治国理政》第 2 卷,外文出版社 2017 年版,第 481 页。

者和守护者，坚持对话不对抗、结伴不结盟，携手应对威胁破坏和平的各种负面因素。"① 2023年3月，习近平主席在俄罗斯媒体发表署名文章时指出："世界上不存在高人一等的国家，不存在放之四海而皆准的国家治理模式，不存在由某个国家说了算的国际秩序。一个团结而非分裂、和平而非动荡的世界符合全人类共同利益。"②

中国主张加强共同利益的实践。2019年6月，习近平主席在二十国集团领导人峰会上关于世界经济形势和贸易问题的发言中指出："我们要立足共同利益，着眼长远发展，致力于实现世界持久和平繁荣、各国人民安居乐业，避免因一时短视犯下不可挽回的历史性错误。"③ 2021年11月，习近平主席在中非合作论坛第八届部长级会议开幕式上的主旨演讲中指出："我们要理直气壮坚持发展中国家的正义主张，把我们的共同诉求和共同利益转化为共同行动。"④

2. 国内外有关他人利益/共同利益的研究综述

来自不同学科、不同政治背景的学者分别从不同角度对他人利益/共同利益进行了理论探讨。西方学者对他人利益/共同利益研究相对较早。马克思主义者也指出共同利益哲学和社会层面的价值和意义。中国学者后来居上，更多从中国传统、中国实践以及西方传统来研究他人利益/共同利益。

西方学者有关共同利益的研究包括以下几点。一是给出共同利益的定义。在《新牛津英文词典》中，"共同利益"指的是所有人的利益（the benefits or interests of all）。这里的"所有人"指有着相同生活空间的群体，他们的日常互动和交流组成了这样一种共同的利益。边沁认为，"共同体的利益，是组成共同体若干成员的利益的总和"⑤。奥地利法学家阿尔弗雷德·菲德罗斯认为，"共同利益是一个社会通过个人的合作而产生出来的事物价值的总和"⑥。赫德利·布尔也认为，国际社会形成的基本前提是

---

① 《习近平谈治国理政》第4卷，外文出版社2022年版，第441页。

② 《踔厉前行，开启中俄友好合作、共同发展新篇章》，新华每日电讯，2023年3月21日，http://www.xinhuanet.com/mrdx/2023-03/21/c_ 1310704354. htm.

③ 《习近平谈治国理政》第3卷，外文出版社2020年版，第474页。

④ 《习近平谈治国理政》第4卷，外文出版社2022年版，第447页。

⑤ ［英］边沁：《道德与立法原理导论》，时殷弘译，商务印书馆2000年版，第58页。

⑥ 转引自［美］E. 博登海默《法理学：法律哲学与法律方法》，邓正来译，中国政法大学出版社1999年版，第317页。

"一群国家意识到它们具有某些共同利益和价值观念，即它们认为在彼此之间的关系中受到一套共同规则的制约，并且一起确保共同制度的运行"①。二是给出共同利益的界定范围。法国学者让·梯若尔撰写的《共同利益经济学》对共同利益的范围做了明确界定，为了保证公平公正，下列资源应隶属所有人：水、空气、生物多样性、文化遗产、地球、美景等。这些资源为全人类共同所有，但最终由个人消费。我们都可以享用这些资源，但要以我的使用不影响你的使用为度（知识、公共街道照明、国防也如此），他还提出，经济学应致力于实现共同利益，其最终目标是让世界变得更美好。为此，经济学的终极任务是找到促进共同利益的制度和政策。② 三是给出共同利益的来源。西方学者基本上是从个人主义观念出发研究共同利益，个人利益凌驾于共同利益之上，把个人利益看成人的自然属性和本能需求，认为个人利益是决定人的行为的最主要动因，共同利益只不过是实现个人利益的媒介和手段，共同利益只有与个人发生关系才有意义。③ 有的学者认为，共同利益是共同体内部群体对某种利益的认可，有助于加固群体内成员对共同体的维护。所谓"共同的"利益，指的是个体与个体之间、个体与群体之间存在利益关系的共损共荣：任何成员的价值、功绩和名誉，同时也是其他成员乃至整个群体的财富；前者的增加或减少，意味着后者的同时增加或减少。④ 在看到以个体为主要特征的人类社会本身就是对世界未来发展的一种威胁、影响人类社会福祉时，西方学者提出，有必要推进个体之间的关系，使之有助于实现更大的或者共同利益的目标，"我们眼中一切独立的存在都是在关系的过程中产生的。将人和自然视为有界单元，这种理解方式本身也是一个更基础的协调过程的产物。我们赋予自我或他人何种价值，以及对未来寄予何种希望，取决于关

---

① ［英］赫德利·布尔：《无政府社会：世界政治中的秩序研究》，张小明译，上海人民出版社 2015 年版，第 15 页。

② ［法］让·梯若尔：《共同利益经济学》，张昕竹、马源等译，商务印书馆 2020 年版，第4—5 页。

③ 蒋维兵：《个人利益与共同利益之间关系的历史唯物主义阐释》，《宁夏党校学报》2015年第 4 期。

④ ［英］厄奈斯特·巴克：《希腊政治理论：柏拉图及其前人》，卢华萍译，吉林人民出版社 2003 年版，第 33 页；李义天主编：《共同体与政治团结》，社会科学文献出版社 2011 年版，前言。

系的福利"①。在处理关系上，冈瑟·汉德尔认为，为了保护处于危机状态
中的更大共同体的利益，可以对各国进行限制。② 四是给出共同利益的双
重性质。共同利益包含获益和受损两种情形。罗伯特·基欧汉和约瑟夫·
奈指出："绝大多数的经济或生态相互依赖包含着共同获益或共同受损的
可能性。在收益分配问题上过分激烈争斗将恶化每一个行为体的地位，对
这种危险的认识以及关于潜在损益的共识将限制不对称相互依赖的运
用。"③ 该论述不仅承认了相互依赖的个体之间同时存在共同获益和共同受
损，同时也关注到了收益分配和"潜在损益"的问题，很大程度上确立了
共同利益的研究范畴。

联合国教科文组织为推动教育的发展，专门对公共利益和共同利益
做了概念上的区分，并将共同利益替代公共利益作为教育的出发点。该
机构认为，公共利益理论有着悠久的传统，在市场经济学中有其存在的
基础。在 20 世纪 50 年代，公共利益是指"人人共享"的裨益，而且
"每个人对于这种裨益的消费不会导致任何其他个人对于这种裨益的消
费减少"。将原本属于经济范畴的概念引进教育领域，这种做法是有问
题的。人们通常认为，公共利益与公共政策及国家政策的联系更为密切。
"公共"一词往往造成一种常见的误解，认为"公共利益"就是由公众
提供的。该机构对于"共同利益"的定义是，无论其来自公共部门还是
私营部门，都拥有有约束力的目标，并且是实现所有人的基本权利的必
要因素。从这个角度来看，"共同利益"概念或许可以成为具有建设性
的替代品。可以将共同利益定义为"人类在本质上共享并且互相交流的
各种善意，例如价值观、公民美德和正义感"④。这是一种社会群体的善
意，"在相互关系中实现善行，人类也正是通过这种关系实现自身的幸
福"。共同利益不仅仅指物质上的表达，也包括精神层面的表达。由此可

① ［美］肯尼思·J. 格根：《关系性存在：超越自我与共同体》，杨莉萍译，上海教育出版
社 2017 年版，第 402 页。
② 转引自［美］理查德·拉克曼《国家与权力》，郦菁、张昕译，上海世纪出版集团 2013
年版，译序第 2 页。
③ ［美］罗伯特·基欧汉、约瑟夫·奈：《权力与相互依赖》，门洪华译，北京大学出版社
2012 年版，第 31 页。
④ Deneulin, S. and Townsend, N., Public Goods, Global Public Goods and the Common Good,
International Journal of Social Economics, Vol. 34 (1−2), 2007, pp. 19−36.

见，共同利益是通过集体努力紧密团结的社会成员关系中的固有因素。因此，共同利益的"产生"及其裨益具有内在的共同性。从这个角度来看，共同利益的概念让我们至少能够在以下三个方面摆脱公共利益概念的局限。一是共同利益概念超越了公共利益的辅助性概念，后者将人类幸福局限于个人主义的社会经济理论。从"共同利益"的角度看，重要的不仅是个人"好日子"，人类共同拥有美好生活也很重要。共同利益不是个人受益，也不是狭隘的善意。二是共同利益的含义"必须根据环境的多样性以及关于幸福和共同生活的多种概念来界定"。公共政策如果不想破坏人类福祉，就应在尊重基本权利的同时，承认并培养关于环境、世界观和知识体系的这种多样性。三是共同利益强调参与过程，而这本身就是一项共同利益。共同行动是共同利益本身所固有的，并且有助于共同利益，而且在共同行动的过程中也会产生裨益。①

马克思主义者则更多从哲学、政治经济学角度出发来探讨共同利益。马克思指出："共同利益不是仅仅作为一种'普遍的东西'存在于观念之中，而首先是作为彼此有了分工的个人之间的相互依存关系存在于现实之中。"② 基于此，马克思认为资本主义社会不可能建立"真正的共同利益"，而只能是"虚妄的共同利益"，这是由资本的本性决定的。马克思、恩格斯强调，虚幻的共同体是一个阶级压迫另一个阶级的工具，真实的共同体是对虚幻的共同体的历史超越，是以人民利益为出发点和落脚点。③从中可以看出，以西方个人主义至上为理念建立的现代世界经济体系难以实现真正的共同利益，这也是今天世界经济体系运行累积越来越多的矛盾或问题所在的根本原因。马克思主义关于"共同利益"的探讨虽然侧重于国内制度层面，不过却是从阶级利益出发，强调对人类共同利益的关注，当"一切生产工具集中在国家即组织成为统治阶级的无产阶级手里"④ 时，

---

① 联合国教科文组织：《反思教育：向"全球共同利益"的理念转变?》，教育科学出版社2017年版，第69—70页。

② 《马克思恩格斯选集》第1卷，人民出版社2012年版，第163页。

③ 蒋维兵：《个人利益与共同利益之间关系的历史唯物主义阐释》，《宁夏党校学报》2015年第4期。

④ 《马克思恩格斯全集》第1卷，人民出版社1972年版，第293页。

它又"消灭了一切阶级差别和阶级对立,也消灭了作为国家的国家"①,终结了传统意义上的国家间共同利益。

中国学者更多从国际关系角度出发,认为中国的传统文化赋予共同利益诞生的土壤,同时借用西方有关国际关系的概念以及中国实践,对共同利益进行阐释。一是基于历史。《大学》有云:"国不以利为利,以义为利也。"② 门洪华等对共同利益进行了理论探讨,特别是对中国有关共同利益的传统思想进行了阐释,认为从古代的"天下主义"情怀和"大同世界"理想,到中华人民共和国成立以来相继提出的"共同富裕""小康社会""和谐社会"以及"和谐世界"等目标,表明中国人对共同利益的理解和追求深深扎根在其世界观和价值观里。③ 二是基于主体。叶传智认为,在国际环境领域,存在个人利益、国家利益以及全人类的最高共同利益,呈现"人类利益 > 国家利益 > 个人利益"的规律,这种新的发展趋势决定在国际环境保护的进程中,各国主权所保留的领域将会越来越小,主权让渡的情况将会频繁发生,国际合作将会成为主流。④ 三是基于来源。共同利益来源自然生成和社会构建。四是基于内容。国内学者认为,共同利益是国家间利益的重合部分。阮宗泽认为,共同利益是国家间利益的重合部分,其主要功能在于维持权力、制度与身份三者之间的平衡。⑤ 刘雪莲、夏海洋认为,所谓共同利益,主要体现为国家的共同收益、国家间的利益相互交融、机遇与成果的共享以及风险与挑战的共担等。随着全球化发展和世界各国相互依存的加深,共同利益逐渐成为推动人类结成紧密共同体的内生动力。⑥ 在现实社会关系中,共同利益是以物质利益和经济利益为实质,以政治利益和精神利益为助力,从与个人利益的矛盾冲突中不断获得新的内容。⑦ 在国际社会关系中,共同利益包括国家之间的共同利益与

① 《马克思恩格斯全集》第3卷,人民出版社1972年版,第754—755页。

② 罗安宪主编:《大学中庸》,人民出版社2017年版,第12页。

③ 门洪华、甄文东:《共同利益与东北亚合作》,《外交评论》2013年第3期。

④ 叶传智:《论国际环境保护与国家主权原则之间的关系》,《学理论》2018年第11期。

⑤ 阮宗泽:《试析共有利益与国际秩序的稳定》,《国际问题研究》2006年第6期。

⑥ 刘雪莲、夏海洋:《以共同利益推进人类命运共同体的构建》,《吉林大学社会科学学报》2022年第1期。

⑦ 邱文弦:《论人类共同继承财产理论的新发展——基于"一带一路"倡议的促动》,《浙江工商大学学报》2019年第4期。

全人类的共同利益，前者是区域性的、局部的短期利益，后者是全局性的、可持续的长期利益。① 刘笑阳认为，共同利益是相互依赖状态下国家利益存在共性或趋同的部分，由共同收益和共同威胁所构成，并在双边、多边和全球框架内形成国际合作的基础。② 五是基于功能。有研究提出，追求世界的共同利益是大国道德理性和工具理性的共同反映。③ 刘笑阳以国际政治层面的"共同利益"作为核心线索，对1989年以来中国共同利益实践进行了总结，认为中国对共同利益的关注重点由发达国家转向发展中国家，对共同利益的关注范围由双边层面扩展到全球层面，将自身的国家利益与世界的共同利益相互结合；中国对共同利益的运用从最初的宣言性词汇上升为一种战略原则，充分表明中国对互利共赢矢志不渝的追求；中国对共同利益的实践体现中国的务实精神与理想追求。④

3. 本书看法

综合上述研究，本书对他人利益/共同利益的看法有以下四点。一是内生性。他人利益/共同利益在一定程度上考虑了他人、他国的感受和对共同利益的强调。这种对他人、他国利益/共同利益的关注表明他人利益/共同利益具有内生性质。曼瑟尔·奥尔森从经济学角度得出了颇为悲观的论断："有理性的、寻求自我利益的个人不会采取行动以实现他们共同的（或集团的）利益。"⑤ 不过，这是一种将个人利益与集团利益对立起来的思维，事实上，即使是个人利益主导时，也不可能完全不顾及集体利益，毕竟增进集体利益有助于实现个人利益最大化。正如汉斯·摩根索提道，"一国之国家利益不仅要明白自己的利益，也要明白他国的利益，一国之国家利益的界定应与他国的利益相协调"⑥。二是价值性。他人利益/共同利益不仅指物质层面的他人利益/共同利益，也指价值层面上的他人利益/共同利益。在实践中要关注他人利益/共同利益的价值层面表达，这些能

① 栗晓宏：《国际条约与构建国际和谐社会》，《当代法学》2006年第2期。
② 刘笑阳：《国家间共同利益：概念与机理》，《世界经济与政治》2017年第6期。
③ 蔡拓、唐静：《全球化时代国家利益的定位与维护》，《南开学报》2001年第5期。
④ 刘笑阳：《国际战略视野下的中国共同利益论》，《国际研究参考》2017年第12期。
⑤ ［美］曼瑟尔·奥尔森：《集体行动的逻辑》，陈郁、郭宇峰、李崇新译，上海三联书店、上海人民出版社1995年版，第2页。
⑥ ［美］汉斯·摩根索：《国家间政治——权力斗争与和平》，徐昕、郝望、李保平译，北京大学出版社2006年版，第8页。

够为一国与他国的相互成就提供更加可持续的基础和未来。三是互动性。一国对他人利益/共同利益的表达实际上也是部分自身利益的变相表达。他人利益/共同利益属于与他国共同拥有的自身利益的一部分，他人利益/共同利益的成长也是自身利益成长的一部分，同时还为自身利益成长创造一个稳定的外部空间，因此，国家应积极主动创造更多的他人利益/共同利益空间，进而稳定自身利益的整体发展。另外，本土利益的成长也为扩大他人利益/共同利益奠定基础。四是正向性。目前的研究认为共同利益有正负之分。门洪华等认为，共同利益不仅是指共同收益，还包含所面临的共同威胁和共同挑战。[①] 不过，本书将共同利益主要定位为正向利益，以便于叙述。

（二）建立有关发展的新假说

西方主流经济学的主要出发点是"经济人"假定。其认为，"经济人"（利己人）假设和理论包含这样三个基本命题：一是人是自私的，追求自身利益最大化是人的根本动机；二是人是理性的，能够根据客观情况实现自身利益最大化；三是正向的经济利益最大化的追求也将增进社会公共利益。不过，最早的西方经济学创立者——斯密也清楚"经济人假设"对人的定义过于简单化。实际上他本人也指出，人具有双重性，一方面人追求"利益最大化"，另一方面人也具有"同情心"，进而限定了人对利益最大化追求的程度。亚当·斯密一生撰写过两本重要的书，一本是《国富论》，另一本是《道德情操论》。国富论极力宣称市场竞争的好处，将市场竞争看作繁荣的关键因素。亚当·斯密揭示道，"我们每天所需的食料和饮料，不是出自屠户、酿酒师或烙面师的恩惠，而是出于他们自利的打算。我们不说唤起他们利他心的话，而说唤起他们利己心的话。我们不说自己有需要，而说对他们有利"。亚当·斯密在《国富论》中写道："每个人都力求运用他的资本，生产出最大的价值。一般而言，他既不打算促进公共利益，也不知道促进多少，他只考虑自己的安全，自己的所得。正是这样，他被一只看不见的手引导，实现着他自己并不打算实现的目标。通过追求

---

① 门洪华、甄文东：《共同利益与东北亚合作》，《外交评论》2013 年第 3 期。

他自己的利益，促进社会的公益。"① 西方早期经济学家帕累托也证明：在以利己主义为目的的充分竞争的市场中，可以自动实现生产和交换效率的最大化。

与此同时，人类也有利他的倾向。亚当·斯密在《道德情操论》中指出，人是富有同情心的，承认人的经济行为有利他的一面，"无论人们会认为某人怎样自私，这个人的天赋中总是明显地存在着这样一些本性。这些本性使他关心别人的命运，把别人的幸福看成自己的事情。虽然他除了看到别人幸福而感到高兴以外，一无所得。这种本性就是怜悯或同情，就是当我们看到或逼真地想像到他人的不幸遭遇时所产生的感情"②。达尔文在 1871 年出版《人类的由来》一书甚至将人的同情心、爱心赋予和人的自私一样的高度，"任何动物，不管是什么，都与人类一样，都有一种与生俱来的显著的社会本能，包括父慈子爱的情感在内，因此，只要它的智力能够得到良好的发展，或接近于良好的发展，就会不可避免地产生道德感或良心。"③ 福利经济学代表阿马蒂亚·森认为，"经济人假设"其实是一种推理，而非获得经验性证明，如责任感、忠诚和友善这些偏离自利行为的伦理考虑在日本工业发展中同样发挥了十分重要的作用，因此得出结论："把所有人都自私看成是现实的可能是一个错误，把所有人都自私看成是理性的要求非常愚蠢。"德国历史学派代表人物李斯特也批评那些把人看作纯粹自利的假设，说那是"以店老板的观点来考虑一切问题"的学说，实际上把人的利己行为进行人为的抬高。如果我们要完整地再现人的行为模式，至少从经济角度看，我们就不应将人看作一个完全自利的行为者，这不仅对经济生活中大量存在的利他行为无法解释，也让我们的假说得不到科学的印证，而成为一个真的"假说"。正是出于这种理性基础之上的利益考虑，利他和利己一样，成为个人和社会、国家行为的出发点。博姆认为："在日常生活中，群体惩罚能够直接提高群体的社会生活质量，

---

① ［英］亚当·斯密：《国富论》（下卷），郭大力、王亚南译，商务印书馆 2014 年版，第 25 页。

② 伍世安、叶卫华：《论国际合作的可能性及"社会人"视角解释》，《江西财经大学学报》2010 年第 4 期。

③ 转引自 ［美］克里斯托弗·博姆《道德的起源——美德、利他、羞耻的演化》，贾拥民、傅瑞蓉译，浙江大学出版社 2015 年版，第 7 页。

甚至还能够通过代代相传的方式逐渐塑造出类似的基因型。"① 然而，为追求资本扩张，西方经济学仅传承了斯密有关经济人的假定，而将"同情心"进行了必要的忽视。瑞士经济学家李斯特指出，"市场规律"将自私自利的个人推上了舞台，他们像原子一样成为分散的个体，逃避社会义务和道德义务，只对从交换中获得财富感兴趣，而对于他们的同类毫不关心。

今天的现实使得人们不得不对西方经济学有关"经济人假设"进行重新审视，反思西方经济学所构建的一整套理论体系。在面临诸如生态危机、道德丧失等重大生存危机时刻，"经济人假设"越来越难以站住脚，"经济人"如果继续仅仅追求自身利益最大化，而不顾及全球公共利益，必将反噬自身的福利。因此，对西方"经济人假设"的改造是突破传统发展路径的第一步，人不仅仅是迎合资本的自私自利的行为主体，更具有社会属性，是对公共利益关注的行为主体，当将环境问题等纳入人的行为模式后，实际上赋予了"经济人"以更为丰富的内涵，也更贴近现实。

对西方"经济人假设"的修正，主要是将人的社会属性加入②，把对他人利益/共同利益的追求视为内生动力。过去仅仅以追求资本利益最大化的经济人调整为追求资本利益最大化和人的发展最大化双重目标，即双重利益最大化，或者说，必须将人对自身利益最大化追求调整为人对自身利益最大化、他人利益最大化/共同利益最大化多重追求，而对自身利益最大化追求仅仅是作为多重最大化追求的特例，即回归人的双重属性，以此才能更贴近现实，才更具有现实说服力。这种改造不过是还原世界的本来面目，西方经济学不再居于经济学的中心地位，而不过是经济学中的特例或分支。

上述对西方传统经济学的改造用公式来表达，即

西方传统经济学的核心命题是：$F = f$（自身利益最大化）。

而一般意义上的经济学为：

$F = f$（自身利益最大化，他人利益最大化/共同利益最大化）

---

① ［美］克里斯托弗·博姆：《道德的起源——美德、利他、羞耻的演化》，贾拥民、傅瑞蓉译，浙江大学出版社 2015 年版，第 18 页。

② 董志强：《"经济人"的社会性》，《经济思想史学刊》2022 年第 1 期。

仅当人们对他人利益最大化/共同利益最大化追求为零时,现有的西方"经济人假设"才能成立。

对于一国而言,做出的相应调整是

F = f(资本利益最大化)调整为:

F = f(资本利益最大化,人的发展最大化)

共建"一带一路"是第一个以人的发展最大化作为宗旨的倡议,这就使其彻底有别于西方的传统,即以资本利益最大化为宗旨的经济学。对"经济人假设"的否定,实际上也将西方经济学进行跨学科的拓展,由于人的发展包含多重内容,已不完全是纯经济学意义上的发展。2021年中国宣布不投资海外煤电项目就是一个典型的例子。按照西方传统追求资本利益最大化,中国应该继续投资煤电项目,不过按照现实要求,中国不应该投资煤电项目,毕竟煤电项目存在一定的环境污染问题。中国是在综合考量之后做出新的选择,而这种选择早已超越西方传统经济学能够解释的行为。习近平主席在多个国际场合提出的共建"一带一路"不仅仅涉及经济方面,还将人文交流、健康卫生、绿色发展和数字技术等都列入其中,如,要坚持开放、绿色、廉洁理念,不搞封闭排他的小圈子,把绿色作为底色,推动绿色基础设施建设、绿色投资、绿色金融,保护好我们赖以生存的共同家园;坚持一切合作都在阳光下运作,共同以零容忍态度打击腐败;要在沿线国家民众中形成一个相互欣赏、相互理解、相互尊重的人文格局。因此,共建"一带一路"不是走片面发展道路,而是全方位全领域共同发展的道路,这也是共建"一带一路"与西方传统单纯以追求利润最大化为目标的发展路径根本区别所在。实际上类似这种行为甚至在西方国家也出现过,但却很难用西方经济学作出解释。

共建"一带一路"假设人是追求资本利益最大化和人的发展最大化为目标。在追求资本利益最大化时,不能忽视人的发展最大化,而在追求人的发展最大化时,也不能忽视资本利益最大化,这是对资本和人的关系的再调整。唯其如此,才有可能达到人人享有工业文明成果的目标,才有可能最终在全球范围内实现工业化。当然,破除西方传统"经济人假设"是共建"一带一路"理论化工作的第一步。下一步还需要深入研究人的发展数量化问题,如何建立资本与人的相互制约关系,推动国际社会对西方传统的正确认知,达成有关共建"一带一路"的国际认同,等等。

共建"一带一路"理论假说应包括如下内容：

一是研究对象。什么是共建"一带一路"？共建"一带一路"要解决的核心问题是什么？西方传统建立起来的世界经济体系，只是解决少部分人的现代化问题，而要实现多数人的现代化必须寻求新的路径。

二是基本假设。共建"一带一路"提出的新假设，即"社会人"假说，其中包含西方经济学中的"经济人假设"。认为人不再是单纯追求经济利益最大化的行为主体，而是有着社会责任感的行为主体，追求经济利益最大化是其承担的社会责任之一，但绝不是全部。

三是基本思想。与西方传统有着根本区别的是共建"一带一路"所推行的正确义利观。正确义利观将人的发展最大化作为基本追求的理念之一，这就从根本上摆脱了西方传统对人的发展的无视，重置资本与人的关系，更多关注经济利益与非经济利益关系。当然，如何管理好资本与人的关系也是一项需要研究的重要课题，且有可能面临西方最为猛烈的舆论围攻。

四是基本原则。共建"一带一路"有着与西方传统不一样的发展理念，将更多的创新、绿色、共享、协调、开放作为内生内容，主张创新发展、绿色发展、共享发展、开放发展、协调发展等。共建"一带一路"不追求单向的 GDP 增长，而是赋予增长以更多的新价值、新内涵。共建"一带一路"将对西方传统忽略的东西进行内化改造，成为适应人类社会发展的新模式。下一步的工作则是如何将上述理念内化于共建"一带一路"之中，确保经济增长的同时，尽可能减少对环境的破坏，并使人的发展得到最大限度的满足。

五是结构体系。共建"一带一路"理论假说最重要的内容是将人的发展最大化置于西方传统之中。这里不是要完全扬弃西方经济学，而是在西方经济学基础上嵌入以人为本的内容，包括从前提假定到框架体系，进而对西方经济学作一次革命性修正，以适应当今发展的客观需要。下一步的工作是如何将人的发展植入西方传统经济学，并使之成为服务于今天发展需要的新型经济学。

（三）"一带一路"倡议包含对他人利益/共同利益最大化的追求

"一带一路"倡议是大国理性行为选择的结果。作为一个理性国家，中国在一定程度上对"利"的抛弃，与西方倡导的追求个人利益最大化的原则是有较大冲突的。这种典型的利他主义行为是中国做出的一种主动选择。

首先，利他主义理论为"一带一路"倡议追求世界发展的整体利益奠定了理论基础。多层选择理论已经解决了利他主义存在的问题，不仅缘于个体选择的结果，更主要是群体选择的结果，是族群延续的必然。在人类面临越来越多的共性问题、全球问题时，利他行为将引领人类走向新的道路。那些所谓的"美国优先""美国第一"的想法和做法早已不适应时代需要。利他行为缘起于自然属性，发展于社会属性，是人类长期进化的产物。人类既具有自然属性，也具有社会属性，人的社会属性中所包含的精神层面的东西是人类社会在长期交往过程中产生的，如道德、文化、传统习俗等，正是人们对这些精神层面的追求才推动了人们对利他行为的认可，推动个体要为集体发展尽力，而不是完全出于自私的目的，至少个人自私目标的实现要与群体公共目标的实现相一致，才有利于人类社会的进步。美国心理学家马斯洛把人的需要分为五个层次：生理需要、安全保障需要、情感与社交需要、尊重需要、自我实现需要。这五个层次是一个逐渐脱离完全自私行为并向社会行为靠拢的过程、保障群体能够存续的过程。正如达尔文在《人类的由来》中提出的假说："人类进化出的慷慨不是个人而是群体的特性，"利他主义作为人们用来调控活动和政策的法则也是存在的，它确保整个群体的福利都被考虑在内，而不仅仅顾及更私人、更片面的利益。这种有意向的群体选择与自然的群体选择在功能性的人类组织的演化中同样重要。"① 增进他人的福利超过对自己的福利，特别是在即期的情况下，这一特征使得利他行为的"利他性"更为突出。基于群体选择理论，在两个群体的合作中，选择利他行为的群体更容易获得生存，这就揭示了利他行为的重要性。利他主义对群间竞争的重要性之于利己主义对于个体竞争的重要性同样是理性的。利他主义更注重对群体的关注，这是人类理性发展的必然结果。"一带一路"倡议作为具有利他性质的合作倡议必然在群间竞争中更有比较优势，更有利于世界的发展。"一

---

① 转引自［美］戴维·斯隆·威尔逊《利他之心：善意的演化和力量》，齐鹏译，机械工业出版社 2017 年版，第 127 页。

带一路"倡议的提出将为国家间关系发展带来一种全新的形态。波吉曼写道："利他主义是认为人们的行为有时能够以某种方式将他人利益置于自己利益之前的理论。"[①] 胡石清、乌家培等认为，在所有利他主义经济学的理论中，人们往往忽略了利他主义的方向性问题，把利他对象指向了个体而不是群体，但实际上却恰恰相反，利他主义是指向某些特定的群体，而不是特定个体，利他行为可以被看作是扩展的自利，目的是利己，但行为却是利他，"这正是人类伟大的品质，这种品质使得我们人类不再是一般性动物，而是万物之灵"。[②]

其次，时代呼唤新型发展模式。当代世界面临的核心问题是发展中国家的发展。2015 年 9 月，联合国通过的以 17 个可持续发展目标为核心的 2030 年议程，旨在消除贫困、消除饥饿、应对气候变化、加强可持续发展全球伙伴关系等。然而，时至今日，距离实现 2030 年全球可持续发展目标的时间将近过半，但任务仍未过半。1971 年，联合国大会通过决议，确立了"最不发达国家"的概念。目前，全世界有 46 个国家属于这个最贫穷、最脆弱的国家类别。这些国家约占全球人口的 14%，在全球国内生产总值中仅占 1.3%，在全球外国直接投资中仅占 1.4%，在全球商品出口中仅占不到 1%。尤其是新冠疫情和乌克兰危机"正威胁着数十年的发展成果，将迫在眉睫的向更加绿色、包容经济的转型进一步推迟，并使可持续发展目标的进展更加偏离轨道"。2021 年 7 月，联合国发布的《2021 年可持续发展目标报告》显示，新冠疫情使各国落实2030 年可持续发展 17 个目标存在不同程度延缓，某些领域甚至还出现倒退。在消除贫困方面，2020 年全球陷入贫困的人口数量从 1.19 亿人增加到 1.24 亿人；这一年全球极端贫困率出现 20 多年来的首次上升，共有 1.2 亿人重新回到极端贫困状态，全球减贫出现倒退。在教育领域，无法达到最低阅读熟练水平的儿童人数增加了 1.01 亿人，"这有可能使20 年的教育成果化为乌有"。国际货币基金组织 2020 年年底的一份研究报告显示，新兴市场和发展中经济体的平均基尼系数将升至 42.7，与

---

① 朱富强：《如何界定人类行为是利己还是利他？——对几种流行划界标准的审视》，《改革与战略》2010 年第 9 期。

② 胡石清、乌家培：《从利他性到社会理性——利他主义经济学研究的一个综合观点》，《财经问题研究》2009 年第 6 期。

2008 年水平大体相当。世界银行发布的 2022 年版《世界发展报告》指出，我们已经清楚地知道，新冠疫情引发的 2020 年经济衰退导致全球债务出现几十年来最大的单年增幅。根据联合国开发计划署（UNDP）统计，2021 年人类发展指数 30 年来首次出现下降。有学者指出，在疫情发生两年后，我们在消除疫情造成的贫困人口历史性增加方面几乎没有取得成功。我们正走在一条新的、更具挑战性的道路上，如果要纠正疫情使我们走上的道路，就需要做更多的工作。[①]

最后，新时代大国追求对外战略需要有新思维。历史上大国发展起来之后，往往容易走上扩张道路。如英国依靠船坚炮利打开了相对落后国家的大门，最终成为"日不落"帝国。美国则依靠金融手段、军事势力最终获得"世界警察"称号。这些大国的"崛起"之路建立在他国痛苦之上。战略上的利己带来的是世界发展的不平等。对今天发展起来的中国而言，走传统的大国崛起之路已不可取。无论是前提，还是现实，模仿没有出路，且现实也不允许。因此，中国的大国战略必须另谋出路，走一条与世界共同发展的道路，将世界发展至少置于自身的发展框架之下，而不是不顾及他国的发展利益，这就需要将利他精神纳入自身的发展利益范围，寻求一种新的发展路径。因此，在推进"一带一路"建设工作 5 周年座谈会上，习近平总书记明确指出："共建'一带一路'是经济合作倡议，不是搞地缘政治联盟或军事同盟；是开放包容进程，不是要关起门来搞小圈子或者'中国俱乐部'；是不以意识形态划界，不搞零和游戏，只要各国有意愿，我们都欢迎。"[②]

四 正确义利观与国家间新型利益关系重塑

国际社会本身处于无政府状态，因此，西方国际关系理论一直在以

---

① Nishant Yonzan, Daniel Gerszon Mahler, "Christoph Lakner, Global Poverty in the 2020s Is on a New, Worse Course," October 14, 2022, http: blogs. worldbank. org/opendata/global – poverty – 2020s – new – worse – course.

② 《习近平在推进"一带一路"建设工作 5 周年座谈会上强调：坚持对话协商共建共享合作共赢交流互鉴 推动共建"一带一路"走深走实造福人民》，《人民日报》2018 年 8 月 28 日。

"丛林法则"指导着人们的日常实践，包括开展国际合作和提供公共产品。每一个国家都处在深深的忧虑中，其在国际社会中的自身安全能否得到保障、其经济利益能否实现最大化以更好地服务本国、其意识形态和价值观能否被国际社会所接纳，以此为自身建设长期的软实力。国际社会中的各个国际行为体包括国家无不以自身利益最大化为追求目标，鲜有考虑国际社会的长远利益和整体利益，即使考虑，也往往为现实所不容。例如气候协议即是如此。人类社会对自然环境的破坏已有目共睹，气候协议正是为拯救自然环境而作出的一种理性行为，但是一些有能力支付环境损失的大国却基于自身利益，退出这一全球性协议。从中可以看出，国际道义终究不能战胜自私的理性、短视的理性。现有的国际社会状态不利于利他行为，或者说国际利他主义还是被认为是一种非理性的行为。尽管如此，也有部分人或国家将全球共同利益考虑其中，他们从关注自己、家人、朋友到关注世界，正所谓"天下兴亡，匹夫有责"，基于此，利他行为也会产生。利他行为是一种高尚行为，是对联盟或共同体的付出，是对共同利益的关心，是人类社会理性进步的结果。尚伟认为，正确义利观是对国家主权原则的尊重、维护和有益补充，也是对霸权稳定论的修正，对西方现实主义国际关系理论狭隘的国家利益观的超越，更是对见利忘义、损人利己的国家行为的反对和鞭挞。正确义利观是对和平、发展、公平、正义、民主、自由的全人类共同价值的坚守，践行马克思主义的价值追求，促进人类共享和平与发展，符合全人类的发展利益，应该成为全人类共同的价值追求。① 英国知名社会学家马丁·阿尔布劳在接受《参考消息》采访时说："在领导构建人类命运共同体方面，中国有绝佳的机会。当今世界不需要军事上的领导，而是需要道德和价值观上的领导。"②

（一）国际利他主义的理性选择

国际社会对非对等利他主义的需要来自以下几点：一是利他主义有助于实现外部性内在化，具有利他主义倾向的国家将会更有效地推进非政府

---

① 尚伟：《正确义利观的科学内涵与积极践行》，《马克思主义研究》2021年第8期。

② 《中共改变整个民族的精神面貌——专访英国知名社会学家马丁·阿尔布劳》，《参考消息》2021年2月18日。

状态下的资源配置；二是利他主义会增加团体互动的利益，是"一种建设性的社会力量"，或者在国际社会中是一种建设力量；三是对于国际社会本已稀缺的公共物品状态而言，利他主义是一种补充，有助于促进社会福利水平的提升。今天的利他主义是一种"稀缺资源"。当然，盲目的利他主义本身就是一种资源浪费行为，也并不一定是增进接受者的福利，反而会给双方带来负效用。① 也就是说，利他主义必须是理性行为，利他主义最大化是体现在他人而非自己身上，这就需要利他主义者考虑利他行为给他人带来的主观感受或者最终效用。

国际社会利他主义行为稀缺的主要原因在于：国际社会缺乏对利他主义的激励机制，同时个别国家采取利他主义行为将存在较大风险，因此降低了国家对利他主义行为的选择；再者，国内制度能否带来更高的投入产出率，从而刺激国家单方面采取利他主义行为也是国家对利他行为选择的阶段性因素。

在国际社会中如何实现利己主义和利他主义之间的平衡，这是各国需要考虑的事情。当前，国际社会正处于利他主义的低潮期，国际社会对自身利益过度看中，导致利他主义极度缺失，或者说当今的国际社会还是一个个体选择理论适用的时期，正处于"U"型的最底端。不过，黎旭坤认为，"尽管国家的行为以自利为主，但是利他主义在国际关系中是可能存在的"②。

目前的国际利他主义主要存在于"同质"类型的国家中，还没有向"异质"型国家延伸。Kim 认为，成员的同质性有助于加强集团成员的利他主义，降低了背叛的欲望。③ 同质国家容易形成共同体，这种有点类似亲缘利他主义，或者说亲缘利他主义更适合描述同质型国家国际利他主义行为。这类国家也更容易形成共同体。这里更多是从个体选择层面出发，由于个体的竞争性质，对利己重视高于利他。利他主义主要发生在同质国家，如欧盟合作即如此，也是发展程度最高的共同体。

在异质国家中，合作进程也得到逐渐推进，但是在发展层次上却比同

---

① 杨春学：《利他主义经济学的追求》，《经济研究》2001 年第 4 期。
② 黎旭坤：《思考国际关系中的利他主义可能》，《赤子》2015 年第 9 期。
③ 王震宇：《试论利他主义在地区主义中的作用》，《亚太经济》2013 年第 3 期。

质国家合作进程慢得多，且合作主要表现为基于对等利他行为基础之上的互惠利他主义。王震宇认为，在成员体力量分布不均衡的情况下，处于优势地位的伙伴通过利他主义安排发起地区主义，是一种理性选择。① 穆利斯·西弗与阿兰·温特斯列出了谋求地区主义的七个动因，其中第六个为出于利他原因或为避免骚乱和人口增长所造成的溢出效应，帮助邻国实现稳定和繁荣。② 按照西方的国际关系理论研究，查尔斯·金德尔伯格提出的"利他主义霸权"概念被认为是一种非对等利他主义。霸权稳定论的提出者金德尔伯格指出，霸权是提供国际经济稳定这一集体产品的必要条件（虽不是充分条件），由于存在作弊和"搭便车"动机，任何霸权体系都是不稳定的，只有当霸权承担提供集体产品的成本并引导其他成员支持时才能获得稳定。尽管这种行为在某些国际合作中也存在，国家仍然没有真正迈向非对等的利他主义阶段。

尽管国际社会处于利他主义的低潮阶段，但是我们应该对未来充满信心。西方国家长期遵从自由主义思维，遵从个体选择，因而对待国际社会，国际问题的处理主要基于自由主义思维方式，对于利他行为这种需要从整体利益出发的行为往往缺乏认同心理。基于西方利己主义思维，奥尔森在回答"人类合作如何可能"的问题时认为，"除非存在强制或其他某些特殊手段以使个人按照他们的共同利益行事，有理性的、寻求自我利益的个人不会采取行动以实现他们共同的或集团的利益"。正因如此，西方国家并没有将国家视为一个群体。当中国发出非对等利他行为的时候，就被西方认为是对现有规则的破坏。西方更担心中国超越西方特别是理念的胜出，他们深知利他群体对国际环境具有更强的适应性。美国担心中国通过利他行为成为规则的倡议者，公共产品的提供者，因而成为国际社会中的新领袖。特朗普政府上台后，直接将中国视为"战略竞争对手"，似乎想用最原始的丛林规则遏制"一带一路"倡议。美国著名经济学家、2001 年诺贝尔奖获得者约瑟夫·斯蒂格利茨在《喧嚣的九十年代》中把"利己人"的观念斥为不适宜时代发展的"市场原教

---

① 王震宇：《试论利他主义在地区主义中的作用》，《亚太经济》2013 年第 3 期。
② 王震宇：《试论利他主义在地区主义中的作用》，《亚太经济》2013 年第 3 期。

旨主义"①。

（二）中国对非对等利他主义的选择

需要指出的是，当今国际社会还没有建立对非对等利他行为利益上的回报机制。现阶段，"一带一路"只能依靠中国自身的经济实力来推行非对等利他行为，这样才能将更多的发展中国家包容进来。国际社会对非对等利他行为的自我管理、自我成长的最好回报是为"一带一路"提供更多道义上的支持，特别是来自"一带一路"共建国家的支持，即便如此，仍然有些国家出现道义支持的反复。在探讨国际社会前景时，布尔提出国际社会构建的基本条件：推动强国对共同利益和共同价值的认同、关注弱势国家对国际正义变革的诉求、保持和发展一种世界性文化，需要吸收更多非西方文化的要素，有助于加强对共同利益的认知。特别要注重培育国际政治文化，以有利于国际社会运行。② 未来国际社会如何对非对等利他行为的回报，是我们创新国际关系理论的内容之一。

非对等利他主义是不以威胁自身的生存为底线。尽管非对等利他主义始终考虑如下的不等式，即他人的收益与成本之比大于己方。但这是以不威胁自身在国际社会中的生存为底线的，也是一种理性选择的结果，所以非对等利他主义不是一种纯粹的利他主义或彻底的利他主义，而是一种相对的利他主义，同时也不是对等的利他主义和谋求霸权的政治非对等利他主义，而只是一种经济上的非对等利他行为。不基于未来的回报，也不基于现实的声誉，而是作为社会人向国际社会作出的一种贡献，在这种利他行为发出之前，自己就已非常清楚是一种非对等的付出。

那么这种理性付出的逻辑是什么？"最理想的状况莫过于促进他人利益与促进自身利益相一致。"③ 伍世安等认为，国家的本性不是经济人，而是社会人，具有利己和利他的双重性。作为"社会人"的各个国家，尤其

① ［美］约瑟夫·斯蒂格利茨：《喧嚣的九十年代》，转引自季小江《经济利他主义：市场经济的伦理向度之一》，《上海行政学院学报》2006 年第 5 期。
② 马国林：《社会·制度·秩序：赫德利·布尔的世界秩序思想研究》，中国社会科学出版社 2015 年版，第 131—132 页。
③ ［澳］彼得·辛格：《全球化有效利他主义运动》，《中国民政》2015 年第 11 期。

是大国，终将为了全球的共同利益逐渐弥合分歧，达成共识，最终达成气候变化的国际合作。① 埃莉诺·奥斯特罗姆认为，通过合作和自主治理，不通过市场或政府，也可以管理好公共资源，核心在于存在的相互依赖和共同的利益，可以通过合作设计出适合人类发展阶段的机制，从而自主治理好人类社会。② 从社会人角度只是部分解释了国家利他行为的出现，但是没有解释国际经济利他主义的形成。

中国的非对等利他行为不完全是为了增进国际声誉，这是因为获得国际声誉需要付出较高的成本，③ 尤其是当世界对一国的负面看法难以改变时，一国首先要争取的是如何完成事情本身，而不是国际声誉。比如美西方国家、印度对"一带一路"倡议抱有很深的负面看法，从地缘政治视角看待"一带一路"倡议，在国际市场上不断抹黑"一带一路"倡议，制造各种谣言，欲置之死地而后快。在这样的情况下，"一带一路"倡议要想先获得美西方国家和印度的认同将是个艰难、漫长的过程。对此，我们不能因为美西方国家和印度的阻挠而停止"一带一路"的建设工作，相反，更应加快"一带一路"建设，使得"一带一路"项目尽快为当地经济发展和社会发展作出贡献。

国际行为体为什么要不惜个人付出，正向引导国际社会发展？多层群体选择理论给出了较好的答案。国家是具有双重属性的国际行为体，一方面追求自身的利益最大化，另一方面是随着国家经济社会发展水平的提高，社会性行为体的需求也随之发生变化，对国际社会的关注往往胜于对经济利益的追求。"这种行为动力来自于国家自然进化而来的合作能力以及趋社会情感，这种情感和能力使得国家在发展进程中追求预期的满足而非利益最大化。"④ 随着交往的加深，终究要面临共同利益问题。赫伯特·金迪斯指出，人类社会面临的共同利益问题越来越多，面

---

① 伍世安、叶卫华：《论国际合作的可能性及"社会人"视角解释》，《江西财经大学学报》2010年第4期。

② [美]埃莉诺·奥斯特罗姆：《公共事物的治理之道》，余逊达、陈旭东译，上海三联书店2000年版，第30—34页。

③ 黄真：《从"互惠利他"到"强互惠"：国际合作理论的发展与反思》，《国际关系学院学报》2009年第4期。

④ 黄真：《从"互惠利他"到"强互惠"：国际合作理论的发展与反思》，《国际关系学院学报》2009年第4期。

临的压力也越来越大。受天灾、疾病瘟疫和资源有限性的影响，随着国家交往的扩大，对合作的需求也越来越强烈。在国家处于不发展状态时，国家可以凭借自身力量来满足国内的需求，不过这种需求是低端的，随着国家交往的扩大、发展水平的提升，其对外界的需求也越来越高，包括技术、资源，这样才能使国家走向更高层次，此时国家对国际社会的需求正是对国际环境适应的同一代名词。对于合作的需求自然成为国家对外战略的一部分，"合作之所以被选择，是因为合作的本质是互补性，而非冲突的替代性"①。经过多次努力，国家发现，合作比彼此深陷"囚徒困境"要好，因而更多的国家选择了合作，而非自主。同时，合作可以带来共同利益的增进。

国家内在的趋社会性使得这样的群体在竞争中胜于非趋社会性群体。尽管国家是自私的和利己的，但是国家也是趋社会性的，只不过程度不同而已，取决于国家的经济社会发展水平、与国际社会的互动情况和自身的主观意愿。"如果国际社会中的国家都把潜在的趋社会情感激发出来，付诸于国际实践，各国将获得更多的合作剩余。"② 正是这种趋社会性的存在，使得中国对现有国际关系中趋社会性不足或缺失的一面进行修正，也为国际关系理论的推进增加了新内容。实际上，中国当前并不寄托于未来的回报，而是在即期中采取一种利他行为，通过不对等的合作，展现一种趋社会性行为。趋社会性虽然部分解释了不基于未来回报③的某种利他行为，但是这种行为不是国际社会中的一种主流行为，还需要满足多种条件，即除了内在需求之外，还必须有国际社会的配合。国家之间本是没有任何亲缘关系的主体，之所以国家之间会发生互惠行为，主要期待日后有所回报，是对长期利益追求的结果。当然，对于骗子行为或背叛行为，则需要建立某种机制，以保障利他主义者获得日后收益。国际社会中国家数目是有限的，且有历史行为可作为依据，在一定程度上有利于产生合作行

---

① ［美］赫伯特·金迪斯等：《人类的趋社会性及其研究：一个超越经济学的经济分析》，浙江大学跨学科社会科学研究中心译，上海人民出版社2006年版，第9—10页。

② 黄真：《从"互惠利他"到"强互惠"：国际合作理论的发展与反思》，《国际关系学院学报》2009年第4期。

③ ［美］赫伯特·金迪斯等：《人类的趋社会性及其研究：一个超越经济学的经济分析》，浙江大学跨学科社会科学研究中心译，上海人民出版社2006年版。

为，一方通过"让利"来实现合作剩余。这种利他是让利方对国际社会的趋近，也是为了在实现自身的长远利益过程中完成国际关系的推进。

非对等利他行为是在保障自身存续的基础上，作为理性人的一种选择结果。首先，今天我们面临越来越多的人类发展共性难题，有些难题源于国家交往的扩大而将一国的发展问题上升为世界性问题。其次，国与国之间的联动发展产生新问题。最后，人类本身一直存在的公共悲剧和奥尔森的集体行动问题。当然，各种方案正在研究中。如美国学者埃莉诺·奥斯特罗姆提出的解决公共事务的第三种路径。①

随着全球化进程的加快，国与国之间的相互依赖日趋上升，同时全球层面的共性问题成为人类社会不能回避的重大问题，这些共性问题不是哪一个国家所能解决的，而必须依赖各国间合作。阿尔费·柯恩也强调了合作比竞争更有利于解决共性问题。②《财富准则》一书的作者大卫·施沃也将合作看作资本主义发展模式的一个前景，强调"自觉资本主义"对未来人性发展和社会进步的意义。③"我们整个地球已经发展成为一个巨型道德共同体了，这个涂尔干式的社会能够促进合作、规范越轨行为。""我们的内心深处，总是隐藏着对他人的同情之心，这是抗衡冲突的有效力量。"④

非对等利他主义是展现人类追求整体利益和长期利益的主动行为。唯其如此，国家才能以最小代价实现自身利益最大化的目的。当然，在这一过程中存在的"搭便车"行为，对人类秩序的破坏也需要我们设计一套良好的制度来加以规范和约束，从而有助于全人类整体利益和长期利益的实现。这也是新型经济体系所追求的目标之一。

非对等利他主义是对现有世界经济体系运作理念的重构，将突破国家完全自利的局限，将国家的追求目标放大到对利己和利他利益最大化的追求上。国际社会处于无政府状态，国家间交往是一种提高自我生存和发展

---

① 雷晓、康席恒：《合作收益与公共管理：理论基础及其意义》，《中国行政管理》2009年第11期。

② 雷晓、康席恒：《合作收益与公共管理：理论基础及其意义》，《中国行政管理》2009年第11期。

③ 雷晓、康席恒：《合作收益与公共管理：理论基础及其意义》，《中国行政管理》2009年第11期。

④ ［美］克里斯托弗·博姆：《道德的起源——美德、利他、羞耻的演化》，贾拥民、傅瑞蓉译，浙江大学出版社2015年版，第389—404页。

能力的需要，国家间竞争并不能完全增强国家对国际环境的适应性，对利他行为的选择有助于推进国际社会成员获得一种竞争之外的利益。

（三）正确义利观的提出

正确义利观是 2013 年习近平主席访非时提出的新理念，后来这一新理念成为新时期指导中国与发展中国家合作的基本理念。2013 年 10 月，习近平总书记在首次周边外交工作座谈会上强调："要坚持正确义利观，有原则、讲情谊、讲道义，多向发展中国家提供力所能及的帮助。"① 2014 年 3 月，中央外事工作会议将正确义利观进一步提升为建立新型国际关系特别是与发展中国家交往过程中应秉持的基本理念。正确义利观的提出表明"一带一路"将不完全以自我经济利益最大化为追求的主要目标，而是以自我与他人经济利益最大化为目标。

首先，强调"义""利"兼顾。习近平主席在韩国国立首尔大学的演讲中进一步强调，"义"不能违背国家核心利益，不能损害国家利益。中国强调"义"与"利"的相互关系，而不是走向极端，中国的"义"不能违背国家核心利益。习近平总书记在主持中共十八届中央政治局第三次集体学习时指出："我们要坚持走和平发展道路，但决不能放弃我们的正当权益，决不能牺牲国家核心利益。任何外国不要指望我们会拿自己的核心利益做交易，不要指望我们会吞下损害我国主权、安全、发展利益的苦果。"② 只有义利兼顾才能义利兼得，只有义利平衡才能义利共赢。由此可知，正确义利观是中国构建新型国家间关系的理念，突出"义"，但不丢掉"利"，不能为了"利"而不顾"义"，像资本主义国家那样攫取一切的"利"，也不能为了"义"而牺牲自己的"利"，那样也容易使自己入不敷出，很快失去行"义"的经济实力。处理好"义""利"关系的问题，就是在解决发展中国家长期面临的不发展难题，不能一切以资本为指挥棒，不能以利润最大化作为单一的追求目标，而应该追求共同利益最大化。

其次，强调"义"重于"利"。中国对正确义利观作出如下界定："义，反映的是我们的一个理念，共产党人、社会主义国家的理念。这个

---

① 《习近平谈治国理政》第 1 卷，外文出版社 2018 年版，第 299 页。
② 《习近平谈治国理政》第 1 卷，外文出版社 2018 年版，第 249 页。

世界上一部分人过得很好，一部分人过得很不好，不是个好现象。真正的快乐幸福是大家共同快乐、共同幸福。我们希望全世界共同发展，特别是希望广大发展中国家加快发展。利，就是要恪守互利共赢原则，不搞我赢你输，要实现双赢。""利"不能损害他国利益。"国不以利为利，以义为利也"，是新型义利观的核心要义。在"义""利"面前，中国更倾向于将他人利益置于自身的利益之前，而非之后。习近平主席在韩国国立首尔大学演讲时指出："我们在处理国际关系时必须摒弃过时的零和思维，不能只追求你少我多、损人利己，更不能搞你输我赢、一家通吃。"① "一带一路"倡议作为一种非对等利他行为，是将利己和利他利益最大化、以利他利益最大化大于利己利益最大化为追求的目标，这是迄今为止人类社会首次明确出现的非对等利他行动。由于这种行为把利他利益最大化作为首要实现目标，是改写国家间关系的行动，特别是当这种行为带来的利益明显地倾向于他人时，这种行为必然得到他人的支持。由于非对等利他行为不仅关注自身，也关注他人，主张通过经济行为确立一种朋友式的国家关系，共同将蛋糕做大，因此，也是新理性行为。

再次，强调自我约束。贯彻正确义利观，需要强化中国经济行为的内在自我约束。李向阳认为，没有义，"一带一路"将失去应有之义；没有利，"一带一路"最终将不可持续。在这种意义上，"一带一路"的成功与否取决于正确义利观能否真正得到贯彻。② 自我约束或自我克制是践行正确义利观的做法之一。一方面，不能无限制地攫取经济利益，不推崇获得超额利润率，这是首要原则；另一方面，也要追求自我发展，比如投资项目不能低于全球资本收益的平均获利水平，否则也缺乏与其他资本相竞争的实力。除了注重在合作中加强对自我利益扩张的约束之外，也要加强同各类国家合作，或者说将更多的利益留在当地。同时，还要加强与国际组织的合作，特别是与具有公益性质的国际组织合作，将合作成果向更多国家推广。在中国—东盟合作中，中国提出的早期收获计划即如此，中国这种非对等的利他行为实际上推进了双方合作进程，

---

① 习近平：《共创中韩合作未来　同襄亚洲振兴繁荣——在韩国国立首尔大学的演讲》，《人民日报》（海外版）2014 年 7 月 5 日。
② 李向阳：《"一带一路"建设中的义利观》，《世界经济与政治》2017 年第 9 期。

由此推动中国—东盟合作上一个新台阶，也是中国—东盟自贸区得以签署的重要前提。

最后，与西方传统相比，正确义利观强调的是整体利益、长期利益、非对等原则，以主动提高他国对国际环境的适应性为行为准则。一是中国注重长远利益。2016年4月，习近平总书记在主持中共十八届中央政治局第三十一次集体学习时强调："要坚持正确义利观，以义为先、义利并举，不急功近利，不搞短期行为。"① 二是中国注重整体利益。习近平总书记在2014年11月主持召开中央财经领导小组第八次会议时谈道："丝绸之路经济带和二十一世纪海上丝绸之路倡议顺应了时代要求和各国加快发展的愿望，提供了一个包容性巨大的发展平台，具有深厚历史渊源和人文基础，能够把快速发展的中国经济同沿线国家的利益结合起来。"② 三是中国注重非对等原则。习近平总书记在主持中共十八届中央政治局第三十一次集体学习时强调："我国企业走出去既要重视投资利益，更要赢得好名声、好口碑，遵守驻在国法律，承担更多社会责任。"③ 中国对他国合作的态度是利他的，但又不是完全无私的，而是一种非对等利他行为。中国不鼓励将利他主义走向极端，而是采取一种"有节制的"利他主义。最终的利害得失以中国获利低于外部获利为原则。

正确义利观有助于约束资本的无节制扩张。王生升等认为，"一带一路"建设的历史定位是对资本主义体系积累周期的历史性超越，它真正致力于实现平等、互利、共赢的包容性发展，要实现这种历史性超越，就必须依托中国特色社会主义的制度优势，在发展资本的同时，依靠有为政府和国有经济约束、引导资本的逐利行为。④

正确义利观有助于放大国家间合作，将合作从同质国家向异质国家间进行拓展。中国将更多的"义"放在与发展中国家合作上。通过将一部分"利""转让"给他国或者发展中国家，来实现"义"。习近平主席在2014年8月出访蒙古国时明确提出：中国愿意为包括蒙古国在内的周边国家提供

① 《习近平谈治国理政》第2卷，外文出版社2017年版，第501页。
② 《习近平谈"一带一路"》，中央文献出版社2018年版，第43页。
③ 《习近平谈治国理政》第2卷，外文出版社2017年版，第501页。
④ 王生升、李帮喜：《是周期性更迭还是历史性超越？——从世界体系变迁透视"一带一路"的历史定位》，《开放时代》2017年第2期。

共同发展的机遇和空间，欢迎大家搭乘中国发展的列车。① 随后习近平主席在国内外多个场合表示欢迎各国搭乘中国经济发展的"顺风车"。

正确义利观有助于扩大国际公共产品的提供，体现一种国际利他主义精神，是对整体利益的追求。国际社会中，公共产品通常由国家或国际组织、跨国公司等国际行为体来提供，目前国际公共产品有越来越私利化的倾向，或者俱乐部化，国际行为体更多希望公共产品能够尽可能为自身所享有，而不是考虑整体利益，尽管能够弥补国际公共产品的不足，但是仍不足以满足人类社会整体发展利益的需要。现有的国际合作缺乏对国际公共产品的提供。

正确义利观更是体现了一种时代精神，对人类社会发展的终极关怀和美好目标的追求。2014 年，在中国—拉共体论坛首届部长级会议开幕式上的致辞中，习近平主席再次强调了正义之"义"在于"讲信义、重情义、扬正义、树道义"。② 利他主义实际是对国际社会的弱势国家的关注。自工业化诞生以来，适者生存一直充分体现在国家发展的理念中，弱势国家发展一直处于缺乏被关注的环境中，加上不平等的国际交往，导致世界上仍有多数国家处于发展中状态，而真正成为发达国家的群体则少之又少。按照进化论的观点，利他主义很难在进化中存活下来。但是，新的理论表明，利他群体比利己群体更有助于在国际社会中存续，因此，推进发展中国家的发展不仅有利于自身，更有利于人类社会的整体进步。

（四）正确义利观与国家间朋友关系构建

正确义利观是对西方长期认同的国家间以竞争对手为主要关系形态的理念的一种新突破。尽管西方国家也在推进朋友式的国家关系，但是可以发现，这种朋友式的关系存在一定局限性，主要是在同质国家之间确立的，缺乏对异质国家的包容，同时强调对等付出，而"一带一路"倡议则以新型朋友式国家间关系建设为出发点，主张建立更为包容的世界经济体系。英国近代政治学家帕麦斯顿曾说过："国家之间没有永久的朋友，也

---

① 习近平：《论坚持推动构建人类命运共同体》，中央文献出版社 2018 年版，第 153 页。

② 习近平：《共同谱写中拉全面合作伙伴关系新篇章——在中国—拉共体论坛首届部长级会议开幕式上的致辞》，《人民日报》2015 年 1 月 9 日。

没有永久的敌人，只有永恒的利益。"如果是这样，人类社会是不是永远无法突破禁区，国家间关系永久地被锁定在利益关系基础之上？日常生活中朋友式的关系能够延伸至国家间关系的确立吗？

我们应该始终坚信国际社会是进化的，这种进化包含多层含义，其中，在物质层面上，国家间关系的进化是最主要的表现之一；在精神层面上则是从利己主义向利他主义迈进。实际上，国际社会发展到今天，已经实现过几次大的飞跃，从你死我活的敌对关系到你无我有、你少我多的竞争关系是一种飞跃，而这种飞跃构成了当代世界经济体系运行的基础。尽管竞争是残酷的，但是对规则的遵守使得人们成为"谦谦君子"。有人指出，尽管现代世界不存在一个世界政府，但是一些具有国际性质的行为规则、国际法，甚至是国际礼仪规则等都在约束人们的国际行为。[①] 依据进化论思想，国际社会不可能永久性地停留在竞争关系上，国家间关系的未来发展应该是迈向朋友关系的。朋友关系最好的表现是，一定程度上的利他，希望你好我好，懂得分享。迄今为止，这种朋友关系主要存在于欧盟内部。"一带一路"倡议的提出将囿于组织内部的朋友关系拓展到非组织、非集团的层次上。这是当今国际社会有关国家间关系的一种进步。正确义利观正是这种进步的理念上的标识。"一带一路"建设中提出的正确义利观在很大程度上就是希望将朋友关系用于国家间关系的建设中，因此，"一带一路"倡议在很大程度上也是一种利他行为的反映。

非对等经济利他主义在利己者看来是非个人利益最大化，在群体看来是群体利益最大化。"利"重视的是个体利益，"义"重视的是群体利益，在群体内部，重视个体利益有利于群体发展，而在群体之间，重视群体利益或者将群体利益置于个人利益之上，有利于群体的存续，这就需要有"义"的付出，这也是一种理性的选择。今天，当人类面临的共性问题超出国家自身狭小的私利时，就需要一种新理性来指导未来世界的发展，这是一种时代的要求，也是人类理性光辉再现的时刻。中国作为一个有着"道义"传统的国家，结合时代的要求而提出正确义利观，并不是一种非理性的选择，而是站在时代前沿做出的历史选择，最终使人类社会从竞争

---

① ［美］小约瑟夫·奈、［加拿大］戴维·韦尔奇：《理解全球冲突与合作：理论与历史（第九版）》，张小明译，上海人民出版社2012年版，第57—58页。

关系迈向朋友关系。

"一带一路"倡议是一个以经济为主导的倡议，正确义利观的提出表明，"一带一路"倡议将不完全以实现自我利益最大化为追求的主要目标，而是以自我与他人利益、共同利益多重最大化为目标。正是这一点，使"一带一路"倡议有别于传统的经济行为。正确义利观不仅关注自身，也关注他人，主张通过经济行为确立一种共赢的国家关系，共同将蛋糕做大。当然，贯彻正确义利观，需要强化共建"一带一路"的内在自我约束。自我约束或自我克制是践行正确义利观做法之一。不过，需要说明的是，正确义利观并不是限定人们对资本收益最大化的追求，只不过在这一过程中，国家不仅获得经济利益层面的满足，也获得精神层面的满足，体现国家对更高层次目标的满足。国家对利益追求的这种变化导致国家间关系也在发生变化，即从零和关系走向共赢关系。国家追求自我利益最大化，必然推论出国家间关系是一种零和关系，使得国家与国家间必然以追求你无我有、你少我多的这样一种对立关系。而当国家对利益最大化的追求转变为对自我利益最大化与他人利益最大化追求之后，国家与国家间关系不再是对立关系，而是共赢关系，即你好我好的关系。这种共赢关系的出现也将推动国际格局发生新变化。

朋友型国家间关系带有明显的利他主义色彩，这种利他主义关系在一定程度上颠覆了国家间竞争关系的法则，是人类社会进步的一大标志。目前，将朋友关系用于广泛的国家间关系构建的是中国提出的"一带一路"倡议。其中，中国提出的树立正确义利观，作为推行该倡议的基本行动准则正在努力推进国家间朋友关系的发展。正确义利观的提出在很大程度上是有限利他主义的表现。在国家间关系中加入"义"字，本身就是一种单向利他行为的表达。"义"字通过主张更高尚行为，间接表达对他人利益上的赠予，而不是一种对等的双向利他行为。这种带有较为强烈的以一定的利他精神为出发点、以建立朋友式国家间关系为行为准则的理念，无疑将给现有的世界经济体系带来新变化。

中国对国际利他行为的选择，将使中国能够更好地获得国际发展空间，并实现整体利益最大化。这是将长远利益与短期利益、自身利益与他人利益相结合的做法。至少从目前来看，中国正在与西方走不同的道路，西方一直奉行利己主义原则，追求自身利益最大化，西方社会体现出群内自私胜过利他的特点，西方的发展史也确实证明了西方国家工业化进程给西方国家带来与其他国家不同的发展结果，这是西方国家提高适应外部生存环境的能力体现。然而，过度的自利却导致今天全球发展危机，缺乏对长期利益和整体利益的考虑，一味地追求自我利益的扩张，即使在强于他国的时候，仍然在国际交往中采取对等原则，这使得西方发展模式走到了尽头。因此有人提出，"多层选择理论进一步明确了，如果我们想要让世界变得更美好，就必须在政策制定的过程中时刻谨记全人类的福祉"①。当今的发展越来越需要对公共利益加以考虑，国家或者由国家组建的集合体（如国际组织区域组织等）越能够以利他作为参与国际事务的出发点，也就越能在国际竞争中展现发展优势。这种利他体现了对长远利益、整体利益和非对等利益的追求，更体现了对人类命运的关怀，这也是中国提出人类命运共同体的思想所在。

朋友理论所反映出来的新兴国家间关系与传统世界经济体系中所反映出来的国家间关系有极大不同。当今的国际关系理论仍以零和关系来考虑未来的发展。好朋友理论的提出必定改写国家间关系。那么这一原则如何与现行的世界经济体系相统一？第一，"一带一路"倡议以友好的姿态欢迎世界各国参与"一带一路"建设，"一带一路"朋友圈是反映国家间关系的真实写照，强调的是各国共同努力完成全球公共产品的建设。这是对现有世界经济体系缺陷的修正。西方国家也看到这一点。埃内斯托·塞迪略说，全球公共产品在世界舞台上比过去更重要，事实上，"全球公共产品对于未来世界一体化和彼此间的相互依存起着至关重要的作用"②。第二，"一带一路"倡议鼓励国家对高层次目标的追求，但是不否定经济利益本身，就像国家对经济利益的追求但是不否定安全对一国的重要性一样。对高目标的追求是为世界共同发展创造条件。第三，"一带一路"倡议不否定市场原则，竞争法则仍是各国参与世界经济体系的行为准则。"一带一路"倡议强调对共性的追求，不否认各国在实现自身工业化目标中的地位和作用，相反，发展中国家要主动创造条件完成工业化任务，共同发展和国家自主发展理应共同存在于世界经济体系中。

---

① ［美］戴维·斯隆·威尔逊：《利他之心：善意的演化和力量》，齐鹏译，机械工业出版社2017年版，第130—131页。

② ［美］斯科特·巴雷特：《合作的动力：为何提供全球公共产品》，黄智虎译，上海世纪出版集团2012年版，前言。

第四章　"一带一路"倡议与共同体建设

市场经济的作用在于承认人的主观能动性，并将这种主观能动性发挥至最大，但是带来的问题是对他人利益或共同利益的忽视，特别是在今天世界已联系为一个整体之后，世界亟须建立新机制解决人类面临的共同问题，因此，共同体机制将作为新的推进世界财富增长机制登上历史舞台。西方主体价值观的固化已不利于世界经济体系的发展，这给中国构建世界经济体系提供了历史机遇，而中国一直倡导的发展观是未来新型世界经济体系的主要核心价值观，也是"一带一路"建设的价值所在。

一　有关共同体主义的探讨

（一）西方社会关于共同体的认知

300年的世界工业发展史在展示个人主义全部历史的同时，也在以微弱的声音探寻共同体建设，其所包含的内核为今天人类命运共同体建设提供了参考。

德国社会学家斐迪南·滕尼斯于1887年在其作品《共同体与社会》中首次提出"共同体"概念，后来这一概念被广泛应用于多个领域，如利益共同体、经济共同体、政治共同体、区域共同体等。共同体成为一个被广泛用于哲学、政治学、社会学、人类学的重要概念。①

一是共同体雏形源自家庭的概念，家庭是所有共同体的原型。鲍曼指出，共同体是一个温暖而舒适的场所，类似于一个温馨的"家"，在这个

---

① 李义天主编：《共同体与政治团结》，社会科学文献出版社2011年版，前言。

家中,我们彼此信任、互相依赖。因此,人们首先将具有一定感情基础的有一定联系的群体称为共同体,或者说,共同体是由一群有某种关联的人组成的。如,滕尼斯将共同体视为建立在自然情感一致基础上、紧密联系、排他的社会联系或共同生活方式,这种社会联系或共同生活方式产生关系亲密、守望相助、富有人情味的生活共同体。① 林奇富认为,共同体是指那种经历持久共同生活、具有传统的自然感情、紧密相连的人群通过密切交往形成的有机集合体。② 共同体表现为亲属(血缘共同体)、邻里(地缘共同体)和友谊(精神共同体)。③ 由此可以看出,共同体最初的原生细胞是自然因素,也可以看作较为低级的共同体。在这里,人与人之间形成一个团体,依靠的是"自然要素",尚未在不同"质"的人之间形成共同体,因此,距离真正意义上的共同体还有一段差距。当然,共同体包含的一些核心要素也在这样的共同体中有所展现,为后来真正共同体的形成奠定了基本范式。

二是共同体具有社会属性。家庭不是共同体的真实写照,只有加入社会含义的群体才是共同体。最初是社会学者将共同体引申为一个社会现象。"共同体"被社会学家赋予了"为了特定目的而聚合在一起生活的群体、组织或团队"的含义。④ 共同体既然具有社会属性,也必定是一个超越个人的组织,是一个基于个人基础之上形成的整体。"共同体"是"一个描述群体而非个体的概念"⑤。齐格蒙特·鲍曼在《共同体》一书中指出,由于群体规模和组成范围不同,共同体也有多种不同的层次,尽管如此,不同层次的共同体具有的真实含义却是一致的。⑥ 张庆东指出,共同体可以表现为不同的层次,存在着各自的利益,因此构成利益共同体。⑦

---

① 张志旻等:《共同体的界定、内涵及其生成——共同体研究综述》,《科技政策与管理》2010 年第 10 期。
② 林奇富:《命运共同体意识与现代国家认同——多民族国家如何塑造、巩固和强化现代国家认同》,《学习与探索》2016 年第 8 期。
③ 张志旻等:《共同体的界定、内涵及其生成——共同体研究综述》,《科技政策与管理》2010 年第 10 期。
④ 张志旻等:《共同体的界定、内涵及其生成——共同体研究综述》,《科技政策与管理》2010 年第 10 期。
⑤ 李义天主编:《共同体与政治团结》,社会科学文献出版社 2011 年版,前言。
⑥ 〔英〕齐格蒙特·鲍曼:《共同体》,欧阳景根译,江苏人民出版社 2003 年版,第 1 页。
⑦ 张庆东:《公共利益:现代公共管理的本质问题》,《云南行政学院学报》2001 年第 4 期。

具有社会属性的共同体才真正有了我们需要的共同体含义，是对原始共同体的超越，成为今天人们所渴望的一种行为范式。此时的共同体是在无血缘关系的人之间形成的，唯有依靠思想、价值或利益将人们紧密联系在一起，且唯有组成一个团体才能获得超出成员个人付出带来的巨大利益。可以说，共同体机制被发现与被塑造是人类文明的进步，也是基于个人主义基础之上形成的一种新机制。

三是共同体是具有共同利益的群体。人类社会利益构成不是唯一的，即人们只追求个人利益，还存在超越个人利益之上的共同利益以及共同价值的东西。① 共同体一定是由具有共同利益的个体组成的，但是不是简单的个人利益加总，而是发生一定质变的具有共同利益的有机整体。现实生活中，共同体首先是利益共同体。

四是更高级的共同体代表对共同价值的接受。共同利益，即使是对个人利益的一种超越，仍然摆脱不了利益这一物质层面的限定，因此在共同利益基础之上，人们又进一步发展出了以接受共同价值为标准的共同体概念。"共同体"特指"一个拥有某种共同的价值观、规范和目标的实体，其中每个成员都把共同的目标当作自己的目标。……共同体不仅仅是指一群人，它是一个整体"。② 波普兰将遵守普遍接受的道德标准聚合在一起的群体称为共同体。③ 共同体概念由此从共同利益为划定界限上升为共同价值，是人类对一种更高理想的追求。正如亚里士多德在其《政治学》一书中所说，如若没有美德和智慧，个人或一个国家就根本谈不上具有良好的行为。我们在这里所阐述的公共精神，不是指作为一个公民所应履行的社会义务与责任。④ 对共同价值的追求不仅使人们在一定程度上摆脱了物质上的束缚，甚至可以为某种共同价值而抛弃物质，推动人类社会走向更高层次。有的学者指出，共同体是一种"以亲密情感、道德承诺、社会凝聚

---

① 张志旻等：《共同体的界定、内涵及其生成——共同体研究综述》，《科技政策与管理》2010 年第 10 期。

② 可平：《从权利政治学到公益政治学》，载刘军宁等编《自由与社群》，生活·读书·新知三联书店 1998 年版，第 75 页。

③ 张志旻等：《共同体的界定、内涵及其生成——共同体研究综述》，《科技政策与管理》2010 年第 10 期。

④ 转引自〔英〕保罗·霍普《个人主义时代之共同体重建》，浙江大学出版社 2010 年版，前言。

力以及长时间延续存在的"人类集合体。①

五是共同体概念进一步升华为一种情感，是一种抽象但却让人不能不认同的存在。本尼迪克特·安德森则把共同体定义为，"在每个人的脑海里，存活着自己所在共同体的影像"②。黄乐嫣也认为，共同体概念本身就暗含情感，是人们在长期共同生活中形成的一种难以磨灭的、有着可识别标识的共同体，已融入日常生活中的一部分。③ 情感共同体是共同体的高级表达，但是无论是日常生活中，还是在国际社会中，最高级共同体是对"异质"人的情感上的接受。

六是共同体被认为是一种文明。正如杰拉德·德兰蒂所认为的，共同体是建立在种族、宗教、阶级或政治的基础之上，因此，共同体不再是"静态地指基于某种标准或性质而被圈定的一群人，而是指生活在一起的人们的交往过程以及在此过程中形成的共同文明成果"④。如亚洲文明、欧洲文明等，实际上是居住在亚洲或欧洲地区的人们长期形成的文明特征，而这些特征构成共同体的来源。

七是人类理想的共同体是共产主义。马克思对理想的共同体，即共产主义社会的憧憬，指出了共同体发展的最高形态。在《德意志意识形态》一书中，他提出了"全人类共同体"这一概念，并强调"在真正的共同体中，个人在联合的状态下通过联合获得自由"。类似的观点在《共产党宣言》里也曾出现："代替那存在着阶级和阶级对立的资产阶级旧社会的，将是这样一个联合体，在那里，每个人的自由发展是一切人的自由发展的条件。"

共同体是一个流动性很强的概念。随着工业社会的推进，共同体概念开始兴起，不过这种兴起基于对共同体的理论与实践的提升，这是由于工业革命导致人们之间的关系出现一种新的类型，从血缘关系向非血缘关系转变，从松散的利益联系走向紧密的利益关系，从非契约走向契约，从传统的价值观念走向新的价值体系，从对"同质"人的接受到对"异质"人的接受，

---

① 林奇富：《命运共同体意识与现代国家认同——多民族国家如何塑造、巩固和强化现代国家认同》，《学习与探索》2016 年第 8 期。

② ［美］本尼迪克特·安德森：《想象的共同体》，吴叡人译，上海人民出版社 2006 年版。

③ 张志旻等：《共同体的界定、内涵及其生成——共同体研究综述》，《科技政策与管理》2010 年第 10 期。

④ 李义天主编：《共同体与政治团结》，社会科学文献出版社 2011 年版，前言。

从低级走向高级，目的是能够完成共同面对的挑战，获得非共同体所不能获得的利益和价值。这种共同体变化趋势揭示了人与人之间的关系走向新的变革。可以说，这是工业革命带给人们思想和行为上的一次变革。张康之、张乾友在《共同体的进化》一书中着重分析了人类社会"共同体"的发展历程，从农耕时代的"家元共同体"到工业化与全球化发展下的"族阈共同体"及后工业化、全球化持续发展下的"合作共同体"三个阶段。①

　　共同体源自个体的需要。② 人是社会性的，人在社会中的存在决定了其自身在向社会性转化的同时也对其他人提出了需求。张广利提出，个人从共同体中获得多种好处，包括经济上、社会上、心理上等，而这些好处除了共同体，其他形式都难以满足个人的需要，如应对重大的灾害、疾病等带来的困难。其通过参加共同体的各种活动来满足其精神需要，如获得社会认同和归属感等。③ 共同体既然是源自人们的需要，自然地，共同体成立之后也要为实现个人需要而运行。如果是不能满足个人需要的共同体，其结果将日益产生离心力，这样的共同体很快容易消失。共同体解散往往是共同体长期无法满足个人需要的结果。这里并不是不强调个人对共同体的责任，而是从共同体的功能出发，来说明满足个人需要是共同体的主要功能。如企业员工离职就是这种典型代表。一个国家脱离某个国际组织也是对共同体失去兴趣，或者说共同体已无法满足该国的利益需求。如，英国脱欧以及美国退出多个国际组织，其原因就在于此。美国认为现有的国际组织已不为其利益服务，相反还要负担更多的成本。

　　共同体要有共同的目标，令人产生归属感。共同体要有基础认同，即身份认同。伊兹欧尼认为，共同体由两个基本要素组合而成：一是个体与群体的情感融合，二是对价值、规范、历史和身份等的认同。④ 基于身份认同，共同体才会令个体对不同社会组织和不同文化传统产生归属感。在

---

　　① 葛红亮、鞠海龙：《"中国—东盟命运共同体"构想下南海问题的前景展望》，《东北亚论坛》2014 年第 4 期。

　　② 张志旻等：《共同体的界定、内涵及其生成——共同体研究综述》，《科技政策与管理》2010 年第 10 期。

　　③ 张广利：《社会生活共同体就是社区组织吗？》，《解放日报》2007 年 11 月 1 日。

　　④ 周濂：《政治社会、多元共同体与幸福生活》，《华东师范大学学报》（哲学社会科学版）2009 年第 5 期。

归属感产生的共同体内部，其个体之间在行为方式、利益、价值观、情感等方面具有相似性。相似性越高，共同体凝聚力越强，相反则共同体凝聚力较弱，个体对共同体归属感也较差。郑葳和李芒指出，共同体的另一面就是归属感，个体对共同体的需要主要是为了满足这种归属感以及对他人的信赖和安全感。① 如，一个企业的成长壮大，以实现其核心目标为主。每一个跨国企业都有其标识，标识往往凝聚该企业所追求的核心价值观，也是使员工愿意为之奋斗的精神寄托。

共同体的形成是一种学习的过程。共同体的形成不是一朝一夕得来的，而是个体之间长期相互磨合的结果，是一个过程，在这个过程中，个体需要放弃自己固守的一些东西，转而服从共同体建设的需要。若要赋予共同体以生命，需要个体之间不断磨合，并形成一些共同遵守的准则，甚至共同的目标也是在人们互动中逐渐产生的。归属感不是天生就有的，只有当人们对某种共同的价值观念有所认同的时候，产生一种强烈的归属感，才会形成共同体意识，并物化为共同体。这意味着具有社会功能的共同体不是天生的，而是人们磨合的结果。② 郑葳和李芒也认为，只有人们认同通过共同努力来实现共同目标时，才能形成共同体。③

共同体是可以建设的。共同体不仅仅是一个利益共同体，更具有精神特质。共同体不是天上掉下来的，而是人们努力的结果。这意味着共同体可以通过人们的行动来塑造。安德森在其著作《想象的共同体》中指出，民族是一种"想象的政治共同体"④，它是想象的，是因为人们内心对长久以来形成的价值观、生活习惯、行为模式的一种认同，并深深铭刻在人们的记忆中，这种思想上的根深蒂固的认同使人们难以摆脱。既然如此，共同体让人们生出了对共同意识的追求。如，罗伯特·帕特南等人认为，重建共同体可以激发民众具有一种公共精神的行为方式。⑤

---

① 郑葳、李芒：《学习共同体及其生成》，《全球教育展望》2007 年第 4 期。
② 张志旻等：《共同体的界定、内涵及其生成——共同体研究综述》，《科技政策与管理》2010 年第 10 期。
③ 郑葳、李芒：《学习共同体及其生成》，《全球教育展望》2007 年第 4 期。
④ ［美］本尼迪克特·安德森：《想象的共同体》，吴叡人译，上海人民出版社 2006 年版。
⑤ ［英］保罗·霍普：《个人主义时代之共同体重建》，沈毅译，浙江大学出版社 2010 年版，前言。

公共精神实际上是对人们在加入共同体之后表现出来的一种行为的精神层面上的展现，人们更具有奉献精神，愿意为共同体发展作出自己的贡献，对不具有血缘关系的群体，如邻居、同事乃至陌生人具有更强烈的服务意识。现代科技的发展和经济联系的增强，一方面使人们不得不面对共同的问题、共同的挑战，另一方面却促使人们的行为方式进一步向以自我为中心的方向发展。两种力量的较量迫使人们重新思考未来人类社会的前进方向。有人提议，"西方民主社会应当更加重视地方共同体以及共同体生活的重建，并为此提供更多资源的重要意义"①。第二次世界大战后，各类区域合作组织层出不穷。根据世界贸易组织统计，迄今为止，已有数百个自由贸易区协议在执行中，有些区域合作组织至今仍很活跃且不断进行自我升级。

共同体的消失。当共同体之外的关系、利益和价值超越共同体内部的关系、利益、价值时，共同体面临瓦解的危机随时会到来。换句话说，共同体不是生来就有，也不是永续存在的，更多需要人们的维护和爱惜，才能保障共同体的良好运转并为共同体内部的个体带来超越个体利益之上的结果。鲍曼认为，共同体内部成员之间有着更为密切的关系，毕竟共同体带给人们更多的确定性和安全感，因此，共同体内部成员之间的关系要比他们与外部的其他行为体的关系更为紧密，如果这种关系走向相反方向，即共同体内部成员之间的关系比他们与外部世界的关系更为疏离，并且在共同体内部得到的存在感小于外部，很可能导致成员远离共同体，过去用于连接成员之间的共同价值、共同利益也就会逐渐消失，共同体死亡也就近在眼前了。② 如冷战时期，美国和苏联分别建有自己的合作组织。苏联建立的是经济互助委员会，然而该组织于1991年6月正式宣布解散，主要原因在于经济互助委员会无法给共同体内部成员提供预期收益，但是共同体内部成员却要付出较大成本，这一低效率运行的组织最终以解体而告终。今天英国脱欧给欧盟一体化进程蒙上了阴影，英国认为自己是欧盟一体化的奉献者，而非受益者，政府不愿意再继续为欧盟一体化支付大量的财政成本。

---

① ［英］保罗·霍普：《个人主义时代之共同体重建》，沈毅译，浙江大学出版社2010年版，前言。

② 郭楚、徐进：《打造共同安全的"命运共同体"：分析方法与建设路径探索》，《国际安全研究》2016年第6期。

（二）西方对世界发展的探索：基于个人主义之上的共同体建设

西方社会对共同体的探求正是反映了当今社会面临的一种危机，对共同问题也是共同利益的关注过少，由此引发一些先贤们精神上的焦虑。有学者指出，人类社会对共同体的需求已迫在眉睫，[①] 对此，西方发达国家作为人类发展道路的探索者之一已开始加强对共同体概念的研究，希望摆脱个人利益的思想束缚，转向对共同利益的探索，以此解决人类面临的重大危机考验。在从工业文明向后工业文明转型过程中，下一步人类社会该如何前行，如何解决更多的人的发展问题，如何解决环境承载超负荷的问题等，使得人们越来越渴望拥有一个共同体，能够找到解决共同问题的办法。

西方社会首先从道德意义上对共同体进行了规范，认为道德滑坡才是人类社会走向悲剧的源头。李义天认为共同体所蕴含的某些"善""反映了人们关于某些规范维度的理解，寄托着他们关于美好生活的一种设想"，人们讨论共同体也主要是希望借助共同体，来挽救当今社会存在的道德危机或道德滑坡。[②] 一些学者也明确指出，共同体早已超越地域和人口的限制，成为对个体自身不完善的一种修复，通过道德重建，使人们融入一个新的关系网中，人们遵从道德、信守规则，完成个体所不能完成的事情。吉登斯在其《现代性的后果》以及《第三条道路》中，都不断在重申一种"脱域的共同体"概念。正是对共同体的渴望，一些新的名词，如政治共同体、经济共同体、科学共同体、学习共同体、职业共同体等越来越多地进入人们的视野中。当然，共同体概念如此广泛地使用，被认为存在泛化现象。如，霍布斯鲍姆指出，"共同体"一词从来没有像最近几十年来一样不加区别地、空泛地得到使用了。[③]

西方共同体思想主要有以下几点：

一是对个人主义的抨击。西方社会之所以提出共同体思想，主要是看到个人主义在面对越来越多的全球问题时无能为力。共同体主义者认为，

① 殷企平：《共同体》，《外国文学》2016 年第 2 期。
② 李义天主编：《共同体与政治团结》，社会科学文献出版社 2011 年版，前言。
③ Eric Hobsbawn，*The Age of Extremes：A History of the World，1914－1991*，转引自张志旻等《共同体的界定、内涵及其生成——共同体研究综述》，《科技政策与管理》2010 年第 10 期。

以自由主义思想为主导的西方社会并不能如实地反映人类社会发展的全貌，特别是思想层面、价值层面上，也无法给人类社会发展提供整体发展方案。① 要想解决人类社会发展中面对的问题，需要重新唤起人们对共同体的建设意识，"重新唤起人们的群体意识和归属感，让人意识到自己其实是属于某种共同生活的'有依赖性的动物'"。在这一过程中，使人们放弃部分个人"自由"，产生出共同体意识，并且愿意遵从共同体运转所需要的道德、规则、价值观等，因为人们相信，共同体要比个人主义更具备塑造规则、道德、价值观等条件。李义天认为："共同体之所以能够具备深厚的道德意义，并且利于实现相互帮扶、彼此善待的生活局面，就是因为它不仅拥有共同的利益基础和共同的价值观念（共同性），而且它的这些共同性质能够深刻地作用于其成员（构成性）。这样，它就能把成员个体的认同统一到共享的资源和基础上来。"②

二是对现有国家体系的抨击，认为现有的国家体系不足以解决人类的共同问题。国家对于某类人群是作为共同体存在的，但是对于要解决的世界问题，这种基于个人主义的基础上建立起来的国家同样缺乏对人类命运、人类社会发展前景的自觉意识。因此，有学者评论道，"国家体系阻碍了人类实现自己与环境和谐共处的生态目标：人口控制、粮食生产和分配、资源管理和保护等相互联系的问题，只有通过全球性的路径和人类团结一致的观念，才可以有效地得到解决，而人类被划分在不同国家的现实，有碍于这种路径和观念的产生"③。

三是主张平等作为共同体建设的基础。其实，西方学者早已出现平等超越自由的观念。罗尔斯将平等原则置于第一位，认为如果违反了第一原则，第二原则也就无足轻重了。强调认真对待权利的德沃金在平等和自由两者之间，也将平等置于首位。德沃金认为，平等而不是自由才是评价"各项政治道德中的基准"，"政府不仅应该给予人们关心和尊重，而且应该给予同等的关心和尊重"。平等作为公民的根本权利，是"每一个公民

---

① 李义天主编：《共同体与政治团结》，社会科学文献出版社 2011 年版，前言。
② 李义天主编：《共同体与政治团结》，社会科学文献出版社 2011 年版，前言。
③ ［英］赫德利·布尔：《无政府社会：世界政治中的秩序研究（第四版）》，张小明译，上海世纪出版集团 2015 年版，第 239—240 页。

享有平等的关怀和平等的尊重的权利",它包含两方面的内容,其一,是平等对待的权利,即平等地分配商品或机会;其二,是作为平等者对待的权利,即在分配商品或机会的政治决定中,有权得到政府的平等关怀和尊重。德沃金认为,平等是美国社会民主政治的基石,是一个民主的主权国家不可或缺的美德。一个合法的政府必须平等地对待所有的公民,要给公民以"平等的尊重和平等的关怀"。可以说,西方学者能够自觉地将平等看作比自由更主要的举动,已经在打破西方几百年来固有的思想传统。今天的平等之所以超越自由是因为,西方一方面面临平等危机而不是自由危机,另一方面正是其过于强调自由,因此,才导致其今天面临如此多的问题,美国社会面临的分裂局面恰恰是平等理念缺乏的结果。

四是共同体的意义在于解决问题。哈贝马斯认为,共同体的价值就在于不仅可以指导其成员采取何种行为模式,同时也为解决内部矛盾、达成一致意见提供了前提。① 这是因为共同体的形成就在于人们对某种利益或价值的认同,当出现矛盾时,对共同利益或共同价值的维护成为人们的第一要务,因此,人们将遵从共同利益或共同价值作为一种习惯,而将内部矛盾置于共同利益或共同价值之后,由此推动共同体内部形成对冲突解决的一致性方案。李义天认为,"哈贝马斯的看法揭示了一个重要的问题,即只有在个体之间共享构成其认同的那些资源和基础,从而把对方看作'自己人'、能够彼此承认的情况下,才能达成有效的共识"。"共同体在今天的流行,可以被看作人们对于因全球化而产生并加剧的团结和归属危机的一种回应。"②

西方学者在看到个人主义危机之后,也提出解决人类共性问题的全球方案。政治哲学家托马斯·博格不提倡更大程度上的相互孤立,而是倡导一种不同的全球化路径,使各地的人们都有机会来分享全球经济增长的收益。③ 博格所强调的"各地的人们都有机会来分享全球经济增长的收益",实际上带有较为强烈的人类命运共同体意识,未来的全球治理目标也因此被定义在这一框架之下。西方推出的共同体方案有以下五种。

---

① 转引自李义天《共同体与政治团结》,社会科学文献出版社 2011 年版,前言。

② 李义天主编:《共同体与政治团结》,社会科学文献出版社 2011 年版,前言。

③ [英]戴维·赫尔德、安东尼·麦克格鲁主编:《全球化理论:研究路径与理论论争》,王生才译,社会科学文献出版社 2009 年版,第 255 页。

一是关系主义视角。西方学者仍从西方个人主义思想出发，将关系重建或共同体建设建立在个人道德重构的基础上，以强化型的关系出现，迎接人类面临的挑战。西方学者深刻地意识到，创建单元之间的关系对解决全球危机的重要性，"我们共同生活的未来正处于危机之中——这种危机不仅仅是地方性的，也是全球性的"[1]。西方学者希望通过道德力量来重整人类社会，至少可以部分解决问题，"每当一种新的关系出现，新的道德评价体系便即刻投入运行"，"伴随着各种相互冲突的道德，我们面对的挑战并不是创造一个完全没有冲突的世界，而是找到不至于相互灭绝的应对冲突的方式"。"一种颇具吸引力的可能性是，让人们共同参与制定一套为所有人共同接受的道德体系，以便我们超越相互之间的敌意。"[2]

二是社会资本视角。社会资本在某种程度上可以理解为促使成员形成某种合作的非正式的价值或规范，这种非正式的价值或规范看不见、摸不着，却存在于成员之间，以一种隐形的方式来约束成员行为。比如信任，在共同体建立之后，成员之间因为具有某种共同利益或共同价值而彼此产生天然的信任感，相信彼此之间不会相互欺骗，也不会相互伤害，同时信任还有助于提高共同体运作效率，对外产生更强的吸引力或竞争力。当然，社会资本是一种正能量，社会资本也需要累积，如果不关注社会资本的累积，很容易导致社会资本的流失。[3] 霍普认为，西方社会正在面临"社会资本"的流失，原因在于西方社会对个人主义的过度崇拜，导致共同体被侵蚀，"随着人的发展空间得以自由拓展，操控自己生活的力量得到增强的同时，人们对诸如职业的稳定、福利的保障、四伏的危机、泛滥的毒品、共同体的丧失、家庭的解体、道德的沦丧和对个人利益的无止境追逐等状况也感到普遍的担忧"。[4] 个人主义的发展来自技术的发展，来自"后现代性的基本进程"。霍普希望通过"提供一些能更好地促进一种公共

① ［美］肯尼思·J. 格根：《关系性存在：超越自我与共同体》，杨莉萍译，上海教育出版社 2017 年版，第 4 页。

② ［美］肯尼思·J. 格根：《关系性存在：超越自我与共同体》，杨莉萍译，上海教育出版社 2017 年版，第 366—370 页。

③ ［美］弗朗西斯·福山：《大断裂：人类本性与社会秩序的重建》，唐磊译，广西师范大学出版社 2015 年版，第 21 页。

④ ［英］保罗·霍普：《个人主义时代之共同体重建》，沈毅译，浙江大学出版社 2010 年版，前言。

精神文化发展的现代管理范例，以及一些激励公共精神文化的策略"，进而有助于创造"一种能够促进人类幸福的生活环境"。霍普同时也批判了另外一些做法，比如选择某种退避性的认同政治来应对后现代社会所带来的不确定性，这种行为方式其实是排他的、狭隘的，不利于人类福祉的增长。①

三是社群主义视角。社群主义认为，随着人类联系的增强，每个人都会产生归属感和认同感的需要，而能够满足这一需要的则只有共同体。其实，每个人都有自己的理想、信念和价值，拥有相同的理想、信念和价值的群体更容易聚集在一起，形成共同体，这样个人的理想、信念和价值也往往上升为共同体的理想、信念和价值；反过来，这些构成自我的东西也变成社群赖以形成的基础，成为决定个人的行为规范。② 桑德尔认为，新自由主义所谓"混沌无知的自我"不受任何社会的政治、经济、历史、文化与家庭传统条件的影响，其实与现实不相符合，按照社群理论，每个人至少是某个共同体的成员，完全不受共同体意识影响的个人很少，至少在现代社会是如此，只不过受影响的程度不同而已。西方学者试图唤醒人们脑海中的共同体意识，通过强化归属感来加强共同体的建设。社群主义进一步认为，共同体是个体人格和道德发展的必要条件。泰勒指出："从本质上说，我的个性与人格的形成离不开社会。"③

四是全球主义视角。全球主义者站在世界市场的角度，试图将传统的自由主义思想应用于全球，以自由主义思想来统治全球，以此在这一价值观基础上解决人类面临的危机。新自由主义一直希望世界各国采取市场自由化方案，由市场来决定全球资源的配置，认为唯其如此，才能建立高效率的运转体系，才有助于当今世界面临的种种挑战。建立全球市场真的能解决一切问题吗？市场是一个竞争的场所，全球市场的建立同时将世界各国，不管贫富、发展快慢都参与到同一个体系中来，今天人们看到的现实是

---

① 所谓的"社会资本"，从广义上说，是作为一种能够聚集各种社会资源并使之发挥有效功能的黏合剂，在一个社会内部，人们首先需要具备某些社交习惯、合作态度和互动关系，然后才能造就互信关系社会稳定以及民众的参与性等所谓的社会资本。参见［英］保罗·霍普《个人主义时代之共同体重建》，浙江大学出版社 2010 年版，前言。

② 高建龙：《个人主义与社群主义——当代西方政治哲学与伦理学中的一个争论》，《理论界》2009 年第 2 期。

③ 韦冬主编：《比较与争锋：集体主义与个人主义的理论、问题与实践》，中国人民大学出版社 2015 年版，第 175 页。

国与国、人与人之间的差距越来越大，诸多资料证实世界财富有向少数人集中的趋势。可见，全球主义方案不过是西方社会新自由主义方案的另一种说法，其目的无非是让西方国家继续保持对非西方国家的发展优势，以牺牲非西方国家利益为代价实现全球问题的解决。

五是世界主义路径。西方学界在批判全球主义方案的同时，又提出一种世界主义的解决路径。世界主义者认为，全球正义问题要优先于市场，提出以价值目标或道德评价而非市场路径来解决全球问题，强调应将公正施向所有个体。同时也认为，要解决当今的全球问题，首先是解决道德缺陷问题，应按照公平原则重建世界政治经济制度。[①] 丛占修认为，世界主义方案要求各个国家都放弃国家利益至上的现实主义立场，但是由于其对国际社会复杂多元的经验现实，以及对国际政治文化中民族国家所形成的牢固地位估计不足，不免带有较多乌托邦色彩。[②] 新自由主义思想已被部分国家证明是一个失败的试验，历史的终结大概应该是新自由主义的终结。

上述西方方案的特点：一是看到了自由主义对人类整体利益的漠视，对共同问题解决的无能为力，因而希望通过共同体建设作为解决人类面临的共同问题的出路。二是提出了共同体是可以建设的观点。共同体不仅仅是萌发于原生的家庭概念，毕竟源于自然的血缘关系不足以改变无血缘关系的人与人之间的社会关系，而解决人类的共性问题需要把无血缘关系的人集合起来，因而人们很快转向共同体的社会属性的探讨，期待各种方案有助于人类共性问题的解决。我们也可以发现，侧重于对共同体的学习探讨实际上是一种将人们团结在一起的举措，催生人们更多地对共性东西的靠近，如共同的利益认知、共同的价值取向认同、共同的道德规则遵从，这些让人们逐渐摒弃将个人利益凌驾于共同利益之上的理念，也是人类成长的一种表现。

不过，也要看到，西方对共同体认知存在较大的局限性。西方社会对共同体概念更多强调共性的培育，其培育的基础是"同质"的人，是把具有共同历史形成的人群锻造成一个共同体，就此而言，西方社会建立的共同体是一种同质共同体，由更多生活习惯、共同价值观的人集合在一起的

---

① 丛占修：《人类命运共同体：历史、现实与意蕴》，《理论与改革》2016 年第 3 期。
② 丛占修：《人类命运共同体：历史、现实与意蕴》，《理论与改革》2016 年第 3 期。

共同体。这样一种共同体是一种发展中的共同体，并没有彻底超越家庭这种具有血缘关系的人群，只不过是一种扩大了的共同体，是把具有相同想法的、没有血缘关系的人集合在一起。正因此，西方的共同体思想只是解决了部分人群的关系，并没有站在全球立场提出一个整体发展观，这在对共同体之间关系的认识上仍表现为一种竞争概念，即共同体之间是竞争的。可见，西方共同体概念并不是一个全球发展观，而是以维护西方利益、价值观为主要目的。这里人们可以感悟到一种悖论的存在，即"共同体"悖论。之所以存在共同体，是因为共同体建立所需要的共同利益或共同价值只为部分群体所认同，而非为全人类社会所认同。这种局部的共同利益或共同价值难以拓展到外部，为其他群体所接纳，这样也就产生多个共同体。共同体内部成员之间相互团结，但是在共同体之间却存在着共同体竞争，每一个共同体为发展壮大自身不断争取共同体的其他成员，因此，"共同体在内部进行自我建构和证成的各项要素，却给它在外部带来了自我解构和证伪"①。这便是"共同体的团结悖论"。斯特鲁指出："团结的内在悖论长期以来一直非常明显。一方面，它具有统一和普遍的含义，强调对他人的责任和归属感；另一方面，在和其他群体的对抗关系中，它常常以一种绝不妥协的方式强有力地展示自身。"② 西方社会提出共同体思想出发点是为了解决当今世界的问题。超越现实的少部分学者看到了个人主义在解决世界问题时的无能为力，看到了极端个人主义对全球体系的伤害，甚至危及西方社会长期赖以运转的体系，提出共同体思想在一定程度上是一种自救的结果。然而，这种共同体仍然将全人类分解为不同的共同体，且认为共同体之间存在竞争关系，其所推出的全球解决方案仍然是基于个人主义的。

二　共同体主义与世界财富增长机制重建

针对自由主义发展模式的局限，西方学者也在探讨新的世界发展范

---

① 李义天主编：《共同体与政治团结》，社会科学文献出版社 2011 年版，前言。
② 李义天主编：《共同体与政治团结》，社会科学文献出版社 2011 年版，前言。

式，即共同体模式。不过，这一历史使命既不可能由西方国家来完成，也不可能由其他发展中国家来完成，而只能由具有集体主义传统和改革开放后发展潜力得到释放的中国来完成。在承认市场机制作用的基础上，中国提出构建人类命运共同体理念，通过发挥共同体机制，扭转传统的世界发展格局，创立新的世界发展格局，即市场机制是基础，共同体机制是补充，解决那些市场机制所不能解决的问题，进而推动世界财富增长从单一依靠市场机制转向以市场机制和共同体机制共同发挥作用的复合型机制。

（一）从个性问题到共性问题：推动世界发展范式质变的动因

中国提出人类命运共同体有其历史的必然性，是对西方个人主义固有缺陷的校正。从个人主义到共同体主义建设是基于世界发展的现实需要，是人类社会在不同发展阶段对不同性质问题的一种解决方式。

个人主义在资本主义初期解决经济发展的难题主要表现为个性问题，特别是如何激发个人在技术、制度创建等方面的创新力量，发挥了巨大的作用。因此，哪个国家能够更好地解决个性问题，哪个国家获得的发展收益就最大。首先，封建制度的瓦解对自由追求所形成的思想合力和行为合力，迅速冲破了封建社会对个性的束缚。当然这一过程是漫长的，但最终却起到了实际效果。如英国在推进资本主义发展中，无论是思想领域还是技术领域都对人类发展作出的贡献最大。而原生的共同体建设显然不适应这一时期的客观需要。传统的共同体是基于血缘或地域认同基础上建设的共同体，这一共同体正是资本主义要打破的枷锁。这一时期的共同体没有办法解决资本主义发展面临的个性问题，个性问题必须由具有创新精神的个体或者国家来解决，才能收获正向效应。其次，激发个人的创新潜力和追求利益的欲望。如何激发人的潜力问题事关财富稳定增长问题，离开了个人潜力，也就没有了创新，也就丧失了财富增长的源泉。个性主义首先主张对所有权进行清楚地划定。比如，一个产品归谁所有是有清晰界定的，是市场对个人劳动的一种尊重。市场机制的核心价值在于对个人劳动价值的创造予以足够的承认和尊重，这种尊重和承认推动了一种新的财富增长机制的形成，即人类天赋具有创造新价值的能力，通过激发人们挖掘自身潜力进而获得财富的增长，这是工业文明有别于农业文明的地方。同时，市场还对个人潜力转化为物化产品生产起到分工协作的作用,降低了生产成本,将世界广泛地联系起来,如今天形成的供应链、价值链等。个人潜力和分工协作在人类社会没有发现或发明新的机制之前始终存在,但是真正发挥作用的却是在资本主义时期。这也是亚当·斯密能够揭露国富论产生的源泉的时代背景,即市场是激发人们创造财富的源泉。由于市场作用如此之大、如此之基础,人们不得不继续承认市场在财富增长中的重要性,不能颠覆市场在创造财富中的作用,世界经济体系的重塑必须以市场机制发挥作用为前提。自从人类"发现"市场机制之后,财富增长中面临的个性问题基本上得到了解决,资本主义生产方式也获得了充分的发展,正如马克思所言,"资产阶级在它不到一百年的阶级统治中所创造的生产力,比过去一切世代创造的全部生产力还要多,还要大"①。

随着经济全球化的深入发展和世界分工体系的基本完成,各国早已联结为一个整体,个人主义造成的各种各样的问题,尤其是环境污染问题、公共产品问题等共性问题越来越突出,给各国发展带来的总剩余也越来越小,导致世界发展呈现"发展越快、问题也越多"的状况。由于当今的世界市场主要由发达国家主导,日趋垄断的世界体系正在使本已处于无政府状态的世界市场难以发挥作用。这导致世界市场出现如下问题:发达国家凭借在国际金融机构和先进生产技术层面的垄断地位,不断从国际社会中攫取最大利益,并溢出大量负向效应。可以说,自由市场经济的种种弊端在世界经济体系无政府状态下暴露无遗。生产资料的私有性质与社会大生产之间的内在冲突导致消费需求的有限性与生产无限扩大,这一矛盾导致一国爆发周期性经济危机,难以实现可持续发展。自由竞争之后的垄断极大地降低市场调节经济的效率;私人对自身收益追求的最大化与政府对公共产品的提供不足,使得社会资源配置缺乏有效性和合理性,社会整体福利水平下降。西方国家在反思过程中发现市场调节经济的功能在日益退化。一是在无政府状态下,世界市场权力被垄断在少数国家手中,由垄断导致资源配置无效率,如惰性、技术不思进取等,导致世界发展的效率极大地降低。如美元霸权带来的世界不平等竞争和金融秩序的混乱。二是世界经济体系存在大量的负外部性,如污染等由他人承担或无人治理等问

---

① 《马克思恩格斯文集》第2卷,人民出版社2009年版,第36页。

题，美国在气候变化问题上的反复无常就是典型的例证，而这些外部性正在威胁人类共同的生存和发展环境。世界面临的发展之外的问题特别是涉及外部性问题得不到有效解决。三是当今的世界经济体系无人愿意提供公共产品。我们知道公共产品的特点——非排他、非竞争，导致更多的国家只想享有免费的午餐，却不愿意为世界公共产品作出应有的贡献。而公共产品的短缺导致世界经济体系处于混乱无序，甚至人人受损的状态。根据郑伟和桑百川的研究，世界市场失灵的种种表现，已严重影响到全球经济的健康发展。①

面对日益增多的共性问题，个人主义解决方案早已变得苍白无力，如果继续以个人主义方式来寻求答案，则无疑将把人类社会推向"发展陷阱"之中。道理很简单。共性问题产生于以个人主义为基石的行为模式，也必将无法求解于个人主义。一是传统的个人主义方案正在丧失合力带来的世界经济发展的剩余，这包括消费者剩余和生产者剩余。我们知道，任何一个社会的生产都存在生产者剩余和消费者剩余，但是随着共性问题的出现，传统的经济体系正在消耗这些剩余，以至于出现发展赤字。二是个人主义所造成的藩篱正在使全球资源配置越来越失效。世界经济体系本身处于无政府状态，各国为了自身利益而盲目追求的结果，导致更多资源被无效地配置在生产环节中，如今天出现的产能过剩，在一定程度上证明资源存在错配。三是个人主义无法解决外部性问题。环境问题、气候变化等外部性问题非一国所能解决的。时任联合国秘书长安南明确指出："只有团结起来，人类才会更强大。"② 因此，寻求新的解决方案已成为题中之义，这也是中国提出构建人类命运共同体的关键所在。习近平主席在同外国专家代表座谈时指出："面对世界经济的复杂形势和全球性问题，任何国家都不可能独善其身、一枝独秀，这就要求各国同舟共济、和衷共济，在追求本国利益时兼顾他国合理关切，在谋求本国发展中促进各国共同发展，建立更加平等均衡的新型全球发展伙伴关系，增进人类共同利益，共

---

① 郑伟、桑百川：《"一带一路"倡议的理论基础探析——基于世界市场失灵的视角》，《东北亚论坛》2017 年第 2 期。

② 伍贻康、张海冰：《论主权的让渡——对"论主权的不可分割性"一文的论辩》，《欧洲研究》2003 年第 6 期。

同建设一个更加美好的地球家园。"① 共同体方案是为解决共性问题而设计的，也是成本最低、收益最大的方案。今天世界经济体系的构建正是基于这一理念，这也是新型世界经济体系有别于传统的世界经济体系的核心所在，是我们为之奋斗的目标。

表 4 - 1 国际合作的需求

	外部性低	外部性高
国内收益高	没有/较少需求	某种程度的需求
国内收益低	很少需求	最为强烈的需求

资料来源：〔美〕海伦·米尔纳：《利益、制度与信息：国内政治与国际关系》，曲博译，上海人民出版社 2010 年版，第 46 页。

什么是共性问题？所谓共性问题是个性主义充分发展之后溢出的负向效应，如"各人自扫门前雪，莫管他人瓦上霜"，就是对公共问题的忽视。在市场机制的作用下，个人是不会解决这类问题的，这是因为在个人付出成本之后，收益不归个人，"他人瓦上霜"被清除之后，受益者是他人。当收益完全可以归个人时候，个人付出的成本越小，收益越大，越有利于个性问题的解决。相反，对于共性问题，如果希望通过个人来解决，而收益不完全归属个人或者不为个人所有的时候，个人付出的成本越高，正向收益越低甚至没有，越不利于共性问题的解决。唯有将个人主义带来的负向收益转化为集体的共同利益，才可能有助于共性问题的解决，且这种正向收益越大，越有利于共性问题的解决。

基于个人主义发展带来的共性问题产生于：一是各国发展路径的一致性，使得各国面临的问题正在从一国问题上升为全球问题，导致共性问题的趋同。如对资源的需求、对环境的治理等，很多问题本来属于各国内部的事务，但是却对全球发展产生负向效应，如大气污染等。二是有些问题可能在封闭状态下是不存在的，但是随着各国相互交往的增多，由此产生共性问题。如，国与国之间的交往需要解除资本的自由流动、

---

① 中共中央党史和文献研究院编：《习近平关于中国特色大国外交论述摘编》，中央文献出版社 2020 年版，第 27 页。

人员的自由流动，没有基础设施软硬件的联通也无法实现资源在全球范围内的有效配置，也就无法提高资源的利用率，进而推进各国发展。三是新产生的共性问题，由于各国同时关注同一事情，由此导致 $1+1>2$ 的问题。在过去，各国内部的数据信息是隐形存在于一国之内的，随着信息技术的发展，数据信息也变成新的全球问题，如何既保护个人隐私又能方便全球共享数据信息等，这些都需要各国共同面对。简言之，今天的世界经济体系是一个共性问题多于个性问题所组成的体系，各国"自扫门前雪"已不现实，以邻为壑更不能解决问题，且由各国解决这类问题既不现实、成本又高，这也是西方学者开始思考未来世界重建特别是共同体重建的原因所在。

共性问题的存在表明共同体存在的必要性，也催生了共同体产生、发展。当"他人瓦上霜"问题转化为共同体内部共同利益的时候，"瓦上霜"也就有了解决之道。这是我们所说的第二条解决财富稳定增长的道路。第一条是激发个人的创造力，降低人们将创新外化为有形产品的交易成本；第二条是解决个人无法解决的负向成本问题，也就是共性问题，包括环境问题，包括区域合作组织的成立，为区内成员创建一个新的利益增长机制。如，区域内合作组织的成立意味着共同市场的产生，且随着成员间让渡的空间越大，组织内成员共同利益空间也在不断扩大。区内合作组织带给个人无法带来的利益。经验和数据证明，区域组织的设立，特别是随着区域组织不断走向深入，其带给成员的利益也在不断增加，这推动了区内成员不断推进一体化。当然，如果区域合作组织无法通过成员谈判而达成对共同利益追求的时候，该组织进程也将随之缓慢下来。这让我们看到共同体建设是有成本的，特别是成员的利益计算小于其预期收益时，该成员往往成为共同体建设的阻碍者，要么导致共同体进程消失，要么离开共同体。如，因印度拒绝签署协议，导致 RCEP 只能在有限的成员之间达成协议，因此亚洲市场一体化进程并不完整。共同体不仅仅意味着经济上的收益、环境上的改善，更意味着人与人之间关系的重构，也就是政治上的结盟、价值观上的认同。

图 4-1 描述了个人主义和共同体主义在解决个性问题和共性问题上存在的收益差异。个人主义在解决个性问题时，存在正相关效应，而对于共性问题的解决则无能为力，且共性问题越严重，个人主义面临的负向收

益越高,越不可能解决共性问题。相反,共同体主义在解决共性问题时,存在正相关效应,共性问题越突出,共同体主义也有利于问题的解决,带来的收益也越大。但是共同体主义对个性问题的解决却无能为力,尤其是个性问题越突出,也越需要个人主义去调整。如发明创造即是如此。无论是个性主义,还是共同体主义,都是人类社会推进财富增长和社会发展的稳定机制。

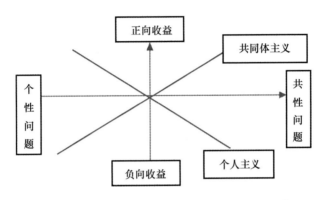

图 4-1 个人主义与共同体差异

需要注意的是,我们不能因为强调共同体主义,就忽视个人主义,也不能因为强调个人主义,而忽视共同体主义,两者都是解决当今现实问题的有效方式。共同体主义偏于共性问题的解决,个人主义偏于个性问题的解决,不能因为坚持其中的一个而否认另一个。个性问题和共性问题是人类社会需要面对的两大问题。只不过在工业化初期,个性问题更为突出,而共性问题还没有完全显现,随着工业化进程的不断推进,共性问题日益成为显性问题。西方学者开始对交易费用理论、集体行动逻辑进行研究,都反映出共性问题已经在影响人类社会的发展,共同体主义的诞生也是为解决人类社会问题而出现的一种新思想,是对人类社会利益进行的一种新的拓展和调整,是推进人类社会关系从无序到有序的转变,是为了创造更大的共同利益而采取的新行动,是共同利益的主要来源和实现。但是,这种拓展和调整始终离不开个人主义这一根本基础。一方面,个人主义是发明创造的源泉,是对人的价值的激励,没有个人的发明创造,也就没有人类社会发展的活力,因此,无论是什么样的共同体都不能离开个人的价值创造；另一方面，共同体主义是对人类社会关系的调整，是对个人价值物化之后的关系的一种调整，因此，共同体主义是通过关系调整而创造出来的一种新的利益，将物化在外的价值进行重新整合，使得人类社会的发展从来自个人利益这一唯一的或主要的源泉演化到来自个人利益和共同利益这两个源泉。布尔认为，维持国际社会秩序的第一步就是，国家之间形成共同利益观念。① 因此，这需要人类社会对自身的经济社会运转的思想、理念进行一次新的调整，在不放弃个人主义的前提之下，鼓励共同体主义的培育。

从个人主义到共同体思想转化过程并非一帆风顺。一是关于秉持个人主义的国家如何从基于个人主义思想的治理方式向基于共同体思想的治理方式的转变。西方国家从其发展过程中凭借个人主义思想完成国家的彻底转变，即从封建国家向资本主义国家过渡，并在世界各国竞赛中赢得发展先机和优势，西方国家是否愿意放弃个人主义转向共同体建设是一个巨大的难题。二是中国作为共同体思想的引领者能否建立起足够的经济实力来推进发展中国家完成从个人主义到共同体的思维转变，也是一项艰巨的任务。三是不同类型的国家仅靠共同利益能否完成从个人主义到共同体建设的人类思想变迁，或者说异质共同体的建设还需要怎样进一步解放思想。不过，西方社会在对共同体思想的追求过程中也让我们看到了希望。一是对个人主义的自我意识觉醒。这是人类社会的一种进步，"就在一战前，自由主义思想已经开始发生根本性变化"。英国著名的政治思想家格林说，在一些国家里，"少数人的富裕是建立在多数人贫穷的基础上的"。他认为，自由并不意味着个人可以不受限制地追求私利。他给自由的定义是："解放所有人的能力使他们能够平等地促进社会的共同利益。"他认为，凡是把人当作商品进行交易的契约合同都是无效的，这样的合同将会迫使工人同意在危害健康的条件下工作。他认为，国家必须对妇女和儿童的工时做出规定，还应该拆除危房，依法为所有人提供充分的教育。② 二是共同体是一个学习的过程、一个主观能动的过程。这对于加强异质共同体的建

---

① ［英］赫德利·布尔：《无政府社会：世界政治中的秩序研究（第四版）》，张小明译，上海世纪出版集团 2015 年版，第 60—65 页。

② 转引自［美］詹姆斯·多尔蒂等《争论中的国际关系理论（第五版）》，世界知识出版社 2004 年版，第 453 页。

设起到了推动作用。相互学习才能增进了解，才能在这一过程中逐渐建立起共同利益和共同价值观。三是共同体建设是一个递进过程，从共同利益、共同目标做起，再到共同价值和文明建设，这尤其对异质共同体建设而言，打破了西方国家所认为的异质共同体之间的竞争关系。四是平等是共同体的核心价值基础，这对于改变当今西方社会等级观念起到很好的冲击作用。五是无论是个人主义还是共同体思想，其目的都是稳定世界财富增长体系的有效运转，为了确保世界整体有序发展，这一点也有利于消除价值观分歧之争。

（二）共同体范式对个人主义范式的超越：构建世界财富增长的稳定机制

世界经济体系自建立之日起主要是在个人主义推动之下完成的。该体系以资本主义生产方式为主要特征、以充分发挥个人的聪明才智为前提，在市场机制的作用下，社会财富以一种相对稳定而又有着不断增进的方式推动着人类社会享有物化成果，或者说人类第一次主要以自己的劳动、而不是依赖大自然恩赐来创造社会财富。亚当·斯密早在1776年出版的《国富论》中就写道，"每个国家的国民每年的劳动是供给这个国家每年消费的全部生活必需品和便利品的源泉，构成这些生活必需品和便利品的或是本国国民劳动的直接产物，或是用这些产物从其他国家购买过来的产品"①。马克思的《资本论》深刻地揭示了资本主义生产方式的源泉，即通过劳动，通过不断发明创造，人成为社会财富的主要创造者。资本主义生产方式区别于传统农耕社会生产方式的主要方面就在于此。

农耕社会的生产在很大程度上依赖"天"即大自然的赐予，人们不过是在自然赐予的基础上进行一些简单的加工。比如食品加热，棉花纺布等。靠天吃饭主宰人类社会几千年，尤其是在天气不好、农业歉收的年份里，人类社会难以有相应的平衡机制，来对抗大自然的冲击，之后往往引起较大的社会动荡。比如说欧洲的黑死病，曾一度肆虐欧洲造成欧洲两千余万人口的消失，相比今天的新冠疫情，人类社会遭受的冲击之大，甚至导致社会革命的发生。同时农耕社会主要依赖于个人的劳动，很少有市场

---

① ［英］亚当·斯密：《国富论》，唐日松译，商务出版社2007年版，导论及全书设计第1页。

交易的发生，因此，人们之间可以形成老死不相往来的邻居模式。在这样一种模式下，国与国之间的关系主要靠政治统治来维系，政治帝国是农耕社会的典型特征。

工业文明则完全打破了传统农耕文明的生产方式，将人从自然的桎梏中彻底解放出来。个人可以在市场机制的作用下、激励下，通过自己的聪明才智，来为社会发展提供新产品、新技能。人的内在思想可以转化为有形产品，而人的聪明才智取之不尽用之不竭，这样，社会财富增长第一次有了一种稳定的机制，即依赖人的头脑、人的劳动，社会财富可以源源不断地被创造出来。有了这样一种稳定的财富增长机制，人类社会开始在更多领域取得重大进步。如果说农耕文明创造财富的方式是不稳定的、缓慢的，那么工业文明则是一种稳定的、快速的方式，其中的重要变化就在于对人的自我依赖。今天，来自农业创造出来的 GDP 已经在人们创造出来的 GDP 中占很小的比重，尤其是在美国、欧洲等发达国家和地区，农业占 GDP 的比重大概在 3% 以下，余下的基本上是工业以及服务业这两个依靠人的劳动创造出来的。同时，农业人口占全部产业人口的比重也下降到很低的水平上。发展中国家的经济发展主要表现在人口从农业向工业部门、服务业部门的转移。农业人口占比越高的国家，其经济发展水平越低，整个社会还没有完全摆脱对自然的依赖、依靠人的发明创造来推进财富增长。当然，有些国家依靠石油等自然资源，这类国家的财富增长方式也不是很稳定，类似于依靠农业发展为主的国家。

世界经济体系的创建就在于激发个人的潜力，将人的劳动视为财富增长的主要源泉，同时在市场机制的作用下，人的劳动又被充分地进行细化、专业化，即形成分工及协作关系。毕竟每个人的精力是有限的，不可能在所有方面都能进行发明创造，只有通过专业化分工协作，才会有更多更新的思想体现在具体的产品上。专业化使得每个人专注于生产的某个环节或点上，而协作则是建立一种生产联系，人与人之间第一次有了新的关系，即在市场交易基础之上形成的经济关系。这在传统的农耕文明中或许存在，但不是人与人之间的主要关系。这种经济关系将人们紧密联系在一起，每个人是这种关系中的一个点，进而形成一个完整的生产链条或产业。而在农耕社会，人与人之间也存在最终产品与最终产品的交易关系，但是不存在中间产品与中间产品之间的交易关系、中间产品与最终产品之间的关系。唯有工业文明将人与人之间的经济关系进一步细化为初级产品与中间产品、中间产品与中间产品、中间产品与最终产品之间的价值链条。今天,供应链、价值链已在全球范围内实现,各国都希望加入全球供应链或价值链中,希望在这一链条上创造更多的价值、获得更多的财富,各国已经被这种紧密的经济关系联系在一起。可以说,世界经济体系的产生、发展,实际上是人的聪明才智被激发的过程,是人的专业化过程,也是世界财富增长过程,且这种财富增长是稳定的,只要人的发明创造不停歇,社会财富增长也就不会停滞。

在工业文明阶段,在人的积极性被充分调动之后,新的问题就产生了。一是人类劳动毕竟摆脱不了物的约束。20 世纪 70 年代初,随着石油危机的出现,发达国家开始提出增长的极限论调,即经济增长所依赖的耕地、石油等资源是有限的,最终将经济增长锁定在一定的范围之内,或者引发的一个终极问题是,人人都能享有工业化成果吗?二是摆脱不了周期性的经济危机。自 1857 年第一次出现经济危机之后,最后一次出现在 2008 年。在 150 多年的时间里,随着资本主义生产方式日趋走向成熟,经济危机也如阴霾一般对人类社会"不离不弃",其所造成的社会财富的巨大损失使得人们步入一种怪圈中,难以从中走出来。经济危机使得人们发出的第二个问题是,人类社会能够摆脱周期性经济增长吗?三是摆脱不了环境危机、安全危机、种族冲突等困扰人类社会的发展问题。重建人类社会的关系,消除个人主义发展之后带来的负面效应,就需要寻求新的解决方案。世界经济体系正是在这一背景之下需要重构的,重构的世界经济体系并不是摒弃个人主义,而是仍然需要发挥个人的主观能动性,同时在人与人之间的经济关系中进行重新整合,形成共同体模式,将更多的外部效应转化为共同体内部的收益,以此解决个人主义充分发展之后产生的大量负向问题,从而稳定财富增长机制。

重建世界经济体系、重建世界财富稳定增长机制,是当今人类社会不可回避的问题,如何解决个人主义充分发展之后溢出的负向问题正在成为世界经济体系重构的方向,是对人与人之间存在的传统关系进行的一次升级改造。通过共同体建设,将外在的负向收益转化为共同体的内在收益,成为解决问题的主要方向。共同体的作用在于更多地看重共同价值、共同利益的塑造,将个人之间存在的大量负向问题通过共同体化,转化为内部问题来解决，这样不仅可以极大地解决负向问题，同时向外产出正向收益。一是共同体有助于降低解决问题的成本。转化为共同体内部来解决负向问题，可以降低个人解决这些问题的成本，共同体的存在在于个人无法解决一些负向问题或者解决成本过高的问题。二是共同体机制有助于将"个人"无解问题转为有解，比如环境污染、粮食危机等。如，水资源被某一段污染，整条河水都被污染，治理起来需要沿岸"个人"共同努力，在收益与成本不对等的情况下，"个人"是不愿意付出相关成本的。但是，河水对沿岸所有人存在的意义迫使人们必须面对这一难题，也必须让位于共同体机制来破解。三是共同体创建一种新的增长机制，将"关系"看作增长的源泉，负向问题的解决本身就是一种创新，将人类的发明创造所带来的负面价值予以校正，消除为个人发明创造而建立起来的过高的保护机制，包括区域合作等。因此，个人主义导致的负向问题恰好是共同体存在的前提和基础。这也是共同体不否认个人主义的缘由，同时，共同体在一定程度上又是对个人主义的否定。

当然，这一过程是人类关系再次进化的过程。这里强调的共同体化，强调的是共同体之间的合作，特别是异质共同体之间如何实现合作共赢。交易费用理论实际上已告知我们，企业是将个人之间的外部收益转化为内部交易的机制，最终形成企业共同体。区域合作组织则是将国家之间存在的外部收益转化为区内收益的机制，最终形成一体化，如欧盟至今仍在进化中。目前共同体建设的最大困难在于如何将异质共同体之间存在的外部收益转化为内部收益。异质共同体之间合作最主要的障碍在于价值观或政治理念的差异。如冷战时期美苏两大集团的对峙和今天美国对中国发起的战略竞争。

异质共同体之间的合作一是需要树立最高的共同目标，二是建立新的价值认同机制，三是明确新的共同利益，四是明确共同体之间合作需要付出的成本，包括价值观成本。尽管异质共同体之间的合作困难重重，但是其潜在收益巨大，将使人类社会创立一种新的财富增长机制，即来自共同体，特别是异质共同体之间合作。因此，新的共同体建设必须突破传统思维，使共同体成为新的财富稳定增长的源泉之一。

（三）校正限制同质发展的"非竞争性结构"

当今的世界经济体系无不具有完全垄断或寡头垄断的特征，进而影响了世界经济体系的运转效率和更多国家迈向更高收入水平。作为世界经济体系基本活动单位或行为体，国家以追求财富扩张为主要目标，不同质的国家在追求财富扩张过程中，其行为特征也具有较大的不同，或者说他们在体系中所占据的地位是不同质的。工业国拥有更大的市场权力，新兴工业国拥有一定的市场权力，而非工业国则拥有较小的市场权力。在世界"发展"这一市场中，形成了垄断竞争型市场结构，众多国家难以获得发展，这也是至今百年来少有国家步入世界发达国家的原因。

经济学理论对市场进行了完全竞争和不完全竞争两种划分，其中不完全竞争市场依据厂商对价格的影响程度又可分为垄断竞争、寡头垄断和完全垄断三种类型。根据经济学的垄断竞争理论，从自由竞争走向垄断是资本发展的必然，最终只有部分国家成为竞争中的寡头，而其他国家要么从属于寡头，要么被边缘化，真正有实力参与寡头竞争并从中获益的国家少之又少。这种传统的经济体系又被寡头通过种种路径加以固定，从而维持现有模式，寡头式的世界经济体系导致世界的发展利益归于寡头，而把世界发展成本却由众人承担。如美国不加入《京都议定书》等即是如此。

世界"发展"市场供求结构主要由发达国家来决定。"发展"的提供者是以美国为首的少数发达国家，需求者则是希望成为发达国家的发展中国家，成为发达国家的市场价格由几个寡头所控制，成为发达国家的成本则是发展中国家支付的价格，由寡头来决定成本的大小。如果成为发达国家的成本越低，或者发展中国家有能力支付成为发达国家的价格越低，则希望成为发达国家的发展中国家数量也会增加。但是由于成为发达国家的决定权被牢牢控制在发达国家手中，或美国等少数发达国家的手中，这样发展中国家要加入发达国家行列的成本极其高昂。以美国为核心，由欧盟、日本等发达国家所构成的世界经济体系一直处于寡头垄断的特征之下。可以说，对世界体系的运行控制，包括美元结算、国际组织建立以及世界资源的垄断皆由美国说了算，由此诸多国家迈向工业化社会的成本也变得极其高昂。这种现存的等级制度也是美国等发达国家希望长期维持的。加入发达国家行列就相当于进入垄断市场一样有难度，不仅遭到既定发达国家的排斥，也难以从现有世界经济体系中获得一定资源来实现发展的目标。在世界无政府状态下，作为寡头的美国再行使一定的政府权力，而这种"坏政府"只从自身利益最大化出发，将发展控制在世界可能提供的边界之内，而不是边界线上。

基于上述市场结构，当今世界经济体系不足以为发展中国家提供"发展"的"需求条件"和"供给条件"。现今世界经济体系建立在西方消费和世界供给基础之上，由于资本和技术产生的利润绝大部分归于发达国家这一中心区，导致世界供求体系一直处于不平衡的状态，一边是由中心区消费支撑的世界需求有限扩张，另一边是由中心区、半边缘区和边缘区支撑的世界供给无限扩张，使得一国的金融危机越来越演化为世界性经济危机。马克思关于世界经济危机第一次发生在英国的论述充分表明危机的世界性。随着资本主义生产方式的世界化，经济危机也越来越世界化。沃勒斯坦在探究资本主义国家反复发生周期性危机时认为，由于供给取决于单个企业家，而需求则决定于群体，在现有的世界市场条件下，一方面生产不断扩张，另一方面市场需求却难以跟上生产扩张的步伐，由此导致世界范围内的需求不足，进而出现周期性经济危机。由于西方需求不足，导致这一体系难以为更多的发展中国家提供消费市场，提供工业化所必需的市场条件，可以说，西方需求不足导致世界体系缺乏对发展的包容性。第一，发达国家对发展始终持有消极的态度。发展中国家多次呼吁构建世界新秩序，但是发达国家却始终不予回应。第二，发展中国家和发达国家之间的实力对比，使得发达国家凭借技术和消费权力，对世界体系的垄断地位得以长期运行。第三，对现有体系的维护是对发达国家利益的最大维护，这也是发达国家缺乏推进世界发展的动力。这种来自资本主义世界骨子里的包容性不足是导致世界不平等加剧的真正原因。目前有关当今世界体系不平等的论述充斥着世界各国，在资本主义一直宣扬的"自由、平等、博爱"的理念中，现实却给了有力的回击，恰恰是资本主义世界体系死于不平等。埃吉特·辛格认为，第三世界国家有充分的经济理由把迅速工业化视为提高本国人民生活水平和改变当前世界经济不均等结构的根本。①

具有寡头垄断市场结构的世界经济体系自然表现为无效率。一是带来发展难题。周文等认为，西方发达国家对外目的是攫取高额利润，为此，

---

① ［英］埃吉特·辛格：《第三世界的工业化与世界经济结构》，赵长茂译，《国际经济评论》1984 年第 4 期。

形成垄断性市场结构进而垄断世界政治经济制度，将有助于维持攫取高额利润这一目的。在这一经济体系之下，发展中国家对成为发达国家"位置"竞争异常激烈，造成稀缺资源的极大浪费。① 二是世界消费需求市场一直控制在发达国家手中，由此产生消费不足。与此同时，发达国家出于自私目的，又放开生产市场，导致更多发展中国家生产过剩，世界市场长期处于供过于求的局面，世界生产不得不为世界狭小的需求所困扰，导致世界经济增长的不确定性或者低迷。同时这又限定了发展中国家成为发达国家的可能性。现今绝大多数发展中国家都需要依赖世界市场来完成工业化任务，世界消费需求市场基础狭小，导致发展中国家工业化任务完成的日趋艰难。

主动融入世界经济体系是发展中国家推动世界体系朝有利于自身发展的路径之一。尽管"融入资本主义世界经济体，绝不是由于被融入地区的主动而开始的。这一过程是由于世界经济体扩展其边界的需要而发生的，那种需要是世界经济体自身内部压力的结果所致"②。但是，由于中心区国家既不愿意放弃消费主导地位，也不愿意放弃技术和资本的控制权，生产的扩张又在制造资本主义结构性的悖论，这就为我们寻求新的发展出路创造了机会，既加入世界消费的一端，从而改变世界消费结构集中在中心区的结构，同时加入资本和技术等供给一端，改变利润的分配结构。

积极推进全球治理体系变革也是改变现有世界"发展"市场结构的路径之一。沃勒斯坦实际上对资本主义300年的体系已经做了很好的总结，指出世界体系的未来趋势。他认为至少不应该重复过去的样子，主张建立社会主义世界政府。"由于现代资本主义的技巧和现代科学技术（据我们所知，这两者之间有某种联系），使这个世界经济体得以繁荣、增值和扩展，而没有出现一个统一的政治结构。资本主义所做的是提供另一种更加有利可图的攫取剩余的来源（至少从长远来看是如此）。"③ 沃勒斯坦认为，"既然我们要求有一个较平等较自由的世界，我们必须理解达到这一

---

① 周文、方茜：《"一带一路"战略的政治经济学思考》，《马克思主义研究》2015年第10期。

② ［美］伊曼纽尔·沃勒斯坦：《现代世界体系》第3卷，高等教育出版社2000年版，第181—182页。

③ ［美］伊曼纽尔·沃勒斯坦：《现代世界体系》第1卷，高等教育出版社1998年版，第13页。

境界的各种条件。而要做到这一点，首先要求对迄今为止现代世界体系的性质和演变有个明晰的揭示，同时对它现在和未来在各方面或许可能取得的发展的幅度也须加以说明。这方面的知识将会成为一种力量。就我的承诺范围而言，这种力量对那些代表世界上大多数深受压迫的人们的利益集团应该是极其有用的"①。

当前，世界经济体系这种寡头结构正在走向衰减。一是世界经济增长的无序、低效和不确定性正在导致寡头国家自身发展面临危机，这使得诸多发达国家内部开始反思或探求资本主义的未来。二是公共难题的涌现正在增加发达国家的运行成本。如新冠疫情的暴发与治理过程中，发达国家表现出来的狭隘和自私，甚至不顾及本国民众的生命与健康，追求所谓的"群体免疫"、垄断疫苗等，都难以再成为担当未来引领世界发展的领袖。三是发展中国家力量的崛起正在冲破现有的体系结构。"一带一路"倡议是这种冲破的一种体现。发达国家也不是完全缺乏自我调整世界市场垄断性结构的可能。技术市场逐渐从垄断走向竞争就是一例。根据列宁帝国主义论，资本主义国家内部矛盾是帝国主义消亡的主要动因。当技术成为发达国家在世界市场上最后获利来源的时候，这一市场的垄断性也就被逐渐改变。为获得更大的利益，发达国家开始对技术进行市场标价。今天"一带一路"倡议的主要作用是改变发达国家对需求的垄断地位，扩大世界需求的规模，带动发展中国家推进工业化。就是说，将需求曲线向上推动是"一带一路"建设改变发达国家市场垄断地位的主要路径。"一带一路"倡议的积极作用就是向发展中国家提供市场和资本，进一步增大发展中国家开放的国际收益。同时，"一带一路"倡议承诺不附加政治条件，而是鼓励各国资源选择发展模式，这就尽最大可能减少发展中国家在开放时存在负外部性，增加开放的正收益。可以预见的是，"一带一路"倡议将极大地促进世界经济体系性质上的改变，人类社会也将踏入一种新的发展阶段，世界经济体系将不再是完全由资本主宰的世界体系。

---

① ［美］伊曼纽尔·沃勒斯坦：《现代世界体系》第 1 卷，高等教育出版社 1998 年版，第 10 页。

三 人类命运共同体的经济学意义

(一) 人类命运共同体的提出

什么是命运共同体？对这一概念，目前的文献研究并没有给出统一、规范的定义，不过基本的认知是把命运共同体视为一种理念、一种过程、一种构建。

命运共同体是中国领导人提出的特色大国外交中系列概念之一，这一概念与传统的美西方发展观有着明显差异。2011 年，中国对外发布的《中国的和平发展》白皮书曾对"命运共同体"的概念作过专门论述。白皮书认为，"不同制度、不同类型、不同发展阶段的国家相互依存、利益交融，形成'你中有我、我中有你'的命运共同体。人类再也承受不起世界大战，大国全面冲突对抗只会造成两败俱伤"；白皮书还提出，"国际社会应该超越国际关系中陈旧的'零和博弈'，超越危险的冷战、热战思维，超越曾把人类一次次拖入对抗和战乱的老路。要以命运共同体的新视角，以同舟共济、合作共赢的新理念，寻求多元文明交流互鉴的新局面，寻求人类共同利益和共同价值的新内涵，寻求各国合作应对多样化挑战和实现包容性发展的新道路"。这里可以看出，命运共同体是一种新的理念，其核心特征是"同舟共济""合作共赢"，同时也是一种审视国际问题、国际形势的新视角。之后，命运共同体高频出现在各种语境中。官方对命运共同体概念的使用首次出现在 2013 年 10 月召开的中国周边外交工作座谈会上，习近平总书记特别强调要"让命运共同体意识在周边国家落地生根"[1]。

人类命运共同体是中国首倡话语，并被习近平主席在多个国际国内场合阐述为一种处理国际关系、解决当前国际难题的新理念、新思想。[2] 最具代表性的演讲之一是习近平主席 2017 年 1 月在联合国日内瓦总部发表题为"共同构建人类命运共同体"的主旨演讲，该演讲回答"世界怎么了、我们怎么办"这一困扰世界的问题，给出了"构建人类命运共同体，

---

[1] 《习近平谈治国理政》第 1 卷，外文出版社 2018 年版，第 299 页。
[2] 胡鞍钢、李萍：《习近平构建人类命运共同体思想与中国方案》，《新疆师范大学学报》(哲学社会科学版) 2018 年第 5 期。

实现共赢共享"的中国方案。为使人类命运共同体更具象化,习近平总书记指出了"中国方案"的努力方向:"坚持对话协商,推动建设一个持久和平的世界;坚持共建共享,推动建设一个普遍安全的世界;坚持合作共赢,推动建设一个共同繁荣的世界;坚持交流互鉴,推动建设一个开放包容的世界;坚持绿色低碳,推动建设一个清洁美丽的世界。"①

人类命运共同体成为当今人类新理想的共享用语,同时也作为新时期中国外交建设的新理念,②成为指引中国对外战略方向的崇高原则。2017年2月,联合国社会发展委员会第55届会议协商一致通过"非洲发展新伙伴关系的社会层面"决议,呼吁国际社会本着合作共赢和构建人类命运共同体的精神,加强对非洲经济社会发展的支持,决议欢迎并敦促各方进一步促进非洲区域经济合作进程,推进"一带一路"倡议等便利区域互联互通的举措。③自此,"构建人类命运共同体"理念首次被写入联合国决议中,表明这一理念已为各国所认同。

命运共同体不同于西方对待世界的个人主义理念,也不同于西方传统的共同体概念,可以说,人类命运共同体是对传统的西方世界经济运行的思想体系的一种突破,是人类发展史上的一种新范式。这种新范式体现在以下几个方面。

一是集体主义精神的展示。自人类命运共同体概念提出之后,人们对其进行多个角度探讨,普遍的共识是人类命运共同体是为应对人类发展问题而提出的解决方案。今天的世界发展已进入一个新阶段,是共性问题多于个性问题且人类苦于其中的阶段,需要人类再次拿出"走出埃及"的勇气。有的学者认为,人类命运共同体"是一种以应对人类共同挑战为目的的全球价值观和新共生观"④,并指出人类命运共同体是对国家个人主义的一种扬弃。⑤徐亮认为,当今世界仍是以竞争为主的结构体系,每个国家都以追求本国利益最大化为目标,却不愿意为共同利益、整体利益提供资

---

① 习近平:《高举中国特色社会主义伟大旗帜 为全面建设社会主义现代化国家而团结奋斗——在中国共产党第二十次全国代表大会上的报告》,人民出版社2022年版,第62页。
② 张继龙:《国内学界关于人类命运共同体思想研究述评》,《社会主义研究》2016年第6期。
③ 《"构建人类命运共同体"首次写入联合国决议》,《人民日报》2017年2月12日。
④ 蔡亮:《共生国际体系的优化:从和平共处到命运共同体》,《社会科学》2014年第9期。
⑤ 张继龙:《国内学界关于人类命运共同体思想研究述评》,《社会主义研究》2016年第6期。

源,但是,面对众多的全球问题和挑战,国际社会中的行为体对他人利益的关切不仅必要,而且已经是一种必须。① 卢德友认为,人类命运共同体在追求人类共同利益方面,"与'自由人的联合体'具有理论契合,是马克思主义时代性的较好尝试"②。

二是推动从竞争到朋友式国家关系的构建。2015 年 9 月,习近平主席在第七十届联合国大会一般性辩论时发表题为"携手构建合作共赢新伙伴,同心打造人类命运共同体"演讲中明确指出:"和平、发展、公平、正义、民主、自由,是全人类的共同价值,也是联合国的崇高目标。"③ 这是中国领导人首次阐述人类共同价值的内涵和地位,"要建立平等相待、互商互谅的伙伴关系。联合国宪章贯穿主权平等原则。世界的前途命运必须由各国共同掌握"。要"继承和弘扬联合国宪章的宗旨和原则,构建以合作共赢为核心的新型国际关系,打造人类命运共同体",系统阐述了命运共同体的主张,形成了打造人类命运共同体"五位一体"的总路径和总布局。"从性质上说,命运共同体意味着构成这一群体的成员之间不是你死我活、彼此消长的对抗关系,而是一种我中有你、你中有我、你发展我受益、我发展你受益的共生共赢共发展的关系,是一种'合则两美,离则两伤'的关系。"④ 现代西方哲学宣扬人类理性的哲学范式和话语逻辑致使以人的存在作为所有存在物的中心尺度,在实践中演变为个人主义、自我中心主义、人类中心主义等观念,以"效率性""功利性"的工具理性来衡量所有事物的价值,工具理性形成对社会的全面主宰,进而消解了价值理性,成为现代性剥夺、征服、统治、破坏生态环境的内在根据,在普遍意义上造成了人与自然、人与社会等的全面对立。⑤

三是注重对共同利益的培育。2012 年,党的十八大报告明确指出"人类命运共同体意识"概念,之后人类命运共同体成为中国对外交往的主流话

① 徐亮:《"命运共同体"的价值意义》,《唯实》2015 年第 9 期。
② 卢德友:《"人类命运共同体":马克思主义时代性观照下理想社会的现实探索》,《求实》2014 年第 8 期。
③ 《习近平谈治国理政》第 2 卷,外文出版社 2017 年版,第 522 页。
④ 李爱敏:《"人类命运共同体":理论本质、基本内涵与中国特色》,《中共福建省委党校学报》2016 年第 2 期。
⑤ 徐艳玲、陈明琨:《人类命运共同体的多重建构》,《毛泽东邓小平理论研究》2016 年第 7 期。

语体系，成为中国对外政策的核心理念之一。有人指出，"人类命运共同体的出场只能建立在合理表达其共享利益的基础之上"，"超国家政治共同体存在的合法性还在于它给相关成员国带来的'确定性、安全性和归属感'"①。正确义利观显示中国对人类共同利益的基本态度和实践主张。有的学者从集合角度出发，将命运共同体视为包含相互依存的国际权力观、共同利益观、可持续发展观和全球治理观等多个内容的全球新价值观。②

四是注重对共同问题的解决。2017 年 1 月，习近平主席在联合国日内瓦总部的演讲中指出："世界命运应该由各国共同掌握，国际规则应该由各国共同书写，全球事务应该由各国共同治理，发展成果应该由各国共同分享。"③ 王毅指出，命运共同体的建设途径是伙伴关系建设，而共同安全则是"命运共同体"的保障和应有之义，这里的安全是"共同、综合、合作、可持续"的新安全观。命运共同体是一种实践。有的学者研究认为，命运共同体是人类社会一直追求的价值理念，成为人们的未来愿景和生活实践。④ 有的学者从寻找共性理念出发，将具有共同价值理念的实践视为人类命运共同体。⑤ 有的学者认为，命运共同体有着鲜明的实践内容，目前命运共同体存在诸如缺乏实证研究、同义反复、只重自我宣传、不重对方接受、概念随意性大、含义重叠等问题，而实际上"命运共同体"是指以"政治合作＋安全支持"为基本特征的双边或多边合作安排，共同体成员之间以和平方式解决各类冲突。⑥ 有的学者将命运共同体视为可进行实践操作的理念。中国改革开放 40 余年的经验与启示已经生出了"创新、协调、绿色、开放、共享"等新发展概念，而这些概念将对人类命运共同体的构建起到引领作用。⑦

五是注重共同体建设的过程。命运共同体是一个过程性概念。徐进等认为，"命运共同体"本来就是一种具有过程性特色的概念，它可以迈向

① 陈曙光：《人类命运与超国家政治共同体》，《政治学研究》2016 年第 6 期。
② 曲星：《人类命运共同体的价值观基础》，《求是》2013 年第 4 期。
③ 《习近平谈治国理政》第 2 卷，外文出版社 2017 年版，第 540 页。
④ 陶连洲：《2013 年以来中国—东盟命运共同体研究综述》，《东南亚纵横》2016 年第 3 期。
⑤ 杨宏伟、刘栋：《论构建"人类命运共同体"的"共性"基础》，《教学与研究》2017 年第 1 期。
⑥ 徐进、郭楚：《"命运共同体"概念辨析》，《战略决策研究》2016 年第 6 期。
⑦ 王岩、竞辉：《以新发展理念引领人类命运共同体构建》，《红旗文稿》2017 年第 5 期。

传统的理性主义政治同盟和经济合作，也可以进化到建构主义范畴的基于共有观念的共同体，国际关系中的实践互动过程是推动其实现的途径。习近平主席在 2015 年气候变化巴黎大会开幕式上的讲话中指出，要"推动各国走向绿色循环低碳发展，实现经济发展和应对气候变化双赢"。"除各国政府，还应该调动企业、非政府组织等全社会资源参与国际合作进程，提高公众意识，形成合力。""应对气候变化不应该妨碍发展中国家消除贫困、提高人民生活水平的合理需求。要照顾发展中国家的特殊困难。"[①] 有的学者认为，"命运共同体是复杂的、矛盾的，构建命运共同体是一个长期的过程"[②]。蔡亮认为，命运共同体也是一种想象和目标，推动各国向更高级关系迈进。[③] 有的学者从价值认同出发，认为国际共识与共同价值的形成是一个由少及多、逐渐发展和变化的过程，中国有责任、有义务倡导并与周边国家构建命运共同体，构建促进亚洲和平崛起与发展、维护世界和平与稳定的共同价值。[④] 有的学者从描述的状态出发，如命运共同体就是一种"你中有我、我中有你"的紧密关系。[⑤] 有的学者从共生观念出发，认为命运共同体建设处于一个共生度不断提高的动态过程之中，现实主义的霸权思维已经过时。[⑥]

六是注重对自律的关注。共同体建设的初始条件是和平道路。2013 年 3 月，习近平主席在出席金砖国家领导人第五次会晤前夕，接受国内外六家媒体记者联合采访时指出，"中国将坚定不移走和平发展道路"，"也希望世界各国都走和平发展道路，共同致力于促进世界和平与发展"[⑦]。2013 年 3 月，习近平主席在刚果共和国议会上发表的演讲中再次强调："推动国际关系民主化，推动人类文明进步，维护世界和平稳定，增进人类共同利益。"[⑧]

---

① 《习近平谈治国理政》第 2 卷，外文出版社 2017 年版，第 528—529 页。
② 陶文钊：《科学理解习近平命运共同体思想》，《中国特色社会主义研究》2016 年第 2 期。
③ 蔡亮：《共生国际体系的优化：从和平共处到命运共同体》，《社会科学》2014 年第 9 期。
④ 屈彩云：《命运共同体：中国与周边国家构建价值认同》，《前沿》2015 年第 10 期。
⑤ 李爱敏：《人类命运共同体：理论本质、基本内涵与中国特色》，《中共福建省委党校学报》2016 年第 2 期。
⑥ 梁颖、黄立群：《共生型国际秩序与命运共同体建设》，《南洋问题研究》2017 年第 1 期。
⑦ 《习近平答金砖国家记者问：增进同往访国人民友好感情》，《人民日报》（海外版）2013 年 3 月 21 日。
⑧ 习近平：《共同谱写中非人民友谊新篇章——在刚果共和国议会的演讲》，《人民日报》2013 年 3 月 30 日。

自由不是行为体自身的行为不受干涉，而是建立在和平和独立的基础上的一种积极的自由，这种自由让每个国家都有能力去享受更为普遍的发展而又不以牺牲其他国家的发展甚至生存为代价。2016 年 1 月，习近平主席在亚洲基础设施投资银行开业仪式上指出："中国将始终做全球发展的贡献者，坚持奉行互利共赢的开放战略。中国开放的大门永远不会关上，欢迎各国搭乘中国发展的'顺风车'。"① 高奇琦认为，"人类命运共同体的核心要义是人的自由流动和发展要素分布的均等化"，"一带一路"建设为这种自由流动和要素均等化提供了物质基础。②

七是注重对共同体建设的结果关注。人类命运共同体的核心思想是"要和平不要战争，要发展不要贫穷，要合作不要对抗，要共赢不要单赢"，其实质是通过共同挑战、共同利益和共同责任把世界各国团结在一起的状态，是国与国之间以共同利益为最大公约数化解矛盾、合作共赢的状态。人类命运共同体的目标在于构建一个"大同世界"，即全世界二百多个国家和地区、几十亿人民一起构建共同繁荣的世界。③

今天中国对命运共同体建设的关注，将共同体这一概念推向高潮是一次人类发展史上的思想跃升，新的价值体系再次出现在人们面前。传统工业革命的发展模式留给未来发展过重的负担，诸如传统价值体系的崩溃、贫富差距的扩大、环境危机等，对未来的恐惧促使人们从共性角度重新思考未来的共同性。粮食安全、恐怖主义、金融危机、气候变化等全球性的问题日益严重，对人类生存和发展构成重大威胁与挑战，需要世界各国共同合作应对。人们已经开始着手提出各种方案，可以说，人类发展思想、发展理念面临新一次的解构与重组。

一是从西方个人主义迈向人类命运共同体。当今出现的各种全球性危机，无不表明以西方为中心的自由主义所奉行的理念已走向末路。曹绿认为，为构建人类命运共同体，就必须扫清西方中心主义的思想障碍，必须摒弃"中心主义"历史文化价值观，同时发起一场破除中心主义的思想运动，

---

① 《习近平出席亚洲基础设施投资银行开业仪式并致辞》，《人民日报》2016 年 1 月 17 日。
② 高奇琦：《全球治理、人的流动与人类命运共同体》，《世界经济与政治》2017 年第 1 期。
③ 胡鞍钢、李萍：《习近平构建人类命运共同体思想与中国方案》，《新疆师范大学学报》（哲学社会科学版）2018 年第 5 期。

取而代之的是强调全人类利益的整体性、一致性、优先性。① 人类命运共同体的提出服务于世界各国走出现代性困境、化解全球共同危机的需要。②

二是从西方同质共同体向异质共同体拓展。中国提出的共同体建设不同于欧盟或西方国家的共同体，这是一种对其他文化有着包容的共同体，是一种异质基础上建立的共同体，这种共同体更注重对目标的追求、对问题的解决，而不是为了共同体建设而建设。异质型共同体不在意共同体建设的本身，而在意共同体所能解决的问题，在求同存异中实现共同体的目标。布赞提出，同质文化并不是国际社会形成和扩展的必要条件。言外之意，共同身份不需要在同质国家间建立，而主要考虑如何在异质文化的国家之间建立共同身份。③ 张建立等认为，存在两种力量对共同体施加影响，一方面，在全球化发展的过程中，人们从较狭窄、较亲近、较社群的角度重新界定身份和特性，更为关注国民层次以下的文化身份和地区身份，人们更"认同于那些最像他们自己的人，那些被认为有着共同的民族属性、宗教信仰和传统以及传说的共同祖先和共同历史的人"；另一方面，由于全球化的发展，相互联系的增多，具有不同文化和文明背景的人们交往也比以往增多，出现对身份的更为广泛的认同。④

三是从对个人利益最大化转向对共同利益最大化的追求。张师伟认为，人类其实一直存在一个自我保存和自我发展的机制，起决定性支撑作用是"'共同利益最大化'这一政治价值"，人类命运共同体是基于全球化时代不同区域的人类群体或个体，基于潜在的重大合作收益，基于人类社会面临的"囚徒困境"而做出的选择。⑤ 面对全球共同危机，如环境危机、资源危机等，只有依靠共同努力，才能化解危机，依靠个体、国家是不可能实现的。肯尼斯·J. 格根呼吁："让我们放弃霍布斯'以所有人为

① 曹绿：《以马克思世界历史理论审视人类命运共同体》，《思想理论教育》2017年第3期。
② 宋婧琳、张华波：《国外学者对"人类命运共同体"的研究综述》，《当代世界与社会主义》2017年第5期。
③ 蒋昌建、潘忠岐：《人类命运共同体理论对西方国际关系理论的扬弃》，《浙江学刊》2017年第4期。
④ 张建立、李薇：《构建东亚共同体的关键在于成功形塑东亚身份认同》，《国际经济评论》2014年第3期。
⑤ 张师伟：《人类命运共同体与共同价值：国家间合作共赢体系建构的双驱动》，《甘肃理论学刊》2017年第2期。

敌'的反面乌托邦，转而'与所有人结盟'。当健康关系成为所有人的核心关切时，我们便接近了更有希望的未来。"①

（二）人类命运共同体是践行新时代马克思主义世界发展观的重大举措

人类命运共同体是中国为解决世界发展的共性问题而提出的解决方案，代表世界未来发展的新范式。人类命运共同体理念的提出表明人类社会在思想观念上在向一个新的发展阶段进化，即国家间关系从竞争走向朋友关系，或者说从零和（你有我无）走向共赢（你好我好），从理论上开始对传统的支撑资本主义发展的思想体系进行解构。

西方世界经济体系也是一种共同体方式，将世界发展通过贸易和投资等路径紧密联系起来，这是世界经济体系逐渐走向成熟的标志，也是共同体逐渐形成的过程。但是，在西方倡导的价值理念基础之上建立的世界经济体系掩盖了人类社会发展面临的资本和劳动剥削与被剥削的丑恶关系的本质，强调以资本为主体的西方价值观使人类社会再次步入了发展的死结中。如果农耕文明将人类发展限定在自然与人之间的关系之下，在人类未能充分挖掘自身潜能之前，人的生存和发展受限于自然，人类社会生活一直在低水平上循环，那么在进入工业文明之后，尽管人类逐步摆脱自然的束缚，但是却踏进了另一个恶性循环中，即人类受制于自我创造出来的"力量"——资本的束缚，资本在西方价值观倡导之下所进行的无节制扩张越来越走向人类社会发展的反面，在资本的作用下，人的劳动价值越来越被贬值，发展的不平衡性、发展的差距越来越突出。这种共同体是以资本为纽带建立的共同体，而不是以人的需求为根本出发点，最终是资本统治了人类社会，而非资本为人类社会发展提供服务。这是一种"高成本"的共同体，对一些国家从意识形态方面有着极强的排斥，对一些边缘国家有着吸纳不足的弊端。小约瑟夫·奈等提出："现实主义者必须懂得，传统的权力思想和纯粹军事意义上的结构观念，忽视了一个包含着全球沟通和日益发展的跨国关系的世界正在发生的变革。有一点是很清楚的，即建

---

① ［美］肯尼思·J. 格根：《关系性存在：超越自我与共同体》，杨莉萍译，上海教育出版社 2017 年版，第 408—409 页。

立世界政府的时代并不会马上来临。这个世界在社会和政治层面上存在着太多的多样性,而且缺少一个足够强大的、能够支撑世界政府的共同体观念。"①"在全球经济中,最缺乏的是追求共同利益的全球有效政府。"② 因此,这种共同体是一种狭隘的共同体,缺乏对人类社会的包容性和普适性,在今天人类社会物质生活水平已较为充分发展的状态下,这种狭隘的发展观反映的是一种人类精神层面的退化。

人类命运共同体是对长久以来西方有关世界发展看法的思想传统的否定,是对长期奉行的个人主义的否定,是对资本主义有关资本和劳动关系的观念重置。它摒弃了资本凌驾于劳动之上的思想,从整体角度重新看待人类社会的发展,因而成为走出西方狭隘发展观的代表。基于上述,中国建立命运共同体的内涵是如何推进人类走共同发展、共同富裕的道路,具体包括以下三个方面。

第一,建立包容型世界经济体系,即打破美西方长期建立的狭隘的只允许少数国家"富裕"的世界经济体系,创建一个能够将发展中国家都被囊括其中的世界经济体系,所有国家均享有平等的发展权。人人渴望过上富裕的生活是世界所有国家民众的共同愿望,事实证明美西方工业化道路已走进死胡同,世界发展需要寻找新的发展模式。以命运共同体为理念,解除了长期固化在人们头脑中美西方发展观永远是对的这一传统理念,向人们昭示了人类本是一家,唯有同舟共济,共同面对现实的问题和挑战才是人类获得全面、全民发展的路径。

第二,以共同发展为导向的发展模式。走共同富裕道路是中国建设命运共同体的出发点和落脚点。目前,一些国家仍然怀疑中国提出的"一带一路"倡议,认为中国的目的是获得自身发展,其甚至蛊惑当地政府和民众反对中国的"一带一路"建设。事实已证明,"一带一路"倡议不仅是惠及自身,更是惠及他国的倡议,将成为走共同富裕道路的践行手段。中国过去的发展模式已向世人证明是成功的,中国有自信提出建立人类命运共同体。中国人口占据世界人口的1/5,中国工业化任务仅仅完成了一部分,下一个阶

① [美]小约瑟夫·奈、[加拿大]戴维·韦尔奇:《理解全球冲突与合作:理论与历史(第九版)》,张小明译,上海人民出版社2012年版,第393—394页。
② [美]迈克尔·斯宾塞:《下一次大趋同:多速世界经济增长的未来》,王青、刘其岩译,机械工业出版社2012年版,第205—206页。

段是向更高发展阶段迈进，为此，不仅要调整现有的经济结构，同时也要实现发展模式的转换，资源的有限性不允许中国重复美西方的发展道路，因此，走绿色发展道路不是一句空话，而是现实的要求。在前一个阶段，中国已经向世人证明人口众多的国家是可以实现工业化的，即工业化可以为多数人所享有，它不是少数人的专利。

第三，以可持续发展为终极目标的发展路径。可持续发展道路尚在摸索过程中，特别是在重大技术没有取得突破之前，可持续能否实现还是一个未知数，但是这一方向性的道路是确定的，中国也将成为这方面发展的垂范。目前，中国已与联合国环境规划署签署《关于建设绿色"一带一路"的谅解备忘录》，与有关国家及国际组织签署50多份生态环境保护合作文件，与31个共建国家共同发起"一带一路"绿色发展伙伴关系倡议，与32个共建国家共同建立"一带一路"能源合作伙伴关系。发起建立"一带一路"绿色发展国际联盟，成立"一带一路"绿色发展国际研究院，建设"一带一路"生态环保大数据服务平台，帮助共建国家提高环境治理能力、增进民生福祉。积极帮助共建国家加强绿色人才培养，实施"绿色丝路使者计划"，已为120多个共建国家培训3000人次。制定实施《"一带一路"绿色投资原则》，推动"一带一路"绿色投资。中国企业在共建国家投资建设了一批可再生能源项目，帮助共建国家建设了一批清洁能源重点工程，为所在国绿色发展提供了有力支撑。① 在未来阶段，中国还需要向世人证明，中国通过走绿色发展道路，解决了多数人可持续发展问题，因此，中国的发展模式优于美西方发展模式。未来与世界各国建立共生型发展模式不仅可能，而且也将成为现实。

人类命运共同体是马克思主义世界发展观的直接表达，既是对建国之后中国历代领导人所秉持的发展观的继承和发展，也是对当今西方主要发达国家所持有的国际发展观的否定，是基于中国发展的现实和世界发展的客观要求而提出的一种全新的发展观。这种新的世界发展观既传承了马克思主义基本原理，同时又是一种创造。人类命运共同体旨在寻求对迄今为止工业化进程存在的对抗性命运的破解方法，通过建立平等协商的原则创建新的国际秩序，并在世界范围内通过合作来解决人类面临的共同难题。

① 《新时代的中国绿色发展》，《人民日报》2023年1月20日。

党的十九大报告指出:"没有哪个国家能够独自应对人类面临的各种挑战,也没有哪个国家能够退回到自我封闭的孤岛。"① 人类命运共同体不仅有助于推进中国后期工业化目标的实现,也有助于推进世界工业化进程,使中国再次成为推动世界发展、构建新型世界经济体系的核心国家,为中国未来发展,更为世界未来发展提供了一条新路,即通过大力发展生产力,为重新调整世界范围内的生产力与生产关系之间的传统矛盾提供了新机遇,未来的世界也将因人类命运共同体的推进而呈现出新的面貌。在具体的实施领域中,我们将看到人类命运共同体所体现的时代精神和新的世界发展观。党的十九大报告指出:"中国共产党是为中国人民谋幸福的政党,也是为人类进步事业而奋斗的政党。中国共产党始终把为人类作出新的更大的贡献作为自己的使命。"② 这是自《共产党宣言》发表以来,共产党人以其深厚的实践意义再次向世界宣告了自己的历史使命。这个历史使命是中国共产党人总结中国近百年发展经验的结果,也是对世界发展进程、发展矛盾有着清醒认识的结果,更是一次推进中国与世界共同发展、要为世界发展作出中国新的更大贡献的主动选择的结果。

四 建设人类命运共同体的可行性

(一) 人类命运共同体建设的基础

命运共同体是强调重建世界秩序的基本理念。马克思认为:"只有在共同体中,个人才能获得全面发展其才能的手段,也就是说,只有在共同体中才可能有个人自由。""从前各个人联合而成的虚假的共同体,总是相对于各个人而独立的;由于这种共同体是一个阶级反对另一个阶级的联合,因此对于被统治的阶级来说,它不仅是完全虚幻的共同体,而且是新的桎梏。在真正的共同体的条件下,各个人在自己的联合中并通过这种联合获得自己的自由。"③ 丛占修认为,人类命运共同体是对中西方自古以来

---

① 习近平:《决胜全面建成小康社会 夺取新时代中国特色社会主义伟大胜利——在中国共产党第十九次全国代表大会上的报告》,人民出版社2017年版,第58页。
② 习近平:《决胜全面建成小康社会 夺取新时代中国特色社会主义伟大胜利——在中国共产党第十九次全国代表大会上的报告》,人民出版社2017年版,第57—58页。
③《马克思恩格斯文集》第1卷,人民出版社2009年版,第571页。

追求世界大同和永久和平的思想在 21 世纪的展望。① 张继焦、吴玥认为，国家间的关系主要体现在两大方面：一方面是以美国为代表的西方社会所坚持的利己型发展模式，最终带来的只是国家对立与世界冲突；另一方面则是中国所提倡的共赢型发展模式，最终目的是建立一个全球和平与发展的人类命运共同体。②

第一，人类命运共同体建设并不是一句空泛的口号，而是建立在中国工业化模式成功这一深厚的实践基础之上，有助于推动国家间建立平等、包容关系。改革开放之后的中国用事实证明工业化是可以在世界范围内实现的。有学者指出，"现阶段的中国工业化进程是一段让全球工业化的版图发生巨大变化的世界历史变迁时期"③，中国工业化进程是世界历史进程中从未发生过的，其世界意义不同凡响。中国的工业化不仅意味着人口大国可以从不发达迈向发达阶段，也预示着工业化在世界范围内实现的可能性。④ 因此，人类可以通过非对抗性的方式实现工业化，这与西方发达国家的发展模式存在理性的不同。今天，发展中国家力量的崛起使得发展中国家与发达国家之间的关系正在发生转变，即从中心—外围或依附性关系向平等关系方向转变。更为突出的是，发展中国家制度建设能力日趋走向成熟。根据世界贸易组织统计，发展中国家之间以及发展中国家和发达国家之间签署的自由贸易区协议约占世界全部自由贸易区的 70%，标志着发展中国家应对世界挑战能力的提升。发展中国家力量的崛起正在动摇传统西方国家建立的经济秩序，至少从国家层面上，打破西方国家资本对世界的控制力，力图摆脱西方国家资本力量长期造成的国与国之间的对抗关系，进而将发展中国家要求发展的愿望置于平等的地位上，这些正日益成为一种现实。

第二，中国特色社会主义制度为破解资本与劳动的对立关系，实现"资本"从属人类发展，进而推动国与国之间从零和关系向共赢关系发展，建设人类命运共同体提供制度保障。徐艳玲、陈明琨认为，根据马克思有

---

① 丛占修：《人类命运共同体：历史、现实与意蕴》，《理论与改革》2016 年第 3 期。

② 张继焦、吴玥：《构建全球与中国"共赢"的人类命运共同体》，《贵州社会科学》2021 年第 11 期。

③ 金碚：《世界分工体系中的中国制造业》，《中国工业经济》2003 年第 5 期。

④ 许旭红：《浅析中国走新型工业化道路的世界意义》，《哈尔滨学院学报》2006 年第 11 期。

关人类解放理论，人类解放是历史的必然和现实的需要，但是在当前的人类历史进程中，却形成了"资本逻辑泛化"的世界历史，因此，构建人类命运共同体成为突破资本逻辑、实现自由和全面发展的必由之路。① 西方国家的发展经验表明，资本的逐利性首先是对劳动进行最大限度的剥削，但是中国经济发展道路表明，发展的最终目的是改善人们的生活状态，其核心在于坚持社会主义公有制。中国在短短30年的时间里完成了西方国家上百年的任务，不同的是中国是在社会主义制度下完成的。首先，社会主义公有制从根本上否定了劳动和资本之间的对立关系；其次，将资本置于劳动之下，即资本的发展是为了"人"的发展，而不是反过来将资本凌驾于"人"之上，否则就是本末倒置，这也是现代资本主义走向没落的关键所在，甚至国家力量也难以左右资本的力量，以至于资本最后的发展走向了自己的对立面。施瓦布先生在《第四次工业革命》一书中指出，全球最富有的1%人口拥有的财富量超过其余99%人口财富的总和，收入分配不平等、发展空间不平衡令人担忧。全球仍然有7亿多人口生活在极端贫困之中。……这是当今世界面临的最大挑战，也是引起国际社会动荡的重要原因。当然，不能像苏联那样搞僵化的社会主义制度，这从根本上违背了马克思主义关于生产力和生产关系的基本原理，社会生产力没有达到一定程度时，生产关系长期极端化发展必然以损害生产力为代价，首先是无效率，最终也创造不出胜于资本主义的物质财富和精神财富。而中国特色社会主义制度有着极强的自我调整和包容的能力。中华人民共和国成立后，经过一段时间的摸索，人们发现公有制建立不是最终目的，最终目的仍然是发展社会生产力，改善人民生活，因此，党的奋斗目标也从以阶级斗争为纲转向以经济建设为中心，解决人民生活需要与社会生产不相适应的矛盾。在保持公有制地位的前提下，中国共产党开始进行改革开放，允许私人经济和外资发展，既补充公有制经济对社会产品供给不足的问题，也激活国有经济参与国内外竞争，在竞争中壮大国有经济。由于公有制经济具有天生的劳动优先的基因，在实现社会公平与进步方面确保了资本和劳动关系的协调发展，而不是走向对立，这也为未来的世界发展提供了一种新

---

① 符妹：《人类命运共同体的内在规定及其实践逻辑——基于马克思人类解放理论的考察》，《理论探索》2017年第5期。

的发展范式，既考虑资本的效率一面，也兼顾劳动发展的一面，在和平、和谐中最终实现工业文明的世界化。在谈到中国模式时，习近平主席在世界经济论坛 2017 年年会开幕式上指出："这是一条把人民利益放在首位的道路"，"这是一条在开放中谋求共同发展的道路"①。

第三，坚持正确义利观、坚持共商共建共享。习近平总书记指出："要统筹我国同沿线国家的共同利益和具有差异性的利益关切，寻找更多利益交汇点，调动沿线国家积极性。"② 正确义利观的核心是在利益面前，要自我克制、自我约束，同时要有一定的奉献精神，既要把蛋糕做大，又要保证分配合理，具体体现在三个层面：一是不能被资本牵着走，在推进他国发展的过程中，不能唯利是图，不顾当地环境的发展，不顾当地民众的诉求，同时要把部分红利用于回馈当地社会发展，而不是掠夺式逐利；二是要有平等精神，与他国打交道不能采用剥削方式，不能走资本主义国家殖民老路，要公平分享利益；三是牢记发展的最终目的，即使在国外，也不能忘"初心"，要看中长远利益、共同利益。"要双赢、多赢、共赢而不要单赢，不断寻求最大公约数、扩大合作面，引导各方形成共识，加强协调合作，共同推动全球治理体系变革。"③ 习近平主席在博鳌亚洲论坛二〇一八年年会开幕式上的主旨演讲中指出："'一带一路'建设是全新的事物，在合作中有些不同意见是完全正常的，只要各方秉持和遵循共商共建共享的原则，就一定能增进合作、化解分歧，把'一带一路'打造成为顺应经济全球化潮流的最广泛国际合作平台，让共建'一带一路'更好造福各国人民。"④

坚持共商共建共享。一是共商原则。共商原则很好地体现在"一带一路"建设上。建设"一带一路"不是中国一家的事，需要各国协商讨论面临的各类问题，如跨界问题、制度融合问题，以便以低成本平等地使各国获取更大的回报。习近平总书记指出，应该共同推动国际关系民主化，世界上的事情应该由各国政府和人民共同商量办。应该共同推动国际关系法治化，推动各方在国际关系中遵守国际法和公认的国际关系基本原则。应

① 《习近平谈治国理政》第 2 卷，外文出版社 2017 年版，第 483 页。
② 《习近平谈治国理政》第 2 卷，外文出版社 2017 年版，第 501 页。
③ 《习近平谈治国理政》第 2 卷，外文出版社 2017 年版，第 450 页。
④ 《习近平谈"一带一路"》，中央文献出版社 2018 年版，第 104、107、217 页。

该共同推动国际关系合理化，推进全球治理体系改革。① 二是共建原则。"一带一路"将带给中国和沿线国家诸多利益，但是要将理想中的利益转化为现实利益需要中国与沿线国家的共同努力，因此，"一带一路"建设"不应仅仅着眼于我国自身发展，而是要以我国发展为契机，让更多国家搭上我国发展'快车'，帮助他们实现发展目标"②。三是共享原则。经济发展成果为沿线各国所享有需要明晰的利益分配，这样才有助于后续的合作，有助于进一步发展。

（二）人类命运共同体建设的主要内容

作为一种新范式，人类命运共同体已成为一个世界性概念，人类命运共同体建设实际上是对资本负能量的抑制，是对人性的回归，即发展是为了更多人过上幸福生活，而非为了资本而发展，将以追求同质发展、平等发展、共同发展和可持续发展为理念，以共商共建共享为原则，通过与欠发达国家之间进行合作，共同创建市场，共同享有技术成果，在世界范围内建立新的供求平衡体系，以全面解决长期存在的供求失衡问题，最终依靠自身力量完成工业化进程，从根本上修正原有的世界体系存在的对抗性关系。田江太认为，从政治经济学视角考察，构建人类命运共同体既是世界历史发展的必然趋势，也是对以资本逻辑主导的全球化的批判和超越，意味着开创一种新型全球性文明。新型全球性文明新在人类主体优先超越资本逻辑和民族国家主体优先，新在以非零和的互利共赢原则取代零和思维的你输我赢原则，新在以文明交流互鉴取代文明的冲突和对抗。新型全球性文明是人类命运共同体的核心和灵魂，全球性生产力的发展和新兴科技革命是推动构建人类命运共同体的根本动力，人类共同利益是构建人类命运共同体的经济基础，新型文明观是构建人类命运共同体的核心价值理念。③ 在这一过程中，中国有着自身成功经验、累积的经济实力和坚定的信仰，因而能够成为新的世界经济体系转型的领跑者，正如党的十九大报告指出，中国要"始终做世界和平的建设者、全球发展的贡献者、国际秩序的维护者"。

---

① 习近平：《论坚持推动构建人类命运共同体》，中央文献出版社 2018 年版，第 527 页。
② 《习近平谈治国理政》第 2 卷，外文出版社 2017 年版，第 501 页。
③ 田江太：《人类命运共同体：一种新型全球性文明的开创》，《中国矿业大学学报》（社会科学版）2021 年第 2 期。

一是人类命运共同体理念来自中国传统。自古以来，中国就强调"和为贵"。"和"在中国文化中有着很深的渊源，并占据重要地位。今天，中国提出命运共同体，在某种程度上是中国传统思想中"和"的精神的反映，主张在世界范围内追求和而不同，不因文化相异而彼此歧视，反而谋求如何更好地相处，更好地解决共同面对的问题。与西方社会追求的同质共同体不同的是，中国"和"文化更强调对异质共同体的包容，成员身份的多样性和多元诉求并不影响共同体建设，相反，更追求"求同存异"，允许成员存在差异性、多元性，在差异中寻找最大公约数。① 法国学者马识路在其《世界对中国的期待》一文中写道："中国在世界上是独一无二的，是唯一一个原生的集体主义社会，至少在表面上没有受到西方自由主义民主的拘束。这既是它面对'世界'的弱点，也是其优势和实力。它可以向世人展示，一个传统的集体主义社会能够创造一种新的模式，在这一模式中整体利益优先于个体利益，同时尊重个体并保障其权利。"历史学家麦克法兰在其《现代世界的诞生》一书中，强调了个人主义对西方现代性的重要意义，同时认为中国自古以来就是个立足于集体的文明，个人只有同其他人结合起来才能变得完整，中国应保持特有的传统和文明，包括坚持集体主义的价值原则。②

二是关于异质共同体的建设。这里需要说明的是，人类命运共同体构建并不是传统西方世界所追求的同质共同体。西方在探求的共同体建设仍然没有摆脱传统的个人主义思维定式，因此其主张的共同体是基于个人主义之上建立的同质共同体，或者说这种共同体不过是扩大了的个人主义。这种共同体仍然无法解决今天所面临的问题。迄今为止，人类所建构的成功的共同体主要是欧盟。欧盟通过政治达标、经济达标、意识形态达标等方式建立共同体。所谓的政治达标指加入国与共同体组织进行交易，加入国进行主权让渡，共同体则给予加入国以利益回报。这种主权让渡是递进的，随着共同体建设的深入，加入国不断出让主权，与此同时，加入国通过共同体获得在外部更高的存在感和加入国不借助

---

① 于宏源：《权威演进与"命运共同体"的话语建设》，《社会科学》2017 年第 7 期。

② 韦冬主编：《比较与争锋：集体主义与个人主义的理论、问题与实践》，中国人民大学出版社 2015 年版，第 3 页。

共同体而难以取得的安全利益、政治利益和经济利益。所谓经济达标是指加入国加入共同体必须满足共同体的标准，比如财政指标等。这实际上为共同体的发展设置一种条件，确保在共同体发展过程中做到付出和收益的基本对等，而不必耗费过多的资源，尽管欧盟作为共同体的发展已经进入高级阶段，但是毕竟共同体成员并没有完全放弃主权，主权的存在仍在威胁共同体的存在，一旦成员宣布退出共同体，对共同体的政治伤害和经济伤害不可估量。如，英国脱欧显然就是一种对共同体的伤害。所谓意识形态标准是指具有相同价值观的主体加入共同体建设，这实际上为确保共同体的同进同退并能够对共同体事务达成共识创造前提条件。正因如此，欧洲共同体建设实质上是一种国家主权自然扩展到更上一层组织，通过建立权威机构替代成员国行使对内政策和对外政策的制定权，从而使成员获得更多的现实利益。由于这种共同体是建立在国家同质基础上的，尽管是国家高级发展形态，但却不是真正意义上的共同体，对世界其他国家不具有较大参考价值。世界上文化多元、价值观多元使得同质共同体建设不具有榜样作用。欧盟是一种稀缺共同体，需要的同等前提条件过多，并没有做到如何建立基于多元文化价值观的共同体，反而难以对世界其他地区共同体建设产生示范效应。就像新加坡外长贾亚库马尔曾指出的那样，"同欧盟不一样，东盟从未打算成为一个将要求成员国交出某些国家主权的超国家组织"①。如何建设异质共同体？李义天提出五种策略，即倡导民族认同、平等对待民族认同、建设超民族认同、抛开"认同"、构建国家认同。②

异质共同体之所以建设难主要在于对共同利益的分享或者对共同挑战应尽的义务存在不对等上，或者说我们很难有一种计量尺度将每个国家在共同体建设过程中，尤其是异质共同体建设过程中，做好计算得到一个大致的义务与利益均衡的等式。这种计算的难度之大，使得我们无法给予每个国家大致利益，只能引入时间变量，将这一难题放入动态的考察之中，在过程中求解，或许是一种不错的选择。

三是作为一种理念和实践过程，命运共同体建设需要外部支持和配

① 参见倪峰《论东亚地区的政治、安全结构》，《美国研究》2001年第3期。
② 李义天主编：《共同体与政治团结》，社会科学文献出版社2011年版，第33—39页。

合，特别是在认知上，中国需要周边国家对这一理念有着高度认可，才能最终有助于实现命运共同体的目标。① 命运共同体是和平发展、平等发展、开放发展、共同发展、可持续发展的集合理念，② 命运共同体是改变国与国之间传统的发展形态，最终形成有着共同价值认同的新型关系，为世界经济社会的全新发展提供一种新范式。基于上述理念，命运共同体建设离不开各国的支持，未来更需要在实践过程中与各国一起完成命运共同体的推进过程。周边命运共同体是命运共同体实践的具体尝试，特别是作为整个命运共同体建设的先行试验，对周边命运共同体的认知更多的是如何将命运共同体落在具体实践中，所采取的手段和建设措施也更具有实践性。有的学者认为，周边外交理念体现了命运共同体的核心思想，而建设命运共同体是开展周边外交的重要手段和目标，并就周边命运共同体建设展开了实例分析。③ 有的学者研究提出，建设周边命运共同体需要转换人文交流的思路，应追求本区域文化的共同繁荣、追求文化共建，践行"命运共同体"的价值理念，并实现多方面的转变等。④ 有的学者认为，周边命运共同体的具体构建要发挥经贸优势、开展有关命运共同体的联合研究、加强与周边国家的人文纽带、推进制度建设等。⑤

四是命运共同体认为大国应承担更多责任，如提供公共产品。⑥ 大卫·莫奎德认为，尽管欧盟取得民主化成功，但是欧盟却违背了民主原则，由此产生"民主赤字"，或者说是一种领导权、意志和合法性赤字——而最终仍是政治赤字。由于欧盟难以建立高水平政治，即承担全球责任，也就难以改变在全球事务中无足轻重的地位。⑦ 事实表明，共同体

---

① 陶连洲：《2013 年以来中国—东盟命运共同体研究综述》，《东南亚纵横》2016 年第 3 期；王岩、竟辉：《以新发展理念引领人类命运共同体构建》，《红旗文稿》2017 年第 5 期。

② 有的研究从集合角度出发，将命运共同体视为包含相互依存的国际权力观、共同利益观、可持续发展观和全球治理观等多个内容的全球新价值观。参见曲星《人类命运共同体的价值观基础》，《求是》2013 年第 4 期。

③ 陈邦瑜、韦红：《周边外交视角下构建中国—东盟命运共同体》，《社会科学家》2016 年第 4 期；雷建锋：《中国的中亚地区主义与周边命运共同体的生成》，《教学与研究》2016 年第 10 期。

④ 王晓玲：《周边命运共同体构建与人文交流思路的转换》，《现代国际关系》2015 年第 5 期。

⑤ 王俊生：《中国周边命运共同体构建：概念、内涵、路径》，《国际关系研究》2016 年第 6 期。

⑥ 于宏源：《权威演进与"命运共同体"的话语建设》，《社会科学》2017 年第 7 期。

⑦ ［英］大卫·莫奎德：《欧盟：没有政治的政治共同体》，杨涛斌、蒋文豪译，《文化纵横》2011 年第 5 期。

内大国承担的责任和义务越多，越有利于共同体的有效运作。① 当然，大国承担的责任与其能力必须相适应，不能为维系共同体运转而无限制地付出，否则大国也会因实力缺乏而难以为继。

五是对个性和国际规则的尊重。命运共同体建设不是对个性的抹杀，也不是重新改写国际规则，相反，是对个性的充分尊重和对国际规则的充分尊重。有学者指出，建立人类共同体的前提条件，就是要求人们具有足够的想象力去理解他者的生活，并具有足够的虔敬心把他者的存在也视作慈爱的造物的一部分。② 2014 年 6 月，习近平主席在和平共处五项原则发表六十周年纪念大会上的讲话中指出，"所有国家主权一律平等，反对任何国家垄断国际事务"，并从主权、安全、发展等多个角度阐述了公平的具体意义。③ 蒋昌建等认为，中国在提出构建人类命运共同体的过程中，同样借鉴西方思想的合理内核，是对西方国际关系理论的升华。④ 特别是对国家个性的尊重上，命运共同体更是如此，"每个国家和民族的历史传统、文化积淀、基本国情不同，其发展道路必然有着自己的特色"，树立正确的国际权力观，摒弃不同社会制度、意识形态之间的偏见，避免以强凌弱、以大欺小、以富欺贫，突破权力争霸、权力偏私的思维，坚持政治上的平等相待、相互尊重，坚持"通过对话协商与和平谈判，妥善解决矛盾分歧，维护相互关系发展大局"⑤。同样，命运共同体建设也表达对国际规则的尊重。2017 年 1 月，习近平主席在联合国日内瓦总部发表题为"共同构建人类命运共同体"的主旨演讲中指出，"国际关系演变积累了一系列公认的原则"，如"平等和主权原则""和平共处五项原则"等，这些原则应该成为构建人类命运共同体的基本遵循。他强调："要推进国际关系民主化，不能搞'一国独霸'或'几方共治'。世界命运应该由各国共同掌握，国际规则应该由各国共同书写，全球事务应该由各国共同治理，

① 于宏源：《权威演进与"命运共同体"的话语建设》，《社会科学》2017 年第 7 期。
② ［美］理查德·M. 维沃：《思想的后果》，王珀译，江西人民出版社 2015 年版，第 180 页。
③ 习近平：《论坚持推动构建人类命运共同体》，中央文献出版社 2018 年版，第 129 页。
④ 蒋昌建、潘忠岐：《人类命运共同体理论对西方国际关系理论的扬弃》，《浙江学刊》2017 年第 4 期。
⑤ 《习近平谈治国理政》第 1 卷，外文出版社 2018 年版，第 331 页。

发展成果应该由各国共同分享。"①

六是加强对人类命运共同体的宣传。价值共识是指"特定的社会共同体在社会生产过程中,通过社会交往实践对社会生活中的某一价值观念所达成的相对一致的共同理解和见解"。刘志云认为,通过制度化对人类命运共同体等新理念进行推广,可有效促进国际社会对新的"价值共识"的生成与内化,是推进"一带一路"倡议有效的途径。②

---

① 《习近平谈治国理政》第 2 卷,外文出版社 2017 年版,第 539—540 页。

② 刘志云:《价值共识、国际法与"一带一路"倡议的推进方略》,《厦门大学学报》(哲学社会科学版) 2022 年第 3 期。

第五章 "一带一路"倡议与
国家主权重构

随着世界面临的共性问题越来越突出，新的世界经济体系必须具备解决共性问题的机制，才能推进世界的整体发展。广泛存在的共性问题或者共同利益客观上要求个体国家改变传统的主权观念，适应新的发展需要，这就意味着国家在一定程度上将他人利益/共同利益视为国家个体利益的一部分，国家主权需要在维护自身利益和他人利益/共同利益之间保持平衡，而不再一味地追求国家自我绝对利益最大化。从国家自我绝对利益最大化到自我相对利益最大化是时代的进步，也是世界发展的要求，是世界从部分发展向共同发展、从重视国家利益向国家利益和全球利益并重的必然，这也是世界经济体系转型的表现之一。

作为推进世界共同发展的倡议，"一带一路"倡议在一定程度上对国家主权起到了重构作用。"一带一路"倡议主张互联互通，主张站在世界角度来看待发展，对传统的基于个人主义之上建立起来的国家主权观提出了变革要求，将主权视为既是维护个体国家发展的手段，也是促进世界共同发展的手段，主张国家发展与世界共同发展相统一，即国家个体利益与他人利益/共同利益相统一，这与传统的主权观即国家利益与他人利益/共同利益发展相冲突的看法有着根本性区别。"一带一路"倡议提出的互联互通举措以及国家发展战略对接等都是对传统的国家主权的一种改变。

当然，"一带一路"倡议不是机制化的倡议，对国家主权的变革更多表现为一种非强制性性质。这与西方国家主权让渡有较大的区别。当前，西方国家对"一带一路"倡议种种污名之词，实际上仍然是从传统的国家主权观念来看待今天的"一带一路"倡议，认为"一带一路"倡议是"新殖民主义""债务外交陷阱",而没有看到当下新趋势,即"一带一路"倡议正在引领新的国家主权观念的变革,推动将国家利益与共同利益相对立的主权观念向两者相统一的主权观念转变,国家主权与外部世界关系不仅是为了获得一国自身的发展,也需要将共同发展纳入其中,适应未来世界发展的需要。

一　国家主权与国际利益关系演进

第二次世界大战之后,随着越来越多的发展中国家政治独立以及跨国公司和国际组织的不断涌现,对国家及其主权的讨论进入前所未有的高度,特别是进入 21 世纪以来,全球化走势日趋明显,主权作为国际社会的核心概念也处于高度争论状态之中,争论的主要焦点是在国际社会主体日趋多元化的背景下,表面上是国家与其他主体之间进行权力争夺以获得更大的利益,实质则是价值"无限"的国家主权如何与国际社会进行价值"有限"的利益之间进行关系重构问题。

（一）有关国家主权与国际利益关系重构的讨论

20 世纪 70 年代以来,国家间关系随着跨国公司的出现与成长发生了历史性的转变。跨国公司的出现使得发展中国家不得不面对国际关系的重新整合,过去一直被视为政治功能的国家角色随着跨国公司的到来而不得不做新的调整。向跨国公司让渡经济主权换取经济发展成为一种新的趋势,可以说,自第二次世界大战之后,发展中国家首次与其他国际行为体进行大规模的国家主权与国家利益关系重构。这种关系重构也是在一定的历史条件下完成的,20 世纪 70 年代,正是跨国公司在全球开始进行攻城略地的时候,全球大资本希望突破国界,能够在全球市场上纵横驰骋,获取更高的利润。要突破国界障碍,就必然要求其他国家特别是发展中国家主权进行适度地让渡,如给予外资在该国享有与本土企业同样的经营自主权,这就导致众多国家不得不在外国资本和国家主权之间进行权衡。这也是我们看到更多的国家参与到签署双边或多边自由贸易协定,更多的国家打开大门允许外部资本的到来。《已经改变了的国家》一书指出:"关于人权和民主治理的全球化的规范正在穿透国界,重塑传统的主权和自治概念。"① 英国的戴维·赫尔德认为，全球化对现代民族国家的影响主要体现为：国家主权与所处理的事务之间不再具有唯一性，代表国家行为的力量与国家传统力量发生了位移，拥有政治权力的核心与国家政府不再画等号，新政治权威形式也在不断变化中，国家主权的实质与形式不再是统一的，对共同利益的追求使得国家越来越要求加强多边行动，国内事务与外交事务、国内政治问题和国外问题的区别日益模糊。②

经济全球化对国家主权构成的挑战导致对国家主权的看法也在发生一些变化，如"民族国家终结论"等。程虎认为，受全球化影响，主权观念正在从以国家利益为主的主权观向兼顾国家利益和全球利益的主权观转变；从以政治为中心的主权观向兼顾政治、经济、文化等内容的多元主权观转变；从以"保护"为出发点的主权观向以"合作"为出发点的主权观转变。③ 过去以一国社会为中心被以国家为中心的研究框架取代后，现今以国际社会为中心正在取代以国家为中心的研究框架。贝克说，国家主权正在遭遇悖论，"在全球性时代，国家主权只有通过放弃国家主权才能实现"④。刘明玉认为，全球化所解构的仅是绝对意义上的国家主权，而不是一切形式上的国家主权。甚至对于一个国家而言，全球化并非全然有害，它迫使国家做出种种应对策略，从而在另外一些方面推动更加积极的国家权力的出现。总之，国家主权不必然会被削弱，但它若要在一个关系繁复、风险普遍存在的世界实现善治则必须进行相应的"重构"⑤。

随着国家对外交往范围的扩大，与国际市场融合日益上升，国际社会对国家的影响也将越来越大，甚至一国的经济发展受制于国际市场的波动。可以说，"经济全球化对国家自治具有一定的约束作用"，并且"国家

① 俞可平：《论全球化与国家主权》，《马克思主义与现实》2004年第1期。
② 俞可平：《论全球化与国家主权》，《马克思主义与现实》2004年第1期。
③ 程虎：《国家主权及其当代命运——一种全球化的分析范式》，《清华法治论衡》2001年第二辑，第458页。
④ 俞可平：《论全球化与国家主权》，《马克思主义与现实》2004年第1期。
⑤ 刘明玉：《全球时代：国家主权的"解构"与"重构"》，《湖北行政学院学报》2020年第1期。

会逐渐成为使自身经济适应全球经济的一种应急工具"。由于单个国家控制其国内或国家间经济活动的可能性越来越小，反过来，每个国家都会处于一种永久性的竞争之中，它必须通过创造引人注目的国内环境来吸引内部与外部投资商，从而得到更多的自由资本。这种情况下，国际市场和货币兑换对于政府制定健全的经济政策具有"永久表决权"。

国家承担的责任也在增加。在全球化使得各国联系增强的同时，也使得各国面临的挑战走向共性。一是国内问题国际化，如水资源问题、环境污染问题等；二是国家间联系密切导致新问题出现，如跨国犯罪等；三是国际问题国内化，如恐怖主义等。全球问题涉及的领域越来越广泛，要解决的问题越来越多，如环境和生态保护、人类文化历史遗产保护、海洋和空间资源利用、跨国犯罪、恐怖主义、国际移民、人口控制、疾病控制、核武器和其他大规模杀伤性武器的控制等。这导致国家即使在处理国内问题时也不得不顾及国际影响，并承担一定的国际责任，这样国家主权也走向相对化。① 布尔指出，虽然各国均为主权国家，但是这些国家在确定自身目标的时候，都将日益受到人类团结一致的观念或者世界社会观念的制约。② 理查德·福尔克在论述"地球所面临的四个威胁"（即"战争体系""人口压力""资源短缺"和"环境压力"）的时候指出，我们不能孤立地看待这些问题，"从根本上说，所有的威胁都是环境破坏的派生物，而环境破坏则是一套有缺陷的政治制度的必然产物"③。程虎认为，国家主权是经济、政治和文化等主权的统一。传统上，国家主权比较强调政治和外交主权，但是随着各国民众对改善生活要求的提出，国家主权越来越强调经济方面，即通过主权的灵活运用，为本国经济发展和民众生活水平的提升带来好处。同时，国际行为体不断要求突破国家疆域，特别是经济领域的管辖权，能够基于全球进行劳动分工和资源配置。一些国际组织，如WTO、欧盟、北美自由贸易区、亚太经合组织等都在为突破国家主权而成为主权协商的场所努力。当然，跨国公司在其中发挥的作用就更大，更是

① 俞可平：《论全球化与国家主权》，《马克思主义与现实》2004年第1期。
② ［英］赫德利·布尔：《无政府社会：世界政治中的秩序研究（第四版）》，张小明译，上海世纪出版集团2015年版，第247页。
③ 转引自［英］赫德利·布尔《无政府社会：世界政治中的秩序研究（第四版）》，张小明译，上海世纪出版集团2015年版，第248页。

追逐利益的一种典型组织形式。①

国际政治基本上仍围绕国家展开，国家的强弱直接影响到民众的生活，同时国家间关系也直接关系到全球问题的解决。但是，全球问题同样在影响和塑造新的国家关系。所有问题，如发展问题、减少贫困、饥饿、疾病和环境恶化，减缓或扭转全球变暖的切合实际的政策都需要国家来推动或国家间的协调。各国不得不坐下来一起共商全球问题。每一个国家既想获得更多的利益，同时又尽可能地减少成本的付出。而如何共商全球问题，正在考验国家这一国际主体的政治智慧，因此，不同的价值观冲突，或者说国家应选择哪一种路径更适宜于全球问题的解决，仍未找到良策。"一带一路"倡议为国家间关系重构创造了新的机遇，为重构传统世界经济体系的政治基础，甚至催生一种新型世界经济体系创造条件。目前，"一带一路"倡议主要投资发展中国家，正在将工业化成果向发展中国家推进，这在一定程度上改变了传统世界经济体系的基本行为逻辑。

随着交往的扩大，国家间关系受世界生产力发展的影响加深，将不得不参与世界资源配置，这样才能从世界与本国的互动中受益，以自己的付出换回所需的利益，在国家这一层面就表现为附着在资源上的主权关系的变化。第二次世界大战后，人们对国家的要求不是降低了，而是提高了。这主要取决于三个因素。一是国家内部民众对政府要求改善生活状态的要求提高了，过上美好生活已成为大众的共同向往。二是国际社会的示范作用。随着各国开放水平的提高，人们发现不同国家的民众处在不同的生活水平上，有的国家治理完善、民众生活水平高，有的则相反。"好"的国家尤其是西方国家福利水平给"差"的国家带来不同的感官，进一步强化了民众对自身政府发展经济，提高治理水平的要求。三是国际社会体系日趋走向成熟，逐步将国家的部分治理权集中于国际组织，减轻国家在某些方面治理的不足，从而有助于改善民众的生活水平。因此，国家推动经济发展的能力被要求提高了，当然，国家发展经济的路径也多元化了。其中最大的变化在于开放。马克思和恩格斯在《德意志意识形态》一书中指出，"只有随着生产力的这种普遍发展，人们的普遍交往才能建立起

---

① 程虎：《国家主权及其当代命运——一种全球化的分析范式》，《清华法治论衡》2001年第二辑，第455页。

来……最后,地域性的个人为世界历史性的、经验上普遍的个人所代替"①。这一替代过程实际上也展示了国家间关系的变化。

从现有的一些国家主权与利益获取的相关文献来看,它们有以下几点共识:一是主权不再成为束缚经济发展的手段而是推动力;二是主权是可以分解的,可以用来与外部资源进行交换,达到经济发展的目的;三是更多的共性问题迫切需要国家适度放弃主权,并就这些共性问题达成共识。

(二) 基于个人主义的西方发达国家主权与国际利益关系重构

第二次世界大战以后,一些西方国际法学者以提高国际法地位为名,主张弱化国家主权,把国家主权置于国际法或国际组织之下。

一方面,进入20世纪70年代,一些发达国家的学者对当时流行的以国家为中心的国际关系理论再次提出了挑战,将国家行为者如跨国公司和国际组织也纳入国际关系的研究中,认为在国际社会中,国家已不再是唯一有影响力的国际行为者,跨国公司、国际组织越来越与国家呈并驾齐驱的态势。② 西方发达国家要向发展中国家输出资本,攫取丰厚的利润,但是发展中国家已不再是发达国家的殖民地、半殖民地,而是政治上有着独立主权的国家。资本要跨越国界,到他国获得利益首先必须通过主权这一"关",因此,作为西方资本主义国家资本的代言人的理论界开始出现新的弱化或否定国家主权的思潮,其核心无非是为西方发达国家资本寻求出路。

另一方面,发展中国家经过流血牺牲获得政治独立,因而对国家主权倍加爱惜和珍重,在国际社会中,更加接受国家主权的至高无上和平等观念,希望发达国家给予对发展中国家应有的主权尊重和平等待遇,而不是对国家主权的弱化和否定,以此换取国家利益。典型事件是中国、印度尼西亚和缅甸在万隆会议上共同提出的和平共处五项原则,即互相尊重主权和领土完整、互不侵犯、互不干涉内政、平等互利、和平共处。和平共处五项原则充分体现了发展中国家对国家主权的维护决心,在国际社会中追

---

① 《马克思恩格斯选集》第1卷,人民出版社2012年版,第166页。
② 程虎:《国家主权及其当代命运———种全球化的分析范式》,《清华法治论衡》2001年第二辑,第414页。Biersteker T. J., Weber C., "The Social Construction of State Sovereignty," in *the Essays of State Sovereignty as Social Construct*, Cambridge: Cambridge University Press, 1996, pp. 6 - 8.

求政治上的平等，进而希望获得发展的机会。正是这一原则反映了发展中国家的强大呼声，因此成为国际社会中国与国之间，至少是发展中国家之间推动和平与发展的基本原则。联合国"一国一票"也充分展现了对国家主权的形式上的尊重或政治上的尊重。

经济水平的落后导致发展中国家始终难以在国际社会中拥有平等的发展权和治理权。如何运用发展中国家的经济主权换取本国经济实力的提升，一直是发展中国家努力的方向。其希望在国际社会中获得公正待遇，抵制国际垄断资本的剥削和控制，抵制国际关系上的强权和霸权，努力改变现存的不合理的国际政治与经济秩序，并实现经济崛起。

可以说，第二次世界大战之后有关国家、国家主权的争论更多以自我利益最大化为出发原则，面对日益增长的国际利益，各国试图从国际体系中获得一部分新兴的利益。因此，出现发达国家要求弱化国际主权和发展中国家被迫强化国家主权的讨论。自始至终，西方发达国家一直从个人主义理念出发，利用自身的强权，不断要求发展中国家对主权进行放弃。戴维·哈维认为，新自由主义是"一个关于政治经济实践的理论，这个理论认为人类福祉可以通过解放个人创建企业的自由和技能得到最大推进，而这样的解放是在一个以有力的私有产权、自由市场和自由贸易为特征的制度框架内进行的"。国家的"根本使命是代表国内和国外的资本来促进有利可图的资本积累的条件"，也使得国家机器"必定对所有形式的、对资本积累加以限制的社会团结恶意相对"。自由主义国家和国际组织通过哈维所说的"通过剥夺来积累"的方式实现对财富和收入的再分配。哈维的这个概念类似于马克思的"原始积累"，指的是利用政治权力、暴力和欺诈来剥夺他人的财富。哈维准确地指出："国家和国际霸权迫使借款人承担偿债的成本，不管这样做对当地人民的生计和福利有什么样的后果。如果这样做需要把本国资产以破产大甩卖的价格卖给外国公司，那也只能让它去了。"哈维相信新自由主义是全面强加给第三世界的，而且几乎没有遭到任何反抗。这样的差别源于美国和资本主义企业用来强加他们意愿的工具的性质。①

---

① ［美］理查德·拉克曼：《国家与权力》，郦菁、张昕译，上海世纪出版集团 2013 年版，第 128—135 页。

（三）基于共同体主义的国家主权与国际利益关系重构

随着国家间交往联系增强，共性问题的出现迫切要求国家转换角色，至少将对自身利益的关注调整为对自身利益和共同利益的关注上。冷战后，一些学者已经明确指出一些重要国际问题，如打击毒品犯罪、保护环境、国家安全等，已经超出了单个国家解决问题的范围，唯有加强国家合作，才能更好地促进国际社会的安全。① 实行改革开放前后的中国很早就意识到不能以自我利益为第一位，在与他国交往过程中，必须考虑他国的利益。邓小平强调，中国要依据时代主题来确定中国的国家利益，维护和促进世界和平与发展。正是立足于这样的判断，邓小平强调，从政治角度说，中国现在是维护世界和平与稳定的力量，不是破坏力量。中国发展得越强大，世界和平越靠得住。从经济角度讲，中国的发展会有利于全世界的发展。② 邓小平力倡国家间的利益冲突要以和平协商的方式来解决，对一时解决不了的问题可以等一等、放一放。对于有关中国南海等领土、领海问题与周边国家的争议，邓小平也创造性地提出了"搁置争议，共同开发"的思想，为维护地区稳定、促进周边合作、增强各方信任奠定了重要的思想基础。以上可见，中国早已将他国利益置于整体利益框架之下，以大局为重，形成新的主权观。

将共同利益纳入国家利益范围之内是全球化发展对国家行为的具体要求，也是构建新型世界经济体系的内涵之一，尽管这一主张不改变传统经济体系的运行基础，但是却对国家行为提出了更高要求，因此需要对国家行为进行新的规范。过去共同利益只是作为外生变量，影响但不决定一国对自身在国际交往中的决策，或者说国家利益仍只是表现为自我利益，而现在国家利益则由自我利益和他人利益/共同利益构成，他人利益/共同利益也因对国家利益的重要性而成为"内生变量"之一。因此，国家主权与外部利益的交换不能仅从自我利益为出发点，必须考虑他人利益/共同利益对国家主权重构的影响。将共同利益内置于国家利益，是国家作为国际

---

① 程虎：《国家主权及其当代命运——一种全球化的分析范式》，《清华法治论衡》2001年第二辑，第423页。
② 王军杰：《论WTO成员方经济主权的让渡与国际责任》，《青海师范大学学报》（哲学社会科学版）2009年第3期。

行为主体的一种升华。

F（国家利益） = f（自我利益、他人利益/共同利益）

国家利益由自我利益和他人利益/共同利益构成，如果以国家利益为1的话，则两者存在一定的对立关系，对自我利益关注过高则必然对他人利益/共同利益关注过低，"美国第一""美国优先"的说法是这种行为的典型代表。反过来，对自我利益关注较低，对他人利益/共同利益关注较高的国家则更具有共同体精神，中国目前就在倡导这种精神，因此提出人类命运共同体建设的倡议。

不同的国际行为背后代表不同的主权观，对自我利益看重的国家往往持有建立在个人主义基础之上的主权观，因此，追求自我利益最大化是这类国家的典型行为，而对他人利益/共同利益关注较高的国家则是以自我利益和他人利益/共同利益多重最大化为目标，更希望对国家主权进行新的解构和重建，以适应新的时代发展要求。诸如中国提出的义利观等都是对他人利益/共同利益关注的结果。当然，这不是说对他人利益/共同利益关注就不再对自我利益进行关注，而是对两者的共同关注。他人利益/共同利益其实也是国家自我利益的一部分，他人利益/共同利益的减少也是自我利益的损失。美国从多边组织中的退出并没有增大多少美国自我利益，相反却导致美国国际形象大打折扣。

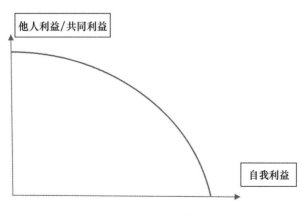

图 5-1 国家利益的重构

国家利益的重构势必对主权重构提出新的要求，这也是新型世界经济体系建设的政治基础。首先，重构国家主权需要改变传统的主权观，即从过去个人主义至上的国家主权观调整为包含集体主义精神的国家主权观。其次，建立国家主权对他人利益/共同利益维护的机制。最后，不能将他人利益/共同利益绝对化，将国家自我利益过于矮化。毕竟他人利益/共同利益是一项复杂的计算，且对他人利益/共同利益的维护需要国家付出一定的成本，但是国家却不能完整享有全部的好处，而是与他国共同分享的，有的时候甚至是主权付出超出利益获得，进而导致国家对他人利益/共同利益关注的退出。因此，如何更好地重构国家主权，特别是在无政府状态下激发国家对他人利益/共同利益的关注需要长期的实践。

二 国家行为主体假设解构与国家间关系重构

从某种角度上看，新型世界经济体系尽管在改变国家间关系，但是并不推翻现有经济体系的运行基础，不否定市场基础起基本作用，同时更多强调推进国家的经济同质化发展，强调全球问题的共同解决，强调对共同利益的追求。

（一）国家间关系的进化是历史的必然

国际关系理论通常认为国家间关系表现为敌人、对手和朋友三种关系形态。亚历山大·温特在总结无政府状态下的国家间关系时，提出三种关系文化，即霍布斯文化、洛克文化和康德文化。三种文化分别对应着不同的国家间关系形态，即敌人、竞争对手和朋友。在霍布斯定义的无政府状态下，国家间关系的基本出发点是"不是杀人就是被杀"的丛林法则，敌人是描绘国家间关系的基本用语。在洛克定义的无政府状态下，国家间关系的本质不是敌人，而是竞争的，其基本出发点是"生存和允许生存"，尽管国家之间不再以消灭对方为主，但是为了争取更大的利益，国家之间也在不停地相互竞争。在康德定义的无政府状态下，国家间关系出现朋友式的结构。[①] 迄今为止，尽管当今世界国家间关系早已摆脱敌对状态，但是其主导关系仍以竞争为主，国家间关系已完成主要从敌对关系到竞争对手的进化，但是尚未完成从竞争对手关系向朋友关系的进化，只有少数国

---

① ［美］亚历山大·温特：《国际政治的社会理论》，秦亚青译，上海人民出版社2000年版，第383—384页。

家建立起朋友式的关系。第二次世界大战后，欧盟是国家间朋友式关系发展的一种典型代表，另外，盟友关系也是一种代表。研究国家间关系转化的目的在于推进新型国家间关系的生成。从敌对关系进化到竞争对手关系的进化来看，主要取决于以下几种力量。

一是国家意识的觉醒为终结国家间敌对关系创造了前提。第二次世界大战后，国家意识的觉醒是战争留给人们的最主要收益，这种觉醒首先是政治上的觉醒，即国家之间无论大小一律平等，这表明国家间关系在向新的阶段进化，从你死我活向你无我有、你少我多这样一种生存和允许生存的状态上转变，这是人类社会从自然状态进入自觉状态的转型。在第二次世界大战中被削弱实力的发达国家维持殖民地的成本超过以往，不得不主动退出对殖民地的统治。那些曾经挑起战争的发达国家如德国、日本，在付出惨痛的战争代价之后，也开始加入维系和平环境的体系中来。随后成立的联合国等国际性机构也将国家在政治上的平等地位固化下来。与此同时，发展中国家积极寻求政治解放，不再接受不平等的国际地位。政治上平等地位的确定，根除你死我活的敌对关系，推动人类社会步入一个新的历史阶段，生存和允许生存成为国家间常态，任何一个国家不可以随意侵犯另一个国家。联合国宣言已有明确规定，其中一条就是战争罪。这也是我们看到第二次世界大战后国家数量得以逐渐稳定下来的主要原因。和平共处五项原则的提出更是对新型国家政治关系的高度总结和概括，也成为未来的行动标准和实践准则。与此同时，国家间关系主要表现为经济上的竞争关系。美苏争霸看似是政治竞争、意识形态竞争，实质是经济竞争，最终以苏联不敌美国经济实力增长而败北。即使发达国家内部也是如此，当日本、德国在经济上对美国构成威胁时，同样遭受美国的经济报复，如1985年日本的广场协议、美国对欧元的干扰等。

二是战争的成本超过收益，使人们放弃顶级的敌对关系，即热战。历史上多次战争的烙印以及两次世界大战造成的巨大伤害和带来的惨痛结果使人们不得不反思敌对关系是否有助于人类社会的进步。正是基于这种反思，人们逐渐放弃国与国之间你死我活的敌对关系。这也是第二次世界大战之后，很少出现国与国之间的战争，更多表现为国内战争，即使是国家之间战争也是比较有限的。国家间关系在从敌对向竞争对手转化，主要表现为美苏之间仅存在冷战而没有爆发热战（当然不排除局部战争），这种转化标志着人类社会的进步，国家间关系即使相互竞争，也是相互依存的，但不能是敌对的，否则谁也无法存续下去，更不用说发展了。两次世界大战尽管让人类社会付出了惨痛代价，却也开辟了一条新的人类社会发展道路。今天，西方政客和学者试图用修昔底德陷阱来描绘中美未来的关系，即中美之间必有一战，但是至少从中国方面看，这是一场不可能打起来的战争。

三是谋求经济发展使得各国主动放弃对国家间敌对关系的认知。第二次世界大战后，无论是发达国家还是发展中国家，都将主要精力放在谋求经济发展上。特别是发展中国家获得政治独立之后，意识到落后就要挨打。享有与发达国家一样的工业文明成为世界上几乎所有发展中国家的梦想。不管发展中国家提出什么样的理论，如中国的赶超理论、拉美的依附理论，以及后来"亚洲四小龙"的经济腾飞，核心只有一条，那就是尽快向发达国家看齐。发展经济才能改善民众生活水平，而唯有和平环境才能够为经济发展提供可持续的条件，你死我活的敌对关系不应成为日常国家间关系的常态。之后一些相关理论也开始出现，如民主和平论、贸易和平论等。各国战略目标的调整表明人们已基本放弃国家间敌对关系的想法。

国家间关系是不断进化的，既是国家之间在经历相互磨合历史过程之后的结果，也是人类对自身不断觉醒的结果。从国家间敌对关系演化到竞争对手关系是一次飞跃，可以相信从竞争对手关系演化到朋友关系也将是一次新的飞跃。这种变化需要人们对历史再次进行自我反省，同时对传统的国家间关系的认知进行一次新的解构，包括对一直以来认为是正确事物的认知上的改变。

（二）国家身份多元化及其对朋友关系的追求

国际关系理论特别是现实主义认为，在国际关系体系中，国家追求安全利益是第一位的。国家追求安全利益最大化，反映出国家间敌对关系尚未彻底退出人们的视野，尤其是美苏冷战进一步加剧人们对安全的担忧。出于生存需要，各国始终未放弃军备竞赛和武器贸易，也未放弃构筑同盟关系和北大西洋公约组织等国际安全组织。国际关系诸多流派往往从战争与和平关系起步，即使第二次世界大战结束，世界级热战发生可能性已大大降低的前提下，国际关系研究者仍然没有放弃对国家安全问题的研究，毕竟一国安全问题在没有得到彻底解决的前提下，国际安全格局和国家实力对比的变化仍然是决定一国特别是小国国家安全的变量。这也是新现实主义等理论产生和发展的背景。不过，冷战毕竟与热战有着本质上的区别。第二次世界大战后，各国逐渐把注意力转向经济发展上，军事上的冷战被经济上的热战所取代，冷战实质是经济上的激烈竞争，是两大不同意识形态阵营的竞争。随着跨国界经济活动的推进，国家对经济发展目标日渐上升到第一位，特别是在冷战结束后，对经济利益的追求随之成为核心追求。国家所具有的经济人身份特征日渐突出。哪个国家能够为自己的百姓带来更大的生活改善，政权也就相对稳定，并有较长的存在期。

国家对经济利益最大化的追求是第二次世界大战后国家身份迈向多元化的一个突出变化。这里并不是说历史上各国不以追求经济利益最大化为主要目标，而是强调国家对经济利益最大化的追求上升为绝大多数国家的第一追求目标。对经济利益的追求反过来推动国家间关系从敌对走向竞争对手关系。你死我活的结局并不有利于一国经济利益的增长，如果一国想从外部世界获得发展机会，就必须允许其他国家的生存和繁荣，才能从他国的生存和发展中获得利益。因此，国家间关系进步的背后存在巨大的物质利益关系。作为世界经济体系中的主要行为主体，处于竞争关系中的国家与世界经济体系的关系类似于企业与市场的关系。市场是由众多有关联的企业构成的，同样世界经济体系也是由众多有关联的国家组成的。在市场中，企业被假设为追求经济利益最大化的个体。为追求经济利益最大化，企业之间主要以竞争关系为主，同样在世界经济体系中，国家为追求自身经济利益最大化，国家间的关系也主要以竞争为主。竞争的好处是维系企业作为"经济人"的动力，为谋求自身利益最大化，不断提高自身竞争优势。同样，国家间竞争有助于保障国家自身的活力，同时也有助于保障世界经济体系充满活力。现实中，与市场不同的是，世界经济体系并不完全由国家构成，跨国公司、国际组织也在发挥一定的作用，特别是20世纪70年代以来，跨国公司在世界经济运行中所起的作用越来越大，国际组织也在起着某种调节经济运行的作用，如世界贸易组织和国际货币基金组织等。

传统的世界经济体系是由众多追求经济利益最大化的国家基于分工建立起来的体系。这一体系具有以下几个特征。

一是国家之所以与其他国家建立关系，主要目的是追求经济利益最大化。这种最大化的经济利益难以从国内体系中获取，或者外部能够给本国带来超越本国之外的经济利益。一国是否追求这种外部经济利益取决于是否需要谋求这种经济利益的战略需要以及获得这种利益的能力，当然也取决于他国对外开放的情况。如果每一个国家都追求安全利益最大化，或者都不实行对外开放，则世界经济体系就由众多孤立的国家构成，国家也就无法追求外部经济利益了。相反，各国如果放弃对安全利益最大化的追求，各国百分之百实行开放，则世界经济体系与国际政治体系高度重合，由众多国家构成，且国家间完全以分工为纽带，各国如同企业一样追求经济利益最大化。

二是国家间关系建立在技术分工这一基础纽带之上，既相互联系又相互竞争。工业文明的发展使得国家间关系有了新的更加稳固的内在联系，即基于产业分工基础之上所建立的经济联系。一方面，由于现代工业把产品生产和服务分成若干小的环节，通过技术分工建立起一套相对完整的运行体系，各国从国际分工中获得的利益成为本国利益的一部分，且国家间超经济利益只能在朋友间存在。另一方面，一国可以与外部建立这种关系。如欧盟的发展实际上就是愿意牺牲一定的国家主权，扩大对外开放，将生产体系从一国外化为地区。正是由于分工的存在，世界经济体系尽管是一种无政府状态，却也有了自主的可能。另外，推动多边关系的国际组织发展，为国家间关系发展提供公共产品。发展带来和平、让渡经济利益换来真诚的朋友。

三是国家间关系随着经济联系的增强将会发生质变，逐步走向新型关系。欧盟的诞生代表着国家间关系迈上一个新台阶。欧盟成员关系以合作为主，竞争为辅，是经济发展到一定阶段的必然结果。欧盟的诞生表明，国家作为复杂的国际行为体，是一个多重目标的追求者，除了追求安全利益、经济利益之外，也期待与他国和平相处、和谐相处。国家不仅是追求安全利益最大化和经济利益最大化的行为体，也有着对精神层面的追求，或者说作为"社会人"身份的追求，如对美好事物的追求，这为改写国家间关系做好了准备。马斯洛关于人的需求多层次理论告知，人的需求是递进的，初级需求得到满足后，就会对更高需求产生兴趣并加以追求。"社会人"主要体现在对精神层面的追求上，包括对共同规则的自觉遵守、对共同价值观的塑造、将人类的发展视为更高利益的追求、超越一国狭隘的利益视野等。第二次世界大战之后，随着世界整体经济水平的提升、更多的人口加入到发达国家和新兴经济体中之后，国家对外部经济利益的维护也在日益上升，更希望通过合作和国际规范来约束国际社会中的各行为体。更多的国家加入到合作组织中，希望通过合作维护自身的安全，也希望通过合作扩大经济利益。与此同时，随着发展水平的提升，国家行为更倾向于友好型，不愿意通过竞争，而是通过合作方式推动经济利益的实现以及对共同价值的追求，这些变化表明国家间关系是可以进化的，伴随着国家向"社会人"身份的转化，成为追求精神层面最大化的行为体。从进化的角度看，国家有强大的动机追求朋友关系的建立。国家是追求安全利益最大化、经济利益最大化和精神层面最大化的国际行为主体。西方国家强调的同盟关系以及今天中国强调的伙伴关系（中国提出建立全球伙伴关系网络），表明人类社会正在积极推进新型国家关系的建立。

（三）国家"经济人"假设解构与朋友关系建立

朋友理论是描述国家间新型关系的新理论。朋友理论在传统的国际关系理论中已有讨论，这里将用于作为塑造新型世界经济体系的基础理论。传统的世界经济体系是建立在国家间竞争关系的基础上，是一种零和思维。而新型经济体系是好朋友关系，你好我好的关系。基于朋友理论，正确义利观成为建立新型国家间关系的思想基础。"一带一路"倡议正在对国家这一行为体进行解构，赋予国家行为体更多的内涵，是建立国家间新型关系和新型世界经济体系的前提。传统西方经济学的第一假设是"经济人"假设，包括企业在内的任何个体，都是以追求经济利益最大化为目标。西方国际关系理论也认为国家是追求利益最大化的国际行为体。利益最大化是西方学说中有关个体行为最核心的理念。"一带一路"倡议提出之后，特别是正确义利观提出之后，有关国家行为目标以利益最大化为假设的前提开始发生松动。将利益最大化调整为利益有限化，或者说以追求自我经济利益与他人经济利益最大化为国家的新目标，是国家间关系发生变化的前提之一。其中"义"起了很大的作用，对他人的"义"实际上是将他人利益考虑在内，对自身而言是将个人物质利益最大化与精神追求一起构成国家新的对外交往理念，由此构成朋友型国家间关系的基础。在正确义利观指引之下，同质化发展是构建新型世界经济体系的主要方向。让工业化真正遍及世界各个角落，工业文明为世界民众所享有，应该是新型世界经济体系的追求目标。传统上，发达国家与发展中国家之间建立的核心—边缘关系也将因国家经济同质化而转变。而朋友型国家间关系将推动世界经济体系从垄断竞争转向一般均衡关系，世界经济总剩余将会出现，以此解决发展赤字。竞争关系仍然存在，但是维系世界经济体系的均衡不再由西方国家单一力量构成，而是由发达国家和发展中国家共同构建。

朋友理论的核心是强调人与人之间的关系以合作超过竞争为原则。"经济人"假设从经济学意义上是对人类理性的肯定，具有一定的合理性。当然也有学者如梅奥对"经济人"假设进行批评，不过其主要针对的是李嘉图"群氓假设"，这也不是对"经济人"假设的彻底否定。美国学者罗特利斯伯格提出的社会人假设却是对"经济人"假设的一种超越。社会人假设并没有否定"经济人"假设，但是却表达出人性多重的一面。罗特利斯伯格指出："工作中的人同在生活的其他方面的人没有多大差别，他们并不完全是一种逻辑的动物。他们有感情。他们希望能感到自己重要并让别人承认自己的工作重要。"如果我们把国家作为"经济人"假设进一步拓展的话，国家也具有社会人性质，没有任何一个国家天生喜欢与人发生战争，国家也有追求更高目标的内在动力，除了追求安全和经济利益外，也追求和谐的氛围。这是对经济和安全利益的超越。这种超越也是一种理性追求的结果，代表一种精神层面的追求，如对惯例、价值观、准则、信念和非正式规则等的追求。国家希望形成一种和谐的关系，在追求"最大的安全经济利益"与"最大的和谐"关系之间保持平衡。如果适度的让利，能够带来更大的和谐，这种舍弃是值得的。朋友之间的交往，往往是这种关系的展现，真心实意的交往会带来更大的收益。朋友之间交往的最好方式是，不要求别人为你做什么，只要想你能为别人做什么。

朋友理论揭示国家间关系的质变，这种质变首先体现在国家身份的设定上。国家具有社会人的本性，导致国家经济人身份发生了变化，从单纯追求经济利益最大化转变为自我经济利益最大化和他人经济利益最大化。用公式来表述，即

$$F = f（自我经济利益最大化、他人经济利益最大化/共同利益最大化）$$

在追求经济利益最大化过程中，传统的有关国家"经济人"假设已失去意义，国家也有为他人利益或共同利益着想的地方。在这一过程中，国家不仅获得经济利益层面的满足，也获得精神层面的满足，体现国家对更高层次目标的价值追求。国家对利益追求的变化导致国家间关系也在发生变化，从零和关系走向共赢关系。国家追求自我利益最大化，必然推论出国家间关系是一种零和关系，对自我利益最大化的追求使得国家与国家间必然以追求你无我有、你少我多的这样一种对立关系。而国家对利益最大化的追求转变为对自我利益最大化与他人利益最大化/共同利益最大化追求之后，国家与国家间关系不再是对立关系，而是共赢关系，即你好我好的关系。这种共赢关系的出现将使国际格局发生新的变化。这种新变化在历史上仅在欧盟或同盟关系中出现，或者有约束关系的国家间出现，"一带一路"则是要追求非约束条件下的共赢关系，这种利他行为的追求是国际关系被改写的主要表现。

与朋友理论相近的是邻里理论。俗话说："远亲不如近邻。"地域接壤使得国家难以选择邻居，那么处理好邻里关系显得尤为重要。在社会心理领域，存在着一种"邻里效应"。邻里效应的存在来源于人们的心理预期和利益动机。一般情况下，人们都希望建立和谐的人际关系，好的邻里关系能给人们以最小的代价换取最大的报酬，诸如安全感、信任感等。如果价值观认同、兴趣相同，特别是经济发展水平相同，邻里之间往往产生更为亲密的关系，比如欧盟内部各成员之间。虽然国家之间因地域因素而难以选择邻居，但经济发展水平越高的国家，纷争也会越少，这是因为任何争端特别是安全争端带来的成本高于收益，对彼此财富的保护使得邻里之间尽可能减少争端。实际上，中国发展，包括对邻居发展的支持，目的在于尽可能实现同步发展，以减少争端，以发展促和平的道理就缘于此。美国学者安德森研究发现，人际关系中排在最前面也最受喜欢的六个个人品质是：真诚、诚实、理解、忠诚、真实和可信。用于国家间关系的描写也是如此。

（四）国家主权让渡及其对他人利益/共同利益的关注

国家主权对经济发展的支撑更多是制度层面上的。有人指出："一人丧失权利使另一人得到的效果只不过是相应地减少了这人运用自己原有权利的限制而已。"①

　　首先，国家主权让渡分多个层次，领土出让不在主权让渡的范围之内，对领土的珍视不仅是一国生存的基础，也是一国发展的基础，因此，主权让渡天生带有局限性。构成国家主权的要素有："不可转让、不可分割。"同时，它们也是识别主权是存在于某一个人或某一群人手中的标志。如主权者可以转让铸币权、先购权等特权，但一些基本权力是绝对不能让渡的。因为，如果他将军队交出去，司法权将由于丧失国家强制力的后盾而无法执行法律；如果他把征税权让出去，军队也将无法维持；要是把统治意识形态的权利让出去，人们就会因思想的混乱而发生叛乱。②

　　其次，主权尤其是经济主权的让渡更多表现为制度层面。采取国际惯例意味着国内制度的调整，而这种调整往往伴随着成本，需要对国内制度结构进行调整，这种调整会触动原有的利益结构，如果调整给不同部门带来的收益是正向的且利益分布大体一致的情况下，则这种调整容易获得通过；如果这种调整带来的收益是负向的，且分布不均匀，则往往容易遭到较大的抵制。程虎认为，随着主权观念的调整，国家主权出现几个重大的变化：一是国家管辖权呈现更大灵活性，尤其是在经济领域，国家管辖权存在较大的灵活性，国家也在修改法律，加强对跨国公司的管理。二是国家内部各种机构和制度的国际化和独立性增强。一方面，经济全球化要求国家机构和制度的国际化，即外部关系的内部化管理；另一方面，全球化已促使自治机构的发展，如独立中央银行的发展。三是政府职能的社会化转变。一方面，增强行业协会的作用；另一方面，政府可以进行企业化改革，引入竞争机制提高政府的工作效率。四是国家内部多中心法律秩序的出现，国内法律制定不再仅依赖国内基础，也要更多地依赖一些国际标准，通过国际标准的国内化实现全球管理目标。③

　　最后，随着资本向世界各处的渗透，国家主权让渡越来越表现为一定的竞争性，即不同国家为从国际社会中获得发展资源，也在进行主权让渡竞争，实际上是对世界环境的一种自我适应。斯蒂芬·克拉斯奈在《国家

---

　　① ［英］霍布斯：《利维坦》，吴克峰编译，北京出版社2008年版，第65—70页。
　　② ［英］霍布斯：《利维坦》，吴克峰编译，北京出版社2008年版，第85—90页。
　　③ 程虎：《国家主权及其当代命运——一种全球化的分析范式》，《清华法治论衡》2001年第二辑，第449—459页。

主权的命运》一文中指出："保障了资本主义总体合法性的制度结构自 20 世纪 70 年代以来就受到了侵蚀，在金融危机和财政危机的情况下，这种侵蚀更为严重。"①

一国将主权与国际利益交换是通过与他国合作，将外部的不确定性进行内部化，降低交往成本，建立一种稳定的合作关系，进而获取一种更为现实的利益。在全球化加速发展的趋势下，国家的发展在获得更多外部资源的同时，也面临了更多的外部不确定性，实现国家利益的交往成本也在增加。因此，主权越来越被看作是可让渡的，借此实现国家利益最大化。主权国家唯有通过逐步让渡主权，才能为国家整合内外部资源、寻求快速发展提供机会。

包含了他人利益/共同利益的国家利益仍是国家主权维护的核心所在。有人指出："主权的让渡其实是对国家利益本位的更高层次上的共享，其目的是谋求国家长远和更大的利益。因此，主权让渡并不是主权的'丧失'与'削弱'，而是在更大范围内通过对让渡主权集体的共享，以谋求国家更长远更大的利益。"②

现代社会中，国家主权的让渡具有以下几个特征。

第一，向国际组织转让部分主权，使成员国能够就某一个方面的事务进行共同决策。罗伯特·奥布莱恩等认为，国家作为一个机构在建立和维护国际治理体系中起到了关键性作用，因为国家是法律和政治权威连接的枢纽。国家还是国际体系中最重要的合法行为主体以及个人最主要的代表。只有国家能够签订对一国所有居民都有约束力的协议，虽然其代表性功能有时并不是完美的，但国家是在其领土范围内唯一能合法宣称代表其人民的组织。③

第二，国家主权的让渡不是被迫的、不平等的、无条件的，是国家出于自身利益最大化的考虑，通过让渡主权来获得国家的长远利益是一种国家主动作为。这种国家主动适应国际环境的变化，对自身权力进行再调整

---

① ［美］伊曼纽尔·沃勒斯坦等：《资本主义还有未来吗?》，徐曦白译，社会科学文献出版社 2014 年版，第 152 页。
② 张丽：《全球化的背景下国际组织与主权国家的互动分析》，《行政与法》2007 年第 8 期。
③ ［加拿大］罗伯特·奥布莱恩、马克·威廉姆斯：《国际政治经济学（第四版）》，张发林译，中国人民大学出版社 2016 年版，第 331 页。

是理性考虑的结果，而非是冲动，更不是一种盲从。相反，借助国际组织或国际合作，可以最大限度地节省国内资源，换取外部资源；或者借助主权让渡，换取原有主权不可能享有的利益；或者说以主权范围缩小换取更大的经济利益、战略利益或新生利益（国家主权不能创造出来的利益）。现实中，国家主权让渡是一种政治成本与经济利益的交换，以最小的政治成本代价换取最大的经济利益。主权国家也不是全然被动的，可以通过退出国际组织重新获得曾经让渡的国家主权。国家决定自身与国际组织的关系是加入还是退出，背后是主权国家权衡其权力让渡与换来的实际利益大小。

第三，国家将接受国际规则的制约。国家对国际社会的参与意味着国家不能完全按照自身利益要求来制定经济政策，而只能在接受国际规范过程中，实现自身利益最大化。对国际规范的接受意味着国家主权向国际社会的让渡，这不仅表现在对外经济政策的制定权上，也包括对内的经济政策制定权上，一国的国际经济部门通过产业关联会将国际影响传导到国内部门。然而，从属于国际市场并不意味着国家活动的减少，为投资者创造更多的有利环境，相反需要国家更多地参与相关政策的制定与执行。杰索普对国家干预进行了基本的战略性再定位。他认为，凯恩斯国家是"熊彼特式的工作福利制度国家"，但他对国家干预进行的重新定位恰恰与这类国家的传统政策大相径庭。熊彼特式工作福利制度国家的目标是在开放型经济中促进产品、生产过程、组织和市场的创新，并通过干涉供应商，尽可能地提高国民经济的结构性竞争力；同时，使社会政策服从于劳动力市场灵活性的需求和或者国际竞争的约束。[①]

第四，限于在发展自身实力上存在的局限或不足，国家需要与外部资源、技术、市场进行交换，补充国内的不足，以便使国内经济上一个新台阶。但是，这种交换在正常的国际交往中可以通过国际市场来实现，按照一般的经济学原理，比较优势是一国取得外部资源等的主要依托，按照国际市场价格进行的经济活动，实际上也是一国主权在发生位移，即一国把具有比较优势的资源、技术、产品的"使用权力"与他国进行交换，换回

---

① ［英］克里斯多夫·皮尔逊：《论现代国家（第三版）》，刘国兵译，中国社会科学出版社2017年版，第140—145页。

自己缺乏的或不足的资源、产品或技术，这种情况下是一种低水平、互补性的主权交换，有助于本国经济增长的或实力增长的"主权让渡"（成本）与"主权回收"（收益），主权让渡是为了主权回收且回收能够获得实力的提升，尽管这种提升过程有一个自我加入的过程，但是却带来主权收益，使得一国能够更好地维护或推进自身实力的增长。实际上，自我加入的过程也很重要，这是推进外部资源、技术或产品能够实现主权收益的核心，变他国主权为自我主权的过程，这样可以被看作主权的扩大。上述的主权收益与增长在当今世界是一种普遍存在的交往行为，也是一种被世界上绝大多数国家所认可的行为，只要不是持有封闭的想法，与国际社会进行这种普遍的交换行为是持有开放思想的国家行为。

第五，人们越来越学会通过国际途径来寻求改变自身境遇的机会，由此提高国家之间开展主权竞争的程度。西方学者认为，在全球化时代，国家主权的分割和让渡正在向两个方向转移。一是对本国地方政府和民间组织转移，让国内其他主体参与国家治理，推进国家的进步；二是向国际组织和全球公民社会组织转移，这是国家主权向国际社会转让治理权，包括国内治理权和国际治理权。英国学者保罗·赫斯特和格雷厄姆·汤普逊认为，在全球化时代，国家不可能像过去合法使用暴力那样垄断所有治理权力，由于国家层次的机构远远不能提供足够的地方性知识和有效治理，各种超国家的国际组织、国内的各种民间组织，同样分担着国家的治理权力。① 其实这也表明，国家主权观正在从绝对主权观向相对主权观转变。

三 "一带一路"倡议与新型主权观塑造

成本与收益是主权与外部进行关系重构的主要出发点，只有当主权国家认为通过交换能够为本国获取互补型资源时，或者获取的替代型资源能够更好地促进本国实力增长时，这种关系重构才会被认同，并愿意进行正向交换，否则当交换国认为所交换的资源并不能带来本国实力的巨大提升

---

① 俞可平：《论全球化与国家主权》，《马克思主义与现实》2004 年第 1 期。

时，则这种交换行为有可能出现终止。"一带一路"倡议既不像世界贸易组织把某个领域的主权让渡给国际组织，也不像欧盟把几乎所有国家的主权进行出让，也不像跨国公司获取的只是最低有限的主权让渡。"一带一路"倡议是带有非约束性的国际倡议，是一种新主权让渡模式，可以是某个议题上的主权让渡，如贷款问题；也可以是某个协定的主权让渡，如便利化投资协定；也可以是某个问题上的主权让渡，如水污染治理，这为国际关系中增添一种新的主权让渡模式，带有极大的弹性，其目的是达到资源共享、发展共享。

（一）中国主权观的演变与中国国际利益的增长

中国主权观与广大发展中国家一样，经历过从被动到主动的演变过程。在与英国协商中国收回香港主权时，邓小平曾经表示："关于主权问题，中国在这个问题上没有回旋余地。坦率地讲，主权问题不是一个可以讨论的问题。"① 早在 20 世纪 80 年代中期，邓小平对主权问题表达了一些新看法："我还设想，有些国际上的领土争端，可以先不谈主权，先进行共同开发。这样的问题，要从尊重现实出发，找条新的路子来解决。"② 特别是在主权上无法达成一致意见时，邓小平并不受僵化的主权观影响，而是根据现实做适当的调整。换句话说，一方面，中国在主权问题上坚持不可侵犯性；另一方面，这种不可侵犯性又表现出自主性，即主权服务于国家长远利益和战略利益的需要，特别是在与世界互动过程中，中国深知国际环境是中国安全发展、长久发展的必要条件和前提。因此，中国秉持的是相对主权观，是从世界与中国互动发展的角度维护主权和切身利益。在开放条件下，国家利益之间的相互融合已成为一种趋势，人们很难区分哪一个是我的，哪一个是你的。国家间经济关系日益紧密所形成的"一损俱损、一荣俱荣"的利益共同体、命运共同体，已对绝对主权观构成了极大的约束，因此，中国的主权观念也在不断地自我扬弃中推动中国的国际利益增长。如，中国对"国民待遇""透明度"等国际通行规则的主动接受，并在国际机制中发挥应有的作用，就是对绝对主权观的扬弃，也有利

① 《邓小平文选》第 3 卷，人民出版社 1993 年版，第 12 页。
② 《邓小平文选》第 3 卷，人民出版社 1993 年版，第 49 页。

于促进自身融入世界经济体系中，将自身发展与世界发展紧密地联系起来。可以说，中国的改革开放过程就是一个对绝对主权观自我修正过程，中国获得了快速发展，同时也更好地维护了中国主权的尊严，在更高层次上形成中国与世界的共同发展。

在主权问题上，中国坚持和平共处五项原则。中国强调，非国家行为体的兴起并没有动摇主权国家在国际体系中的主导地位。全球化的发展和欧洲一体化的实践与其说动摇了传统的主权概念，不如说推动了主权概念的进一步发展和完善。习近平主席在和平共处五项原则发表六十周年纪念大会上的讲话中强调，必须"坚持主权平等"，"主权和领土完整不容侵犯，各国应该尊重彼此核心利益和重大关切"[①]。2017 年 1 月，习近平主席在联合国日内瓦总部演讲时再度强调合作原则：（1）平等协商。恪守《联合国宪章》宗旨和原则，尊重各国主权和领土完整等国际法基本准则；协商制定合作规划，推进合作项目。（2）互利共赢。寻求利益契合点和合作最大公约数，兼顾各方立场。（3）和谐包容。尊重自然和文化的多样性，相信所有文化和文明都能够为可持续发展作贡献。（4）市场运作。充分认识市场作用和企业主体地位，确保政府发挥适当作用，政府采购程序应开放、透明、非歧视。（5）平衡和可持续。强调项目的经济、社会、财政、金融和环境可持续性，促进环境高标准，同时统筹好经济增长、社会进步和环境保护之间的关系。[②] 今天，中国提出人类命运共同体建设，进一步推进主权观念新思维。胡荣涛认为，西方当代国家主权观对近代国家主权观进行了时代创新，但始终没有脱离以个人主义为核心的资本主义意识形态，是资本逻辑的观念外化，意味着对人类共同利益、共同价值的背离。人类命运共同体理念下的国家主权观是批判和超越西方国家主权观的中国方案。中国倡导将"人类共同价值""共商共建共享"等理念融入国家主权观中，主张国家之间的主权关系是平等、相互尊重、合作共赢的，而非敌对的战争或对抗状态。[③]

---

① 习近平：《论坚持推动构建人类命运的共同体》，中央文献出版社 2018 年版，第 131 页。
② 《"一带一路"国际合作高峰论坛重要文辑》，人民出版社 2017 年版，第 33—34 页。
③ 胡荣涛：《人类命运共同体理念下的国家主权观建构》，《安徽行政学院学报》2021 年第 6 期。

（二）"一带一路"倡议不是"债务陷阱"或"主权陷阱"

在"一带一路"推进过程中，中国最饱受争议的就是"债务外交论"，认为中国对"一带一路"沿线国家的投资实质上是以投资换主权，"一带一路"沿线国家在接受中国资本后往往形成该国巨额债务，为偿还债务，这些国家不得不以战略性资产作为担保，实际上是对该国主权的侵蚀。如今，债务外交已被西方大肆宣传，甚至导致中国在一些国家的投资面临较大的风险。那么如何看待主权外交，如何积极发挥主权对推动一国乃至世界经济增长的作用，是今天我们必须思考的问题。

"一带一路"倡议不是一个普通的倡议，而是具有全球影响力的倡议，其目的是实现世界整体发展，但是要达到这一目的，遇到的第一个阻碍是对国家主权观念的重塑。可以想象，"一带一路"倡议要构建多个经济走廊，多个互联互通的基础设施，而这些都不是西方传统意义上的区域合作形式，也就不能用传统的主权思维模式来看待今天的"一带一路"建设。传统上，国家经常通过战争手段获取外部利益，这种获取通常是一种不平等的方式，失败的一方要么进行战争赔款，要么割让领土，放弃部分主权，以满足胜利方的需求。随着人类进入文明社会发展阶段，一国发展不能仅仅依靠国内力量，毕竟世界上人口、土地、资源等难以被一国全部拥有，绝大多数的主权国家需要依托外部来发展自身，如果主动放弃机会，其自身的发展进程将大大减慢。今天，"一带一路"沿线国家最大的希望是从"一带一路"建设中获得更大的利益，以加快本国经济实力增长的步伐，而中国则从与外部的经济互动中，实现自身国内不可能提供的经济实力增长部分。这也是"一带一路"建设一向倡导的合作共赢的理念。"一带一路"建设将使中国与沿线国家在合作中通过资源的结构性再配置，互补所需，互取所长，进行资源的重组，将推进本国经济实力增长的资源通过合作获得最佳的配置，实现超越合作前的利益。

国际智库对"债务陷阱论"进行了反驳。新加坡拉惹勒南国际研究院2020年11月发表的《"一带一路"的"债务陷阱外交"：现实抑或神话?》援引《中国的"一带一路"倡议：对亚洲的影响和政策议程》一书中的调查问卷指出，有关"一带一路"倡议、"债务陷阱外交"不过是人们制作的"神话"，是无稽之谈。调查对来自广泛的利益相关国的政策制定者、学者和商业代表等进行了在线感知调查。这里的利益相关国主要指 26 个亚洲国家，它们均已与中国签署了"一带一路"谅解备忘录。超过 1200 名被调研人员回答了调查问卷，同时还模拟了可计算的一般均衡模型进行区域案例研究，以评估"一带一路"倡议的其他经济影响。调查结果对"债务陷阱外交论"提出了质疑，主要有三：第一，综合考虑共建"一带一路"的效益和成本后，41.6% 的利益相关者认为，共建"一带一路"可为其带来净效益，只有 14.8% 的利益相关者认为是在付出净成本。40.6% 的人认为现在下结论还为时过早。孟加拉国（64.5%）、巴基斯坦（59.7%）和尼泊尔（58.8%）对"一带一路"倡议的支持率最高，而菲律宾对"一带一路"倡议的接受度最低。韩国、缅甸和越南的立场更为中立。第二，就"债务陷阱外交"本身而言，在利益相关者的调查中，超过 42% 的受访者认为这种说法是"危言耸听"，但是有 30.6% 的受访者不这么认为，超过 1/4（27.3%）的受访者尚未做出决定。一些受访者指出，导致债务水平上升的原因是东道国政府管辖范围内的国内因素（比如腐败、不计后果的借贷倾向），而非中国的"一带一路"融资。第三，利用美国全球发展中心方法发现，在有数据可查的五个南亚国家中，斯里兰卡、巴基斯坦和马尔代夫目前正面临债务危机。然而，斯里兰卡欠日本的债务多于中国（仅 3%），斯里兰卡还大量从国际资本市场借款（54%）。巴基斯坦欠多边开发银行和伊斯兰债权人的债务（34%）多于中国（多出 6%）。马尔代夫似乎是个例外，即使没有"一带一路"倡议，该国至少 10 年来一直处于高风险的困境之中。① 再如，英国皇家国际事务研究所 Lee Jones 和 Shahar Hameiri 对"一带一路"不实之言反驳更为彻底。他们认为，"一带一路"倡议被外界广泛理解为中国在欧亚乃至全球创建以中国为中心的新秩序的地缘政治战略，典型的观点是，"一带一路"倡议是一个"经过深思熟虑的中国大战略"，旨在"恢复中国在亚洲的地缘政治主导地位，挑战美国的主导地位，以及建立以中国为中心的秩序"。事实上，这种地缘政治观点是错误的。"一带一路"倡议从根本上讲是一

---

① Pradumna Bickram Rana and Jason Ji Xianbai, "BRI's 'Debt Trap Diplomacy': Reality or Myth?" November 4, 2020, https://www.rsis.edu.sg/rsis-publication/cms/bris-debt-trap-diplomacy-reality-or-myth/.

个经济项目；中国的发展融资在很大程度上由受援国驱动，中国不能也不可能单方面对"一带一路"建设发号施令，发展中国家的政府并非中国"掠夺性经济"行为的不幸受害者，双方及其相关的政治和经济利益决定了在本国开展"一带一路"项目的性质。通过对斯里兰卡和马来西亚进行详细的案例研究可以发现，这两个国家最具争议的项目并非由中国发起，而是由受援国政府为实现自己的国内议程而发起，导致这两个国家陷入债务困境的主要原因并非中国提供的贷款，而是当地精英和西方主导的金融市场的不当行为，中国并未从这些事件中获得任何战略上的好处，因此，西方决策者、公民社会组织和受援国应该停止把"一带一路"倡议视为一项中国精心策划的大战略。[①]

国内学者对"债务陷阱论"同样进行了反驳。如，杨思灵、高会平给出的定义是，"债务陷阱"指一个债权国故意将过度信贷扩大到另一个债务国，其意图是使债务国无法履行其债务义务时从债务国获取经济或政治让步。对此，"一带一路"倡议并非"债务陷阱"的制造者。[②] 许少民、李江认为，从中国投资的目的和投资对象国债务情况来看，美国等西方国家制造的所谓中国"债务陷阱外交论"与事实不符，发展中国家债务危机形成是其内部经济发展不足和美元霸权共同塑造的。[③] 根据中国对缅甸的贸易、投资以及缅甸的经济发展和债务问题情况，刘务、刘成凯认为，缅甸并未陷入债务危机。如果排除债务危机不存在这一事实的话，那么西方国家炒作"债务陷阱论"的目的就是故意制造不实之言，抹黑中国与"一带一路"共建国家的合作。[④] 王秋彬、李龙龙认为，近年来，美国、印度等国家不顾事实，故意制造"一带一路"话题，"债务陷阱"就是其中之一，这样做的目的反映了美国与印度等国家面对中国迅速崛起产生的战略

[①] Lee Jones and Shahar Hameiri, "Debunking the Myth of 'Debt-trap Diplomacy': How Recipient Countries Shape China's Belt and Road Initiative," Chatham House, August 19, 2020, https://www. chathamhouse. org/publication/debunking-myth-debt-trap-diplomacy-jones-hameiri.

[②] 杨思灵、高会平：《"债务陷阱论"：印度的权力政治逻辑及其影响》，《南亚研究》2019年第1期。

[③] 许少民、李江：《"中国债务陷阱外交论"的发展及其谬误》，《国际问题研究》2020年第1期。

[④] 刘务、刘成凯：《中缅经济合作：是"债务陷阱"还是发展机遇？》，《南亚研究》2020年第2期。

焦虑，积极推进民心相通，是"一带一路"建设行稳致远的重要保障。①
周玉渊认为，2008 年以来，发展中国家的债务增长引起了广泛关注，但对
债务问题的关注呈现出明显的政治化趋势。发展中国家债务问题的政治化
是其国内政治和国际政治共同作用的结果。② 张应进认为，债务问题政治
化对马来西亚国家发展、中马关系以及中国与"一带一路"倡议沿线国家
合作产生了一定的负面影响。③

　　以上研究表明，"债务陷阱"不过是扣在"一带一路"倡议上的一顶
"帽子"，"一带一路"倡议不是"债务陷阱"的制造者。一是"一带一
路"倡议投资规模并不是很大。目前，中国每年对外投资的规模在 1000
亿美元左右，累计对外投资不敌美国和日本以及欧盟。二是在投资规模较
高的个别国家也需要具体分析。一方面，中国的投资更多是计划投资，并
没有到位；另一方面，实际投资水平并没有在该国外资中占据绝对优势。
三是绝大多数所在国债务是历史性累积的结果，更多是缘于发展中国家长
期债务管理不善。"债务陷阱论"不过是部分国家以地缘政治视角看待
"一带一路"倡议，担心"一带一路"倡议侵占它们的国际空间，将经济
问题政治化、舆论化，是少数国家给"一带一路"倡议设置的舆论陷阱，
也是大国战略竞争的表现。

（三）"一带一路"倡议的目的是"合作共赢"

　　合作共赢理念具有丰富的内涵，主要包括以下几个方面。
　　一是以引入他人利益/共同利益作为处理国际关系的重要原则，超越
西方国际关系理论中的弱肉强食、丛林法则。强调零和博弈、冷战思维等
旧观念已经过时。强调单打独斗维护不了自身安全，以邻为壑、结盟对抗
更没有出路。你输我赢、赢者通吃不应被视作天经地义。随着全球化发
展，各国谋求共同发展繁荣的政治意愿日益增强。构建以合作共赢为核心
的新型国际关系正是适应国际政治需求的结果，而他人利益/共同利益则

---

　　① 王秋彬、李龙龙：《"中国债务陷阱论"的兴起及其实质》，《吉林大学社会科学学报》
2020 年第 2 期。
　　② 周玉渊：《发展中国家债务问题政治化的影响与反思》，《国际展望》2020 年第 1 期。
　　③ 张应进：《马来西亚债务问题政治化："债务陷阱论"凸显的根源》，《国际展望》2020 年
第 1 期。

是将各国紧紧地联系在一起、共同推动发展和繁荣的主要纽带。

二是将合作共赢视为处理国际关系的主要路径。以合作共赢为核心的新型国际关系更多强调共性内容，如面临的共同挑战、扩大共同利益空间、推动共同发展、主张加强对话合作、不要对立对抗等。中国认为"一花独放不是春，百花齐放春满园"，主张在尊重各国发展特色和意愿的基础上，致力于实现双赢、多赢、共赢，而不是搞零和博弈。

三是具有鲜明中国特色和普遍世界意义。在中国传统文化中，可以找到当今合作共赢理念的思想源泉。例如，儒家的"仁者爱人""天下为公"与"人不独亲其亲，不独子其子"。老子的"修之天下，其德乃普"，庄子的"藏天下于天下"。中国传统的天下理念不是没有个性和个人利益的集体主义，而是深刻认识到自身与周围的一切密切相关而形成的整体意识。① 随着中国自身的实力增强，中国所处的国际环境和面临的国际形势已经较之过去发生了巨大变化。"我们要同世界上各种类型的国家打交道，与不同文明背景的国家发展关系。仅靠和平共处还不够，还要高举合作共赢的旗帜。"②

通过对合作共赢的倡导，"一带一路"倡议也就成为一个不同寻常的全球性倡议。

一是"一带一路"倡议是"经济合作倡议，不是搞地缘政治联盟或军事同盟"。当前，国外特别是美国等西方国家诸多舆论把"一带一路"倡议看作中国推行地缘政治的代名词，认为中国借助"一带一路"倡议实现世界霸权，进而威胁西方"苦心经营"多年的世界秩序，因此，在"一带一路"倡议提出的5周年前后，出现一些抹黑"一带一路"倡议的言论。习近平总书记在推进"一带一路"建设工作5周年座谈会的讲话重申了"一带一路"倡议是什么的问题，"一带一路"倡议的核心是搞经济合作，通过合作来推进共同发展。从5周年的实践来看，"一带一路"倡议始终没有偏离经济合作这一大目标、大方向。

二是"一带一路"倡议是"开放包容进程，不是要关起门来搞小圈子

① 倪培民：《作为哲学理念的"命运共同体"与"合作共赢"》，《哲学分析》2017年第1期。
② 《合作共赢是习主席外交思想中最核心的理念》，光明网，2015年12月30日，http：//theory. gmv. cn/2015-12/30/content_ 18295700. htm.

或者'中国俱乐部'"。"一带一路"倡议要推进的是全球发展进程,这从根本上决定了"一带一路"倡议必须走开放包容的发展道路。历史上关起门来搞小圈子的国家有不少,但是最终均以失败而告终。这是因为搞小圈子抑制了内部的发展活力,也限定与外部进行各类资源交流的机会,最终不得不为搞小圈子承担巨大的成本。因此,"一带一路"倡议坚决摒弃搞小圈子,而是坚定不移地走开放包容的道路。开放包容道路为所有参与国提供发挥比较优势的机会,有利于在世界范围内实现资源的最优配置,最终将有利于参与合作的各方。把机会提供给别人也等于把别人的机会提供给自己,正是基于这样一种合作理念,"一带一路"倡议始终坚持开放包容的原则。

三是"一带一路"倡议不以意识形态划界,不搞零和游戏。第二次世界大战结束后,随着发展中国家陆续完成政治上的独立,能否获得经济发展的机会则主要看发达国家提供的"机会"。发展中国家因国内市场狭小,要完成工业化任务必然依托外部市场特别是发达国家市场,从某种角度上说,发达国家对发展中国家工业化进程起着决定性作用,正是在这一背景之下,哪个发展中国家率先获得发展机会主要取决于发达国家的"政治选择",或者说意识形态一直是发展中国家进入世界市场的入门券。符合发达国家意识形态标准的,则被优先给予各种发展机会,包括贸易、援助、资金和市场等。这也是第二次世界大战后部分发展中国家先发展起来的现象。发达国家始终认为,世界发展是零和的,不是共赢的,迄今为止还没有哪种发展方案能够突破现有的零和框架思维。而"一带一路"倡议的创新之处在于突破现有的国际合作机制、合作模式,打破传统僵化的思维模式,以人类社会从未有过的新思维引领发展中国家共同创造人类发展的未来。

四是"一带一路"倡议是对主权的最大尊重。卢梭提出:"主权和人民只能有唯一的共同利益,因之政治机构的一切活动,永远都只是为了共同的幸福,这只有当人民和主权者是同一的时候才能做到。"①《联合国宪章》规定,"各会员国在其国际关系上不得使用威胁或武力,或以与联合国宗旨不符之任何其他方法,侵害任何会员国或国家之领土完整与政治独

---

① 刘杰、黄仁伟:《试论国际机制下国家主权的可变性与适应性》,《上海社会科学院学术季刊》1999年第1期。

立"。1966 年联合国大会通过的《经济、社会及文化权利国际公约》规定了"所有人民得为他们自己的目的自由处置他们的天然财富和资源"的经济主权原则。今天，"一带一路"建设同样是以尊重国家主权为第一要务。追求互利互赢是"一带一路"建设的初衷，也是落脚点，是中国改变西方传统发展模式的新理念。

四 "一带一路"倡议对他人利益/共同利益的推进

"一带一路"倡议不同于传统的发展模式，而是要在世界范围内建立超越个人主义发展路径的共同发展模式。为此，"一带一路"建设正在推进新型主权关系建设，使得"一带一路"倡议既为沿线国家带来发展机遇，同时又能克服传统的主权思维模式，共同推进世界发展。有文章指出，随着全球化发展，特别是人类社会面临的共同问题的增多，主权观念也必须有所进化才能适应当今世界发展的需要，当国家主权与人类共同利益发生冲突时，前者应服从后者，进一步地，有必要使共同利益成为各国国家利益的一部分，其含义是若损害共同利益也就相应地损害了各国的国家利益。[①] 因此，国家间共同利益既包括世界各国的共同利益，也包括部分国家间的共同利益。这种进化是对积极解决现实问题的一种回应。

（一）"一带一路"框架下对他人利益/共同利益的增进

随着全球化的逐步深入和共性问题的涌现，对国家主权的再次解构迫在眉睫。比如气候变化协议正在给各国未来发展设定新的约束条件，如何解决气候变化问题，需要我们放弃传统主权观，以新思维来重新谋划未来发展路线图，即基于他人利益/共同利益来构筑新型国家主权关系。"一带一路"倡议的提出在某种程度上可以看作以他人利益/共同利益来构筑新型国家关系的代表。

主权的背后即是资源，是推动一国发展的资源。一般而言，一国资源可分为一般性资源和战略性资源。一般性资源是各国都具备的，如，素质

---

① 李寿平：《人类命运共同体理念引领国际法治变革：逻辑证成与现实路径》，《法商研究》2020 年第 1 期。

一般的劳动力、贫瘠的土地，或一般性的产业部门。不同类型的资源对国家发展具有不同的价值。一般性资源对一国发展难以起到决定性作用，需要有其他稀缺资源配合才能发挥作用，比如劳动力。在本国发展的初期阶段，特别是在缺乏必要的资本时，需要引入外资，结合本国的劳动力资源，推动本国经济进入发展轨道。此时启动经济发展的资本对于一国而言是重要资源，甚至是战略性资源。周经、赵晔认为，随着全球资本过剩，一国面临的国际资本环境的改善，使得资本对一国经济发展的重要性下降，因此，资本对一国经济发展的重要性已不及全球化早期阶段。也就是说，一般性资源和战略性资源可以相互转化。[1]

构筑他人利益/共同利益首先需要突破的是附着在战略性资源背后的主权。一是历史的烙印。被西方列强殖民过的地域或国家往往对被殖民的过程有着清晰的烙印，曾经的被奴役源自自身的不独立、不发展。因此，第二次世界大战之后，发展中国家首要的要求是维护主权完整。相比之下，发达国家则对主权观念没有那么强烈的认知，发展到一定程度之后，开始主动放弃部分主权，组建新的联盟，如欧盟。不同的历史遗产造就今天对主权的不同认知。发展中国家更倾向于固守国家主权，而发达国家更倾向于基于利益评估后对主权适当使用。二是主权所蕴含的利益难以估量。我们很难估量一国发展的潜力，也难以测定一国主权能换取多大的经济利益，或者说，主权所蕴含的经济利益及其他利益"无限性"或"不可估量性"，使得人们对主权"交易"小心翼翼。这正是一些人别有用心地指责"一带一路"倡议是从事"债务陷阱外交"的根本所在。三是共同利益或共同问题尚未显性化，使得人们不愿主动放弃部分主权。自20世纪70年代以来，随着跨国投资的兴起，世界迈入了全球化发展轨道，这给各国主权观念造成较为严峻的冲击，国家主权概念再次被重视。与此同时，共性问题并没有对各国发展造成较大的问题，各国或者说发展中国家仍可以维持其传统的主权观。人们今天指责"一带一路"倡议主要是对中国投资的两用港口或矿产资源非议较多，或者说对世界其他国家利益造成较大影响的交易行为非议较多。非议的来源不是中国投资的所在国，而是第三

---

① 周经、赵晔：《战略性资产如何影响了中国企业对美国 OFDI 模式选择——基于负二项回归模型的实证研究》，《国际贸易问题》2018 年第 2 期。

方，如美国、印度等。他们认为"一带一路"倡议侵害了共建国家的利益，因此需要加以抵制。究其实质，不是美国、印度等国家有多么在意共建国家的主权、东道国的发展，而是担心"一带一路"倡议损害其在世界或区域中的原有地位。

在解决"一带一路"倡议面临的共建国家主权问题时，首先需要对共建国家战略性资源使用进行清晰的定义，明确双方对未来产生的共同利益进行界定，包括投资条款的明晰化，减少外界对"一带一路"投资的过多猜疑，或者说在"一带一路"倡议要实现的目标和达成目标的手段之间建立良好的匹配关系，以此安抚当地民众和外界。必要时可考虑加强宣传等辅助性措施。另外，推进共建国家有关主权观念的进化也是必要的。比如共治一条污染的河流就是如此，河水被污染导致水资源越来越对一国的经济发展构成约束条件，或者说水资源日渐成为一国的战略性资源，因此，加强水资源治理需要共建国家调整主权观念，主权不再是维护自身利益的主权，而是要维护世界共同发展的主权，主权是手段不是目的，人类社会终究要跨越狭隘的地域界限、主权界限，通过共有的战略性资源的分享，维护世界的共同发展。"一带一路"倡议就是通过投资带动共建国家共同发展，建立共同的利益基础，以解决发展难题。

（二）"一带一路"框架下推进他人利益/共同利益的路径

"一带一路"共建国家千差万别，在与外部关系重构时，可分为不同类型：资源型、发展型、替代型、互补型。

所谓资源型主要是指"一带一路"与资源较为充裕的国家进行主权交换。解决资源型国家发展问题关键在于如何实现资源的附加价值增值问题，避免落入"资源诅咒"陷阱中。未来，可考虑如何把"一带一路"建设作为资源国加入全球产业链分工，并向高端位移的方向，以此撬动资源国的发展优势。

所谓发展型是指东道国希望借助"一带一路"倡议推进本国经济发展，这类国家劳动力资源丰富，但其他资源比较贫瘠。劳动力资源丰富的国家以解决就业问题为主，"一带一路"投资更多应考虑劳动密集型产业。

所谓替代型是指"一带一路"倡议的进入替代了东道国原先的合作伙伴。这种交换除非是"一带一路"倡议能够给予东道国以更大的机会。这种类型比较少，除非旧有的投资者退出。在产业发展容量有限的情况下，尽可能不做这种投资，以不引起过度竞争为前提。

所谓互补型是指"一带一路"倡议可与当地发展实现产业互补。这种同质往往是水平分工的代表，也是一种具有较高技术含量的投资。

不同类型的国家对"一带一路"倡议的主权与利益交换有着不同的路径。一般而言，"一带一路"倡议推进中，关系重构一般通过以下三个层次实现。

（1）双边条约或战略对接。目前，"一带一路"倡议已与多个国际组织或国家实现双边对接，这些国际组织和倡议包括：《2030年可持续发展议程》、《亚的斯亚贝巴行动议程》、《非洲2063年议程》、文明古国论坛、亚太经合组织互联互通蓝图、《东盟共同体愿景2025》、亚欧会议及其互联互通工作组、商旅驿站关税倡议、中国和中东欧国家合作、中欧海陆快线、"中间走廊"倡议、中国—欧盟互联互通平台、欧盟"东部伙伴关系"、欧亚伙伴关系、南美洲区域基础设施一体化倡议、《东盟互联互通总体规划2025》、欧亚经济联盟、《巴黎协定》、跨欧洲交通运输网、西巴尔干六国互联互通议程、世界贸易组织《贸易便利化协定》等。

（2）跨国投资。"一带一路"倡议正在为世界多数发展中国家所认同。

（3）加入国际组织。加入亚洲基础设施投资银行，或者小多边合作机构，如孟中印缅经济走廊。根据《亚洲基础设施投资银行协定》规定，每个成员的投票权总数是基本投票权、股份投票权以及创始成员享有的创始成员投票权的总和。全体成员的基本投票权占银行总投票的12%，在所有成员中平均分配，并且每个创始成员均享有600票创始成员投票权。这两项投票权的分配体现了主权平等原则，不论经济、人口和土地等规模的大小，各成员所得投票权均相等。每个成员的股份投票权还按照该成员持有的银行股份数进行加权分配。对银行法定股本缴付越多的成员将拥有越大比例的股份投票权。由于这一部分投票占银行投票权的份额最大，因此总体上来看，亚投行实行的是一种加权表决制。一般认为，加权表决制难免有违背主权平等之嫌，因为它"实际间接否定了金融弱国平等参与处理国际货币事务的权利"[1]。从亚投行投票权分配的方

---

① 刘音：《经济全球化与货币主权异化自议》，《2006年中国青年国际法学者暨博士生论坛论文集》（国际公法卷），2006年中国青年国际法学者暨博士生论坛论文。

案和结果来看，主要体现了以下三个特征：一是保障域内国家的优先决策权；二是体现新兴市场与发展中国家的主导作用和利益诉求；三是维护拥有股份较小的成员的利益。亚投行所体现出来的这些特征，是对现有多边金融体系治理结构的一种创新，并在一定程度上推进了国际金融体系朝着公正、合理的方向发展。

（三）东盟案例

东盟作为一个地区组织，本身有着多重角色：对内希望推动成员得到同质性发展，如，近年来，东盟不断推进的一体化建设、互联互通建设就是明显的例证；对外则肩负着一个地区组织的历史使命，东盟不缺乏发展所需的中低端资源，但是缺乏发展所需的高端资源，如高素质的劳动力、高技术以及推动成员共同发展的基础设施等，这就决定了东盟必须与外部进行动态的资源交换，才能推进自身的发展。

中国是东盟的战略邻国。战略邻国的含义是大国对外战略调整必然影响东盟的发展进程，同时东盟也必须接受其他大国的战略调整。当然，东盟在大国战略调整中不必处于被动地位。当中国与其他大国的新战略出现对立状态时，东盟为确保自身的战略地位，需要谋求新的地区框架以实现自身的发展目标，在这一过程中做出相应的改变，或者说以新的政治地位换取新的经济利益是可行的出路。东盟的基本利益诉求有：一是维护在本地区的中心地位，即在新的地区框架下如何提升自身的战略地位，以此获得与大国进行战略资源互换的平等地位；二是追求经济利益的扩张，核心是为区内成员经济发展服务，为自身一体化进程服务，为未来获得更多的战略资源服务；三是确保自身的安全。积极争取大国对自身利益诉求的认同，有助于顺利推进经济发展。美国卡内基国际和平研究院的 Heydarian 认为，不应低估东盟国家塑造战略环境的能力，其可通过实现战略伙伴关系和外国投资来源的多样化，来保持其战略自治权，避免过度依赖任何单一的外国势力。①

在东盟多重对外利益诉求中，对地区框架下自身中心地位的维护是

---

① Richard Javad Heydarian, "Beijing's Inchoate Hegemony: The Brewing Backlash in Asia to China's Resurgence," Carnegie Endowment for International Peace, June 24, 2019, https://carnegieendowment.org/2019/06/24/beijing-s-inchoate-hegemony-brewing-backlash-in-asia-to-china-s-resurgence-pub-79302.

第一位的,唯有维护这一中心地位,才能便于东盟获得更多的外部资源,特别是战略性资源。美国传统基金会的 Lohman 认为,印度洋—太平洋的大部分国家对地缘政治不感兴趣,东南亚国家仅关注本国的战略,以确保自身利益。尽管如此,东盟却不能放弃对自身在地区中的中心地位的维护,并且随着地区政治框架的变动,随时再调整自身的定位。① 澳大利亚政策战略研究所 Dobell 认为,印太地区是全球地缘政治的新支点。② 国际秩序的未来很可能就取决于该地区,东南亚是印度洋—太平洋地区的海上战略支点,同时也是该地区的中心。东盟是一个概念,也是一种方式,是印度洋—太平洋地区稳定的关键,然而,印太地区也是一个充满难以想象的复杂挑战的熔炉,将超越任何单一大国或任何有限国家集团的战略想象。

东盟深知地区政治格局的变动将直接挑战其在地区中的战略地位,也直接影响其中心地位。新加坡东南亚研究所 Weatherbe 指出,中国的"一带一路"倡议使印度洋—太平洋地区成为中美竞争的扩大战场,两个首要关切似乎主导着东盟的决策制定,首先是对东盟中心地位的要求,这意味着东盟要求主导议程、步调和决策形式。因此,东盟的"印太展望"核心目标仍是对其中心地位的战略维护,这样既可以提高对中国的要价,也可以提高对"印太战略"的要价,如对"印太战略"原则的修改。③ 正如波兰国际事务研究所 Wnukowski 所指,东盟国家一方面积极参与美国、日本或欧盟国家提出的印太战略,达到平衡中国在地区中影响力的目的;另一方面,通过主张开放、包容,来缓解"印太战略"造成的地区紧张。④ 也有学者认为,"印太战略"的实施使"一带一路"倡议不再对东南亚的基础设施发展具

---

① Walter Lohman, "Realities Clash With Idealism in Today's Asia," Heritage, August 20, 2019, https://www. heritage. org/asia/commentary/realities-clash-idealism-todays-asia.

② Graeme Dobell, "ASEAN Peers, Picks and Pokes at the Indo-Pacific," Australian Strategic Policy Institutue, July 17, 2019, https://www. aspistrategist. org. au/asean-peers-picks-and-pokes-at-the-indo-pacific/.

③ Donald E. Weatherbe, "Indonesia, ASEAN, and the Indo-Pacific Cooperation Concept," ISEAS, June 7, 2019, https://www. iseas. edu. sg/images/pdf/ISEAS_ Perspective_ 2019_ 47. pdf.

④ Damian Wnukowski, "ASEAN Countries' Approach to the Belt and Road Initiative," The Polish Institute of International Affairs, December 10, 2019, http://www. pism. pl/czytaj/Panstwa-ASEAN-wobec-inicjatywy-Pasa-i-Szlaku? lang = en.

有垄断地位，但是东盟也担心"印太战略"有可能削弱其中心地位。[①] 可以说，2019 年 6 月，东盟通过的《东盟印度洋—太平洋展望》是一个以平和的基调来看待地区日益出现的对立框架的文件。该文件阐述了对亚太战略的基本共识，认为亚太地区和印度洋是紧密结合的，并强调东盟已经建立的不断发展的准则、原则及以规则为基础的安全和经济架构的重要性。

事实上，东盟拥有维护中心地位的多重优势。一是东盟的地缘政治优势。东盟处于"一带一路"和"亚太战略"竞争的中心区，成为两边都要拉拢的力量。不过，总体而言，东盟希望维护地区稳定合作的环境，并保持自身的中心地位。泰国安全与国际问题研究所 Pongsudhirak 认为，在"印太战略"出台后，东盟对"印太战略"一直持观望态度，一方面需要协调内部看法，另一方面需要在新的地区框架下调整自身的战略目标。东盟的"印太展望"代表当前东盟对新的地区框架的总体看法。"印太展望"重申东盟在促进地区和平与繁荣方面的核心作用，强调和平解决争端、海上合作、互联互通和可持续发展目标。[②]

二是东盟的经济优势。东盟对"一带一路"倡议目标的实现不可或缺。东南亚是"一带一路"倡议的重要战略伙伴。新加坡拉惹勒南国际研究院 Vineles 认为，该地区是实现"一带一路"倡议中"海上丝绸之路"的重要纽带，东南亚是"一带一路"倡议成功的关键组成部分，是连接中国与西方的中点，东南亚也有潜在的贸易机会。[③] 新加坡东南亚研究所的 Lechner 等认为，东南亚拥有 3.2 亿人口，预计到 2050 年将增至 5.26 亿人口，这意味着该地区拥有巨大的贸易机会，也是"一带一路"倡议投资的重点。[④]

---

① Giulia Sciorati, "Friends or Foes? China and Japan's Southeast Asian Battleground," April 15, 2019, Italian Institute for International Political Studies, https：//www. ispionline. it/en/pubblicazione/friends-or-foes-china-and-japans-southeast-asian-battleground-22859.

② Thitinan Pongsudhirak, "ASEAN Must Mitigate War Without Weapons Between US and China," The Institute for Maritime and Ocean Affairs, August 21, 2019, http：//www. imoa. ph/asean-must-mitigate-war-without-weapons-between-us-and-china/.

③ Phidel Vineles, "Making the Belt and Road Work for Southeast Asia," East Asia Forum, July 13, 2019, https：//www. eastasiaforum. org/2019/07/13/making-the-belt-and-road-work-for-southeast-asia/.

④ Alex M. Lechner et al., "Trends in Southeast Asia No. 18：The Belt and Road Initiative：Environmental Impacts in Southeast Asia," ISEAS, September 2019, https：//www. iseas. edu. sg/images/pdf/TRS18_ 19. pdf.

三是东盟的声誉优势。东盟独特的地理位置以及其在地区中所确立的角色都为东盟带来有别于他国的优势。新加坡东南亚研究所 Lye 认为,从地区层面来看,中国或将更加重视发展并加强与东南亚国家的关系;从中国角度来看,东南亚国家是中国展示其"一带一路"倡议进展的重要窗口。[1] 新加坡拉惹勒南国际研究院 Benjamin 认为,东盟能够在地缘政治竞争中巧妙地形成共同立场,这被视为一个成功的标志,东盟要想维持其在东南亚地区安全架构中的中心地位和重要性,就应该采取行动而不仅仅是用语言表达。

面对"一带一路"的合作需求以及在已有合作中出现的问题,东盟首先迫切需要解决以下几个战略性挑战。

一是自主权问题。东盟不希望在获得中国投资的时候失去自主权,失去在地缘政治上的话语权。新加坡南洋理工大学拉惹勒南国际研究院 Pitakdumrongkit 认为,东盟领导人担心参与"一带一路"项目可能会使本国债台高筑,还可能使某些国家失去对本国领土主权的控制。[2] 新加坡东南亚研究所 Arase 认为,出于对中国经济过度依赖的担心,东盟在参与"一带一路"倡议的同时,也做出靠近"印太战略"的选择,以此平衡中国力量。[3]

二是担心被分裂。尽管"一带一路"倡议有部分功能是推进东盟的同质化经济社会发展,但是东盟内部成员经济社会的非同质发展使得东盟在参与"一带一路"倡议的程度、内容和方向上有很大不同,也为外部分裂东盟创造了经济前提。部分国际智库以对"一带一路"倡议的不同态度对东盟成员进行划分。比利时艾格蒙特研究所 Ujvari 认为,东盟成员对"一带一路"倡议的不同诉求和态度,使得人们非常担心东盟处于被"一带一

---

① Lye Liang Fook, "China's Emphasis on Ties with Southeast Asia," ISEAS, January 22, 2020, https: // www. iseas. edu. sg/medias/commentaries/item/11213-chinas-emphasis-on-ties-with-southeast-asia-by-lye-liang-fook.

② Kaewkamol Pitakdumrongkit, "Economics and Trade Impact of the Silk Road Economic Belt Initiative," January 15, 2019, https: //www. kas. de/documents/288143/6741384/panorama _ trade _ KaewkamolPitakdumrongkit_ EconomicsandTradeImpactoftheSilkRoadEconomicBeltInitiative. pdf/41971206-550c-8336-5700-f98fe785a767? t = 1564644931834.

③ David Arase, "Japan's Strategic Balancing Act in Southeast Asia," ISEAS, November 12, 2019, https: //www. iseas. edu. sg/images/pdf/ISEAS_ Perspective_ 2019_ 94. pdf.

路"倡议分裂的风险境地。① 泰国安全与国际问题研究所 Pongsudhirak 认为，东盟已经成为区域组织的默认平台，其信誉和中心性需要更多的凝聚力和更少的分裂，一旦出现内部分裂，就必须迅速阻止这种分裂。②

三是如何解决"债务陷阱"问题。"一带一路"倡议能不能有利于东盟的经济成长，特别是如何避免"一带一路"倡议带来的还债压力，是东盟最为关注的问题之一。东盟不仅看中"一带一路"倡议带来的投资机会，也看中国未来这一潜在的大市场成为东盟经济增长的主要推动力。新加坡东南亚研究所 Lechner 认为，"一带一路"倡议投资的经济效应可能是根本性的，并可能消除东盟内部的收入不平等，人们希望"一带一路"倡议能够为全球更广泛地接受国际可持续标准作出重大贡献。③ 美国欧亚集团 Mumford 认为，东南亚地区的大多数国家支持"一带一路"倡议，这在很大程度上是因为这些国家迫切需要得到基础设施融资，而中国提供的融资支持可以满足其需求。④ 不过，东南亚国家也担心因"一带一路"倡议实施带来的债务问题。⑤

四是解决第三方合作问题。第三方具有双重性，或者对甲乙双方的直接合作有促进作用，或者存在破坏作用。比如，项目竞标时，当第三方对项目构成互补关系时，则有利于甲乙双边合作；如果构成竞争关系时，则对甲乙合作双方起到破坏性作用。第三方在甲乙双方合作中扮演什么样的角色，取决于第三方与甲乙双方的关系。如果第三方与甲乙双方中的任何一方存在对立关系时，出于竞争目的，其对甲乙合作的约束

① Balazs Ujvari, "The Belt and Road Initiative – the ASEAN Perspective," EGMONT Royal Institute for International Relations, March 2019, http：//www. egmontinstitute. be/content/uploads/2019/03/SPB107. pdf？type = pdf.

② Thitinan Pongsudhirak, "ASEAN Must Mitigate War Without Weapons Between US and China," The Institute for Maritime and Ocean Affairs, August 21, 2019, http：//www. imoa. ph/asean-must-mitigate-war-without-weapons-between-us-and-china/.

③ Alex M. Lechner et al., "Trends in Southeast Asia No. 18：The Belt and Road Initiative：Environmental Impacts in Southeast Asia," ISEAS, September 2019, https：//www. iseas. edu. sg/images/pdf/TRS18_ 19. pdf.

④ Peter Mumford, "US-China Tensions will Dominate ASEAN Summit," Eurasia Group, June 20, 2019, https：//www. eurasiagroup. net/live-post/us-china-tensions-will-dominate-asean-summit.

⑤ Tham Siew Yean, "The Belt and Road Initiative in Malaysia：Case of the Kuantan Port," ISEAS, January 15, 2019, https：//www. iseas. edu. sg/images/pdf/ISEAS_ Perspective_ 2019_ 3. pdf.

或破坏作用就比较大。第三方对中国—东盟"一带一路"合作的干扰或冲击作用正在日益显现，如美日等提出的"印太战略"和高标准基础设施建设等，直接约束中国在东盟国家的投资行为，或者抬高中国在东盟国家的投资成本，或者通过社会舆论，延缓或阻挠中国在东盟国家的投资。西班牙埃尔卡诺皇家研究所Berkofsky认为，"印太战略"显然是作为中国"一带一路"倡议的竞争对手而设计的，目的是使日本能够重新获得在东南亚国家失去的一些经济和政治影响力，竞争的手段是推行"高质量基础设施"。① 新加坡东南亚研究所 Storey 认为，中国和美国之间的地缘政治竞争现在是亚太地区安全的核心问题，中美之间的竞争集中在东盟地区，东南亚国家对两国之间全面竞争的前景日益感到不安。② 美国传统基金会Smith 认为，美国是干预中国—东盟关系的最大因素。③ 当然，国际智库学者们对第三方对东盟的干扰能否实现存在较大质疑。澳大利亚洛伊国际政策研究所学者认为，东亚已在很大程度上成为最重要的最终市场，中国的需求扩张成为东亚其他地区最终出口需求的主要来源，这种变化一方面使中国巩固了自己在该地区经济中心的地位，另一方面也使中国深度融入该地区的价值链，成为东亚地区其他国家出口产品的最终目的地，因此，任何旨在推动东亚其他经济体放弃与中国建立更紧密经济关系的努力，都将不可避免地遇到困难。④

（四）"一带一路"倡议应维持非机制化原则

"一带一路"未来发展应坚持"一事一议"非机制化。"一事一议"

---

① Axel Berkofsky, "Tokyo's 'Free and Open Indo-Pacific': Quality Infrastructure and Defence to the Fore," Elcano Royal Institute, March 14, 2019, http://www.realinstitutoelcano.org/wps/portal/ri-elcano_ en/contenido? WCM_ GLOBAL_ CONTEXT = /elcano/elcano_ in/zonas_ in/ari34-2019-berkof-sky-tokyos-free-and-open-indo-pacific-quality-infrastructure-defence-fore.

② Ian Storey, "Contending US and Chinese Visions for Regional Order at the Shangri-La Dialogue: A Mixed Reception from Southeast Asia," ISEAS, August 7, 2019, https://www.iseas.edu.sg/images/pdf/ISEAS_ Perspective_ 2019_ 59.pdf.

③ Jeff M. Smith, "Is America on the Decline and Ceding Its Position to China in Asia?" Heritage, January 23, 2020, https://www.heritage.org/asia/commentary/america-the-decline-and-ceding-its-position-china-asia.

④ Roland Rajah, "East Asia's Decoupling", Lowy Institute, January 2019, https://www.lowy-institute.org/sites/default/files/East% 20Asia% 27s% 20Decoupling_ 1.pdf.

赋予"一带一路"倡议极大的灵活性。在国家层面，各国情况千差万别，而"一带一路"倡议也是一个在许多方面尚未定型的倡议，在一定程度上存在摸着石头过河的情况。采取"一事一议"方式，既为未来"一带一路"倡议的国际合作创造条件，同时给人们留下不确定性问题解决的空间。有学者指出：通过改革国际制度的性质，第三世界国家领导人不仅希望能增加物质资源的流动，而且希望能创造一个预见性更强、更加稳定的外部环境。① 事实上，客观情况在一定程度上也不允许"一带一路"倡议在现阶段采取整齐划一的方式，比如与各国的发展战略对接。发展中国家的情况千差万别，社会政治制度不同、资源禀赋不同、历史发展轨迹不同，在这种情况下，"一带一路"倡议就需要适合当地的情况，以当地的利益诉求作为对接的前提条件。在具体领域，谋求"一事一议"有助于推进该领域的发展。目前，部分共建国家对"一带一路"倡议的认知亟待改善，特别是当地百姓受到一些不良舆论的影响，抵制"一带一路"倡议的现象也是存在的。在基础设施投资领域，亚洲基础设施投资银行属于"一事一议"的结果。美国在第二次世界大战后建立了多个国际组织，如世界银行、国际货币基金组织等，这类国际机构的主导权一直掌握在美国手中。"一带一路"倡议的初衷是谋求世界共同发展，其归属世界的性质非常明确。再如，"一带一路"绿色联盟、"一带一路"媒体联盟、"一带一路"调解中心等，更多是在就共同关心的问题谋划长远发展。在债务领域，目前遇到较多的问题是"一带一路"投资需要具有主权形式的战略资产作为担保。比如斯里兰卡汉班托塔港口等，国际社会担心斯里兰卡将因"一带一路"投资导致暂时丧失对该港口的主权。事实上，汉班托塔港口并不是失去主权，而是为保障偿还贷款进行的权利与利益的置换，港口的最终归属权仍属于斯里兰卡。中国通过投资得到的是汉班托塔港口的发展权，从港口未来发展中获得部分利益。有关发展战略对接的双边问题，实际上是双方经济发展到一定程度的结果，向更高层次迈进以获取更大的经济利益。

---

① ［美］斯蒂芬·D. 克莱斯勒：《结构冲突：第三世界对抗全球自由主义》，李小华译，浙江人民出版社 2001 年版，第 9 页。

第六章 "一带一路"倡议的国际
合法性构建

大国发展战略往往具有较强的溢出效应，特别是一个直接针对外部发展的倡议更是如此。"一带一路"倡议自推出之后，就被外界各种言论包围，主要焦点在于其对世界经济体系的改造上。部分西方国家对"一带一路"倡议存在种种不认同，认为"一带一路"倡议对现存的世界经济体系构成威胁和挑战。因此，"一带一路"倡议要完成新型世界经济体系构建任务之前必须解决自身合法性问题。在很大程度上，"一带一路"合法性问题是指世界对"一带一路"倡议提出的新理念、新作为的认同。

一般意义上，对"一带一路"合法性的承认来源于价值规范、绩效及程序。"一带一路"倡议的目标是推进发展中国家工业化，最终实现不同国家的同质化发展。中国始终认为发展是解决一切问题的钥匙，这与西方国家对发展的认知有极大的不同。"一带一路"倡议合法性来源还取决于其绩效。"一带一路"倡议能否给当地经济发展、国与国之间关系的改善带来正向效应，也将有助于提升其自身的合法性。"一带一路"合法性还取决于程序上的认可。比如，人类命运共同体写进联合国决议中就是一种典型的程序认可，不过这种认可更带有一定的附属性质，是基于前两点之后给予一种程序上的补充。目前，"一带一路"更多的项目尚在建设当中，因此，对"一带一路"的价值宣传显得更为重要。

一 有关国际合法性的说明

合法性是一个集政治学、社会学和法律于一身的概念，有着较为久远的发展史。不过本部分并不打算对合法性演绎历史进行介绍，而是重点关注"一带一路"从国内合法性向国际合法性延伸的问题。

（一）关于合法性概念

至今人们仍未对合法性给出一个统一的定义。来自不同领域的人对这一概念有着自己的专业性理解和解释，目的是提升本领域的社会价值。如，政治领域的人对合法性的强调在于政治统治如何获得民众的支持，而不管这种支持的理由是来自规范意义还是来自道德意义。社会学家则从经验意义上关注合法性，如果政治统治能够带来好的效果，这种政治统治就是合法的，且能够保持统治的稳定性。而法律方面的解释更多从程序上判定，认为只要政治统治遵从已普遍接受的法律，则这种政治统治就被认定为程序合法性。但是，对于已创立的法律是否合法还需要做进一步的判断，因此，程序合法性往往只具有参考价值，不过可作为增加合法性的一个来源渠道，如修改程序或规则使政治统治获得认同或不认同。因此，有人说程序合法并不构成真正具有独立意义的合法性，只不过是合法性的一种表达。[①]

更多的时候，人们对合法性的认同是在价值层面和功能层面，合法性的定义也由这两点确定。功能或经验层面上的定义早于规范意义上的定义，这彰显了人类社会的一种进步，即从人治迈向法治的结果。经验意义上最早对合法性定义来自韦伯。"它是什么？"是经验主义对合法性的内涵定义。之后一些社会学家继续对韦伯的定义进行了拓展性研究。人们开始对合法性进行价值上的追寻，认为政治统治的合法性来自价值上的一种判断，它应该是什么？约翰·罗尔斯在《正义论》中给出了合法性的价值判断，认为"正义是社会制度的首要价值……某些法律或制度，不管他们如何有效率，只要他们不正义，就必须加以改造或废除"[②]。从罗尔斯规范化原则中可以看出，价值判断的重要性是第一位的，且什么样的价值判断才能成为第一位的。

实际上，人们对合法性的经验意义方面的争论并不大。经验主义的合

---

① 余科杰：《关于中国共产党执政合法性的几点思考》，《新视野》2017 年第 2 期。

② 转引自随新民《国际制度的合法性与有效性——新现实主义、新自由制度主义和建构主义三种范式比较》，《学术探索》2004 年第 6 期。

法性概念主要来自对事实的认同，即政治统治能够给辖内民众带来事实好处，使得民众对其产生信任和忠诚，自觉地服从政治统治并把这种服从看作义务。在对事实描述清楚之后，合法性就有一种天然的存在价值。余科杰对合法性流派问题做了较好的说明。① 经验主义学派以马克斯·韦伯等为代表，其从经验研究角度出发，认为存在即合理，合法性就是民众对统治者统治的社会事实的确认，没有得到确认的统治本身也就没有存在的必要。约翰·基恩认为，"合法性意味着接受这个权力体制及权力支持者，并给予肯定的评价"②。

争论更多的是规范层面或价值层面，或者说，对价值认定的复杂性导致对合法性的争论。利普塞特认为："合法性是指政治系统使人们产生和坚持现存政治制度是社会的最适宜制度之信仰的能力。"③ 根据该定义，政治系统就是一种工具，使当时的统治者具有合法性，工具的作用就是使系统内的成员相信现有的制度是最好的。D. 斯特恩伯格提出合法性的两个条件：一是统治者能够有权施政，二是被统治者认可这种施政，两者同时具备才说明系统的合法性。罗斯切尔德也持有上述看法，即被系统内的成员认可才具有合法性。因此，合法性"完全取决于政治系统的价值与其成员的价值是否一致而定"④。有人指出，统治规则合法性来自统治者对自身合法性的相信，这种相信根深蒂固，认为其所统治的一切都是正确的和合适的。⑤

哈贝马斯在总结了经验主义和规范主义对合法性定义之后，推出了新的合法性定义，其内涵涵盖了上述两个方面。哈贝马斯认为，"合法性意味着，对于某种要求作为正确的和公正的存在物而被认可的政治秩序来说，有着一些好的根据。一个合法的秩序应该得到承认。合法性意味着某种政治秩序被认可的价值"⑥。可以说，"好的根据"和"应该得到承认"

① 余科杰：《关于中国共产党执政合法性的几点思考》，《新视野》2017年第2期。
② ［英］约翰·基恩：《公共生活与晚期资本主义》，刘利圭等译，社会科学文献出版社1999年版，第284页。
③ 余科杰：《关于中国共产党执政合法性的几点思考》，《新视野》2017年第2期。
④ ［美］利普塞特：《政治人：政治的社会基础》，刘钢敏、聂蓉译，商务印书馆1993年版，第53—54页。
⑤ ［德］哈贝马斯：《交往与社会进化》，张博树译，转引自周丕启《国际关系中的政治合法性》，《世界经济与政治》2002年第3期。
⑥ ［德］哈贝马斯：《交往与社会进化》，张博树译，重庆出版社1989年版，第184页。

分别代表了事实和价值两种认同。"好的根据"表明政治统治确实获得民众的支持，因此具备了合法性，而"应该得到承认"表明政治统治具备了合法性的价值意义，民众愿意服从这种政治统治。

当然，哈贝马斯更深究于合法性的价值认同或规范认同，认为具有一定忠诚和信仰的政治统治未必是好的政治统治，更主要体现在这种政治统治的价值是否应该得到广泛认同。胡伟认为，按照哈贝马斯的合法性标准，绝大多数政治体系都不具有合法性，这种把合法性绝对化显然难以作为一般的合法性分析概念，反而更加认同经验主义的合法性定义，原因很简单，因为政治系统的合法性也是一种进程，毕竟价值观不可能一成不变，随着人类社会的进步，价值观也在发生位移或调整，正如塞缪尔·亨廷顿所说："社会和经济的变化必然使传统社会与政治集团瓦解，并削弱对传统权威的忠诚。"[1] 当今美国社会内部严重分裂，在某种程度上是对传统价值观产生分歧所致。为此，人们希望给出一个更为恒久的合法性价值判断，并为保持政治统治的稳定性和有效性，将对环境的适应纳入其中。如，胡伟也提出了自己对合法性的概念，人民的广泛认同、信仰、忠诚和服从实际上体现的是政治权威得到贯彻和认可，为统治者做出决策并推行政策创造了一定的前提，使得保持政治系统具有了某种有效性和稳定性。[2]

在实际生活中，人们面临合法性的规范定义和功能定义哪个更有效的问题。利普塞特认为，实际政绩是政府为满足广大民众的需求而做出的实际回应，能够做出这种实际回应也表明其背后的政治体系具有良好的运转功能，不过这种"物"上的政治实绩所体现出来的合法性与人们认为政治本身所具有的合法性不一样，两者不能互相替代，或者说前者不具有价值力量，或者说人们在精神上所产生出来的一种信念。[3] 对政治体系的合法性与有效性的关系，罗斯切尔德又做了进一步的考察，第一，广大民众对某一政治信仰认同时，以该信仰为核心建立起来的政治体系就具有政治上的合法性，这种合法性在一定程度上可以替代政治体系带来的不良绩效，

① ［美］塞缪尔·亨廷顿：《变动社会的政治秩序》，转引自胡伟《合法性问题研究：政治学研究的新视角》，《政治学研究》1996 年第 1 期。

② 胡伟：《合法性问题研究：政治学研究的新视角》，《政治学研究》1996 年第 1 期。

③ ［美］利普塞特：《政治人：政治的社会基础》，刘钢敏、聂蓉译，商务印书馆 1993 年版，第 53—54 页。

换句话说，民众对这种缺乏实际绩效的政治体系给予一定的认可，并愿意
继续接受这种缺乏实际绩效的政治体系；第二，如果政治体系能够对民众
的需要和利益进行相应的满足，这种政治体系也可以获得合法性认同；第
三，如果一个在价值上被广大民众认同的政治体系长期不能满足民众的利
益需求，也将令民众对其所坚守的价值存疑，进而消耗其价值上的合法
性。[1] 罗斯切尔德将时间置入政治体系的合法性与有效性的关系考察中，
因而给出的结论也更真实。事实上，如果加入时间要素，可以发现，政治
体系的合法性与有效性或者价值与绩效哪个更重要，其实难以道尽。

在经过长期考察之后，国外学者逐渐将对规范定义的天平砝码移向功
能定义上。如，法国学者让-马克·夸克把政府是否满足民众需要作为合
法性判断的标准，满足民众需要的很大一部分来自对公共福祉的提供，或
者说合法性就在于统治者是否有满足公共服务的能力。[2] 龙太江等认为，
所谓有效性就是政治统治的实际业绩。[3] 亨廷顿在对新兴民主国家合法性
进行考察之后提出，如果一国政府无法解决国内长期存在的问题，如贫
困、通货膨胀或叛乱等影响国计民生的重大问题，则民主能否在该国继续
下去就是一个很大的问号，[4] 或者说民主作用的空间是有限的，不是包治
百病的良药。当然，我们不能把有效性绝对化，亨廷顿提出了合法的"政
绩困局"这一命题，该命题的含义是一个政府的合法性如果建立在绩效基
础之上，或者物质基础之上，就必须一直保持其有更好的绩效，才能被人
们所接受，否则就容易失去合法性。国内学者则比较坚信一个政治体系的
功能性表现，认为政治体系必须以经济绩效为前提。如，龙太江等人从功
能角度给出合法性定义，进而给出有效性定义，所谓合法性，就是民众对
现存政治秩序和政权的信任、支持和认同，或者政治统治的合法性就是成
员对政治统治正当性的认可。按照这个定义，合法性实现的路径是以"被

① 胡伟：《合法性问题研究：政治学研究的新视角》，《政治学研究》1996年第1期。
② ［法］让-马克·夸克：《合法性与政治》，佟心平、王远飞译，中央编译出版社2002年版，第47—50页。
③ 龙太江、王邦佐：《经济增长与合法性的"政绩困局"——兼论中国政治的合法性基础》，《复旦学报》（社会科学版）2005年第3期。
④ ［美］塞缪尔·亨廷顿：《第三波——二十世纪末的民主化浪潮》，转引自龙太江、王邦佐《经济增长与合法性的"政绩困局"——兼论中国政治的合法性基础》，《复旦学报》（社会科学版）2005年第3期。

统治者对政权履行职能的效率、对公共利益的维护和民众个人利益的满足"为基础，即以国家的政治产品满足社会需要的程度为基础，换句话说，合法性必须以一定的政绩来支撑。当然，也有的认为，如果一个政治系统长期不能满足民众的需求，而只是依靠价值观来维系，则该政治系统的稳定性也将遭到怀疑，甚至其合法性也将丧失。

关于合法性的价值和绩效之间的争论，或者说哪一个更能维持一个系统的长久性，其实并不存在一个确定性的结论。没有绩效，该系统的价值迟早令民众失去维护该系统的信心；相反，没有价值，该系统将陷入合法性与绩效的恶性循环中，使该系统处于风险状态，一旦不能持久地给予民众好处，很容易危及政治系统的存续。目前，世界上一些国家政局与经济增长就存在比较密切的关系，如果一个新当选的领导人不能在任期内给予老百姓经济实惠，则很难做满任期。

（二）合法性取得的路径

合法性来源主要有以下三个方面。

一是基于政治学的价值或意识形态，属于规范主义，即合法性指代的应该是什么？通过在一定范围内树立起基本的道德规范，获得民众的认同。按照赵海立的定义，合道德性是指政治体系运作必须合乎一定的社会伦理，特别是政治道德的要求。合法性建立在一定的价值观基础上，比如人类所期待的公正、正义、平等等这些伦理道德是人类诉求的终极目标，也构成合法性基础的核心价值。如果一个政治系统具有较高的道德水准，往往能够对公众有着巨大吸引力，民众对该政治系统的认同也是持久的。亚里士多德认为，"政治上的善即是公正，也就是全体公民的共同利益"，"背离了公正原则建立起来的政体是很难维持其存在的"[①]。

二是基于社会学意义上的经验认同。随着现代生活方式的兴起，民众对公共产品的需求也随之增加，公共产品包括医疗卫生、教育、社会治安、基础设施、环境保护、法律法规、国土安全，甚至精神表率等，提供这些公共产品的能力不仅是一国政府对国家治理得当的表现，也是为该国

---

① 张娟、习裕军：《政治合法性理论研究在西方：一个文献综述》，《中州学刊》2007年第1期。

政治体系提供合法性的主要来源。① 比如，新加坡对腐败的治理得到了本国乃至世界的认可和学习。一国政府具有较强的发展经济能力，能够给民众带来较大的实惠，特别是在开放的今天，各国民众对本国政府的业绩认同比对本国政府的价值认同程度更为容易，因此，发展绩效更成为合法性最为直观的来源。当然，发展绩效也面临一定的困扰，经济增长并非是直线的，不可能永远给民众带来实惠，此时一国政府需要拓宽其绩效合法性的来源，加强绩效的多重内涵，增强民众对绩效的复合认同而非单一认同，以确保政治的稳定性。因此，政治系统要取得公众的认同，必须满足民众的利益需求，这些利益需求可以是多层次的，如从基本的生存需求到发展需求，也可以是多领域的，如经济利益、政治选举、文化诉求等。如果广大民众的利益长期得不到满足，该国的政治系统能否存续下去就是个疑问。尽管有些人坚持价值合法性的优先地位，但是最后也不得不承认绩效对政治体系合法性存在所起到的基础性或决定性的作用。如，加拿大政治学家 C. 贝伊认为："对人类需求的优先考虑必然成为判断公共政策是否合法的最终基础。"②

三是基于法律的程序。符合法律程序自然获得一定的合法性，但是由于这种程序或规则本身有待考证，即是否符合价值判定或民众认同，因此，只能说合法性是一种必要来源。合法化是民众对某种政治系统的认同和支持的过程，也是维持政治系统有效运转的前提和保障政治系统政治生命力的路径。"合法化的目的就是要建立一种国民对民族国家及其制度的认同。"③ 合程序性有助于降低政治统治的成本，提高政治系统的运作效率。阿尔蒙德认为，在一个社会中，"如果大多数公民都确信某一政治权威的政治统治的合法性，法律就能比较容易和有效地实施，而且实施法律所需的人力和物力耗费也将减少"④。

一般而言，政治系统要获得运转首先需要获得合法性，这也是一个合

① 赵鼎新：《国家合法性和国家社会关系》，《学术月刊》2016 年第 8 期。

② 张娟、习裕军：《政治合法性理论研究在西方：一个文献综述》，《中州学刊》2007 年第 1 期。

③ ［美］罗伯特·W. 杰克曼：《不需暴力的权力：民族国家的政治能力》，欧阳景根译，天津人民出版社 2005 年版，第 128 页。

④ ［美］加布里埃尔·A. 阿尔蒙德、小 G. 宾厄姆·鲍威尔：《比较政治学：体系、过程和政策》，曹沛霖等译，上海译文出版社 1987 年版，第 35—36 页。

法化过程，是广大民众接受该政治系统的过程，不能获得合法化的政治系统将会推高政治系统的运转成本，或根本不可能运转。具体来说，合法化路径有以下三条。一是价值认同。政治系统具有吸引民众的内在价值，进而取得合法性。二是功能认同，主要指政治系统的政策付诸实施时获得心理认同。三是程序认同，主要是指政治系统反映民众利益的程序或表达具有程序正义性。

（三）国际合法性定义

国际合法性研究始于 20 世纪 60 年代。一开始国际合法性问题并未引起过多关注。原因之一是国际社会处于无政府状态，一国合法性是否需要国际认同并不具有较强的意义，对于权力和利益的追求却成为国际社会参与者的主要目标。因此，国际社会对合法性研究很少，甚至是一种忽视。[①]

1966 年，美国政治学家伊尼斯·克劳德在一篇关于联合国政治功能的论文中首次提出了国家的国际合法性概念。[②] 克劳德的代表作《国际社会中的合法性》一书对国家的国际合法性进行了研究，并指出其在国际上获得合法化的一般特点。马丁·怀特在《国家体系》中进一步讨论了国家的国际合法性问题。怀特认为，国际合法性是指国际社会对其成员的合法身份、国家主权运用范围和国家的继承权管理等做出的一种集体认定。[③] 从中可以看出，国际合法性来自既有国家的合法性标准。这种认知来自国家身份先于国际社会存在，由于国际社会并不存在，[④] 先行成为国际社会一员的国家对他国政治合法性具有标准设定权，这也就决定了一国政治系统被认同的路径与国内被认同的路径有所区别。

实际上，关于国际社会是否存在合法性认可的权力是有争议的。[⑤] 一派认为，国际关系中并不存在合法性权力。从国际社会与国内社会的区别

① 章前明：《从国际合法性视角看新兴大国群体崛起对国际秩序转型的影响》，《浙江大学学报》（人文社会科学版）2013 年第 1 期。

② 辉明：《国际关系中的政治合法性——评伊恩·克拉克的〈国际社会中的合法性〉》，《国外理论动态》2015 年第 3 期。

③ 章前明：《从国际合法性视角看新兴大国群体崛起对国际秩序转型的影响》，《浙江大学学报》（人文社会科学版）2013 年第 1 期。

④ 关于国际社会是否存在实际上没有定论，部分学者认为现在尚未形成一个国际社会，而只是国际体系。

⑤ ［德］哈贝马斯：《交往与社会进化》，张博树译，重庆出版社 1989 年版，第 184 页。

角度出发,肯尼思·沃尔兹认为,由于国际社会不存在一个按照某种合法准则进行统治的政府,即国际社会是自助的,因而不存在合法的权力。① 这基本上是一种传统的权力与秩序的思维模式。随着国际社会日趋走向成熟,以及国际主体日益多元化,越来越多的人认为,尽管国际社会还没有走向成熟,但是其合法权利是存在的。不过对于究竟谁应该给出一国的国际合法性地位,存在不同的看法。马丁·怀特认为,"国际合法性"就是由已经组建起来的民族国家对后进入者是否具备国际地位做出的集体判定。海伦·米尔纳也认为,在国际社会中存在着合法性的权力。② 亚历山大·温特强调了国际社会存在合法性这一议题。③ 克拉克则进一步认为,合法性本身就是国际社会存在的象征,从这个意义上说,合法性从属于国际社会。④ 克拉克认为,尽管国际社会缺乏一个权威的行为主体,但是人们在长期的交往中逐步形成的一些规范(如主权)、制度(如国际法)、准则以及一些潜在的约定俗成等,都是确定一国国际合法性的主要来源,也就是说国家在国际交往过程中逐渐形成的相互认可的义务成为国际合法性的主要来源。这种相互义务观一直居于国际社会的核心。⑤ 总之,国际社会是存在的,国际合法性也是存在的,而鉴于国际合法性能够带来政治上和经济上的利益,因而取得国际合法性成为一种新的国际动向,通过国际合法化,国际行为主体甚至主动接受某种国际约束,实现通过承担责任方式获得国际合法性带来的种种利益。当然,不能因为国际社会的存在感上升,就忽略国际政治合法性与国内政治合法性的区别。两者存在的区别也为我们构建国际合法性提供一种思路,即国际合法性是可以构建的,且构建路径与国内合法性有雷同之处。国内合法性的前提是有政府状态,

---

① [美]肯尼思·沃尔兹:《国际政治理论》,胡少华、王红缨译,中国人民公安大学出版社1992年版,第122页。

② 辉明:《国际关系中的政治合法性——评伊恩·克拉克的〈国际社会中的合法性〉》,《国外理论动态》2015年第3期。

③ [美]亚历山大·温特:《国际政治的社会理论》,秦亚青译,上海世纪出版集团2000年版,第6页。

④ 辉明:《国际关系中的政治合法性——评伊恩·克拉克的〈国际社会中的合法性〉》,《国外理论动态》2015年第3期。

⑤ 辉明:《国际关系中的政治合法性——评伊恩·克拉克的〈国际社会中的合法性〉》,《国外理论动态》2015年第3期。

而国际合法性的前提是无政府状态，但是两个合法性的目标是一致的，即得到公众承认。只要获得国际公众的承认，就意味着建立起国际合法性。因此，构建国际合法性的路径依然是对"共识"的构建。我们一直在积极努力宣传"一带一路"，投资"一带一路"，开放"一带一路"，核心是取得国际社会的共识。"很明显，作为一项国家实践，合法性历来被视为表示社会共识的程度。"[1] 克拉克认为，共识之所以对国际社会合法性很重要，是因为本身具有合法律性、合道德性和合宪的规范。[2] 社会共识是基于国际社会普遍接受的价值观，即正义、公平等，这些基本价值观是人类共同财富，约束人们行为并承担相应责任，鼓励人类社会不断进步。随着全球问题的日益突出、国际制度的日益发展以及因美国日渐退出而出现的全球公共产品赤字问题，人们对国际合法性认知也在逐步提升，国际合法性成为国家发展特别是对外交往扩大的一种必要。人们对国际合法性问题的研究也日益凸显。

现有研究仍然认同国际合法性在本质上与国内合法性具有一致性，即国际合法性也同样具有价值、程序和功能三个内容。目前国际合法性文献对国家的国际合法性和国际制度的合法性研究较多，少数文献对国际法等一些非机制化的形式开始加强研究。如刘志云对国际法的合法性根源的讨论，[3] 实际上是先从国际机制视角讨论的。"一带一路"倡议作为一种非制度性安排，讨论其国际合法性来源目的是增强"一带一路"的全球价值和全球认同，为推进世界经济体系转型铺平道路。赵俊认为，对国家的国际行为承认主要表现在三个领域：对国家本身的承认、对国家在国际组织中的代表权/资格的承认和对国家发展道路的承认。[4] 邓勇认为，在中国的对外政策中，对"地位"的追求甚于权力，主要是把"国际地位"看作一种价值追求。[5] 刘鹏、曹云华认为，国际制度合法性是当前国际关系中各方

① 辉明：《国际关系中的政治合法性——评伊恩·克拉克的〈国际社会中的合法性〉》，《国外理论动态》2015 年第 3 期。

② 辉明：《国际关系中的政治合法性——评伊恩·克拉克的〈国际社会中的合法性〉》，《国外理论动态》2015 年第 3 期。

③ 刘志云：《国际法的"合法性"根源、功能以及制度的互动——一种来自国际机制理论视角的诠释》，《世界经济与政治》2009 年第 9 期。

④ 赵俊：《国际关系中的承认：合法性与观众成本》，《世界经济与政治》2011 年第 4 期。

⑤ 赵俊：《国际关系中的承认：合法性与观众成本》，《世界经济与政治》2011 年第 4 期。

争夺博弈的制高点之一，根据其与国家的关系，国际制度合法性存在四个来源，即以价值观为主要内容的规范性标准、比较收益、国家的认可和其他国际制度的确认。①

根据以上论述，可以明确的是，国际合法性认可的对象主要有以下四个方面。

第一，对一国国家身份的合法性认同。对国家的认同主要表现在对该国外交政策的认同，这是因为一国的对外政策及其行为往往是该国价值理念和核心利益的代表，对外交政策的认同等于是对该国价值观和国家利益的认同。美国能够在世界范围推广自身价值观的重要前提是美国的人均高收入和世界第一的大国地位，这引致一些国家的学习和赶超，也从心理上认同美国的发展及其价值观。比如自由主义是美国立国之本，有的国家看到美国依靠自由主义带来经济上的繁荣，因此纷纷效仿美国的做法，并接受了美国的价值观。当然，美国的价值观并不总是有用的。

第二，对一种国际组织的认同。首先，国家的承认是国际组织存续的关键。其次，国际组织也使各个成员国承担超出自身范围的责任，如在全球范围发送公共物品。这成为国际组织合法性两个标准中更重要的一个。国际组织被其他组织学习和模仿，表明该国际组织国际合法性地位的提升，如欧盟即是如此。②

第三，对国际法和国际制度的认同。③ 简军波认为，国际法和国际制度显示了国际行为主体交往的原则、精神和规则，并由此构成了现代国家所须遵循的国际程序。④ 叶江等认为，现今国际制度的合法性基础表现为向国际社会（或国际体系）提供公共物品的能力以及国际社会（或国际体系）中各行为体对其的赞同程度，国际社会中的公共物品是指国际体系中各行为体（主要是国家）可以共同享有的，且有利于提高自身利益的物质资源、组织形式、价值理念和问题解决途径。⑤ 对国际

① 刘鹏、曹云华：《国际制度合法性何以评估》，《国际观察》2022 年第 6 期。

② 贺之杲：《欧盟的合法性及其合法化策略》，《世界经济与政治》2016 年第 2 期。

③ 刘志云：《国际法的"合法性"根源、功能以及制度的互动——一种来自国际机制理论视角的诠释》，《世界经济与政治》2009 年第 9 期。

④ 简军波：《现代国际合法性条件与美国的困境》，《世界经济与政治》2007 年第 3 期。

⑤ 叶江、谈谭：《试论国际制度的合法性及其缺陷——以国际安全制度与人权制度为例》，《世界经济与政治》2005 年第 12 期。

制度的认同有两种路径，即把新的国际规范添加到现有的规则中，或者修正部分既有规则。①

第四，对一种国际行为的认同。杨原等认为，一国崛起行为的本身就是一种国际合法化的过程，在这一过程中，要符合"既定规范的精神和相关规则的要求"，使这种国际行为"具有正当性和合理性"，崛起行为不能威胁他国核心安全利益并符合他国民意认可的行为规范。②

无论是哪一种需要被国际合法性承认的对象，如果要通过和平方式具备国际合法性，必须满足以下几个条件：得到旧有体系的认可（共识获得）、与旧体系分享一部分新生利益（利益共享）、为日后行为确立新规则（规则共识）。简军波提出，合法性对政治权力非常重要，权力若要持久，则需满足合法性的"程序、价值和功能"这三个条件，从国际社会角度看，一国承担三个方面的义务，认同国际价值（如主权原则、文化多样性与国际民主）、遵循国际规则、提供国际公共产品。③

（四）国际合法性的来源

国际合法性获得主要通过价值认同、有效认同和程序认同三个渠道。

一是价值认同。如同国内政治合法性被认同一样，国际合法性也需要价值观作为基本的认同。伊斯顿强调价值因素的重要性，尽管价值看不见、摸不着，但是却对一国的国际行为构成约束。他认为意识形态是最重要的道德价值。④其他如葛兰西、卢卡奇、密利本德和波朗查斯也都强调意识形态是合法性的基础。⑤价值基础的重要性在于通过国际政治合法性获得经济利益、战略利益等。当国际社会其他成员认同该国某一价值时，国际合作的可能性就增加；反之，即使合作也缺乏价值认同基础。吉尔平认为，在国际关系中，强国统治的合法性基础之一是"可望在意识形态、宗教或者别的方面得到与其有共同价值观念的一系列国家的支持"⑥。这实

① 赵俊：《国际关系中的承认：合法性与观众成本》，《世界经济与政治》2011年第4期。
② 杨原、孙学峰：《崛起国合法化策略与制衡规避》，《国际政治科学》2010年第3期。
③ 简军波：《现代国际合法性条件与美国的困境》，《世界经济与政治》2007年第3期。
④ 周丕启：《国际关系中的政治合法性》，《世界经济与政治》2002年第3期。
⑤ 周丕启：《国际关系中的政治合法性》，《世界经济与政治》2002年第3期。
⑥ ［美］罗伯特·吉尔平：《世界政治中的战争与变革》，武军等译，中国人民大学出版社1994年版，第34页。

际上也是将美国所谓的正义价值向世界传播，获得国际社会认同，进一步稳定美国的霸权地位。拜登政府上台后更加注重对民主的强调，试图打着"民主"的旗号对中国的国际行为进行否定。不过，部分美国学者试图建立一个适用于世界的普遍原则。罗尔斯认为，如果一个国家具有引导民众遵从正义的原则，则该政治系统应该得到认可。罗尔斯尝试构建一套不分西方社会还是非西方社会的普遍的正义原则，即"万民法"，实际上是将国内制度的正义原则，拓展到国际社会，以建构用于规制人民间彼此政治关系的特殊政治原则。① 在罗尔斯看来，《万民法》将非西方社会纳入其中，这与传统的西方理念是有区别的，而这也正是西方学者对现实的正视和进一步稳定西方价值观的一种自我修正。罗尔斯试图用一个普遍的标准将合法性从国内向国际推广，兼容了非西方国际社会价值，并提出"合宜的协商等级制"，即：（1）和平性。如果非西方社会通过外交、贸易和其他和平方式来达成其合法目的，就可以被接受。（2）合法律性。只要非西方社会能够保障基本人权，人们愿意遵守法律规定，或者说，非西方社会遵从西方社会的一些基本的规则、原则，这样的非西方社会也是可接受的。（3）协商性。只要非西方社会政治能够具有协商特征，该社会能够通过协商方式让不同意见的人有机会进行表达，且政府能够对不同意见给出严肃真诚的答复，这样的非西方社会也是被接受的。可见，西方学者为维持西方价值观，也在对非西方社会包容性做出适当调整。张添认为，国际合法性的来源主要是"国际承认"和"国际共识"。前者强调国际行为体正向支持构成的国际合法性，后者强调国际行为体反向达成默认性共识。②

二是有效认同。一种国际行为有效性来自对国际社会的贡献大小。约翰·罗尔斯认为，一国政府如果能够对自己主权内部的事务切实肩负起相应的职责，做一个有效的国家代理人，③ 那么非西方社会也同样具有合法性，或者说，正义理念构成了西方社会和非西方社会共同的政治合法性基

---

① 杨光斌：《合法性概念的滥用与重述》，《政治学研究》2016年第2期。

② 张添：《国际合法性竞争及缅甸看守政府外交布局的差序与摇摆》，《南亚研究》2022年第4期。

③ ［美］约翰·罗尔斯：《万民法》，陈肖生译，吉林出版集团有限责任公司2013年版，第24页。

础。一方面，国际合法性有了共同的价值判断作为基础。另一方面，非西方社会与西方社会一样建立在人类社会基本价值观基础上。如果某种国际行为能够满足国际社会中其他成员的需要，也会得到其他成员的大力支持。吉尔平认为，在国际关系中，如果霸权国家"提供了诸如某种有利可图的经济秩序或某种国际安全一类的'公共商品'，故其统治常常为人们所接受。"① 陈新民提出国际政治类型有效性的三个判定标准。国际合法性源于国内合法性。有效性同样是国际政治不可回避的问题，不管这种国际政治体现在国家政权、国际制度、国际机构甚至一项发展倡议上，我们都必须回答三个问题：该项国际政治类型是否有助于维持国际结构的稳定、降低交易成本以及在互构中认同和身份的界定。②

三是程序认同。随着国际合法性的日益上升，一国的发展越来越受到外部制约，即一国政治不仅要获得国内民众的认同，也要获得国际社会的认同，以此获得外部的发展机会。因此，程序认同往往成为国际认同的首选，即一国通过国际程序认同的路径来获得国际认同，接受国际规则或程序，意味着一国有着获得国际合法性的意愿，愿意调整国内政策、规则以适应国际规则或程序。当然，加入并不意味着被动接受国际规则或程序，讨价还价仍广泛地存在于国际组织中。但是这并不意味着否认国际制度对一国的国际合法性地位的承认。随着国际组织或地区性组织日益增多，加入被普遍接受的国际组织成为一国获得国际认同的主要形式。

国际行为合法性要依据一定的国际社会规则和程序。有时国际社会往往通过程序来设定合法性条件或准入条件，这种形式上的合法性甚至比实质性的合法性更有价值。比瑟姆认为，合法性的基础是规则，一个政治系统的权力获取和运作必须与所确立的规则相适用。当然，国际社会不同于国内社会，国际社会的规则和程序是由国家认同的，而非由人来认同，因此具有一定的稳定性。一种国际行为一旦得到国际社会大多数国家的认同，就拥有了合法性。因此，国际组织或制度甚至降低准入门槛来获得其他国家的加入，以扩大自身的合法性。

---

① ［美］罗伯特·吉尔平：《世界政治中的战争与变革》，武军等译，中国人民大学出版社1994年版，第34页。

② 随新民：《国际制度的合法性与有效性——新现实主义、新自由制度主义和建构主义三种范式比较》，《学术探索》2004年第6期。

二 "一带一路"倡议的国际合法性构建内容

根据建构主义理论,任何理念、观念都是建构出来的,任何行为都是理念或观念建构出来的结果。这里并不是否定客观规律的作用,而是强调人的主观能动性带给人类社会发展的积极意义。"一带一路"倡议自提出以来,也是一个不断被"建构"的过程,已经从一个最初目标模糊、内涵不确定的阶段逐渐发展到概念清晰、活动鲜明的全球性倡议。黄振乾认为,中国援助有效提升了当地政府绩效合法性,同时期的西方援助对提升非洲国家的绩效合法性则无明显作用。中国援助项目可能通过推动受援国经济增长和提振民众发展信心两个渠道提升当地政府绩效合法性。黄振乾揭示了中国援助如何在治国理政维度增强受援国的政府能力,进而推动受援国的自主发展,这与西方援助在帮助发展中国家独立发展上乏善可陈形成鲜明对比。中国援助到来后,非洲民众对当地政府绩效合法性从此前的负面评价转为积极评价。这一发现是对中国援助的"新殖民主义"叙事的有力反驳。中国未来应和广大发展中国家携手,积极参与并推动全球援助与国际发展合作体系改革。① 当然,西方国家对"一带一路"倡议的恶意攻击也在试图降低"一带一路"倡议国际合法性。王雪冬认为,"一带一路"倡议提出以来,国际社会对该倡议的认同度不断提升,当然,美国等西方国家频频制造负面舆论,对国际社会认知和认同该倡议产生了较大的消极影响,在一定程度上恶化了"一带一路"建设的国际环境。② 因此,王明国建议,"一带一路"倡议与现有国际制度对接的当前目标是提高国际社会对"一带一路"倡议的认同度,打造并提升制度建设的合法性和有效性,进而逐步改革现有国际制度体系。③

---

① 黄振乾:《中国援助与受援国绩效合法性——基于地理信息数据的实证考察》,《世界经济与政治》2022 年第 3 期。

② 王雪冬:《"一带一路"倡议的国际认同度研究》,《世界社会主义研究》2020 年第 11 期。

③ 王明国:《"一带一路"与现有国际制度的对接:基于制度复杂性的视角》,《当代亚太》2021 年第 6 期。

（一）"一带一路"倡议国际合法性观念构建

一是"一带一路"倡议反映当代中国"你中有我我中有你"的世界观。自改革开放以来，中国发展就与世界发展密不可分。如果说最初的改革开放更多地表现为中国离不开世界，那么今天提出的"一带一路"倡议则更多地表现为世界离不开中国。与西方世界观不同的是，中国始终将国际社会共同利益与自身利益紧密结合。早在改革开放初期，邓小平就从全球战略的高度，把中国的国家利益与人类的根本利益紧密结合起来。1980年4月，邓小平在会见世界银行行长罗伯特·麦克纳马拉时说："对我们中国来说，考虑问题历来不从中国自身利益一个角度考虑，而是从全球战略来提出问题，考虑问题的。"[①] 针对中美关系，1981年6月，邓小平指出："关键问题是从什么角度来观察和对待中美关系，是从全球战略的角度来对待两国关系，还是从一些暂时的、战术的策略观点来对待两国关系。"[②] 在与巴西总统菲格雷多会谈时，邓小平指出："中国现在属于第三世界，将来发展富强起来，仍然属于第三世界。中国和所有第三世界国家的命运是共同的。"[③] 邓小平坚信，建设好有中国特色的社会主义，发展生产力的社会主义，比资本主义还要发达的物质文明与精神文明的社会主义，是中国国家利益的最大体现，也是中国对人类进步作出的重要贡献。在40多年的改革开放进程中，中国始终坚持和平、发展、合作、共赢这一国际观。中国40多年的改革开放获得的有益经验是与世界联系越密切，中国获益越大，改革开放的能力与水平也在不断提升。2013年，中国提出"一带一路"倡议既是中国改革开放数十年来发展的结果，也是新时期对中国长期秉持的国际观的一种实践。即使在中美关系紧张的情况下，中国仍然主张对外开放，推出多项有战略意义的开放举措，如推行自由贸易试验区、实行负面清单等。

二是"一带一路"倡议反映当代中国"共赢"而非零和的发展观。自

① 中共中央文献研究室编：《邓小平思想年编（一九七五——一九九七）》，中央文献出版社2011年版，第305页。

② 中共中央文献研究室编：《邓小平思想年谱（一九七五——一九九七）》，中央文献出版社1998年版，第191—192页。

③ 《邓小平文选》第3卷，人民出版社1993年版，第56页。

2013 年年初提出新型国际关系至 2017 年年初在日内瓦联合国总部的演讲，新型国际关系的核心词都是"合作共赢"。2015 年 9 月，习近平主席在参加第七十届联合国大会一般性辩论时指出："大家一起发展才是真发展，可持续发展才是好发展。"① 他提出的"大家一起发展"这个命题，实际上是迄今为止人类历史一直都没有解决的重大问题。世界经济领域诸多学者认为，人类社会自 1820 年步入现代经济增长阶段以后，西方社会迈入发达阶段的人口数量一直没有超过人类总人口的 20%。因此，尽管资本主义制度带动了财富的急速扩增，但财富分配很不均衡。如今，发达国家也陷入了贫富差距扩大陷阱，这也是新一轮逆全球化的主要动因之一。2017年 1 月，习近平主席在世界经济论坛 2017 年年会开幕式上发表演讲，认为世界经济长期低迷，贫富差距和南北差距问题更加突出。而收入分配不平等、发展空间不平衡，被视作"当今世界面临的最大挑战，也是一些国际社会动荡的重要原因"②。

三是"一带一路"倡议是当代中国"发展和平论"的践行者。历史上，大国崛起通常都是走穷兵黩武之路，因此，世界上部分人担心中国崛起最终会走上非和平发展道路。特别是当面对资源竞争时，人们想当然认为，武力是为本国获取发展资源的必由之路，如当年的英国、第二次世界大战时的德国和日本。西方学者始终认为民主是推动和平的力量，即民主和平论。该理论认为，民主国家之间不会发生战争，其政策指向被认定为，如果世界上所有国家都实行民主制的话，则世界和平将会自然实现。反过来，在西方眼中，没有实现他们认定的民主制国家，必定随时有可能与其他国家发生冲突，非民主国家是影响世界和平进程的主要因素。实践表明，这种和平是一种狭隘的和平论调。首先，民主国家之间已就资源的配置达成协议，按照竞争实力决定资源获取多寡，实行民主的国家一般是一些经济发展水平较高的国家，战争手段对于这些国家获取资源的成本已远高于非战争手段，因此，民主国家之间不打仗，并非民主国家之间不想打仗，而是为经济成本所限，通过谈判等和平方式可以极大降低获取资源的成本。1795 年，伊曼努尔·康德在他的《永久和平论》中指出，人类

---

① 《习近平谈治国理政》第 2 卷，外文出版社 2017 年版，第 524 页。
② 《习近平谈治国理政》第 2 卷，外文出版社 2017 年版，第 479—480 页。

是天生倾向于和平的，民主比独裁更为和平，随着更多的国家实现民主，战争将会越来越少。① 而利维说，"民主国家之间不打仗，已经日益成为国际关系的经验法则"②，不过是经验之谈，不具有现实意义。民主国家和非民主国家之间还是存在战争的，在现实世界里，和平并没有得到彻底的实现。当然这也为西方国家确立所谓民主在世界中的地位提供合法性的来源。其次，民主和平论将世界发展置于民主之后，即各国只能先实行民主，才能谈得上发展，这实际上是一种本末倒置的做法。事实上，一些西方学者甚至指出，民主是一种奢侈品，与经济发展、教育等因素密切相关，民主并不能在落后国家实现，那也就意味着世界和平是一种有限的和平。而中国提出的和平论刚好与西方说法相反，更强调"发展和平论"，唯有改善落后国家的经济状况，实现同质化发展，才能为世界和平带来根本性保障，可以说，西方所说的民主和平论更多描述的是一种发展的结果。这里要强调的是，"一带一路"倡议认为发展特别是同质性发展才能带来最终的世界和平，或者说"一带一路"倡议引领的是世界和平发展，这也为"一带一路"倡议提供了合法性。最后，中国不仅在发展过程中始终坚持和平道路，而且不断推出国际合作新理念、新模式、新机制。如，共商共建共享理念。相较于西方传统发展理念，共商共建共享原则在如何做大蛋糕、如何分享蛋糕的思路上实现了三个突破。第一，突破霸权思维模式，认为世界文明多姿多彩，不可能采取一个模式推进各国发展，因此，一起商量解决问题的办法，解决发展面临的问题才是真正做到以人民利益为中心。第二，突破等级思维模式，认为各国在发展面前都是平等的，鼓励各国发挥优势，共同把事情做好。第三，突破对立思维模式，不以利润最大化为前提采取竭泽而渔的做法，而是懂得分享发展成果，共同推进世界不断进步。

四是"一带一路"倡议反映的是当代中国"无差别发展"的道义观。与西方对发展中国家援助不同的是，"一带一路"倡议对发展中国家的经济支持是不附加政治条件的。对于发展中国家而言，开放给发展中国家带来的最大正向外部性是推动本国的工业化进程。事实已经证明，唯有开

① [德]伊曼努尔·康德：《永久和平论》，何兆武译，上海世纪出版集团2005年版。
② 转引自[美]威廉·内斯特编著《国际关系：21世纪的政治与经济》，姚远、汪恒译，北京大学出版社2005年版，第212—215页。

放，发展中国家才有可能加快工业化进程。拉美学者的依附论已被事实证明是无效的，即仅仅谋求自力更生，对于小国经济而言，是难以完成工业化目标的。东亚国家在迅速完成从进口替代向出口导向政策转变之后，工业化进程大大加快。目前，东亚国家对开放的接受度已经大大增强，甚至主动开放市场进程。发展中国家加快本国开放，其主要原因在于本国市场的狭小，特别是在工业化初期阶段，缺乏足够的市场规模和资本推进工业化进程，且这些条件对发展中国家是硬约束。发展中国家对国际合作需求更高，其来源在于国内政策无法提供足够的收益，而一旦采取合作将获得更多的外部资源。但是发展中国家获得外部市场和资金也会受到限制，西方国家通常要求发展中国家推行与发达国家一样的民主制度，即附加政治条件，以扩大发达国家的势力范围。其结果是，发展中国家不但没有受益于开放政策，相反也失去对本国政策的控制，最终不得不接受开放带来的负外部性。

五是"一带一路"倡议反映的是当代中国的利益观。"一带一路"倡议国际合法性认证首先主要来自新的国家利益概念界定上。新的国家利益概念界定是指一国如何看待自身与国际社会的关系。西方社会一直将国际社会的发展与自身利益的发展对立起来，以零和思维来看待彼此的关系，包括历史上的殖民地、冷战时期的美苏争霸以及今天美国对中国发起的战略竞争。正如有学者指出，早在冷战结束之前，第三世界就认为，围绕国际经济中结构性不平等问题而展开的南北之争，已经取代了围绕政治、意识形态和军事斗争展开的东西对抗。① 从国际发展格局来看，作为第一个涉及中国与世界关系发展的倡议，"一带一路"倡议是一次创造新的国际利益空间的行动。一方面，"一带一路"倡议主要面对的对象是发展中国家，是世界发展的新兴开发地。长期以来，西方主导的世界经济体系一直未能令多数发展中国家享有工业化成果，鲜有发展中国家成为发达国家即是明显的例证。"一带一路"倡议的提出表明，中国有信心引领世界发展中国家走向共同富裕的道路。另一方面，破除西方的"发展有限论"思路，工业文明可以为世界所有人所共享。如，"一带一路"倡议提供的公

---

① ［美］詹姆斯·多尔蒂、小罗伯特·普法尔茨格拉夫：《争论中的国际关系理论（第五版）》，阎学通等译，世界知识出版社2004年版，第500页。

共产品主要是基础设施互联互通。不仅推进当地发展，还从互联互通中获得新的利益增长点。在一定程度上，互联互通目的是满足一定的自利动机（收益存在，但成本付出也较高），同时创造新的利益空间。"一带一路"倡议尽可能不触及西方国家的国际利益格局，如既不改变西方已经建立起来的以市场为基础的世界经济体系运行机制，也不改变国际经济运行的基本规则，所改变的是发展权力的平等化，如在国际组织中谋求决策权的平等化，将各国口号上的平等转化为现实上的平等。

上述观念构成"一带一路"倡议可国际化的价值组成部分，也是"一带一路"倡议国际合法性的来源基础。这不仅需要获得发展中国家的认同，还要获得发达国家特别是西方国家的认同，毕竟，"一带一路"倡议所包含的新理念、新价值在人类历史上或许有过表现，却从未像今天这样旗帜鲜明地成为人类社会发展理念的一部分。观念即是利益，认同哪种观念，背后跟从的就是哪种利益，这也是西方国家对"一带一路"倡议的担忧之处。

不过，需要明确的是，"一带一路"倡议实际上是在创造一种新的利益，是凭借西方国家价值观难以创造出来的全球利益，从根本上来说与西方价值观是一种互补关系。如，"一带一路"倡议强调共同体利益，而西方国家强调个人利益，"一带一路"倡议希望通过互联互通，创造新的世界发展格局，而西方国家则墨守成规，对当今世界面临的新问题视而不见，或者无能为力。西方国家认为，"一带一路"倡议与其传统观念分庭抗礼，是要争夺势力范围，这也是其对"一带一路"倡议所不能容忍的地方。因此，"一带一路"倡议要获得国际合法性地位还有漫长的路要走。

（二）"一带一路"倡议国际合法化实现路径

"一带一路"倡议的合法性不仅要取得国内的认同，也要取得国际社会的认同，不仅要给国内带来实际利益，也要给国际社会带来实际利益，由此，"一带一路"倡议才能进入一个国际合法性认证通道中。奥兰·扬认为，国际制度有效性（即国际机制的效率）来源于两类制度安排：一是自身的特性或属性等内在因素；二是运作于其中的广泛社会条件或其他环境条件等外在因素。他认为，国际制度的有效性既取决于各国政府在其管辖权限内贯彻制度安排的能力，也取决于各国政府从自身利益出发遵守相关规则的意愿。国际制度有效性可以从三个角度来评价：一是作为目标获得的有效性；二是作为解决问题的有效性；三是作为集体最优的有效性。[①] 国际行为的国际合法性具有重要作用。第一，国际合法性地位的获得有助于减少国际行为在国际社会中行动的阻力，实现利益最大化。达尔认为，拥有合法性的权威要比强制更可靠、更长远，且对国家治理所动用的政治资源也最低，获得的利益最大。[②] 第二，国际行为合法性有助于保持稳定，减少来自外部的干扰，获得长期利益最大化。第三，国际行为合法化有助于未来扩容，加固其合法性地位。侯胜认为，"一带一路"倡议中国话语权来源于"一带一路"国际机制的合法性，中国正在推动"一带一路"国际机制快速建立。不过，理论分析认为，国际机制的效率性是其合法性和话语权获得的核心内生变量，中国话语权可以从"目标获得""解决问题"和"集体最优"三个方面来评价。[③]

"一带一路"倡议国际合法性是指"一带一路"建设能否得到他国老百姓认可。"一带一路"有效性是指"一带一路"能给当地带来比较大的利益。周丕启认为，国际合法化是指国际社会对一国政治系统的认可，这种认可采用的标准是国际社会自身设定的一套准则等。[④] 一种国际行为的合法化过程实际上也是接受国际社会评价合法性的标准。反过来，国际行为不是被动地接受国际标准的过程，而是通过主观行为，对国际社会的评价标准施加影响，使标准发生变化，进而获得合法性认同。"一带一路"倡议国际合法性构建离不开以下几种路径。

一是价值认可或者称"普遍模式"。国际同行认可，这是一种集体政治判断。将国际行为中内含的意识形态或价值观进行国际社会化，这种国际社会化过程是使自身的价值观或行为规范得到更多的国际成员认同，有助于其他成员配合其国际行动。建构主义认为国际规范、认同和其他文化内容可以决定、影响和改变国家的利益和行为。如果国际行为完全遵从传

---

① 侯胜：《中国国际话语权内生变量分析——基于"一带一路"倡议的个案研究》，《南亚东南亚研究》2021 年第 4 期。

② 周丕启：《国际关系中的政治合法性》，《世界经济与政治》2002 年第 3 期。

③ 侯胜：《中国国际话语权内生变量分析——基于"一带一路"倡议的个案研究》，《南亚东南亚研究》2021 年第 4 期。

④ 周丕启：《国际关系中的政治合法性》，《世界经济与政治》2002 年第 3 期。

统的国际价值观，则容易为国际社会接受，但却不一定有利于国际行为主体长期利益最大化，这是因为一种新的国际行为出现必定要打破传统的国际价值观所建立的国际秩序，但是这种行为却有利于获得长期利益最大化。国际行为合法性实际上涉及一种社会共识的产生。只有当共识得到普遍认同时，国际行为合法性才会存在并随着成员的增加而增多。① 可以说，"一带一路"倡议是世界上第一个从全人类发展的角度来界定自身的国家利益，确保自身国家利益与人类整体进步、发展保持一致的倡议。作为一个新型国际倡议，特别是与西方价值观存在差异的国际性倡议，"一带一路"倡议在其推行过程中，难免会遭遇西方国家的抵制，尤其是价值观念上的抵制。西方国家认为，由于"一带一路"倡议与西方长期恪守的价值理念存在较大差异，担心"一带一路"倡议改写西方确立起来的行为规则，损害西方国家的利益，因而对"一带一路"倡议进行恶意舆论攻击，包括将"一带一路"倡议视为新殖民主义、"债务陷阱"等。

二是规范化或程序化过程。一般而言，"俱乐部模式"是国际行为获得认可的主要方式。"俱乐部模式"通常是指一个政治系统符合国际组织或国际机构的准入条件，因而被接受。海伦·米尔纳对国际制度合法性问题进行了较为深入的探讨，认为国际制度与国际法的"关键问题在于它们控制了遵守的能力"。"国际政治不仅仅缺少法律和制度，尤其重要的缺少合法性观念"。正因如此，当国际行为被国际社会认同之后，实质上是其他成员采取一致的国际行动，这种内化过程也是提升国际合法性的渠道，"只要国家内化了这些限定性规则，规则就会被视为对国家行为的合法约束并可以集体的方式加以执行"②。一种国际行为遵循国际程序是获得认同的快捷方式，这往往是新诞生的政治系统的通常做法，但是在承担责任的同时却不一定获得相应的利益，因此，合法化过程往往包含国际行为主体主动改变国际规则的过程，或者与传统国际规则相互适应的过程。比如创立新规则使国际社会接受自己的规则或程序，或者与传统的国际规则或程序进行磋商，建立一个包含使自身利益最大化的国际规则或程序。事实

---

① 章前明：《从国际合法性视角看新兴大国群体崛起对国际秩序转型的影响》，《浙江大学学报》（人文社会科学版）2013 年第 1 期。

② 随新民：《国际制度的合法性与有效性——新现实主义、新自由制度主义和建构主义三种范式比较》，《学术探索》2004 年第 6 期。

上，随着国际组织或国际机构的广泛存在，通过准入方式加入国际组织或国际制度已经成为一种有效的进入路径，而一般情况下国际组织或国际制度通常会设定某些准入条件来提高自身有别于其他机构或制度的程度，同时通过这种准入条件的设定加强自己的合法性存在。这已经成为一种互动模式。如欧盟设定的准入条件（如财政赤字占 GDP 等指标）。OECD 也是如此。已经流产的 TPP 更是一种典型的"俱乐部模式"。TPP 包含潜在的政治认定以及表面化的经济准入门槛。中国是否需要通过加入西方"俱乐部"来使自身拥有国际合法性地位，进而使"一带一路"倡议为西方国家所接受，是需要思考的。目前一些西方俱乐部如巴黎俱乐部正在邀请中国加入，这些俱乐部主要为发展中国家减债提供服务。另外，是否成为OECD 成员国也需要中国慎重考虑。加入西方俱乐部的好处是获得西方国家对中国行为的认同，不利的地方是中国将不得不承担较高的加入成本。奥特弗利德·赫费认为："在一个现存的社会体系中，合法化是通过遵循有关规范而实现的。"[①] 因此，暂时不追求这种程序性认同，对中国应该是利大于弊。

"一带一路"倡议尚未建立这种俱乐部模式，或者说，"一带一路"倡议是一种零门槛俱乐部模式，就此，"一带一路"倡议不会像西方国家那样通过俱乐部模式按标准选取成员，而是只要主观上认同"一带一路"倡议，就可以成为共建国家。应该说，"一带一路"倡议不缺乏参与国家。研究表明，由于国际制度合法性是针对体制内成员的，这恰恰构成了国际制度合法性有限的主要根源，加拿大学者从政治学角度将合法性定义为一个共同体对共同规则的接受和认可。[②] 一方面，国际制度需要通过新成员的进入增强其合法性；另一方面，新成员也需要加入国际制度增强自身的合法性。随着新进入国家的加入，国际制度也会发生一些新的变动，新进入国家与原有成员需要相互磨合，尤其是国际制度方面的融合。两者实际上构成一种相互合法化的进程。双方相互合法化需要使得它们同步接纳对方的合理诉求。通常认为，国际制度具有合法性的前提条件是其能够得到

---

① ［德］奥特弗利德·赫费：《政治的正义性——法和国家的批判哲学之基础》，庞学铨、李张林译，上海世纪出版集团 2005 年版，第 53 页。

② ［加拿大］斯蒂文·伯恩斯坦、威廉·科尔曼主编：《不确定的合法性：全球化时代的政治共同体、权力和权威》，丁开杰等译，社会科学文献出版社 2011 年版，第 5 页。

更多国家遵守。王玮认为，有些国际制度在设计中并没有将所有国家纳入其中，这种国际制度对于被排除在外的国家来说就存在"合法性赤字"问题。合法性赤字实际是对现有制度的一种质疑，至少该制度并不具有广泛的代表性。按照新自由主义理论，国际制度的合法性来自其解决公共问题的能力。当然，新加入成员不是一个被动适应国际制度的过程。王玮认为，由于新进入国家与国家制度是相互合法化过程，因而双方都有权利改造对方。"新进入国家在融入世界和国际制度的议题上，不能过分强调'维持现状'而忽视提出合理诉求的法定权利。"就已有国际制度而言，除维持现状外，"与时俱进意味着容纳新进入国家的合理诉求"，进而有助于实现国际社会从局部治理到全球治理。①

三是有效贡献。这里主要是指提供国际公共产品，即某个国家或国际组织具有提供国际公共产品的能力，进而获得国际认同。世界银行曾将国际公共产品的积极意义分为五大方面：增进健康、改善和保护环境、增加人们的知识和技术能力、促进和平与安全以及巩固金融的稳定性。② 国际行为"应使自己的政治产品满足国际社会的要求，即增强自己的有效性"。如果一种国际行为能够为国际社会带来最大程度的满足，则这种国际行为就能得到更多的认同。"一带一路"倡议可以通过不断增进其对共建国家的利益来实现，这是最快也是最有效的认同路径。如果说"一带一路"倡议在价值上要获得西方国家认同还存在较大难度的话，那么给共建国家带来实际利益则是获得国际合法性地位比较容易的方式。"一带一路"倡议本来就追求共同发展，主张通过互联互通实现各国同步发展、同质发展。从目前来看，"一带一路"已经取得一定的效果，我国与多个国家签署了共建"一带一路"合作文件，这本身就表明了各国对"一带一路"倡议的认同。法国国际关系研究所 Rocher 认为，"一带一路"倡议在东南亚地区的影响力达到新高度，新冠疫情暴发后，东盟非常担心中国对其投资下降，这表明东盟对中国投资已形成一定的依赖，根据 2019 年的一项调查研究表明，东南亚经济体在"一带一路"倡议中获得的机遇越多，其经济增长速度就越快，截至 2019 年，马来西亚、新加坡、印度尼西亚和老挝

① 王玮：《国际制度与新进入国家的相互合法化》，《世界经济与政治》2010 年第 3 期。
② 简军波：《现代国际合法性条件与美国的困境》，《世界经济与政治》2007 年第 3 期。

是中国在亚洲开展"一带一路"倡议的最大受益国。在"一带一路"倡议受益国家中,印度尼西亚和菲律宾的国内生产总值增长幅度最大,其次是老挝和缅甸。报告得出的结论是,不管喜欢与否,"一带一路"倡议都有可能终结东南亚在东西方之间摇摆不定的传统外交政策。①

未来来看,"一带一路"倡议将更多通过事实认同、非强制性手段来获取国际合法性地位。政治系统国际合法化可通过强制性和非强制性两种手段。非强制性认同主要有政治系统的示范效应、价值理念宣传等。强制性认同是直接干预,通过军事或武力威胁和经济威胁强迫他人认同。随着经济联系的增强和政治交往的增多,非强制性国际认同正在上升为主流合法化方式。通过示范效应或有效宣传,政治系统的价值观或运作模式为他人所接受。随着世界各国联系日益增强,各种文化和价值观也在不断交流的过程中寻求共性。人们更多诉诸协商而非战争的方式来促进文化或价值观的彼此认同,并逐步形成共同的价值观念和行为规范,进而推动人类社会的共同利益日益增长。

三 "一带一路"倡议的国际合法性证据

作为一种国际行为,"一带一路"倡议正在为现有的世界经济体系增加新的内容,这些内容既包括物质层面、规则层面的投入,也包括对价值观的宣传或投入。目前,中国正在从价值、程序和绩效等方面推进"一带一路"倡议的合法性,且有证据表明"一带一路"倡议国际合法性正处于渐增的进程当中。"一带一路"倡议国际合法性地位的确立有助于减少"一带一路"倡议国际推进进程中的阻力,特别是"一带一路"倡议价值理念内化为沿线各国的发展理念之中,对"一带一路"倡议的认同有助于提升"一带一路"倡议的国际合法性,最终为实现新型世界经济体系构建获得国际民意的支持。

---

① Sophie Boisseau du Rocher, "The Belt and Road: China's 'Community of Destiny' for Southeast Asia?" June 18, 2020, https://www.ifri.org/en/publications/notes-de-lifri/asie-visions/belt-and-road-chinas-community-destiny-southeast-asia.

（一）价值认同：中国外交新理念

自 2014 年 11 月提出特色大国外交概念以来，中国对外关系理念与实践进入了一个新的发展阶段。在 2014 年的中央外事工作会议上，习近平总书记就中国特色大国外交进行了阐述，并提出三个"坚持"。第一，坚持中国共产党领导和中国特色社会主义，坚持中国的发展道路、社会制度、文化传统、价值观念。第二，坚持独立自主的和平外交方针，坚持把国家和民族发展放在自己力量的基点上，坚定不移走自己的路，走和平发展道路，同时绝不能放弃我们的正当权益，绝不能牺牲国家核心利益。第三，坚持国际关系民主化，坚持和平共处五项原则，坚持国家不分大小、强弱、贫富都是国际社会平等成员，坚持世界的命运必须由各国人民共同掌握，维护国际公平正义，特别是要为广大发展中国家说话。① 简言之，就是坚持党的领导、坚持独立自主与和平发展、坚持国际关系民主化。这三个坚持充分展现了新时期中国特色大国外交的新理念与新内涵。

在中国特色大国外交新理念的指导之下，中国对外关系理论与实践也进入一个全面发展期。这里主要就几个重点概念加以说明。

一是人类命运共同体。2013 年 3 月下旬出访俄罗斯时，习近平主席首次提出命运共同体的概念。他指出："这个世界，各国相互联系、相互依存的程度空前加深，人类生活在同一个地球村里，生活在历史和现实交汇的同一个时空里，越来越成为你中有我、我中有你的命运共同体。"② 之后，他又提出人类命运共同体概念。党的十九大报告指出："构建人类命运共同体，建设持久和平、普遍安全、共同繁荣、开放包容、清洁美丽的世界。"③ 人类命运共同体是对"建设一个什么样的世界、如何建设这个世界"提出的中国方案，其内涵主要有五：（1）和平共同体，即国与国之间是和平共处的，"要坚持主权平等，推动各国权利平等、机会平等、规则平等"。（2）安全共同体，即要"坚持以对话解决争端、以协商化解分

---

① 《习近平谈治国理政》第 2 卷，外文出版社 2017 年版，第 443 页。
② 《习近平谈治国理政》第 1 卷，外文出版社 2018 年版，第 272 页。
③ 习近平：《决胜全面建成小康社会　夺取新时代中国特色社会主义伟大胜利——在中国共产党第十九次全国代表大会上的报告》，人民出版社 2017 年版，第 58—59 页。

歧，统筹应对传统和非传统安全威胁，反对一切形式的恐怖主义"①。（3）利益共同体，即"亚太各经济体利益交融，命运与共，一荣俱荣，一损俱损。在这个动态平衡的链条中，每个经济体的发展都会对其他经济体产生连锁反应"②。（4）文明共同体，即主张要"尊重世界文明多样性，以文明交流超越文明隔阂、文明互鉴超越文明冲突、文明共存超越文明优越"③。在文明包容方面，习近平总书记指出："只有在多样中相互尊重、彼此借鉴、和谐共存，这个世界才能丰富多彩、欣欣向荣。""我们要尊重各种文明，平等相待，互学互鉴，兼收并蓄，推动人类文明实现创造性发展。"④（5）生态共同体，"国际社会应该携手同行，共谋全球生态文明建设之路，牢固树立尊重自然、顺应自然、保护自然的意识，坚持走绿色、低碳、循环、可持续发展之路"⑤。在绿色生态或可持续发展方面，党的十八届五中全会将绿色发展作为理念写入中国"十三五"规划的发展战略、发展规划，成为中国对世界的庄严承诺。

二是新型国际关系。"国际关系民主化"是指中小国家和穷国也有平等参与国际事务的机会和权利。和平共处五项原则于20世纪50年代的万隆会议提出，不是简单重复西方国际关系的规则。从中国方面来看，自20世纪50年代以来，"平等"和"互利"就一直是中国外交原则的一部分。2013年3月在莫斯科国际关系学院演讲时，习近平主席提出"新型国际关系"概念。他指出："面对国际形势的深刻变化和世界各国同舟共济的客观要求，各国应该共同推动建立以合作共赢为核心的新型国际关系，各国人民应该一起来维护世界和平、促进共同发展。"⑥当时这个概念的界定词只有"合作共赢"，还没有"相互尊重、公平正义"。此后，构建以合作共赢为核心的新型国际关系成为中国外交的重要指导思想。2016年9月，习近平总书记在中共十八届中央政治局第三十五次集体学习时指出，中国"坚决维护以联合国宪章宗旨和原则为核心的国

---

① 《习近平谈"一带一路"》，中央文献出版社2018年版，第491页。
② 《习近平谈治国理政》第1卷，外文出版社2018年版，第350页。
③ 《习近平谈"一带一路"》，中央文献出版社2018年版，第202页。
④ 《习近平谈治国理政》第2卷，外文出版社2017年版，第524—525页。
⑤ 《习近平谈治国理政》第2卷，外文出版社2017年版，第525页。
⑥ 《习近平谈治国理政》第1卷，外文出版社2018年版，第273页。

际秩序……推动改革全球治理体系中不公正不合理的安排"①。2017年1月，习近平主席在联合国日内瓦总部的演讲中指出："大国要尊重彼此核心利益和重大关切，管控矛盾分歧，努力构建不冲突不对抗、相互尊重、合作共赢的新型关系。"② 2017年11月，在越南岘港举行的亚太经合组织工商领导人峰会上，习近平主席将这一概念完整地推向了世界。他指出，中国"将秉持正确义利观，积极发展全球伙伴关系，扩大同各国的利益汇合点，推动建设相互尊重、公平正义、合作共赢的新型国际关系"③。

新型国际关系包含三个方面的内容：首先是"合作共赢"。这是中国一直在积极倡导的理念。与传统西方的零和理念截然不同，中国更多强调发展的包容性，国家间对利益的竞争不是零和游戏，而是共赢。这实际上为中国发展获得国际合法性提出了一个新的理论，即中国的发展不是给其他国家带来此长彼消的结果，而是通过合作把蛋糕做大，使各方都获得利益，这为中国推进"一带一路"倡议提供了理论支撑。其次是公平正义，即中国参与到世界经济体系中并不谋求霸权地位，而是希望国际秩序能够为所有发展中国家提供公平正义，使发展中国家在发展过程中得到公正的对待，而不是强国恃强凌弱，导致发展中国家以过高的成本赢得发展机会。最后是相互尊重。中国领导人一贯重视国家间的互相尊重，以及主权、平等等权利。早在1954年，中国就提出了和平共处五项原则。相互尊重就是给彼此发展的机会，各国都有对世界事务的发言权。

三是"亲、诚、惠、容"。2013年10月，中共中央召开中华人民共和国成立以来首次周边外交工作座谈会，习近平总书记强调，要坚持与邻为善、以邻为伴，坚持睦邻、安邻、富邻，突出体现亲、诚、惠、容的理念。④ 此后，在多个国际场合，习近平主席强调要秉持"亲、诚、惠、容"的周边外交理念。2017年10月，党的十九大报告也指出，中国要"按照亲诚惠容理念和与邻为善、以邻为伴周边外交方针深化同周边国家关系"⑤。

---

① 《习近平谈治国理政》第2卷，外文出版社2017年版，第448页。
② 《习近平谈治国理政》第2卷，外文出版社2017年版，第537页。
③ 《习近平谈"一带一路"》，中央文献出版社2018年版，第214页。
④ 《习近平谈治国理政》第1卷，外文出版社2018年版，第355页。
⑤ 习近平：《决胜全面建成小康社会　夺取新时代中国特色社会主义伟大胜利——在中国共产党第十九次全国代表大会上的报告》，人民出版社2017年版，第58—59页。

"亲、诚、惠、容"是中国发展起来之后对其他发展中国家宣示的中国对外交往的理念。"国之交在于民相亲","亲"就是要把周边国家作为亲戚来相处。"诚"强调"要诚心诚意对待周边国家,争取更多朋友和伙伴",中国"绝不以大压小,但也绝不接受以小取闹"。"惠"主要是指相互给予好处,互相发展。"要本着互惠互利的原则同周边国家开展合作,编织更加紧密的共同利益网络,把双方利益融合提升到更高水平,让周边国家得益于中国发展,使中国也从周边国家共同发展中获得裨益和助力"。"容"则是"要倡导包容的思想,强调亚太之大容得下大家共同发展,以更加开放的胸襟和更加积极的态度促进地区合作"。中国主张各国应互相尊重彼此社会制度、发展模式、文明方式,对不同社会制度、不同民族、不同信仰、不同文化倡导加强交流与合作。习近平主席在 2017 年达沃斯世界经济论坛的主旨演讲中指出:"只要我们牢固树立人类命运共同体意识,携手努力、共同担当,同舟共济、共渡难关,就一定能够让世界更美好、让人民更幸福。"①

四是"真、实、亲、诚"。2013 年 3 月在坦桑尼亚发表题为"永远做可靠朋友和真诚伙伴"的重要演讲时,习近平主席首次提出中国对非政策中的"真、实、亲、诚"。"真"是指"我们始终把发展同非洲国家的团结合作作为中国对外政策的重要基础,这一点绝不会因为中国自身发展和国际地位提高而发生变化。……将继续同非方在涉及对方核心利益和重大关切的问题上相互支持,继续在国际和地区事务中坚定支持非洲国家的正义立场,维护发展中国家共同利益。中国将继续坚定支持非洲自主解决本地区问题的努力,为促进非洲和平与安全作出更大贡献"。"实"是指"中国致力于把自身发展同非洲发展紧密联系起来,把中国人民利益同非洲人民利益紧密结合起来,把中国发展机遇同非洲发展机遇紧密融合起来……中国在谋求自身发展的同时,始终向非洲朋友提供力所能及的支持和帮助"。近年来,中国加大了对非援助和合作力度。只要是中方作出的承诺,就一定会不折不扣落到实处。"亲"是指"通过深入对话和实际行动获得心与心的共鸣"。"诚"是指"中方坦诚面对中非关系面临的新情况新问题,对出现的问题,我们应该本着相互尊重、合作共赢的精神加以妥善解决"。"无论中国发展到哪一步,中

---

① 《习近平谈治国理政》第 2 卷,外文出版社 2017 年版,第 482 页。

国永远都把非洲国家当作自己的患难之交。"① 中国对非洲的四字方针体现了中国对非周边国家交往的新原则。

五是正确义利观。中国多次强调在与其他国家打交道时要树立正确义利观。正确义利观中的"义"体现在政治上要秉持公道正义，坚持平等相待，遵守国际关系基本原则，反对霸权主义和强权政治，反对为一己之私损害他人利益、破坏地区和平稳定。"利"体现在经济上坚持互利共赢、共同发展。对那些长期对华友好而自身发展任务艰巨的周边和发展中国家，要更多考虑对方利益，不要损人利己、以邻为壑。② 正确义利观实际上是对西方传统以利至上观念的一种突破，特别是在丛林法则尚未完全消失的时代，正确义利观需要有巨大的勇气和人文情怀以及战胜对手的优势，才能够在国际社会竞争中存续下去，并成为国际经济关系交往的黄金法则。

六是共商共建共赢。"共商"，即倡导平等相待。"一带一路"倡议主要谋求的是与发展中国家以及发达国家、国际组织共同完成世界工业化进程，其中有很多的事情要通过合作才能做到，大到理念、小到具体项目，离不开各方统筹安排，为此，需要在相互尊重、平等相待基础上开展对话与协商，共同推动"一带一路"倡议向着更高标准、更高质量、更高收益方向发展。"共建"，即坚持开放包容。"一带一路"倡议以"和而不同""兼收并蓄"等东方智慧作为底蕴，在建设过程中不以意识形态作为划分"一带一路"倡议的建设标准，只要有发展需求的都为"一带一路"所欢迎，遇到问题时都希望各方来共同解决。"共赢"，即实现合作共赢。合作共赢不认同西方的零和博弈，而是希望各国都享有平等的发展机会，共同分享工业化成果。③

中国提出的外交新理念不限于上述六个，但是这几个理念最能反映今天中国对外交往和参与国际事务中的新型外交观，诸多理念可能是某个历史文化的积淀，也可能由某个国家在过去提出过，但是能够一以贯之地运用到国际关系领域中却不曾有过。这些理念虽然与西方传统不一定有所冲突，但是

---

① 《习近平谈治国理政》第 1 卷，外文出版社 2018 年版，第 306—308 页。
② 《全面推进中国特色大国外交》，人民出版社、党建读物出版社 2019 年版，第 107 页。
③ 刘晓明：《共商共建共享是"一带一路"的"黄金法则"》，英国《每日电讯报》2018 年 3 月 26 日。

可以肯定地说与西方传统有着根本的不同，在某种程度上反映了中国和其他发展中国家的价值诉求，并为诸多发展中国家带来新的希望。当然这对西方发达国家造成的价值观冲击也非常大。因此，中国特色大国外交所体现的新观念国际合法化进程将主要是获得西方国家的认同。

尽管"一带一路"倡议所体现的价值理念还不能被部分西方大国所接受，但是国际社会对"一带一路"倡议的认可程度却在持续上升。2017年2月，在联合国社会发展委员会第55届会议协商一致通过"非洲发展新伙伴关系的社会层面"决议中，"构建人类命运共同体"理念首次被写入联合国决议中，表明该理念已获得众多国家的普遍认同，成为中国对全球治理思想作出的重大贡献。[①] 从目前的实践来看，中国的外交理念正在为发展中国家所认同和接受，这些国家愿意积极参与"一带一路"建设。自"一带一路"倡议提出之后，国际上出现多个类似倡议，如蒙古的"草原之路"、哈萨克斯坦的"光明之路"、波兰的"琥珀之路"等。从多边来看，主要是具有多边意义的多个国际倡议伴随着"一带一路"倡议的出现而出现，不管这些倡议是出于合作还是竞争的目的，其基本宗旨是做好国与国之间的互联互通，以在更广阔的空间中提升经济效率，将蛋糕做大。如今，根据中国国家发展和改革委员会统计，截至2023年1月，中国已同151个国家和32个国际组织签署200余份共建"一带一路"合作文件，涵盖联合国193个成员国的78.2%和中国180个建交国中的83.9%。表明"一带一路"倡议已获得广泛的国际认同。从双边来看，一些国家为配合"一带一路"倡议的推行，也相继推出了各类倡议，特别是在中国政府的大力倡导下，这些倡议正在与"一带一路"倡议进行战略对接。"一带一路"倡议正在逐步获得实践上的认同，而这种认同更表明是对"一带一路"倡议所包含的价值理念的认同，以及对"一带一路"倡议未来可能带来的经济发展绩效的期待。从"一带一路"倡议实践来看，已经取得多项成果。2017年首届"一带一路"国际合作高峰论坛的279项成果中，有265项已经完成或转为常态工作，剩下的14项正在督办推进，落实率达95%。在推动当地就业方面，根据商务部统计，中国企业在沿线国家建设的一批境外经贸合作区也取得积极进展，中国累计投资350亿美

---

① 《"构建人类命运共同体"首次写入联合国决议》，《人民日报》2017年2月12日。

元，上缴东道国税费超过 30 亿美元，为当地创造就业岗位 32 万个。比利时布鲁盖尔研究所 Alicia 等人对"一带一路"倡议在欧洲的进展进行全面描述并认为，一是参与"一带一路"倡议的国家不断增多，目前，全球约有 70% 的国家正式宣布支持'一带一路'倡议；二是中国继续加大对"一带一路"共建国家的投资力度；三是中国与"一带一路"共建国家的贸易不断增加；四是随着时间推移，"一带一路"倡议的主题和政策重点不断变化、具体项目越来越多，远远超出了原定的"丝绸之路经济带"和"海上丝绸之路"范畴；五是"一带一路"倡议是对世界银行、亚洲开发银行等机构的补充，为欠发达国家基础设施项目提供资金支持，尽管其效果存在一些争议，但大多数项目得到了积极评价。当然，该报告也指出，"一带一路"倡议尚未得到国际社会的普遍认可，但是欧盟不应置身一个规模巨大的倡议之外，中欧加强交通基础设施建设有利于欧洲的利益。[①]

（二）经验认同：对工业化成就的宣示

"一带一路"倡议的目标是通过植入新的发展理念，通过贸易、投资等多种手段将不发达国家纳入世界经济体系中来，这就需要解决如下几个方面的问题：一是世界现有的资源条件是否允许人人享有工业化成果？二是大规模人口实现工业化是否可能？三是从部分富裕走向共同富裕需要对传统的经济体系进行怎样的改造？可以说，中国工业化进程正在解决西方国家长期未能解决的世界工业化问题。

国内工业化成就为"一带一路"倡议国际合法性创造了前提。首先，中国工业化模式的成功为发展中国家走向共同富裕增添了信心和动力。迄今为止的世界工业化进程主要是在少部分国家推进的，其中只有人口不多的国家建立起发达的工业文明社会，也就是说，在中国推进工业化进程之前，未有证据证明工业化可以在世界范围内获得普及，或者说人人可以享有工业化成果。改革开放之后的中国用事实证明工业化是可以在世界范围内实现的。据统计，当今世界 200 多个国家或地区中，约有 64 个国家或

---

① Alicia García-Herrero et al., "EU-China Trade and Investment Relations in Challenging Times," June 4, 2020, https://www.bruegel.org/2020/06/eu-china-trade-and-investment-relations-in-challenging-times/.

地区完成了工业化任务,其占世界总人口不到20%,相比之下,中国拥有14亿人口,占世界人口21%以上,如果中国完成工业化任务,相当于使全世界工业社会的人口翻一番。[①]

中国已经成为世界第二大经济体,是世界经济增长的最大贡献者之一。2010年,中国GDP超过日本,成为世界第二大经济体,同年中国制造业规模超过美国,成为世界第一大制造业国家,中国220多种工业制成品年生产规模居世界第一。"中国活跃的民间消费市场"是支撑世界经济增长的一大亮点。[②] 2018年中国GDP已超过90万亿元(约为13.6万亿美元),2020年中国GDP达到100万亿元,2022年超过120万亿元。中国已经成为世界第二大进口国,消费品进口日趋扩大,有能力引领发展中国家来完成工业化任务。从文献来看,由于中国开始走向世界,国内外学术界加紧了对中国的世界地位变化等方面的研究工作。[③] 最先讨论的是中国作为全球制造中心地位,[④] 之后是对中国作为中心国身份的确认,[⑤] 再之后则是讨论中国崛起对地区经济秩序的影响。[⑥] 上述文献表明,中国正在向新一轮世界工业化进程的主导国转变。

中国经济结构处于有利的大调整方向上。目前,中国正在努力改进自身的经济结构,通过自身市场来拉动"一带一路"共建国家的经济增长。[⑦] 与过去30多年来经济增长轨迹相比较,一些新迹象也已显现。根据官方数据,近20年来,中国消费占GDP比重一直呈下降趋势,从2001年的

---

① 中国工业化进程的突出特征是,14亿多人口的大国工业化、快速推进的工业化、区域发展极不平衡的工业化、低成本的出口导向工业化,这在人类历史上是前所未有的。参见黄群慧《中国的工业化进程:阶段、特征与前景》,《经济与管理》2013年第7期。

② 韩洁、王希:《中国庞大民间消费支撑亚太经济增长》,《国际商报》2015年12月10日第A08版。

③ 栾文莲:《马克思主义世界市场理论研究——世界市场的经典叙述与现代特征》,《马克思主义研究》2002年第1期;时家贤:《马克思恩格斯的世界市场理论及其当代启示》,《当代世界与社会主义》2012年第6期;[韩]丁声振:《马克思的危机理论:作为一种世界市场危机理论》,《马克思主义与现实》2013年第2期。

④ 唐杰、蔡增正:《中国作为"全球制造业中心"的性质及经济发展特征》,《南开经济研究》2002年第6期。

⑤ 朱昕昌:《论中国在亚太地区的区域中心地位》,《世界经济与政治论坛》2010年第1期。

⑥ [新加坡]黄朝翰:《以中国为中心的东亚经济新秩序正在浮现》,《亚太经济》2012年第5期;周方银:《中国崛起、东亚格局变迁与东亚秩序的发展方向》,《当代亚太》2012年第5期。

⑦ 匡贤明:《"一带一路"在我国经济新格局中的战略地位》,《视角》2015年第1期。

62%下降到 2010 年的 49%，与此同时投资占 GDP 比重却在不断上升，2010 年之后消费与投资占 GDP 比重的差距开始重新拉大。2015 年，消费对经济增长的贡献率达 66.4%。2013 年，第三产业比重首次超过第二产业，2015 年服务业比重提高到 50.5%，首次占据"半壁江山"，中国经济在加快由工业主导向服务业主导方向转变。

中国已经成为世界技术大国。2007 年，中国大学本科及以上学历的科技人力资源总量跃居世界第一。[①] 截至 2020 年年底，中国科技人力资源总量为 1.1234 亿，继续居世界首位。[②] 2013 年美国科学家工程师总量为 2110 万人。2019 年，中国共投入研究与试验发展经费 22143.6 亿元，同比增长 12.5%；研究与试验发展经费投入强度（与 GDP 之比）为 2.23%，比上年提高 0.09 个百分点，已经超过同等发展中国家的投入比例，与发达国家的水平相当。中国研发经费投入总量的不断上升，已先后超过英国、法国、德国和日本，成为仅次于美国的世界第二大科技经费投入国家。2015 年，中国专利数量位居世界第二。

中国金融实力稳步提升。中国对外投资水平已经从 2000 年的几亿美元上升到 2015 年的 1180.2 亿美元，对外投资已经超过吸引的外资规模，成为世界对外投资规模第二大经济体。截至 2015 年年末，中国对外直接投资存量首次超过万亿美元。2015 年年底人民币加入特别提款权（SDR），成为国际货币基金组织一篮子货币的第五大币种，亚洲基础设施投资银行、金砖银行、丝路基金的建立为发展中国家提供了新的基础设施建设资金渠道，打破了发展中国家基础设施建设资金仅由发达国家提供的单一渠道，极大地缓解了发展中国家对基础设施建设的需求。可以说，中国力量正在成为外部尤其是"一带一路"共建国家经济增长新的推动力。[③]

十余年来，中国积极参与全球经济治理，坚定维护多边贸易体制，推

---

① 《从相对稀缺到科技人力资源大国——我国连续六年保持科技人力资源总量世界第一》，《科技日报》2013 年 12 月 24 日。

② 《11234.1 万！我国科技人力资源总量世界第一，而且越来越年轻》，《光明日报》2022 年 6 月 25 日。

③ 中国与"一带一路"倡议共建国家和地区建成自由贸易区后，将提升"一带一路"倡议各国 GDP 增长、扩大进出口水平和投资水平。参见陈虹、杨成玉《"一带一路"国家战略的国际经济效应研究——基于 CGE 模型的分析》，《国际贸易问题》2015 年第 10 期。

动世界贸易组织 2013 年达成《贸易便利化协定》、2015 年达成《信息技术协定》扩围协议、2022 年第 12 届部长级会议取得一揽子丰硕成果等。全面实施自贸区提升战略，对外签署的自贸协定数由 10 个增长到 19 个，与自贸伙伴的贸易额占比从 17% 提升到约 35%。签署并实施《区域全面经济伙伴关系协定》，积极推进加入《全面与进步跨太平洋伙伴关系协定》和《数字经济伙伴关系协定》。①

中国工业化成就更主要体现在大量人口的脱贫致富。根据世界银行发布的《推进更加包容、更可持续的发展》系统性国别分析报告，1978—2014年，中国人均收入增加了 16 倍，以每人每天生活费 1.9 美元国际购买力平价计算，中国极端贫困发生率由 1981 年的 88.3% 大幅降至 2013 年的 1.9%，超过 8.5 亿中国人摆脱贫困。过去 40 多年，中国扶贫对世界扶贫事业的贡献率超过 70%。到 2020 年年底，中国已彻底消除绝对贫困。

（三）程序认同：中国国际化行动

程序认同主要是通过国际平台强化对"一带一路"倡议国际合法地位的认同。中国主要采取以下四种做法来获得国际认同，并提升在传统国际组织中的地位。

一是开展发展战略对接。2013 年 3 月，习近平主席在访问俄罗斯时提出发展战略对接的概念。在莫斯科国际关系学院发表题为"顺应时代前进潮流，促进世界和平发展"的演讲时，习近平主席指出，中俄"两国正积极推动各自国家和地区发展战略相互对接，不断创造出更多利益契合点和合作增长点"②。之后，中国同土耳其"中间走廊"计划、哈萨克斯坦"光明之路"新经济政策、塔吉克斯坦"2030 年前国家发展战略"、沙特阿拉伯"2030 愿景"战略、蒙古国"发展之路"倡议、中越"两廊一圈"规划、柬埔寨"四角战略"、泰国"东部经济走廊"计划、老挝"'陆锁国'转向'陆联国'优先发展政策"、英国基础设施升级投资计划及"英格兰北方经济中心"建设计划、匈牙利"向东开放"政策、欧亚经济联盟、东盟互联互通总体规划、贯通欧洲南北的"琥珀之路"等开展战略对

---

① 王文涛：《以党的二十大精神为指引　推进高水平对外开放》，《求是》2023 年第 2 期。
② 《习近平谈治国理政》第 1 卷，外文出版社 2018 年版，第 276 页。

接工作。中国与蒙古国、巴基斯坦、尼泊尔、东帝汶、新加坡、缅甸、马来西亚、黎巴嫩以及 13 个中东欧国家政府签署了政府间"一带一路"合作谅解备忘录,还与多个国际组织签署"一带一路"合作文件。目前,发展战略对接已成为中国对外合作的一个重要概念。

二是筹建亚洲基础设施投资银行。2013 年 10 月,在访问印度尼西亚期间,习近平主席提出筹建亚洲基础设施投资银行倡议,向包括东盟国家在内的本地区发展中国家基础设施建设提供资金支持,目的是促进亚洲地区基础设施互联互通建设和推动亚洲经济一体化进程。2013 年 10 月,时任总理李克强在文莱、泰国、越南访问期间,再次向东南亚国家提出筹建亚投行的倡议。2014 年 10 月,21 国在北京正式签署《筹建亚投行备忘录》,共同决定成立亚洲基础设施投资银行。2015 年 6 月,《亚投行协定》签署仪式在北京举行,亚投行 57 个意向创始成员国财长或授权代表出席了签署仪式。2015 年 12 月,亚投行正式成立。目前会员数已达百个国家。

三是创设丝路基金。2014 年 11 月,在中央财经领导小组第八次会议上,习近平总书记提出,设立丝路基金是要利用中国资金实力直接支持"一带一路"建设,并要注意按国际惯例办事。[①] 2014 年 11 月,习近平主席在北京举行的"加强互联互通伙伴关系"东道主伙伴对话会上宣布,出资 400 亿美元成立丝路基金。丝路基金是开放的,欢迎亚洲域内外的投资者积极参与。[②] 丝路基金的宗旨目标是,秉承"开放包容、互利共赢"的理念,重点致力于为"一带一路"框架内经贸合作和双边多边互联互通提供投融资支持,与境内外企业、金融机构一道,促进中国与"一带一路"共建国家和地区实现共同发展、共同繁荣。丝路基金的定位是中长期开发投资基金,通过以股权为主的多种投融资方式,重点围绕"一带一路"建设推进与相关国家和地区的基础设施、资源开发、产能合作和金融合作等项目,确保中长期财务可持续和合理的投资回报。[③] 2017 年 5 月,习近平主席在"一带一路"国际合作高峰论坛开幕式上宣布,加大对"一带一路"建设资金

① 《习近平谈"一带一路"》,中央文献出版社 2018 年版,第 45 页。

② 《习近平主持加强互联互通伙伴关系对话会并发表重要讲话:倡导深化互联互通伙伴关系 加强"一带一路"倡议务实合作宣布中国出资 400 亿美元成立丝路基金,为"一带一路"项目建设提供投融资支持》,《人民日报》2014 年 11 月 9 日。

③ 参见丝路基金网站,http://www.silkroadfund.com.cn。

支持，向丝路基金新增资金 1000 亿元人民币。①

四是举办中国国际进口博览会。2017 年 5 月，习近平主席在"一带一路"国际合作高峰论坛上宣布，中国将从 2018 年起举办中国国际进口博览会，同"一带一路"建设参与国发展互利共赢的经贸伙伴关系，促进同各相关国家贸易和投资便利化，建设"一带一路"自由贸易网络，助力地区和世界经济增长。现已举办五届。第一届中国国际进口博览会于 2018 年 11 月在上海举办，吸引五大洲的 172 个国家、地区和国际组织参会，参展企业达 3617 家，80 多万人进馆洽谈采购、参观体验，成交额达 578 亿美元，展览总面积达 30 万平方米。中国国际进口博览会是世界上第一个以进口为主题的国家级展会，是国际贸易发展史上的一大创举。

四 "一带一路"倡议未来国际合法性路线

"一带一路"倡议获得国际合法性地位面临的主要挑战是国际社会对"一带一路"倡议核心价值观念是否认同，"一带一路"倡议能否实现预期目标，"一带一路"倡议是否具有进入获得国际社会认同的通道。证据表明，"一带一路"倡议目前正处于国际社会认可的进程中，国际社会正在通过多边或双边渠道与"一带一路"倡议进行有效的合作。不过，大量投入尚未产生预期效果，"一带一路"倡议给世界带来的价值尚未完全显现，同时，"一带一路"倡议进入国际社会的通道也处于建设中，如规则建立等，因此，代表对世界经济体系变革的"一带一路"倡议距离获得国际承认还有很长的路要走。

(一)"一带一路"倡议国际合法性面临的主要挑战

自提出以来，"一带一路"倡议已经取得了巨大的成就。但是，随着其在落地国的不断发展，面临的规则挑战、话语挑战、绩效挑战越来越大。当前，西方国家不仅借助规则制定权和话语权维持其治下的国际秩序，更是借助规则制定权和话语权试图阻挡非西方国家主导世界发展的进程。随着中国综合实力的提升，西方国家认为中国的发展模式是一种"非

---

① 《习近平谈治国理政》第 2 卷，外文出版社 2017 年版，第 515 页。

民主化"发展模式,与西方发展模式格格不入,担心中国借助规则制定权和话语权"同构"世界、彻底"颠覆"西方统治,至少不愿意看到中国模式与西方模式并行于世。最典型的是"债务陷阱外交",经过发达国家的诬蔑诋毁,"一带一路"倡议对发展中国家的投资被其视为主权丧失的源泉,对"一带一路"倡议的排斥心理逐渐占据上风,这实际上是西方社会利用合法性手段将"一带一路"倡议进行非法性塑造的过程。事实上,中国对发展中国家的投资是为了推动发展中国家的经济社会发展,"一带一路"倡议之所以被非法化,核心在于其触及了西方社会的核心利益,为西方社会所不允许。在具体操作上,美国等西方国家主要采取三大类手法:一是在现有的多边国际机制中,通过修改或重塑规则,拉低中国的竞争优势,如在节能减排、环保、技术标准、知识产权等领域即是如此。二是在机构建设上采取排他性做法,不允许中国参与规则制定。如美国过去一段时间力图构建具有实质排他性的区域或跨区域机制如跨太平洋伙伴关系协定(TPP),力求把中国排斥在规则体系之外。现在又联手澳大利亚、日本和印度,制定印太战略,排斥中国。三是强行要求"一带一路"倡议按"国际标准"执行各类项目,蓄意抬高"一带一路"倡议建设项目的成本。目前,人们对"一带一路"倡议的认知开始逐渐改变,特别是"一带一路"倡议是否引发债务问题,也逐渐为国际社会所明确,"一带一路"倡议合法化问题正在得到逐步解决。当然,即使"一带一路"倡议与西方社会的理念具有高度的一致性,也会被"围剿",毕竟"一带一路"倡议被西方社会视为"战略利益竞争"的手段,在2017年中国被美国出台的国家安全报告视为"战略竞争对手"就是一例。尽管"一带一路"倡议加大对国际公共产品的投入力度,同时也在遵从现有的国际标准,这种功能性或程序性的遵从并没有消除美西方国家对"一带一路"倡议的疑虑,其核心在于"一带一路"倡议所具有的价值理念正在改写国际社会的传统价值观,代表国际社会未来的发展方向,而这对于以价值理念立足于国际社会的美西方国家构成了直接挑战。

国际上虽然对"一带一路"倡议仍存在较多的负面言论,一些国家甚至想方设法对抗"一带一路"倡议。不过,现在已经开始出现一些新的变化,越来越的国际智库在讨论"一带一路"倡议的国际合法性问题,这些变化代表着国外智库对"一带一路"倡议某种程度上的认可,"一带一路"倡议正在迈向通往国际合法性的道路上。

(二)"一带一路"倡议国际合法化路径

未来加强"一带一路"倡议国际合法性建设的路径是加强国内发展经验对国际社会的示范效应,扩容"一带一路"倡议国际合法性资源。在扩容国际合法性资源方面,则采取功能认同—程序认同—价值认同的顺序。在获得一定的"早期收获"之后,要尽快将"一带一路"倡议国际合法性从特定支持向"散布性"支持转化,即尽快从早期收获向普遍收获转化。

1. 国内对国际的示范效用

国内发展对国际的示范效应是指大国战略推行所带来的政策效果及其对国际产生的示范作用,引致他国的学习和模仿。这是增强一国国际合法性的首要也是最重要的路径,而能够有明显效果的则是发展的绩效,而不是意识形态。也就是说,能够给国内民众带来好处的战略在一定程度上具备了国际合法性的初始地位。首先,中国改革开放40余年的发展,为"一带一路"倡议的国际推广提供了有力的证据支持。中国改革开放40余年实现了部分富裕,解决了众多人口工业化问题。中国的工业化实践表明,工业文明是可以为世界各国民众所享有,这直接推翻了美国等西方发达国家依靠工业化所建立的等级体系。其次,中国正在进行经济结构转型,从数量型增长向质量型发展转变,其国际意义在于为世界发展提供精品模式,以低能耗、低资源使用获得高附加价值发展的方式得到国际认同,为"一带一路"倡议在他国推进提供支持。最后,如果说中国的工业化实践表明中国已经实现部分人口先富起来的宏伟计划,那么今天,中国政府正在推进的精准扶贫战略则是推进共同富裕的主要计划之一。2017年2月,习近平总书记在主持以"更好实施精准扶贫"为主题的十八届中央政治局第三十九次集体学习时专门指出:"农村贫困人口如期脱贫、贫困县全部摘帽、解决区域性整体贫困,是全面建成小康社会的底线任务,是我们作出的庄严承诺。"① 在党的十九大报告中,习近平总书记谆谆告诫全党同志:"全党必须牢记,为什么人的问题,是检验一个政党、一个政权

---

① 中共中央党史和文献研究院编:《习近平扶贫论述摘编》,中央文献出版社2018年版,第19页。

性质的试金石。带领人民创造美好生活，是我们党始终不渝的奋斗目标。必须始终把人民利益摆在至高无上的地位，让改革发展成果更多更公平惠及全体人民，朝着实现全体人民共同富裕不断迈进。"① 精准扶贫计划的实质是推进中国从部分富裕到共同富裕的旗舰计划。联合国 2030 年可持续发展计划是推进世界减贫计划，而中国 3000 万贫困人口脱贫致富不仅是对该计划的有力支持，也是中国获得国际合法性地位的有力支撑。

2. 国际认同路线

一是为当今世界发展提供好的发展模式，这主要是针对非霸权国家而言。国际认同主要是"一带一路"倡议能够解决国际社会普遍存在的发展问题，通过向国际社会提供不同以往且有成效的发展模式来获得国际社会的认同，是"一带一路"倡议可行之路。这既包括"一带一路"倡议对当地经济社会发展的贡献、对全球公共产品的提供，也包括树立中国的道德榜样。在这方面，中国已经开始着手进行"一带一路"倡议的国际合法化工作。与众多国家签署"一带一路"倡议合作计划，如发展战略对接，是获得国际合法性的直接渠道。2019 年 6 月，世界银行发布的《"一带一路"经济学：交通走廊发展机遇与风险》分析表明，"一带一路"运输走廊有潜力显著改善其参与国公民的贸易、外国投资和生活条件，但前提是中国和走廊经济体采取更深层次的政策改革以增加透明度、扩大贸易、改善债务可持续性，并降低环境、社会和腐败风险。"一带一路"倡议的实施将降低运输成本，还有助于促进其他国家之间的贸易。除此之外，更有效的边境行动和海关流程等通关便利措施，将对帮助各国充分利用"一带一路"倡议在基础设施方面的投资至关重要，并有助于降低运输成本。由于新的贸易走廊带来了更强劲的区域和全球增长，"一带一路"倡议的建设将使全球极端贫困人口比例（按购买力平价计算，每天 1.9 美元）有所下降。

二是积极宣传"一带一路"倡议。"一带一路"倡议还没有完全得到国际社会承认，其阻碍主要来自发达国家对"一带一路"倡议的不认同或认同不足，或无法解决的价值冲突。长久以来，西方社会强调天赋人权，强调自

---

① 习近平：《决胜全面建成小康社会　夺取新时代中国特色社会主义伟大胜利——在中国共产党第十九次全国代表大会上的报告》，人民出版社 2017 年版，第 44—45 页。

由、平等和民主，强调个人主义，将政府或者这种代表集体主义的组织看作对个性的扼杀，因此尽可能将政府职责限定在狭小的范围之内。西方社会长期强调，要防止政府对个人权力和自由的伤害，而非西方社会则更强调集体主义精神，个人行为在集体利益面前要有所退让。东南亚国家联盟的《吉隆坡人权宣言》强调："东盟人民认为人权有两个相互均衡的方面，即关于个人的权利与自由的方面和规定了个人对社会及国家的义务的方面。"同样，中国传统的文化价值观也是如此。伊斯兰社会也认为，个人和集体应该相互关注，它们既强调真主面前的个人平等，又强调集体团结和对集体的服从。"一带一路"倡议更强调文化的包容性、增长的包容性等。查雯、吕蕙伊认为，要有效促进中国经济实力向影响力的转化，除了改进自身策略、使中国经济治国术的应用变得更加合理，我们还应该加强对对象国的研究和理解。①

一个政治系统获得合法性表明，该政治系统已经获得该国民众的心理和道义上支持。戴维·伊斯顿认为，这种支持可划分"特定支持"和"散布性支持"两类。② 特定支持是指该政治系统推出的某项政策使得广大民众获得实实在在的好处，进而获得民众的支持，如中国经过 40 余年的改革开放，中国民众的生活水平获得极大提升，这种由特定的政策绩效给受惠者带来好处进而获得的支持，可称为特定性支持；如果特定性支持指的是物质层面的话，那么散布性支持更多指向的是精神层面，不是指具体的某项政策执行获得的支持，而是出于对政治系统的精神支持，且这种支持不断累加，由于有了这种精神上的支持，即使该政治系统偶尔出现某些错误，也将会得到民众的容忍或谅解。当然，如果某种理念不能给民众带来真实的物质上的变化，长期下去，该政治系统也难以维持。可以说，民众对政治系统的支持同样是以该系统理念能够为其带来长期的稳定好处为前提的，如果做不到这一点，民众同样会抛弃该政治系统，或者说抛弃该政治系统的理念、价值等。戴维·伊斯顿认为，来自散布性支持的政治体系，其合法性程度更高。这是因为"如果不得不或主要依靠输出，指望用人们对特定的和可见的利益的回报来生成支持的话，那么，没有任何一个

_____

① 查雯、吕蕙伊：《价值观、程序、还是绩效？合法性视角下的中小国家对华经济依赖与外交政策跟从》，《当代亚太》2022 年第 2 期。

② 转引自胡伟《合法性问题研究：政治学研究的新视角》，《政治学研究》1996 年第 1 期。

政体或共同体能够获得普遍认同，也没有任何一组当局人物可以把握权力"①。依靠政治绩效来维持民众支持不过是一种特定支持，这种支持是不长久的，容易导致"政绩困局"。当然没有特定支持，不致力于满足体系成员具体的需要，长期来看也难以维持政治统治的稳定性。正如 C. 贝伊所说："政府存在的理论基础，决定其权威施用的合法范围，以及人民服从与忠诚政府的幅度，就取决于其能否满足人民的需要。"② 但是散布性支持往往与政治统治的意识形态或价值规范有密切的联系，而特定支持与政治绩效有关，由此推出，合法性的产生和维护必须通过政策绩效和政治社会化这两种途径，以期获得人民对政治体系特定的和散布性的支持。③ 因此，对价值规范认同是第一位的，这也是西方社会长期推行价值观所在，即使有良好的政绩，也难以冲抵价值观这一更为深层次的内在认同，人们可以对绩效不好有所原谅，但是价值观一旦植入却很难扭转。因此，我们需要加强"一带一路"倡议价值的国际认同。2017 年 5 月，北京举行了首届"一带一路"国际合作高峰论坛，全球 140 多个国家和 80 多个国际组织积极支持和参与。这充分表明，作为中国新时期推动全球化发展合作的机制化平台，得到了全球绝大多数国家的欢迎。

三是将"一带一路"倡议的理念或规划纳入国际制度中。荷兰跨国研究所 Stephanie 等人认为，与许多关于"一带一路"倡议的评论相反，中国政府既没有试图推翻国际体系，也没有试图破坏国际组织。中国政府正试图利用这些组织来提高"一带一路"倡议的合法性。④ 中国商务部与联合国开发计划署合作，将"一带一路"倡议作为实现联合国可持续发展目标（SDG）的关键手段，而联合国安理会 2017 年通过了一项决议，呼吁支持发展倡议，特别提到"一带一路"倡议。从价值维度来看，"一带一路"倡议国际合法性需要进行国际主流价值观多元化再构造的过程。构成"一带一路"倡议的价值基础是让国际社会接受一些新的共有价值，而这

---

① ［美］戴维·伊斯顿：《政治生活的系统分析》，华夏出版社 1998 年版，第 298 页。

② 转引自胡伟《合法性问题研究：政治学研究的新视角》，《政治学研究》1996 年第 1 期。

③ 胡伟：《合法性问题研究：政治学研究的新视角》，《政治学研究》1996 年第 1 期。

④ Stephanie Olinga-Shannon et al., "The Belt and Road Initiative (BRI): An AEPF Framing Paper", November 2019, https://www.tni.org/files/publication-downloads/bri_framing_web_final.pdf.

一过程就是"社会共识"增进过程,因此,国际合法性离不开社会共识,①特别是对于发展中国家而言,让发达国家接受发展中国家提出的价值理念,并使之成为国际社会的共有价值是一个过程,需要发达国家对新理念接受,同时也要改变国际社会对传统的价值理念排序,而排序的变化最容易导致国际秩序的转型,这是发达国家所不愿接受的。迫使发达国家接受发展中国家新理念的前提是发达国家对国际责任的退却,在一些非核心领域或全球公共领域的放弃。但是能够动摇国际秩序或国际体系的新理念往往是发达国家和发展中国家核心价值观之争,达成共识的结果往往是发展中国家国际合法性地位的提升和发达国家国际合法性地位的下降。价值认同或功能认同主要针对大国而言,大国无论是发展绩效还是统治世界的实力以及对世界发展的贡献,都决定了大国可以动用绩效或价值来获得国际认同,但这也导致大国在价值理念和发展绩效方面开展战略竞争,成为大国争夺国际合法性地位的根由。"一带一路"倡议作为发展中大国提出的倡议,在迈向国际合法化过程中,与西方合法性背后强调的价值观念存在竞争与磨合过程。共识的达成实际上是多元文化价值观的相容过程,也是相互认同过程,它需要依靠"一带一路"倡议自身的建设实现,即"一带一路"倡议的确能够对未来的国际社会起到积极的推动作用,同时也需要与西方传统的发展理念和发展模式相互融合,至少相互承认这种国际合法化过程,这是"一带一路"倡议的必经之路,更是"一带一路"倡议以最低成本实现最大收益的过程。"一带一路"倡议是一个国际共同价值观念渐增的过程。瑞士世界经济论坛 Khasru 认为,尽管对许多国家来说,"一带一路"倡议是弥合差距的受欢迎举措,但是"一带一路"倡议也需要证明其对国际规则和技术标准的承诺,以获得作为国际倡议的合法性。②

四是注意把握新旧理念带来的价值冲突,进而引发的其他各类冲突。时殷弘认为,国家间的共同价值观念既是国际社会得以生成和存在的关键,也是国际法理和伦理规范及其运行的基础,随着 20 世纪全球国际社会的形成和发展,普遍道德原则成为国家的国际实践之外至关重要的国际

① 章前明:《从国际合法性视角看新兴大国群体崛起对国际秩序转型的影响》,《浙江大学学报》(人文社会科学版)2013 年第 1 期。

② Syed Munir Khasru, "China Tries to Win Over Critics of the New Silk Road," May 29, 2019, https://www.weforum.org/agenda/2019/05/are-concerns-about-the-new-silk-road-justified/.

共同价值观念来源。① 在追求国际行为利益最大化过程中，国际行为的合法化意味着新价值观的植入，尤其是其国际合法性地位的上升日益导致国际秩序的不稳定性。但是，目前学界关于国际合法性与国际秩序的稳定究竟存在何种联系并不清楚。亨利·基辛格指出："稳定不是来自于对和平的追求，而是来自于普遍接受的合法性。"② 这里使用的合法性不过是"所有大国对国际秩序框架的认可"。既然合法性来自大国对国际行为的认可，那么寻求大国支持往往是一种国际合法化的主要路径。唯其如此，才能保障国际秩序的稳定。进一步地，约翰·伊肯伯里认为，一种合法的政治秩序应该重在赢得成员的自愿参与并接受和遵守体系的规则，③ 这种认同带有较强的非强制性和共识性质。"一带一路"倡议引发的国际社会不稳定，在于其观念或价值对国际社会原有秩序的冲击，导致传统的国际秩序在未来的发展道路上多了一个新的选项，而发达国家对传统秩序的稳定性维护导致不愿意接受"一带一路"倡议的新理念。但是通过协商一致，却有助于缓解"一带一路"倡议与西方传统价值观发生冲突的可能性，同时有助于"一带一路"倡议价值的实现。

五是加快与美国等开展"一带一路"倡议合作谈判。"一带一路"倡议作为一种国际行为，其国际合法性也源自与其他国际行为体的竞争。当前世界是一个竞争性的体系，各国要发展就必须能够集中动员本国资源或从外部获得资源来求得发展。黄健荣认为，不同类型的政府需要通过竞争吸引或获得现代社会运行所急需的稀缺资源要素（如人才、资本、技术、市场以及自然资源等），那些具有比较优势的政府能够吸引和利用更多的稀缺资源，而不具有比较优势的政府不但会弱化本国或本地区拓展、吸引和利用外部资源的能力，甚至自身原来拥有的稀缺资源也可能会流失，其结果是部分国家获得较快的发展，另一些国家则发展较慢。相应地，前者合法性进一步提升，而后者的合法性则不断被侵蚀以至于消解，现代政府

---

① 时殷弘：《现代国际社会共同价值观念——从基督教国际社会到当代全球国际社会》，《国际论坛》2000 年第 1 期。

② ［美］亨利·基辛格：《重建的世界》，冯洁音、唐良轶、毛云译，上海译文出版社 2015 年版，第 3 页。

③ 转引自章前明《从国际合法性视角看新兴大国群体崛起对国际秩序转型的影响》，《浙江大学学报》（人文社会科学版）2013 年第 1 期。

间竞争如政治、经济和文化等多个方面使丧失比较优势的政府的合法性递减。①"一带一路"倡议必须具有更强的比较优势，将更多的资源汇聚用于发展，这样才能比其他倡议拥有更广泛的影响力。美国兰德公司也表示，"美国不应直接反对'一带一路'倡议，而应与其他主要市场民主国家合作来塑造该倡议的内容，并确保其遵守国际投资和发展准则。除了制定全球标准之外，美国及其合作伙伴还可以针对'一带一路'倡议采取具体行动"②。这表明，与美国开展"一带一路"合作也不是不可能的。

六是提供公共产品，缓解发展赤字问题。随新民总结建构主义对国际制度合法性基础时认为，建构主义强调体系施动者与结构的互构，国家利益不是放在那儿等着去发现，而是根据国家公认的规范和理解以及与其他国家互动来寻求。规范的语境影响决策者和大众的行为，同时规范语境也随着时间变化而变化，当国际上公认的规范和价值变化时，就存在国家利益的再定义和行为模式的再构筑问题。③ 国际社会对"一带一路"倡议期待越高，就越要求其投入更多的公共资源，这时就存在资源投入不足与需求刚性之间的差距。这种反差容易导致"一带一路"倡议国际合法性的递减出现。因此，"一带一路"倡议合法性建设主要路径是扩大国际合法性资源，保持适度的公共产品投入。

---

① 黄健荣：《论现代政府合法性递减：成因、影响与对策》，《浙江大学学报》（人文社会科学版）2011年第1期。

② James Dobbins et al., "Russia Is a Rogue, Not a Peer; China Is a Peer, Not a Rogue," February 11, 2019, Rand, https://www.rand.org/pubs/perspectives/PE310.html.

③ 随新民：《国际制度的合法性与有效性——新现实主义、新自由制度主义和建构主义三种范式比较》，《学术探索》2004年第6期。

第七章 "一带一路"政策作用方向

当前，美对华战略竞争已成为"一带一路"倡议在全球推进的最主要的约束条件之一。自特朗普上台以来，美对华战略竞争呈逐渐升级态势，在其国家报告中直言中国为美国最大的竞争对手之一，从贸易冲突开始，将对华战略竞争向各领域"推进"，单方面挑起金融战、技术战、政治战，甚至不顾及民众生命，将新冠疫情作为筹码，与中国打起疫情"口水战"。美国也鼓动世界其他主要国家对抗中国。美国更不放过"一带一路"倡议，不断推出各种污名化"一带一路"倡议的名词，如"债务陷阱""新殖民主义"等，同时也通过硬手段遏制"一带一路"倡议，如推出"蓝点计划""经济繁荣计划""重建更好世界"倡议（B3W），成立投资公司，与日本、印度等合作推进印太战略等。"一带一路"倡议自提出以来面临的舆论环境日益复杂。但是，"一带一路"倡议也在不断赢得发展中国家的支持，为改写发展中国家经济增长创造条件。国际战略研究中心弗里曼中国研究项目主席朱迪·布兰切特说，"我们做的大部分事情都是为了对抗中国，但中国做的大部分事情都不是为了对抗美国""这与中国追求自己的长期战略目标有关"①。未来，"一带一路"倡议将继续坚持已有的做法，打破发达国家对世界发展格局的垄断或控制，推动世界同质发展、平等发展、共同发展和可持续发展。

---

① Eric Sayers, "One Big Challenge for Biden? China's Push for Tech Supremacy," November 9, 2020, https：//www.cnas.org/press/in-the-news/one-big-challenge-for-biden-chinas-push-for-tech-supremacy.

一 中美关系走向与"一带一路"倡议

美对华发起的战略竞争是当前国际格局中最大变数，特别是特朗普上台以来，美对华战略竞争日益显性化。美国政策界、智库出台各类报告，以敌对关系看待今天中美关系的发展，甚至不惜以全政府模式遏制中国。根据兰德公司2020年的报告，中美关系未来主要以竞争对手面目呈现在世界面前。① 早在2016年，兰德公司发表的另一份报告中认为，中美之战不仅没有赢家，还会给双方带来巨大损失。② 兰德公司甚至提出灰色竞争战略，将中美关系既不处于和平状态也不处于战争状态视为灰色地带。③ 2020年，兰德公司发布长达150页的研究报告《中国的大战略：趋势、发展轨迹和长期竞争》，认为未来30年中国不断崛起是可能的场景，中美关系最大可能的表现是长期、复杂的竞争与对抗关系。④

多个宏观指标显示，中国正在从数量和质量两个方面赶超美国。从数量上看，2018年中国GDP相当于美国GDP的2/3（见图7-1）。从需求方面看，在私人消费、政府消费以及进口等方面，中国尚未超越美国，但是在投资、出口等方面中国规模已超过美国。美国越来越像消费型国家，而中国更像投资型国家，投资型国家具有较强的未来发展潜力，这是未来中国超过美国的硬指标。从产业角度来看，中国农业、服务业，不敌美国，但是中国的制造业在2010年就已超越美国（见图7-2）。从质量上看，中国技术创新水平也在追赶美国。中国在2011年授予本国居民的专利数量超过美国，2015年中国授予专利的数量超过美国，目前中国有效专利的数量在逼近美国（见图7-3和表7-1）。

---

① Andrew Scobell et al., "China's Grand Strategy: Trends, Trajectories, and Long-Term Competition," July 29, 2020, https://www.rand.org/pubs/research_reports/RR2798.html.

② David C. Gompert et al., "War with China: Thinking Through the Unthinkable," July 5, 2016, Rand, https://www.rand.org/pubs/research_reports/RR1140.html.

③ Lyle J. Morris et al., "Gaining Competitive Advantage in the Gray Zone: Response Options for Coercive Aggression Below the Threshold of Major War," June 27, 2019, Rand, https://www.rand.org/pubs/research_reports/RR2942.html.

④ Andrew Scobell et al., "China's Grand Strategy: Trends, Trajectories, and Long-Term Competition," Rand, July 29, 2020, https://www.rand.org/pubs/research_reports/RR2798.html.

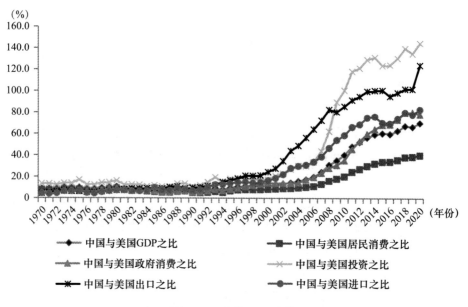

图 7-1 中美 GDP 比较

资料来源：联合国贸发会。

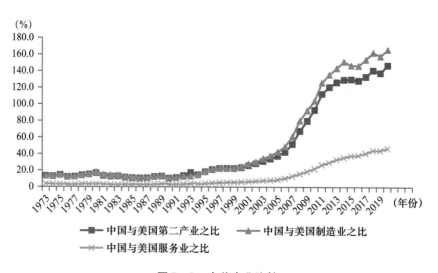

图 7-2 中美产业比较

资料来源：联合国贸发会。

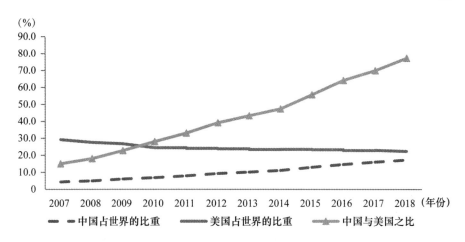

图7-3 中美有效专利比较

资料来源：世界知识产权组织。

表7-1 中美有效专利比较 （单位:%）

	2007年	2008年	2009年	2010年	2011年	2012年	2013年	2014年	2015年	2016年	2017年	2018年
中国占世界的比重	4.4	5.0	6.1	6.8	7.9	9.3	10.1	11.1	13.0	14.6	16.0	17.2
美国占世界的比重	29.1	27.5	26.7	24.4	24.0	23.8	23.3	23.4	23.3	22.8	22.9	22.3
中国与美国之比	15.0	18.0	22.7	28.0	33.0	39.1	43.3	47.3	55.7	64.1	69.9	77.2

资料来源：世界知识产权组织。

中美实力的趋同使得美国政策界心理上产生不平衡，并拒绝接受这一现实，开始将中国视为全面的战略竞争对手。有学者指出："冷战以及冷战之后的全球冲突似乎有一个共同的重要根源，那就是无产者对富人的愤怒和不满。现在，我们还必须想到，未来还有可能因羡慕和妒忌而爆发冲突，而且这种冲突很可能会更加出人意料、更加险恶。""在我看来，人类社会在应对和控制这种威胁的时候，并没有去努力构建一个真正有效的全球道德共同体。"① 多方证据显示，当前美对华战略竞争作为世界政治经济

━━━━━━━━━━

① ［美］克里斯托弗·博姆：《道德的起源——美德、利他、羞耻的演化》，贾拥民、傅瑞蓉译，浙江大学出版社2015年版，第389—404页。

格局中的最大变量，左右各国或国际行为体的行动计划。同样，未来"一带一路"建设也不得不受中美关系变化的影响。

　　未来一定时期内，中美之间将继续呈现竞争大于合作态势。"一带一路"倡议作为中国引领世界发展的新模式，自然成为美国打压的主要对象。不过，有一点可以肯定的是，中国对外开放获得的收益仍然是巨大的，中国不仅不会停止对外开放的步伐，还会主动采取新举措，进一步加强与世界经济联系。"一带一路"倡议将会以更为创新、更为开放的方式加强与各国的合作，推动当前国际经济秩序变革。

二　"一带一路"倡议政策作用方向

　　自"一带一路"倡议提出以来，中国方案正在为世界发展带来新的希望。中国特色大国外交、人类命运共同体、正确义利观、新型国家关系、发展战略对接等，是中国奉献给世界发展的新理念、新方案，体现中国发展之后对世界发展的中国智慧、中国贡献。进入 21 世纪，人类社会发展从未平静过，小规模战争不断、贫富差距日益拉大、文明冲突似乎在重新上演。上述的不平静所暗含的是世界发展不确定性，这种不确定性似乎迫使人们对传统的发展道路不得不进行思考。罗伯特·吉尔平指出，"全球化造成了一系列问题，但是倘若全球经济相互依存分崩离析，经济民族主义卷土重来，那么世界各国人民必将祸莫大焉"[①]。"中国倡导的新机制新倡议，不是为了另起炉灶，更不是为了针对谁，而是对现有国际机制的有益补充和完善，目标是实现合作共赢、共同发展。中国对外开放，不是要一家唱独角戏，而是要欢迎各方共同参与；不是要谋求势力范围，而是要支持各国共同发展；不是要营造自己的后花园，而是要建设各国共享的百花园。"[②]"一带一路"倡议是中国为推进世界发展、推进世界新型经济体系建设提出的新思路。有关文献也指出了"一带一路"倡议所具有的世界价值。有的学者从资源配置角度出发，认为"一带一路"构想的重要目的

　　① ［美］罗伯特·吉尔平：《国际关系政治经济学》，杨宇光等译，上海人民出版社 2020 年版，第 3 页。

　　② 《习近平谈"一带一路"》，中央文献出版社 2018 年版，第 124 页。

是整合经济发展资源,从而实现更快增长。① 有的提出"一带一路"倡议的目的"是实现中国工业和金融能力的全球配置"②。有的学者从"21世纪海上丝绸之路"可能形成的经济贸易网络出发,认为"21世纪海上丝绸之路"已经是一个"全球贸易网"③。有的学者认为"一带一路"倡议以加强经济合作为基础,以建设沿线国家基础设施为重点,共同促进沿线国家经济发展、社会稳定、区域和谐和文化融合。④ 因此,"一带一路"建设不再是简单的经济过程、技术过程,更是文明的进步过程。⑤

未来的"一带一路"倡议政策举措主要有:一是加强基础设施的投入,为共建国家经济增长提供必要的物质条件。二是推进技术创新与合作,中国自身需要加快技术进步的步伐,同时加大新技术的世界应用,加快共建国家融入全球价值链中,同时提升自身在全球产业分工中的地位。三是推动全球市场一体化建设,为共建国家提供工业化起飞和深化的需求条件,包括规则的统一、自由贸易协定签署等。四是增加全球公共产品供给,提升国家形象和实现外交理念。五是深化人类命运共同体实践,从周边命运共同体建设起步。推进命运共同体建设已不再是口头上的表达,而是需要落实在具体行动上。当然,在上述过程中,中国仍需要与"一带一路"共建国家增进相互信任,降低"一带一路"倡议实施成本。⑥

(一) 推进基础设施的互联互通

"要想富、先修路"。中国改革开放40余年的成就之一是基础设施的迅速发展。从"绿皮火车"到"高铁",见证了中国发展的历史性成就。在为推进世界发展提供的方案中,推进基础设施互联互通被放在了极为重

---

① 傅梦孜、楼春豪:《关于21世纪"海上丝绸之路"建设的若干思考》,《现代国际关系》2015年第3期。

② 叶海林:《中国必须争取印度参加"21世纪海上丝绸之路"吗?》,澎湃新闻,2015年1月19日,https://www.thepaper.cn/newsDetail_forward_1295387.

③ 陈万灵、何传添:《海上丝绸之路的各方博弈及其经贸定位》,《改革》2014年第3期。

④ 鞠华莹、李光辉:《建设21世纪海上丝绸之路的思考》,《国际经济合作》2014年第9期。

⑤ 杨国桢、王鹏举:《中国传统海洋文明与海上丝绸之路的内涵》,《厦门大学学报》(哲学社会科学版)2015年第4期。

⑥ 戴薇薇、罗会钧:《"一带一路"背景下国家间信任建构探析——基于社会关系网络视角》,《江西社会科学》2020年第4期。

要的位置，中国深知，不改善发展中国家落后的基础设施状况，就不可能带动经济发展要素之间相互流动，也不可能提升各经济要素的使用价值，更不可能有高质量的经济发展。发展中国家存在发展的巨大红利，也是世界上待开发的潜力区，无论从人口数量上还是质量上，都是世界未来发展的重点区域。为此，中国在多个场合呼吁加强基础设施互联互通，同时也在积极践行基础设施项目的落地工作。

一是推动多双边投融资机制发展。近几年，中国在推进多边金融合作方面取得了重大进展，如成立亚洲基础设施投资银行。截至 2022 年 12 月，亚投行已批准了 202 个项目，累计投资总额达 388 亿美元。① 亚投行还与世界银行、亚洲开发银行、欧洲复兴开发银行、欧洲投资银行等签署合作协议，通过创新融资机制开展联合行动，积极为"一带一路"共建国家和地区基础设施建设提供资金支持。② 推动由各国政府控股的政策性银行、开发性金融机构和商业银行等 14 家成员行组建中国—中东欧银行联合体，中国将提供总额度为 20 亿等值欧元的开发性金融合作贷款；中国人民银行稳步推进与 IMF 合作，成立中国—基金组织能力建设中心；成立亚洲金融合作协会；丝路基金增资 1000 亿元人民币，并使用人民币对外投资。中日韩—东盟成立"10 + 3"银行联合体并共同签署《中日韩—东盟银行联合体合作谅解备忘录》。绿色金融取得一定进展，"一带一路"绿色投资原则第一次全体会议召开，签署该原则的机构已达 33 家；中国工商银行发行全球首支绿色"一带一路"银行间常态化合作债券。中国财政部发布的《"一带一路"债务可持续性分析框架》得到国际社会的认可。传统多边金融机构如国际货币基金组织、世界银行、亚洲开发银行也有望为"一带一路"项目提供资金支持。另外，国家开发银行在"一带一路"项目上的总投资已经达到 1 万亿美元。

二是积极落实有关倡议。例如，积极支持 APEC 领导人非正式会议通过《岘港宣言》，重申支持多边贸易体制，推进亚太自贸区进程；积极促进亚太贸易互联互通发展，推动制定《APEC 跨境电子商务便利化框架》

---

① 《亚洲基础设施投资银行开业七周年　项目遍布全球 33 个国家》，央视网，2023 年 1 月 16 日，https：//news.cctv.com/2023/01/16/ARTIlBX7GiuCyOoEx8Qd0IUp230116.shtml.

② 项梦曦：《"一带一路"合作成果丰硕》，《金融时报》2021 年 7 月 23 日。

文件，率先签署《亚太跨境无纸贸易便利化框架协定》等重要文件，牵头亚太示范电子口岸、全球价值链、绿色供应链等合作；成功推动亚欧会议时隔十二年重启经济部长会议，恢复亚欧经贸合作机制；推动在大图们倡议建立贸易投资委员会，制定了《大图们倡议贸易投资合作路线图》。这些举措为充分发挥跨国界基础设施作用创造了条件。

三是推动基础设施项目建设。目前中国已在世界多个国家进行了大量的基础设施项目建设。有些项目已经开始为当地经济发展起到直接的推动作用。根据全球金融市场数据提供商路孚特 2020 年 7 月发布的报告《BRI CONNECT："一带一路"倡议背后的数字》称，中国"一带一路"成长之旅迎来了一个重要里程碑。截至 2020 年第一季度，已规划或在建"一带一路"项目共计 3164 个，总金额达 4 万亿美元。其中，1590 个项目属于"一带一路"项目，总金额达 1.9 万亿美元，其余 1574 个项目被列为中国参与项目，总金额为 2.1 万亿美元。值得注意的是，涉及清洁环保的"一带一路"项目也在增加。路孚特数据显示，截至 2020 年第一季度末，"一带一路"倡议中共有 207 个已规划或在建的可再生能源项目（太阳能、风能和核能），总金额为 2620 亿美元，比上季度末（177 个项目、总金额 1980 亿美元）陡增 32.3%。[①] 从实际成效看，"一带一路"促进共建国家的发展，协助共建国家完成工业化目标。根据中国商务部数据显示，2021 年对"一带一路"共建国家非金融类直接投资达 177.9 亿美元，同比增长 18.3%；对"一带一路"共建国家完成营业额 911 亿美元，占同期总额的 58.4%。据海关统计，2020 年，中国与"一带一路"共建国家货物贸易额是 1.35 万亿美元，同比增长 0.7%。张馨月、吴信如认为，中国对"一带一路"共建国家的投资显著提升了东道国的社会福利水平，政策沟通、设施联通、贸易畅通、资金融通和民心相通对于中国对外投资推动"一带一路"共建国家的社会福利水平具有正向调节作用。[②] "一带一路"倡议在互联互通领域已取得明显的经济效果。2022 年 8 月，推进"一带一路"建设工

---

① 《"一带一路"项目总金额超 4 万亿美元》，中国经济网，2020 年 7 月 27 日，http://www.financeun.com/newsDetail/33571.shtml? platForm = jrw.

② 张馨月、吴信如：《中国对"一带一路"共建国家投资的社会福利效应——兼论"五通"指数的调节作用》，《云南财经大学学报》2022 年第 6 期。

作领导小组办公室组织编写的《中欧班列发展报告（2021）》中，称中欧班列作为共建"一带一路"的旗舰项目和标志性品牌，自开行以来，得到了国际社会的广泛赞誉和积极参与，成为广受欢迎的国际公共产品。2023年1月，中欧班列累计开行1410列，运送货物14.7万标准箱，同比分别增长6%、13%，综合重箱率达到100%。自2020年5月以来，中欧班列已连续33个月单月开行千列以上。根据麦肯锡报告，如果中国与世界联系得到加强的话，则中国和世界到2040年有望创造巨大的经济价值，高达22万亿—37万亿美元，相当于全球GDP的15%—26%。这种创造将主要通过中国与世界经济的进一步融合来实现。未来，"一带一路"倡议将继续加大对共建国家的基础设施投资力度，同时将在硬件、软件制度完善方面配合相关投资。如完善当地基础设施，为当地经济增长创造硬件条件，积极提升当地劳动力素质，使之具备参与世界价值链的条件；推动工业园区与当地经济的融合发展，将当地更多的产业带入世界产业价值链中。有些举措是以完善当地市场制度为侧重点，有些则以加强当地与世界经济联系为侧重点。总之，推动共建国家越过经济自我增长的阈值，为未来共建国家参与世界经济体系建设是"一带一路"倡议推进互联互通的主要出发点。

（二）推进技术创新与合作

技术是一国经济增长的源泉，技术创新决定一国在世界分工中的地位。"一带一路"倡议涉及大量的产能合作，与之密切相关就是技术创新与合作。改革开放后，中国发展的最突出表现之一是中国在国际技术领域中的地位与日俱增。中国国内研发开支已从2000年的90亿美元增长到2018年的2930亿美元，位居世界第二，仅次于美国。中国的人才优势已超过美国，发表的论文以及获得专利的产品位于世界前列。中国已经成为世界名副其实的技术大国。中国正在向技术大国迈进，已成为数字经济和人工智能技术领域的全球大国，并成为新技术的全球第一大消费国。根据"摩根士丹利资本国际指数"（MSCI）的统计，美国信息技术领域有14%的营收来自中国。2019年年初，中国成为第一个实现了探测器登陆月球背面的国家，并联合其他新兴经济体共同研发卫星。

未来，合作而非脱钩是世界发展的主流。由表7-2可见，世界授予非居民的专利占全部授予的专利比重呈上升趋势，表明各国在加大技术合作力度。在 2019 年《世界知识产权报告》中，有人指出，"创新还高度依赖人们之间的思想交流。这种交流通常就发生在人们的生活和工作身边"。反过来，"技术促进了新的合作和知识共享方式，将相距遥远的技能人才联系在一起。因此，呈现了一种新的全球创新前景，全球卓越中心在地理上高度集中，汇集成了一个全球网络，向多个方向传播知识"。合作日益成为常态。数据显示，团队参与到越来越多的科学论文和专利中。在 21 世纪初，团队已经在所有论文和专利中分别贡献了 64% 和 54%。到 21 世纪头十年后半期，这一比例分别增至近 80% 和 70%。① 此外，大多数高收入经济体中的国际合作日益增多。推动学术界和企业跨境寻求创新合作伙伴的力量是多方面的。科学界有参与国际合作的悠久传统。而跨国企业从其国际研发部通过国际合作寻求增效。一些数据显示，即使拥有创新优势的发达国家，也在越来越依赖发展中国家的技术。如，按照收入分组，发达国家授予本国居民的专利数量在下降，而发展中国家这一数值在上升，这导致发达国家加快与发展中国家的技术合作。从发达国家授予非居民的专利数量来看，即是如此。美国授予非居民的专利数占全部授予专利数量呈上升趋势，且授予非居民的专利数已经超过授予本国居民的专利数（见表 7-3）；而中国的情况刚好相反，中国授予非居民的专利数占全部授予专利数量的比重呈下降趋势，且授予居民专利数超过授予本国非居民的专利数（见表 7-4）。世界知识产权组织发布的《2022 年全球创新指数报告》显示：中国在创新产出方面，即本国人专利申请量、本国人实用新型申请量、本国人工业品外观设计申请量、本国人商标申请量、劳动力产值增长、创意产品出口占贸易总额的比重 6 个细分指标排名第一。2021 年，中国品牌总价值达 1.9 万亿美元，同比增长 7%，全球排名第十八位。2020 年，中国高新技术产品出口值达 7577 亿美元，同比增长 6%，全球排名第四；高科技制造业占制造业的比重达 48.1%，较 2018 年增长 1 个百分点，全球排名第十四位；知识产权收入达 89 亿美元，同比增长 34%。在世界五大科技集群中中国独占两席。该报告显示，东京—横滨地区依然是全球最大的科技集群，深圳—香港—广州地区、北京、首尔、圣何塞—旧金山地区分列第二位至第

---

① 世界知识产权组织：《世界知识产权报告》2019 年版。

五位。

表7-2　　　　　　　　　　　世界专利走势　　　　　　　　　（单位:%）

	1985年	1990年	1995年	2000年	2005年	2010年	2015年	2016年	2017年	2018年
居民占比	56.0	59.9	59.7	59.7	58.5	60.4	60.8	61.2	61.5	61.5
非居民占比	44.0	40.1	40.3	40.3	41.5	39.6	39.2	38.8	38.5	38.5
授予与申请之比	43.1	40.8	41.1	37.6	37.2	45.8	42.9	43.2	44.2	42.8

资料来源:世界知识产权组织。

表7-3　　　　　　　　　　　美国专利的结构　　　　　　　　（单位:%）

	1980年	1985年	1990年	1995年	2000年	2005年	2010年	2015年	2016年	2017年	2018年
居民占比	60.1	55.2	52.4	55.0	54.0	51.9	49.1	47.2	47.4	47.3	46.9
非居民占比	39.9	44.8	47.6	45.0	46.0	48.1	50.9	52.8	52.6	52.7	53.1
授予与申请之比	59.3	62.2	52.8	44.5	53.2	36.8	44.8	50.6	50.0	52.5	51.5

资料来源:世界知识产权组织。

表7-4　　　　　　　　　　中国授予专利的结构　　　　　　　（单位:%）

	1985年	1990年	1995年	2000年	2005年	2010年	2015年	2016年	2017年	2018年
居民占比	95.5	29.9	45.1	47.3	38.8	59.0	73.3	74.7	77.8	80.1
非居民占比	4.5	70.1	54.9	52.7	61.2	41.0	26.7	25.3	22.2	19.9
授予与申请之比	0.5	37.9	18.1	25.2	30.8	34.5	32.6	30.2	30.4	28.0

资料来源:世界知识产权组织。

（三）推动世界市场一体化

马克思指出，世界市场的发展必然造成"以全人类相互依赖为基础的世界交往"[①]。一方面，中国正在推进全球自由贸易区战略，着力构建全球自由贸易网络，促进全球经济一体化；另一方面，中国也在积极推进全球公平

---

① 《马克思恩格斯全集》第9卷，人民出版社1961年版，第252页。

秩序的建设，提出的建设人类命运共同体的倡议就是在寻求对马克思提出的工业化进程存在的对抗性命运的破解方法，通过共商共建共享重塑国际秩序，开展世界范围内的合作以解决人类面临的共同难题。在构建全球统一市场方面，中国已付出巨大的努力。研究表明，"一带一路"倡议正在不断加强中国与沿线国家的经济联系。如，陈高等认为，"一带一路"倡议的实施对中国与签署国之间的进口贸易和出口贸易均有显著的正向促进作用。[1] 孙楚仁等发现，"一带一路"倡议的提出显著地促进了中国对"一带一路"沿线国家的出口增长。[2] 吕延方等认为，提高开放度以及缩小文化差别有助于推进中国与"一带一路"共建国家贸易增长，提高"一带一路"实施效果。[3]

"一带一路"建设重点放在发展中国家，这与历史上发达国家更愿意加强发达国家之间的合作有很大的不同。从世界资本流向来看，发达国家对发达国家的投资远高于对发展中国家的投资，而"一带一路"投资对象更倾向于发展中国家。一是中国产业转移目的地主要在发展中国家，发展中国家具有承接中国大规模产业转移的潜在条件。中国占全球制造业总产出的35%，是世界第一大制造业大国。如此庞大的制造业规模，如果全部转移出去，需要有世界同等级的国家规模相匹配。二是中国的发展经验，特别是扶贫减贫、工业化经验更适用于发展中国家。据有关统计，目前世界基尼系数已经达到0.7左右，超过了公认的0.6"危险线"。如何解决贫困问题，缩减不平等差距，已是世界难题。在这方面，中国早已启动精准扶贫机制，已顺利在2020年前完成现行标准下5700多万农村贫困人口全部脱贫，贫困县全部摘帽。自改革开放至今，已有7亿多贫困人口摆脱贫困，占全球减贫人口的70%以上，为世界减贫事业作出了重大贡献。也正因此，2016年二十国集团首次把发展问题置于全球宏观政策框架核心位置，首次就落实《联合国2030年可持续发展议程》制订行动计划，首次

---

① 陈高、胡迎东：《"一带一路"战略对沿线国家贸易影响的实证分析统计与决策》，《统计与决策》2017年第23期。

② 孙楚仁、张楠、刘雅莹：《"一带一路"倡议与中国对沿线国家的贸易增长》，《国际贸易问题》2017年第2期。

③ 吕延方、王冬：《"一带一路"有效实施：经济规模、地理与文化距离》，《经济学动态》2017年第4期。

就支持非洲国家和最不发达国家工业化开展合作。① 三是今天的发展中国家已不再是历史上的发展中国家。中国推进发展中国家的工业化已具备成熟的市场条件。前述所知,世界经济发展的不平衡主要源自需求总量扩张难以匹配供给总量的扩张,导致世界经济存在巨大的供求缺口。发展中国家希望实现经济增长和完成工业化任务,而现今世界总需求难以满足发展中国家整体性的扩张要求。因此,扩大总需求,特别是发展中国家自我市场的建设以及总需求的扩张成为当今世界经济平衡的一个重要来源,甚至是总需求增量来源的一个主要组成部分。尤其是发展中国家消费品总量的扩张,将有效地弥补世界市场存在的缺口。第二次世界大战之后,发展中国家的综合实力处于稳步上升的阶段。发展中国家占世界 GDP 的比重从1970 年的不到20% 上升到2019 年的40%。目前,发展中国家所具有的潜在的和现实的市场力量堪比发达国家,且发展中国家力量呈上升趋势。同期发展中国家进口规模日益扩大,占世界进口规模的比重从20% 左右上升到40%,特别是进口消费品规模扩大,占世界进口规模的比重大幅度提升。发展中国家本身正在形成一个巨大的市场,这为发展中国家通过合作方式推进工业化进程提供了可能。不过需要说明的是,发展中国家总需求的扩张仍然主要表现为中间产品需求扩张,而非以最终产品需求扩张为主,这与发达国家市场总量扩张的内在结构有较大的不同,这也是发展中国家面临的市场需求不足而不得不依赖发达国家市场的主要原因。因此,应从以下四个方面发力,推动世界市场一体化。

首先,加强与世界各国"一带一路"市场方向的合作。截至2023 年5 月,中国与27 个国家和地区或签署自贸区升级版,或签署自贸协定,或结束谈判,取得了明显的进展。如,2023 年5 月与厄瓜多尔签署的自由贸易协定,是中国商签的第20 个自贸协定,也是中国与拉美国家的第4 个自贸协定。

其次,建立"一带一路"稳定的发展合作机制。截至2021 年年底,中国与17 个国家建立了贸易畅通工作组。另外,还与46 个国家建立了投资合作工作组。中国与22 个国家建立了电子商务合作机制,与14 个国家建立了服务贸易合作机制。一些重点区域和重点领域的合作机制也得到稳步推进,如《中国—东盟发布关于"一带一路"倡议同〈东盟互联互通总

① 习近平:《论坚持推动构建人类命运共同体》,中央文献出版社2018 年版,第369 页。

体规划 2025〉对接合作的联合声明》成功发布，欧洲议会"'一带一路'政策沟通委员会"、"一带一路"绿色发展国际联盟、"一带一路"新闻合作联盟、"一带一路"律师联盟、"一带一路"国际智库合作委员会相继成立，中国最高人民法院发布《关于人民法院进一步为"一带一路"建设提供司法服务和保障的意见》和 6 个涉"一带一路"建设指导性案例等。这些都标志着"一带一路"建设机制化水平在逐步提高，也为"一带一路"可持续发展奠定了良好的基础。

再次，加强与第三方合作。第三方市场合作是"一带一路"倡议的一个重要创举，在这方面，多种形式的第三方合作已初步进入运作阶段。截至 2019 年年底，中国与 14 个国家签署了第三方市场的合作文件。如，2019 年英国、瑞士等国与中国签署《关于开展第三方市场合作的谅解备忘录》，举办中意、中奥第三方市场合作论坛，中法就第三方市场合作机制开展"一带一路"具体项目合作达成共识，发布中英双语版《第三方市场合作指南和案例》。

最后，主动加快市场开放进程。十年来，中国相继推出一大批新的开放举措。全面实施外资准入前国民待遇加负面清单管理模式，限制措施由最初的 93 项减到 31 项。实施外商投资法，外商投资法律体系进一步完善。先后设立 21 个自贸试验区，进出口占全国的 17.8%，吸收外资占全国的 17.9%。海南自由贸易港加快建设，迄今已推出 120 多项制度创新成果。[①] 一些研究表明，中国与"一带一路"共建国家的贸易联系将继续得到加强。如，陈继勇等认为，经济自由度和贸易开放度是影响中国与"一带一路"共建国家经济增长的重要因素，尤其是前者比后者对经济增长的正向影响更大。由于中国和诸多"一带一路"共建国家经济自由度和贸易开放度还有进一步提升的空间，故而，两者的改善将会进一步推动经济增长，要进一步加大市场在各国经济增长中的作用，同时加强合作，建设好地区市场，推动水平的全面提升。[②] 基于贸易强度指数模型，张会清等研究表明，认为中国与沿线国家的进口慢于出口增长，未来仍有较大的合作

① 王文涛：《以党的二十大精神为指引　推进高水平对外开放》，《求是》2023 年第 2 期。
② 陈继勇、陈大波：《贸易开放度、经济自由度与经济增长——基于中国与"一带一路"共建国家的分析》，《武汉大学学报》（哲学社会科学版）2017 年第 3 期。

空间。① 冯宗宪等认为，提升中国与"一带一路"共建国家合作空间，需要进一步提升产业内贸易水平。② 根据麦肯锡估计，如果中国可能成为新兴与发达经济体的重要出口目的地，创造出的与贸易相关的经济价值可能高达 3 万亿—6 万亿美元，服务领域受影响的经济价值将在 3 万亿—5 万亿美元之间。中国推进的重点是加强全球市场的多边建设。③

（四）增加国际公共产品供给

提高发展中国家推进工业化的能力需要加大公共产品供给。目前世界公共产品存在的问题是：一是公共产品无人供给；二是公共难题得不到有效解决。一方面，不能把全球公共产品看作是单一产品，实际上，全球公共产品有多种形式，有的是需要单一国家提供的，有的是需要相互合作共同提供的。不同的公共产品为有能力提供全球产品的国家提供了不同的动力，发达国家公共产品的提供基本上是为本国利益服务。斯科特·巴雷特指出，"通常最大、最富和最强大的国家具有提供全球公共产品的最强动机""自身利益通常是更为可靠的动力源泉"④。比如，美国创设的国际货币基金组织、世界银行等基本上服务于美国的对外目标。另一方面，全球公共产品供给不足表现出一定的结构性不足。巴雷特指出，大国、富国和强国都缺乏足够的动机，向世界提供仅对发展中国家有益的全球性或区域性的公共产品。⑤ 只对发展中国家有益，不符合发达国家的自利原则。有研究指出，世界银行的资金流向的发展中国家主要是与美国价值观取向一致的国家。

① 张会清、唐海燕：《中国与"一带一路"沿线地区的贸易联系问题研究——基于贸易强度指数模型的分析》，《国际经贸探索》2017 年第 3 期。

② 冯宗宪、蒋伟杰：《基于产业内贸易视角的"一带一路"国家战略研究》，《国际贸易问题》2017 年第 3 期。

③ 美国麦肯锡全球研究院：《中国与世界：理解变化中的经济联系》，2019 年 7 月，https：//www. mckinsey. com. cn/wp－content/uploads/2019/12/% E4% B8% AD% E5% 9B% BD% E4% B8% 8E% E4% B8% 96% E7% 95% 8C% EF% BC% 9A% E7% 90% 86% E8% A7% A3% E5% 8F% 98% E5% 8C% 96% E4% B8% AD% E7% 9A% 84% E7% BB% 8F% E6% B5% 8E% E8% 81% 94% E7% B3% BB－% E4% B8% AD% E6% 96% 87% E5% 85% A8% E6% 96% 87－Final. pdf。

④ ［美］斯科特·巴雷特：《合作的动力：为何提供全球公共产品》，黄智虎译，上海世纪出版集团 2012 年版，第 9—11 页。

⑤ ［美］斯科特·巴雷特：《合作的动力：为何提供全球公共产品》，黄智虎译，上海世纪出版集团 2012 年版，第 205 页。

全球公共产品范围广泛，有能力提供公共产品的国家出于自利原则只能提供有限的公共产品或某些公共产品，仅对发展中国家有利的全球公共产品往往处于无人问津的状态。因此，这类公共产品的缺乏阻碍了发展中国家对工业化成果的享有。中国提供公共产品更多是为了发展中国家的工业化进程，推动经济的同质发展、平等发展、共同发展和可持续发展。第一，每一个人、每一个国家在发展面前人人平等。工业化成果本身就属于"公共产品"，不为哪个国家所专属，因此，任何国家都没有权利垄断工业化成果。至于如何让每一个人都享有工业化成果需要通过可行的方式来解决，而不是武断地将一些国家排除在外。第二，发展模式可以多样，不强求整齐划一。每个国家因资源禀赋、历史渊源、地理气候、人文特点等因素决定了即使走工业化道路也可以有自己的独特选择，只要适合本国国情，就是最佳的发展模式。中国改革开放40余年的发展成就足以证明模式、道路不必向美西方看齐，每个国家都有决定自己命运的权利。第三，不以意识形态来人为划分国家。在发展这一大问题上，意识形态不应起到主导作用，每个国家、每个人都不应受意识形态的制约而被"剥夺"发展机会。因此，今天中国积极倡导建设文化多元的价值观体系，目的是将世界各国的发展包容其中，不因经济发展水平的高低来评价一国的文明发展程度。"一带一路"倡议早已声明，只要有利于发展，不以价值观、意识形态来区分，只要愿意推进共同发展，都可以参与到"一带一路"倡议中来。

当前，中国积极为国际公共产品发展作出新的贡献。如，由中国倡议的亚洲基础设施投资银行、金砖银行、丝路基金的建立正在努力为发展中国家提供以基础设施建设为主的资金，构筑全球互联互通体系，以解除基础设施瓶颈对经济增长的制约。中国积极加强伙伴关系建设。1993年，中国在对外关系中首次使用"伙伴关系"一词，截至2022年10月，中国已与113个国家和国际组织建立起不同形式的"伙伴关系"，为"一带一路"建设开创了良好的环境，也为推进人类命运共同体建设创造了前提。近年来，中国每年向共建"一带一路"国家提供10000个政府奖学金名额，与29个国家实现公民免签和落地签，与61个国家建立1023对友好城市，占中国对外友好城市总数的40.18%。世界银行等国际机构最新研究表明，"一带一路"倡议至少拉动2019年全球经济增速0.1个百分点。中国还支持联合国行动。2015年9月，联合国193个成员国在日内瓦通过了一份十五年计划，该计划致力于解决一些全球性的重大问题，比如减贫、消除不平等、保护地球等。根据麦肯锡估计，中国与世界的经济联系或发生正向变化，在涉及环境保护、网络安全等一系列与全球公共产品相关的议题上，中国做出的努力将有可能实现 3 万亿—6 万亿美元的经济价值。① 未来中国提供的国际公共产品的方向有以下五个方面。

一是国际公共产品的提供将继续以平等、开放为原则。中国提供的国际公共产品的方向是推动建设有利于平等发展、公平开放的国际新秩序，这是中国提供国际公共产品的根本出发点，也符合中国的自身利益。中国将积极深入参与经济全球化进程，支持多边贸易体制；进一步提高便利化程度，促进公平开放竞争，全力营造优良营商环境；将加快同有关国家商签自由贸易协定和投资协定，推进国内高标准自由贸易试验区建设；将继续推动人民币"走出去"，提高金融业国际化水平。

二是做好全球公共产品提供的规划蓝图和清单，并适时公布。过去的经验表明，不管有多大的矛盾和冲突，中国的发展离不开世界，现在世界的发展也逐渐离不开中国。随着实力的增长，中国将逐渐加大对国际公共产品的提供力度，承担与自身实力相当的国际公共产品提供的责任。有必要加快制定国际公共产品提供的蓝图和清单，加强与他国、国际组织提供国际公共产品的配合力度，以免造成资源的错配或浪费。

三是目前中国对国际公共产品的提供要实行分别对待、分类处理。一般而言，在层次上，公共产品分为全球和地区两个层面；在内容上，国际公共产品主要涉及自由开放的贸易制度、稳定的国际货币和国际安全。针对不同类型的公共产品，有必要依据目前的能力，把握好各类公共产品提供的可能性、可行性和可持续性。对于自由开放的贸易制度，中国应以提供区内公共产品为主。尽管目前美国在构建全球自由贸易制度方面有退出的迹象，但是应该认识到，目前中国尚不具备接替美国提供全球自由贸易制度、建立这一公共产品的能力，应把精力主要放在区内贸易投资自由化和便利化制度安排

① 美国麦肯锡全球研究院：《中国与世界：理解变化中的经济联系》，2019 年 7 月，https://www.mckinsey.com.cn/wp-content/uploads/2019/12/%E4%B8%AD%E5%9B%BD%E4%B8%8E%E4%B8%96%E7%95%8C%EF%BC%9A%E7%90%86%E8%A7%A3%E5%8F%98%E5%8C%96%E4%B8%AD%E7%9A%84%E7%BB%8F%E6%B5%8E%E8%81%94%E7%B3%BB-%E4%B8%AD%E6%96%87%E5%85%A8%E6%96%87-Final.pdf.

上，一方面体现自身对区域公共产品的担当精神，另一方面也为区内未来发展创造一种稳定的周边环境。对于国际汇率制度这一公共产品，中国提供的主要内容是如何稳定国际货币汇率机制，与其他主要国家或地区合作共同实现国际货币秩序的稳定，同时继续在全球范围内，利用 G20 机制，加强金融监管，稳定全球金融秩序。对于国际或地区安全公共产品，中国应尽可能配合国际组织或地区组织，如继续参与维和行动等。

四是加强中国作为负责任大国、国际公共产品提供者的形象宣传。应积极宣传中国历年来为国际社会提供的公共产品内容，最好以白皮书的形式，表明中国正在日渐提高对国际公共产品的贡献率以及取得的实效，使外部更多了解中国的做法，以此消除部分国家对中国行为的不必要疑虑和担忧。如在环境保护方面，中国已采取多项举措。2020 年 12 月，习近平主席在气候雄心峰会上宣布，到 2030 年，中国单位国内生产总值二氧化碳排放将比 2005 年下降 65% 以上，非化石能源占一次能源消费比重将达到 25% 左右。① 国务院新闻办公室发布的《新时代的中国绿色发展》白皮书认为，中国始终致力于推进共建 "一带一路" 绿色发展，让绿色切实成为共建 "一带一路" 的底色。

（五）从周边命运共同体建设起步

人类命运共同体建设是打造中国与世界各国以及世界各国之间新型关系的主要出发点和落脚点。全球共性问题日趋突出，迫切要求人们改变西方以个人主义为中心的传统思维理念和方式处理全球问题，积极推进命运共同体建设，以集体主义的思维方式应对来自全球问题的挑战。随着世界工业化进程的逐步推进，共同发展模式将以更低的成本和更大的收益取代传统的个别国家发展模式。中国工业化的成功实践对世界工业化进程的巨大正向改变是，一国的工业化进程越来越模式化，只要发展中国家具备适宜的工业化条件，经济起飞的难度将比以往大为下降，其中主要因素是中国这一超大规模经济体（主要指人口大国）的诞生，使得产业发展和转移将以超大规模的形式表现出来，可以包容更多的经济体发展，当然这也为共同发展创造了前提。共性问题和共同发展为命运共同体建设创造了前提

---

① 《习近平在气候雄心峰会上发表重要讲话》，《人民日报》2020 年 12 月 13 日。

和基础，也在推动各国关系走向新范式。人类命运共同体正是在这一现实基础之上提出的。

命运共同体作为新型的国家间关系表达，既是中国对现有国际关系的一种调整，也是为自身发展创造一种新的战略机遇期。周边是中国外交、经济延伸的第一落脚点，也是中国命运共同体建设成功与否的关键点和实验区。[1] 在过去改革开放40余年的时间里，中国与周边国家关系获得了全方位的发展，同时考虑周边国家参与命运共同体建设的现实诉求，中国有责任、有义务为周边命运共同体建设作出自己的贡献。[2] 现阶段，有必要从推进周边命运共同体起步，这不仅受约束于现实条件，同时也是基于周边国家条件的成熟。命运共同体建设的提出表明，中国摒弃西方的零和思维模式，倡导共同发展模式。泰国学者 Romyen Kosaikanont 认为，"命运共同体"是中国提出的概念，旨在提供另一种替代性的合作方式。虽然目前还没有明确的规章制度，但它的价值已经达成了和平共处和双赢的合作。"命运共同体"还致力于促进"一带一路"沿线国家的基础设施建设，同时利用大量的国际储备资金通过亚洲基础设施投资银行为"一带一路"的建设提供资金支持。"命运共同体"理念可以为中国自身发展提供良好的环境，减轻由于新常态对中国国内所造成的挑战，同时提出正在制定的规章制度是为了实现区域内的共同利益。

周边命运共同体建设的基本原则应以和平共处五项原则为前提，补充共同发展、共享未来的经济内涵。一方面，消除周边国家对中国发展的恐惧心理；另一方面，为推进新型国家间关系创造条件。现有文献表明，中国学者有着更为乐观的倾向，而国外学者却对中国存在一种担忧的心理，害怕中国提出的命运共同体是一种变相的"中国中心论"或新型的"中国威胁论"，因而在认可中国命运共同体理念的同时，也通过对命运共同体

---

① 有的学者认为，周边外交理念体现了命运共同体的核心思想，建设命运共同体是开展周边外交的重要手段和目标，并就周边命运共同体建设展开了实例分析。参见陈邦瑜、韦红《周边外交视角下构建中国—东盟命运共同体》，《社会科学家》2016年第4期；雷建锋《中国的中亚地区主义与周边命运共同体的生成》，《教学与研究》2016年第10期。

② 有的学者认为，国际共识与共同价值的形成是一个由少及多、逐渐发展和变化的过程，中国有责任、有义务倡导并与周边国家构建命运共同体，构建促进亚洲和平崛起与发展、维护世界和平与稳定的共同价值。参见屈彩云《命运共同体：中国与周边国家构建价值认同》，《前沿》2015年第10期。

的原则阐述和机制探讨试图约束中国的行为。2019 年 4 月，中国与柬埔寨签署中柬命运共同体行动计划，成为中国首个对外签署的命运共同体行动计划。

一是继续推进与周边国家政治互信关系。目前，中国已同蒙古国、俄罗斯、哈萨克斯坦、巴基斯坦、阿富汗、塔吉克斯坦、乌兹别克斯坦、土库曼斯坦 8 个周边国家签署睦邻友好合作条约。中国也同阿富汗、巴基斯坦、朝鲜、俄罗斯、菲律宾、哈萨克斯坦、韩国、吉尔吉斯斯坦、柬埔寨、老挝、马来西亚、蒙古国、孟加拉国、缅甸、尼泊尔、斯里兰卡、塔吉克斯坦、泰国、土库曼斯坦、文莱、乌兹别克斯坦、印度、印度尼西亚、越南等周边国家建立各种战略合作伙伴关系，上述关系的发展为双边关系发展和地区繁荣稳定提供有力保障，为周边命运共同体的推进奠定了良好基础。未来中国需要进一步推进基于互信的政治关系升级版工作，为共同发展赢得政治上的共识。

二是继续深化与周边国家经贸关系，特别是在周边国家形成一批早期收获成果，成为共同体建设的典范。目前，中国同绝大多数周边国家签有自贸区协定，在零部件、资本品等产业分工方面建立了密切关系。中国与周边国家的相互投资水平也较以往有较大幅度的提升，特别是近年来产能合作的推进、工业园区的建设进一步夯实了中国与周边国家的产业合作基础。未来，中国应加快"五通"建设，为中国与周边国家建立起新的供求平衡体系起到示范效应，以加快推进经济共同体建设步伐。

三是积极推进周边基础设施互联互通建设。目前，中国有资金、有技术、有人才来协助周边国家推进互联互通基础设施建设。由中国倡议的亚洲基础设施投资银行、金砖银行、丝路基金的建立正在努力为发展中国家提供以基础设施为主的资金，构筑全球互联互通体系，以解除基础设施瓶颈对经济增长的制约。中国与周边国家正在建设的高速铁路、航空、港口建设正在以前所未有的速度向前推进，部分设施已经对当地经济发展起到不可小觑的作用，周边国家在与中国交往过程中也越来越感受到中国发展模式的魅力和中国与周边国家建设共同体的务实性做法。未来，中国需要进一步加强周边国家互联互通的投入力度，推进周边互联互通"网络"的铺设。

四是进一步提升人文交流，为周边命运共同体推进创造条件。民心沟通既是中国与沿线国家交往的起点，也是交往带来实际利益的落脚点。一些周边国家学者在人文交流对推进命运共同体作用方面取得较高程度的共识。当前，中国已与沿线国家开展"智力丝绸之路""健康丝绸之路"等建设，在科学、教育、文化、卫生、民间交往等领域广泛开展合作。在2019年第二届"一带一路"国际合作高峰论坛上，中国进一步提出加强与周边国家人文交流合作的升级版。未来，民心相通领域需要进一步夯实已有的合作内容，[1]使老百姓能够直接从"一带一路"建设中获得真实的福利感，实现与他国民众交往如走亲戚一样的便捷。

五是逐步推进周边命运共同体计划的实施。稳步推进与柬埔寨命运共同体建设的进程，逐步扩大到澜湄国家，使澜湄地区成为中国周边命运共同体建设的案例典范，助推中国和周边国家命运共同体建设的信心。"澜湄合作"是第一个由中国发起和主导的新型周边次区域合作机制。[2]在合作机制方面，澜湄合作采取更为灵活的处理方式，体现了合作的包容性、发展的平等性以及共同富裕、共同发展的理念，极大地增强了周边国家参与合作、共建命运共同体的舒适度。因此，澜湄合作以前所未有的速度和质量增长，在短短几年时间内取得了巨大成效，为周边命运共同体建设提供了样板。[3]

另外，要积极加强宣传工作，特别是要加强中国"创新、协调、绿色、开放、共享"等新发展概念的推广工作，这些概念将对人类命运共同体，特别是周边命运共同体的构建起到引领作用。做好周边国家的调研工作，了解周边国家的实际需要，做好从宏观到微观的对接工作以及从思想层面到制度层面的建设。[4]

---

　　[1]　有的学者提出建设周边命运共同体需要转换人文交流的思路，应追求本区域文化的共同繁荣、追求文化共建，践行"命运共同体"的价值理念，并实现多方面的转变等。参见王晓玲《"周边命运共同体"构建与人文交流思路的转换》，《现代国际关系》2015年第5期。

　　[2]　刘均胜：《澜湄合作：示范亚洲命运共同体建设》，《中国经济周刊》2016年第4期。

　　[3]　余潇枫、王梦婷：《非传统安全共同体：一种跨国安全治理的新探索》，《国际安全研究》2017年第1期。

　　[4]　有的学者认为周边命运共同体的具体构建要发挥经贸优势、开展有关命运共同体的联合研究、加强与周边国家的人文纽带、推进制度建设等。参见王俊生《中国周边命运共同体构建：概念、内涵、路径》，《国际关系研究》2016年第6期。

参考文献

一　经典文献

《马克思恩格斯全集》第 1 卷，人民出版社 1972 年版。

《马克思恩格斯全集》第 3 卷，人民出版社 1972 年版。

《马克思恩格斯全集》第 25 卷，人民出版社 1974 年版。

《马克思恩格斯全集》第 39 卷，人民出版社 1974 年版。

《马克思恩格斯全集》第 46 卷（下），人民出版社 1980 年版。

《马克思恩格斯文集》第 2 卷，人民出版社 2009 年版。

《马克思恩格斯选集》第 1 卷，人民出版社 2012 年版。

《邓小平文选》第 3 卷，人民出版社 1993 年版。

《习近平谈"一带一路"》，中央文献出版社 2018 年版。

《习近平谈治国理政》第 1 卷，外文出版社 2018 年版。

《习近平谈治国理政》第 2 卷，外文出版社 2017 年版。

《习近平谈治国理政》第 3 卷，外文出版社 2020 年版。

《习近平谈治国理政》第 4 卷，外文出版社 2022 年版。

《习近平重要讲话单行本（2021 年合订本）》，人民出版社 2022 年版。

胡锦涛：《坚定不移沿着中国特色社会主义道路前进　为全面建成小康社
会而奋斗——在中国共产党第十八次全国代表大会上的报告》，人民出
版社 2012 年版。

习近平：《共创中韩合作未来　同襄亚洲振兴繁荣——在韩国国立首尔大
学的演讲》，《人民日报》2014 年 7 月 5 日。

习近平：《论把握新发展阶段、贯彻新发展理念、构建新发展格局》，中央
文献出版社 2021 年版。

习近平：《论坚持推动构建人类命运共同体》，中央文献出版社 2018 年版。

习近平：《携手推进"一带一路"建设——在"一带一路"国际合作高峰论坛开幕式上的演讲》，人民出版社 2017 年版。

二　著作

仇启华：《世界经济学》，中共中央党校出版社 1989 年版。

李义天主编：《共同体与政治团结》，社会科学文献出版社 2011 年版。

联合国教科文组织：《反思教育：向"全球共同利益"的理念转变?》，教育科学出版社 2017 年版。

刘军宁等编：《自由与社群》，生活·读书·新知三联书店 1998 年版。

罗安宪主编：《大学中庸》，人民出版社 2017 年版。

马国林：《社会·制度·秩序：赫德利·布尔的世界秩序思想研究》，中国社会科学出版社 2015 年版。

宋则行、樊亢主编：《世界经济史》（上卷），经济科学出版社 1994 年版。

韦冬主编：《比较与争锋：集体主义与个人主义的理论、问题与实践》，中国人民大学出版社 2015 年版。

许嘉等：《美国国际关系理论研究》，时事出版社 2008 年版。

张向晨：《发展中国家与 WTO 的政治关系》，法律出版社 2002 年版。

赵景峰：《世界经济体系：演进与发展趋势》，中国社会科学出版社 2016 年版。

［法］奥利维埃·多尔富斯：《地理观下全球化》，张戈译，社会科学文献出版社 2010 年版。

［法］让·梯若尔：《共同利益经济学》，张昕竹、马源等译，商务印书馆 2020 年版。

［法］托马斯·皮凯蒂：《21 世纪资本论》，巴曙松译，中信出版社 2014 年版。

［加拿大］罗伯特·奥布莱恩、马克·威廉姆斯：《国际政治经济学（第四版）》，张发林译，中国人民大学出版社 2016 年版。

［美］E. 博登海默：《法理学：法律哲学与法律方法》，邓正来译，中国政法大学出版社 1999 年版。

［美］埃莉诺·奥斯特罗姆：《公共事物的治理之道》，余逊达、陈旭东译，上海三联书店 2000 年版。

［美］本尼迪克特·安德森：《想象的共同体》，吴叡人译，上海人民出版社 2006 年版。

［美］查尔斯·K. 威尔伯编：《发达与不发达问题的政治经济学》，高铦等译，商务印书馆 2015 年版。

［美］戴维·斯隆·威尔逊：《利他之心：善意的演化和力量》，齐鹏译，机械工业出版社 2017 年版。

［美］丹尼·罗德里克：《全球化的悖论》，廖丽华译，中国人民大学出版社 2011 年版。

［美］法里德·扎卡利亚：《后美国世界——大国崛起的经济新秩序时代》，赵广成、林民旺译，中信出版社 2009 年版。

［美］弗朗西斯·福山：《大断裂：人类本性与社会秩序的重建》，唐磊译，广西师范大学出版社 2015 年版。

［美］弗朗西斯·福山：《信任：社会美德与创造经济繁荣》，彭志华译，海南出版社 2001 年版。

［美］汉斯·摩根索：《国家间政治——权力斗争与和平》，徐昕、郝望、李保平译，北京大学出版社 2006 年版。

［美］赫伯特·金迪斯等：《人类的趋社会性及其研究：一个超越经济学的经济分析》，浙江大学跨学科社会科学研究中心译，上海人民出版社 2006 年版。

［美］克里斯托弗·博姆：《道德的起源——美德、利他、羞耻的演化》，贾拥民、傅瑞蓉译，浙江大学出版社 2015 年版。

［美］肯尼思·J. 格根：《关系性存在：超越自我与共同体》，杨莉萍译，上海教育出版社 2017 年版。

［美］理查德·M. 维沃：《思想的后果》，王珀译，江西人民出版社 2015 年版。

［美］理查德·拉克曼：《国家与权力》，郦菁、张昕译，上海世纪出版集团 2013 年版。

［美］罗伯特·基欧汉、约瑟夫·奈：《权力与相互依赖》，门洪华译，北京大学出版社 2012 年版。

［美］罗伯特·吉尔平：《国际关系政治经济学》，杨宇光等译，上海人民出版社 2020 年版。

［美］迈克尔·斯宾塞：《下一次大趋同：多速世界经济增长的未来》，王青、刘其岩译，机械工业出版社 2012 年版。

［美］曼瑟尔·奥尔森：《集体行动的逻辑》，陈郁、郭宇峰、李崇新译，上海三联书店、上海人民出版社 1995 年版。

［美］斯蒂芬·D. 克莱斯勒：《结构冲突：第三世界对抗全球自由主义》，李小华译，浙江人民出版社 2001 年版。

［美］斯科特·巴雷特：《合作的动力：为何提供全球公共产品》，黄智虎译，上海世纪出版集团 2012 年版。

［美］威廉·麦克尼尔：《西方的兴起：人类共同体史》，孙岳、陈志坚、于展等译，中信出版社 2015 年版。

［美］威廉·内斯特编著：《国际关系：21 世纪的政治与经济》，姚远、汪恒译，北京大学出版社 2005 年版。

［美］小约瑟夫·奈、［加拿大］戴维·韦尔奇：《理解全球冲突与合作：理论与历史（第九版）》，张小明译，上海人民出版社 2012 年版。

［美］伊曼纽尔·沃勒斯坦：《变化中的世界体系：论后美国时期的地缘政治与地缘文化》，王逢振译，中央编译出版社 2016 年版。

［美］伊曼纽尔·沃勒斯坦等：《资本主义还有未来吗?》，徐曦白译，社会科学文献出版社 2014 年版。

［美］伊曼纽尔·沃勒斯坦：《历史资本主义》，路爱国、丁浩金译，社会科学文献出版社 1999 年版。

［美］伊曼纽尔·沃勒斯坦：《现代世界体系》第 1 卷，北京高等教育出版社 1998 年版。

［美］伊曼纽尔·沃勒斯坦：《现代世界体系》第 2 卷，高等教育出版社 1998 年版。

［美］约尔·杰伊·卡西奥拉：《工业文明的衰亡》，余灵灵、尚新力译，重庆出版社 2015 年版。

［挪威］盖尔·伦德斯塔德：《大国博弈》，张云雷译，中国人民大学出版社 2015 年版。

［英］保罗·霍普：《个人主义时代之共同体重建》，沈毅译，浙江大学出版社 2010 年版。

［英］边沁：《道德与立法原理导论》，时殷弘译，商务印书馆 2000 年版。

［英］戴维·赫尔德、安东尼·麦克格鲁主编：《全球化理论：研究路径与理论论争》，王生才译，社会科学文献出版社 2009 年版。

［英］厄奈斯特·巴克：《希腊政治理论：柏拉图及其前人》，卢华萍译，吉林人民出版社 2003 年版。

［英］赫德利·布尔：《无政府社会：世界政治中的秩序研究》，张小明译，上海人民出版社 2015 年版。

［英］理查德·道金斯：《自私的基因》，卢允中等译，中信出版社 2012 年版。

［英］齐格蒙特·鲍曼：《共同体》，欧阳景根译，江苏人民出版社 2003 年版。

［英］亚当·斯密：《国富论》，唐日松译，商务出版社 2007 年版。

三 期刊报纸

白刚：《资本、革命与自由——从〈共产党宣言〉到〈资本论〉》，《学术研究》2016 年第 5 期。

白永秀、宁启、赵而荣：《"一带一路"经济学的研究任务》，《西北大学学报》（哲学社会科学版）2017 年第 4 期。

彼得·辛格：《全球化有效利他主义运动》，《中国民政》2015 年第 11 期。

蔡亮：《共生国际体系的优化：从和平共处到命运共同体》，《社会科学》2014 年第 9 期。

蔡拓、唐静：《全球化时代国家利益的定位与维护》，《南开学报》2001 年第 5 期。

曹广伟、何章银、杜清华：《经济危机与世界经济体系的演变》，《世界经济与政治论坛》2013 年第 4 期。

曹绿：《以马克思世界历史理论审视人类命运共同体》，《思想理论教育》2017 年第 3 期。

陈邦瑜、韦红：《周边外交视角下构建中国—东盟命运共同体》，《社会科学家》2016 年第 4 期。

陈凤英：《新兴经济体与 21 世纪世界经济体系变迁》，《外交评论》2011 年第 3 期。

陈淑梅：《世界经济多极化、贸易红利与经济增长——以美国力主 TPP 和

TAP 谈判为例》，《现代经济探讨》2013 年第 10 期。

陈曙光：《人类命运与超国家政治共同体》，《政治学研究》2016 年第 6 期。

陈伟光、王燕：《共建"一带一路"基于关系治理与规则治理的分析框架》，《世界经济与政治》2016 年第 6 期。

陈晓平：《利己与利他的综合——从进化论的角度看》，《学术界》2010 年第 1 期。

程国强：《"一带一路"的理论创新与体系构建》，《中国经济时报》2017 年 10 月 20 日。

程同顺：《沃勒斯坦的世界体系论》，《教学与研究》1999 年第 6 期。

丛占修：《人类命运共同体：历史、现实与意蕴》，《理论与改革》2016 年第 3 期。

符妹：《人类命运共同体的内在规定及其实践逻辑——基于马克思人类解放理论的考察》，《理论探索》2017 年第 5 期。

高建龙：《个人主义与社群主义——当代西方政治哲学与伦理学中的一个争论》，《理论界》2009 年第 2 期。

高奇琦：《全球治理、人的流动与人类命运共同体》，《世界经济与政治》2017 年第 1 期。

葛红亮、鞠海龙：《"中国—东盟命运共同体"构想下南海问题的前景展望》，《东北亚论坛》2014 年第 4 期。

广东国际战略研究院专题研究组：《"一带一路"经济学创立及其诸多向度》，《改革》2017 年第 2 期。

郭楚、徐进：《打造共同安全的"命运共同体"：分析方法与建设路径探索》，《国际安全研究》2016 年第 6 期。

韩毅：《论工业现代化的世界历史进程》，《中国社会科学院研究生院学报》2007 年第 1 期。

何帆：《相互依存：观察世界经济的一个重要视角》，《求是》2004 年第 21 期。

何昊、王颂吉：《"一带一路"经济学的思想渊源》，《西北大学学报》（哲学社会科学版）2017 年第 4 期。

何寿奎：《"一带一路"公共产品供给困境与路径优化》，《中国流通经济》2017 年第 11 期。

贺小刚等:《创业家族的共同治理有效还是无效？——基于中国家族上市公司的实证研究》,《管理评论》2016 年第 6 期。

胡鞍钢、李萍:《习近平构建人类命运共同体思想与中国方案》,《新疆师范大学学报》(哲学社会科学版) 2018 年第 5 期。

胡键:《从个体的资本到世界联系的体系——关于马克思恩格斯世界体系理论的研究》,《社会科学》2013 年第 10 期。

胡键:《"一带一路"的国际公共产品功能与中国软实力的提升》,《国外社会科学》2020 年第 3 期。

胡石清、乌家培:《从利他性到社会理性——利他主义经济学研究的一个综合观点》,《财经问题研究》2009 年第 6 期。

黄琪轩、李晨阳:《大国市场开拓的国际政治经济学——模式比较及对"一带一路"的启示》,《世界经济与政治》2016 年第 5 期。

黄真:《从"互惠利他"到"强互惠":国际合作理论的发展与反思》,《国际关系学院学报》2009 年第 4 期。

季小江:《经济利他主义:市场经济的伦理向度之一》,《上海行政学院学报》2006 年第 5 期。

江洋:《"现代世界体系"理论及其当代价值》,《南京政治学院学报》2009 年第 5 期。

蒋昌建、潘忠岐:《人类命运共同体理论对西方国际关系理论的扬弃》,《浙江学刊》2017 年第 4 期。

蒋维兵:《个人利益与共同利益之间关系的历史唯物主义阐释》,《宁夏党校学报》2015 年第 4 期。

金碚:《世界分工体系中的中国制造业》,《中国工业经济》2003 年第 5 期。

金涛:《多元一体的世界经济体系与全球化》,《现代国际关系》1998 年第 5 期。

贾益民:《进化理论能否证明利他主义真的存在?》,《世界哲学》2017 年第 6 期。

雷建锋:《中国的中亚地区主义与周边命运共同体的生成》,《教学与研究》2016 年第 10 期。

雷晓、康席恒:《合作收益与公共管理:理论基础及其意义》,《中国行政管理》2009 年第 11 期。

黎旭坤：《思考国际关系中的利他主义可能》，《赤子》2015 年第 9 期。

李爱敏：《人类命运共同体：理论本质、基本内涵与中国特色》，《中共福建省委党校学报》2016 年第 2 期。

李爱敏：《"人类命运共同体"：理论本质、基本内涵与中国特色》，《中共福建省委党校学报》2016 年第 2 期。

李柏洲：《现阶段中国社会利他主义行为分析》，《学术交流》2008 年第 1 期。

李贵仁、党国印：《1998 年诺贝尔经济学奖获得者阿马蒂亚·森生平与学术贡献》，《经济学动态》1998 年第 11 期。

李绍荣：《对"一带一路"发展战略的经济学分析》，《人民论坛·学术前沿》2016 年第 5 期。

李相万：《世界体系与中国后期现代化：政治经济学层面的分析》，《江苏行政学院学报》2005 年第 3 期。

李向阳：《"一带一路"建设中的义利观》，《世界经济与政治》2017 年第 9 期。

李忆朋：《"一带一路"对沿线国家主权债务风险影响研究——基于合成控制法与公共风险理论的分析》，《南方金融》2022 年第 3 期。

栗晓宏：《国际条约与构建国际和谐社会》，《当代法学》2006 年第 2 期。

连平：《论世界经济体系》，《世界经济》1987 年第 10 期。

梁任敏、李振东：《"一带一路"的全球发展价值——基于 GTAP 的政策模拟研究》，《技术经济与管理研究》2020 年第 8 期。

梁颖、黄立群：《共生型国际秩序与命运共同体建设》，《南洋问题研究》2017 年第 1 期。

林奇富：《命运共同体意识与现代国家认同——多民族国家如何塑造、巩固和强化现代国家认同》，《学习与探索》2016 年第 8 期。

刘相平：《社会主义中国与世界之关系析论——以世界体系论为视角的历史考察》，《世界经济与政治论坛》2009 年第 1 期。

刘笑阳：《国际战略视野下的中国共同利益论》，《国际研究参考》2017 年第 12 期。

刘笑阳：《国家间共同利益：概念与机理》，《世界经济与政治》2017 年第 6 期。

刘雪莲、夏海洋：《以共同利益推进人类命运共同体的构建》，《吉林大学社会科学学报》2022 年第 1 期。

刘志云：《价值共识、国际法与"一带一路"倡议的推进方略》，《厦门大学学报》（哲学社会科学版）2022 年第 3 期。

龙向阳：《世界体系思想的流派与评论》，《暨南学报》（人文科学与社会科学版）2004 年第 1 期。

马艳、李俊、王琳：《论"一带一路"的逆不平等性：驳中国"新殖民主义"质疑》，《世界经济》2020 年第 1 期。

门洪华、甄文东：《共同利益与东北亚合作》，《外交评论》2013 年第 3 期。

彭冰冰：《论"人类命运共同体"的实质、内涵与意义》，《贵州社会科学》2017 年第 4 期。

秦升：《"一带一路"：重构全球价值链的中国方案》，《国际经济合作》2017 年第 9 期。

秦亚青：《国际体系、国际秩序与国家的战略选择》，《现代国际关系》2014 年第 7 期。

邱文弦：《论人类共同继承财产理论的新发展——基于"一带一路"倡议的促动》，《浙江工商大学学报》2019 年第 4 期。

曲星：《人类命运共同体的价值观基础》，《求是》2013 年第 4 期。

屈彩云：《命运共同体：中国与周边国家构建价值认同》，《前沿》2015 年第 10 期。

阮宗泽：《试析共有利益与国际秩序的稳定》，《国际问题研究》2006 年第 6 期。

尚伟：《正确义利观的科学内涵与积极践行》，《马克思主义研究》2021 年第 8 期。

宋圭武、王振宇：《利他主义：利益博弈的一种均衡》，《社科纵横》2005 年第 1 期。

宿景祥：《世界经济体系与世界经济格局》，《现代国际关系》2001 年第 2 期。

陶连洲：《2013 年以来中国—东盟命运共同体研究综述》，《东南亚纵横》2016 年第 3 期。

田江太：《人类命运共同体：一种新型全球性文明的开创》，《中国矿业大学学报》（社会科学版）2021 年第 2 期。

田军：《"中心"与"边缘"——世界体系论视角的中国世界工厂定位》，《日本问题研究》2005 年第 4 期。

汪仕凯：《新中心国家与世界秩序转型：中国复兴的世界政治意义》，《社会科学》2022 年第 3 期。

王海明：《利他主义与利己主义辨析》，《河南师范大学学报》（哲学社会科学版）2001 年第 1 期。

王俊生：《中国周边命运共同体构建：概念、内涵、路径》，《国际关系研究》2016 年第 6 期。

王雷：《美国金融危机与国际政治经济秩序变迁》，《外交评论》2009 年第 1 期。

王生升、李帮喜：《是周期性更迭还是历史性超越？——从世界体系变迁透视"一带一路"的历史定位》，《开放时代》2017 年第 2 期。

王维、周睿：《世界经济体系的演化及其对中国的影响分析》，《江苏社会科学》2014 年第 6 期。

王湘穗：《美式全球化的终结与世界体系的未来》，《政治经济学评论》2014 年第 3 期。

王晓东、赵勍升：《世界经济体系地缘多极化发展研究》，《开发研究》2022 年第 3 期。

王亚军：《"一带一路"倡议的理论创新与典范价值》，《世界经济与政治》2017 年第 3 期。

王岩、竟辉：《以新发展理念引领人类命运共同体构建》，《红旗文稿》2017 年第 5 期。

王永钦、陆铭：《千年史的经济学：一个包含市场范围、经济增长和合约形式的理论》，《世界经济》2007 年第 10 期。

王震宇：《试论利他主义在地区主义中的作用》，《亚太经济》2013 年第 3 期。

王正毅：《中国崛起：世界体系发展的终结还是延续?》，《国际安全研究》2013 年第 3 期。

韦定广：《创造与贡献：世界体系视域中的"中国道路"》，《社会科学》2010 年第 6 期。

闻有虎：《利他主义稀缺与新经济人范式的构建》，《中州学刊》2002 年第 4 期。

吴苑华：《回归东方：世界体系的中心转移——乔万尼·阿瑞吉的世界体系理论析评》，《华侨大学学报》（哲学社会科学版）2013 年第 3 期。

吴苑华：《重归以中国为中心的新世界体系：弗兰克的"世界体系"论辩析》，《马克思主义研究》2012 年第 5 期。

吴振晶、吴丰华：《"一带一路"经济学的学科特点与研究范畴》，《兰州大学学报》2017 年第 3 期。

吴振磊、于重阳：《"一带一路"经济学的研究主线》，《西北大学学报》（哲学社会科学版）2017 年第 4 期。

伍世安、叶卫华：《论国际合作的可能性及"社会人"视角解释》，《江西财经大学学报》2010 年第 4 期。

伍贻康、张海冰：《论主权的让渡——对"论主权的不可分割性"一文的论辩》，《欧洲研究》2003 年第 6 期。

夏立平：《当前国际金融危机对世界经济体系转型的影响》，《和平与发展》2009 年第 6 期。

夏先良：《"一带一路"战略与新的世界经济体系》，《学术前沿》2016 年第 5 期。

夏先良：《"一带一路"助力中国重返世界经济中心》，《人民论坛·学术前沿》2015 年第 23 期。

徐崇利：《新兴国家崛起与构建国际经济新秩序——以中国的路径选择为视角》，《中国社会科学》2012 年第 10 期。

徐进、郭楚：《"命运共同体"概念辨析》，《战略决策研究》2016 年第 6 期。

徐艳玲、陈明琨：《人类命运共同体的多重建构》，《毛泽东邓小平理论研究》2016 年第 7 期。

许旭红：《浅析中国走新型工业化道路的世界意义》，《哈尔滨学院学报》2006 年第 11 期。

杨春学：《利他主义经济学的追求》，《经济研究》2001 年第 4 期。

杨宏伟、刘栋：《论构建"人类命运共同体"的"共性"基础》，《教学与研究》2017 年第 1 期。

杨开煌：《中国式全球主义："一带一路"》，《北方民族大学学报》（哲学社会科学版）2017 年第 6 期。

杨权、汪青：《"一带一路"倡议有利于沿线国家外部财富增值吗——基于估值效应的视角》，《国际贸易问题》2021 年第 7 期。

叶传智：《论国际环境保护与国家主权原则之间的关系》，《学理论》2018 年第 11 期。

叶泽雄：《利他主义的谜底探究及其当代启示》，《华中师范大学学报》（自然科学版）2010 年第 4 期。

殷企平：《共同体》，《外国文学》2016 年第 2 期。

于宏源：《权威演进与"命运共同体"的话语建设》，《社会科学》2017 年第 7 期。

曾伟：《如何看待当代世界经济体系中的"不发达"与资本主义发展模式——从保罗·巴兰"经济剩余论"的新视野》，《现代经济探讨》2012 年第 10 期。

翟婵、程恩富：《中国正处于世界经济体系的"准中心"地位——确立"中心—准中心—半外围—外围"新理论》，《上海经济研究》2019 年第 10 期。

张超：《"一带一路"战略与国际制度体系的变革》，《理论探索》2017 年第 3 期。

张广利：《社会生活共同体就是社区组织吗?》，《解放日报》2007 年 11 月 1 日。

张继焦、吴玥：《构建全球与中国"共赢"的人类命运共同体》，《贵州社会科学》2021 年第 11 期。

张继龙：《国内学界关于人类命运共同体思想研究述评》，《社会主义研究》2016 年第 6 期。

张骥、齐长安：《沃勒斯坦世界体系论评析》，《世界经济与政治》2001 年第 11 期。

张建立、李薇：《构建东亚共同体的关键在于成功形塑东亚身份认同》，《国际经济评论》2014 年第 3 期。

张建新：《大国崛起与世界体系变革——世界体系理论的视角》，《国际观察》2011 年第 2 期。

张建新：《后西方国际体系与东方的兴起》，《世界经济与政治》2012 年第

5 期。

张凯童、申韬：《"一带一路"倡议政策效应研究文献综述：2018—2021》，《海南金融》2022 年第 3 期。

张康之、张桐：《论普雷维什的"中心—边缘"思想——关于世界经济体系中不平等关系的一个分析框架》，《政治经济学评论》2014 年第 1 期。

张康之、张桐：《论世界中心—边缘结构中的创新垄断》，《人文杂志》2014 年第 11 期。

张庆东：《公共利益：现代公共管理的本质问题》，《云南行政学院学报》2001 年第 4 期。

张祥建、彭娜：《"一带一路"战略的合作重点和推进策略》，《华南师范大学学报》（社会科学版）2017 年第 5 期。

张向军、李田贵：《沃勒斯坦世界体系论与中国的和平发展理念》，《当代世界与社会主义》2005 年第 5 期。

张幼文、梁军：《中国发展对世界经济体系的影响》，《世界经济研究》2006 年第 10 期。

张玉环、李巍：《自由贸易协定的政治经济学研究述评》，《国际政治研究》2014 年第 2 期。

张运成：《简析世界经济体系"再平衡"》，《现代国际关系》2014 年第 7 期。

张志旻等：《共同体的界定、内涵及其生成——共同体研究综述》，《科技政策与管理》2010 年第 10 期。

赵金龙：《美国 TPP 战略的动机及其东北亚经济一体化的影响研究》，《东北亚论坛》2012 年第 6 期。

郑葳、李芒：《学习共同体及其生成》，《全球教育展望》2007 年第 4 期。

郑伟、桑百川：《"一带一路"倡议的理论基础探析——基于世界市场失灵的视角》，《东北亚论坛》2017 年第 2 期。

《中共改变整个民族的精神面貌——专访英国知名社会学家马丁·阿尔布劳》，《参考消息》2021 年 2 月 18 日。

钟声：《构建可持续发展的世界经济体系》，《人民日报》2009 年 11 月 25 日。

周濂：《政治社会、多元共同体与幸福生活》，《华东师范大学学报》（哲学社会科学版）2009 年第 5 期。

周文、方茜：《"一带一路"战略的政治经济学思考》，《马克思主义研究》
2015 年第 10 期。

朱丰根：《中国资本项目自由开放的基本条件剖析》，《现代经济探讨》
2013 年第 6 期。

朱富强：《如何界定人类行为是利己还是利他？——对几种流行划界标准
的审视》，《改革与战略》2010 年第 9 期。

竺彩华、冯兴艳：《世界经济体系演进与巨型 FTA 谈判》，《外交评论》
2015 年第 3 期。

卓丽洪、贺俊、黄阳华：《"一带一路"战略下中外产能合作新格局研
究》，《东岳论丛》2015 年第 10 期。

［德］于尔根·格哈茨、米夏埃尔·齐恩：《中国在制度比较中胜出》，德
国《法兰克福汇报》2021 年 1 月 13 日。

［美］D. F. 西蒙：《世界经济体系中的中国》，戴涛译，《国外社会科学》
1992 年第 3 期。

［美］T. 内格尔：《利他主义：直觉的问题》，《世界哲学》2005 年第 3 期。

［美］伊曼纽尔·沃勒斯坦：《论资本主义世界体系的结构性危机及其前
景》，杨昕译，《国外社会科学》2011 年第 6 期。

［美］约翰·伊肯伯里：《中国崛起与西方世界的未来：自由体系能否继续
维持？》，袁路译，《国外理论动态》2012 年第 11 期。

［英］大卫·莫奎德：《欧盟：没有政治的政治共同体》，杨涛斌、蒋文豪
译，《文化纵横》2011 年第 5 期。